성경, 통通으로 숲이야기

통通숲

저자 조병호 박사

지난 30여 년간 한국 교회에 성경통독을 퍼뜨리고, 학문화한 성경통독 전문가이다.
이제 통通성경의 세계화를 위해 열정을 쏟고 있다.

2004년 독일 신학사전 RGG[4]에 아티클 '세계기독학생선교운동 (Studentische Missionsbewegung)'을 기고했다.
2006년 영국 왕립역사학회(Royal Historical Society)에 스피커로 초청되어 발제했다.
2006년 삶의 방법론이자 새로운 성경 읽기의 방식으로서 '통(通)'을 최초로 말했다.
2008년 한국 신학자 140인 서울선언 '성경을 통通한 재정향'의 공동대표로 책임을 감당했다.
2014년 '통通성경 포뮬라(Formula for TongBible)'를 발표했다.
2016년 통바이블칼리지 통通성경학교 인터넷 120강의 강사
2017년 종교개혁 500주년기념 독일 비텐베르크 2017 CONGRESS 스피커

통독원 원장, 하이기쁨교회 담임목사
미국 드루대학교 객원교수, 통바이블월드미션 이사장

장로회신학대학교 신학과 (Th.B. 신학사)
장로회신학대학교 신학대학원 (M.Div. 교역학석사)
연세대학교 연합신학대학원 (Th.M. 조직신학, 신학석사)
영국 에딘버러대학교 대학원 (Th.M. 선교신학, 신학석사)
영국 버밍엄대학교 대학원 (Ph.D. 역사신학, 철학박사)

베스트셀러
《성경과 5대제국》 – 2011 한국기독교출판문화상 대상 수상
《성경통독》 – 2005 한국기독교출판문화상 최우수상 수상
《통하는 사도행전 30년》 – 2020 한국기독교출판문화상 우수상 수상

주요저서
《제사장 나라 하나님 나라》, 《와우! 예레미야 70년》, 《통하는 마지막 유월절, 첫번째 성찬식》, 《통通성경 길라잡이》(개정증보판), 《消失的帝國》(中國 團結出版社/성경과 5대제국 중국판), 《성경과 고대전쟁》, 《성경과 고대정치》, 《신구약 중간사》, 《성경통독과 통通신학》 등 50여 종

편찬
《큰글자 일년일독 통通독성경》, 《역사순 통通성경》

성경, 통通으로 숲이야기

통通숲

조병호 지음

2

Bible through Tong

Tong Observation

통독원

예수님께서 지혜로운 사람은 반석 위에 집을 짓는다고 말씀하십니다.

"그러므로 누구든지 나의 이 말을 듣고 행하는 자는 그 집을 반석 위에 지은 지혜로운 사람 같으리니"(마 7:24)

"또 내가 네게 이르노니 너는 베드로라 내가 이 반석 위에 내 교회를 세우리니 음부의 권세가 이기지 못하리라"(마 16:18)

지혜롭게 성경의 집을 짓는 다섯 가지 방법입니다.

첫째, 기초를 놓습니다.
성경 66권 전체는 예수 십자가 '원 스토리(One Story)'입니다. 즉 구약 39권은 모두 예수 이야기로 향하고 있으며 신약 27권은 예수 이야기와 예수를 증거하는 이야기입니다.

그러므로 성경 66권 전체의 반석은 예수 그리스도입니다.

둘째, 기둥을 세웁니다.

성경은 개인, 가정, 나라 이야기를 담고 있습니다. 그리고 제사장 나라(율법), 5대 제국(선지자), 하나님 나라(복음)가 들어 있습니다. 하나님께서는 세계 경영의 도구로 '제국'을 사용하시며 '제사장 나라'와 '하나님 나라'로 우리를 이끄십니다. 그러므로 율법(제사장 나라), 선지자(5대 제국), 복음(하나님 나라)으로 기둥을 세웁니다.

셋째, 지붕을 덮습니다.

창세기에서 요한계시록까지 성경 66권 각 권의 숲을 정리하며 지붕을 덮습니다. 그래야 '권별주의'와 '요절주의'를 극복할 수 있습니다. 하나님께서는 우리에게 성경 66권 전체를 선물로 주셨는데 어느 한 권만 집중해서 몇 년씩 공부하거나 몇 구절의 요절로 만족한다면 그것은 너무 부족하고 아쉬운 성경공부가 될 것입니다.

넷째, 벽을 붙입니다.

성경의 대략 2,000여 년의 시간, 1,500여 곳의 공간, 그리고

5,000여 명의 인간을 통通으로 공부하여 벽을 붙입니다. 그러면 결국 시간, 공간, 인간 모두 하나님의 소유라는 사실을 깨닫게 됩니다. 그러므로 정말 세상 예화 없이도 '성경 이야기', 충분히 재밌게 할 수 있습니다.

다섯째, 창문을 냅니다.

이렇게 성경의 기초를 반석 위에 세우고, 기둥을 세우고, 지붕을 덮고, 벽을 붙이면 그 때에 비로소 그리스도인의 삶의 주제들인 예배, 선교, 교육, 봉사, 섬김, 교제 등의 다양한 주제들에 대한 창문을 열 수 있습니다. 성경 속 하나님의 사람들처럼 오직 하나님의 말씀으로 승리하는 삶을 넉넉히 살 수 있습니다.

〈통숲〉은 모든 그리스도인들이 '성경의 반석' 위에 튼튼한 집을 짓는 데 도움이 되기를 꿈꾸며 지난 35년간 매일매일 성경을 읽으며 연구한 열매 중 하나입니다. 저에게는 하나님께서 주신 큰 은혜의 산물입니다.

이 땅의 모든 사람들이 하루도 빠짐없이 매일의 일용할 양식이 필요하듯이 하나님의 말씀도 1년 365일 매일 하루도 빠짐없이 필요합니다.

본서 〈통숲〉으로 1년 365일, 성경 66권 전체를 역사 순서에 따라 나누어 매일 다섯 가지 포인트로 누구나 쉽게 통通으로 읽고 공부할 수 있게 될 것입니다. 그래서 그리스도인 누구나 "성경 한 권이면 충분합니다."라고 고백할 수 있기를 꿈꿉니다.

하나님께서 은혜와 평강의 복으로 함께하시길 기도합니다.
God bless you~

2019년 통독원에서

CONTENTS

43일

다섯이 백을 이깁니다! (민 1~2장)

애피타이저 APPETIZER

'23일간의 시내산 캠프' 19일째입니다.

출애굽기 19장에서 출애굽기 끝까지, 레위기 전체, 그리고 민수기 10장 10절까지! 계속해서 출애굽한 이스라엘 백성들이 '시내산에서 머문 1년 동안의 제사장 나라 기록'과 함께할 것입니다.

〈민수기〉는 'Numbers', 즉 '숫자들'이라는 뜻입니다. 책의 제목대로 〈민수기〉에는 정말 많은 숫자가 등장합니다. 〈민수기〉를 시작하면서 곧바로 등장하는 숫자는 1과 603,550입니다. 아브라함의 아들 '이삭 1명'에서 시작하여 500여 년 만에 아브라함의 후손이 603,550명이 되었다는 것입니다. 이는 하나님께서 아브라함에게 약속하신 대로 '하늘의 별과 같고 바닷가의 모래와 같이' 아브라함의 후손들이 크게 번성했음을 보여줍니다.

아브라함의 후손들이 크게 번성했다는 것은 출애굽기 1장에서 1차로 이미 실현되었다는 사실을 보여주었고, 민수기 1장을 통해서는 하나님의 약속이 어떻게 실현되었는지 구체적인 숫자로 확인하게 됩니다. 민수기 2장은 1장에서 계수된 각 지파의 숫자를 기반으로 열두 지파가 진영을 갖추는 이야기가 나옵니다.

이스라엘은 다른 여타한 나라들과는 달리 진영을 짜면서 동서남북으로 둘러싼 지파들 중앙에 레위 지파와 함께 회막을 놓았습니다. 이는 이스라엘 진영 중심에 하나님을 모시고 있다는 것이며 이것이 여타 민족의 진영과 다른 중요한 차이라고 할 수 있습니다.

우리는 〈레위기〉 공부를 모두 마친 이스라엘 백성들이 출애굽 이전에 비해 얼마나 멋지게 변했는지 보게 될 것입니다.

성경통독 BIBLETONGDOK

《일년일독 통독성경》 민수기 1~2장

● 첫 번째 포인트

시내산 캠프 1년, 제사장 나라 셋업(set-up)의 네 번째 단계로 '인구조사'가 실행됩니다.

출애굽한 이스라엘 백성들은 시내 광야에서 1년간 머무르면서 제사장 나라를 셋업(set-up)합니다.

첫 번째 단계는 '언약 체결'이었습니다. 지금까지 계속해서 말씀드린 바와 같이 이스라엘 백성들은 제사장 나라 거룩한 시민으로 하나님과 언약을 맺었습니다. 이는 500여 년 전, 아브라함 한 사람과 맺으셨던 '은혜 언약'을 시작으로 하나님과 이스라엘 백성들이 서로 합의하에 '쌍무 언약'을 체결한 것이었습니다.

"언약서를 가져다가 백성에게 낭독하여 듣게 하니 그들이 이르되 여호와의 모든 말씀을 우리가 준행하리이다 모세가 그 피를 가지고 백성에게 뿌리며 이르되 이는 여호와께서 이 모든 말씀에 대하여 너희와 세우신 언약의 피니라"(출 24:7~8)

두 번째 단계는 '성막 제작'이었습니다. 언약을 체결한 후 하나님께서 주신 설계도대로 약 6개월 동안 성막을 제작했습니다. 그리고 마침내 성막이 완성됨으로 이스라엘 백성들은 누구든지,

언제든지 '하나님의 이름을 두려고 택하신 곳' 성막에 가서 제사를 통해 하나님 앞에 나아갈 수 있게 되었습니다.

"그는 또 성막과 제단 주위 뜰에 포장을 치고 뜰 문에 휘장을 다니라 모세가 이같이 역사를 마치니 구름이 회막에 덮이고 여호와의 영광이 성막에 충만하매"(출 40:33~34)

세 번째 단계는 '제사장 취임'이었습니다. 제사장 나라 거룩한 시민인 이스라엘 백성들은 누구든지 성막에 가서 하나님께 제사를 드릴 수 있었습니다. 그런데 하나님께 올려드리는 제사는 반드시 제사장의 도움을 받아야만 했습니다. 그것이 하나님께서 주신 '제사장 나라의 법'이었습니다.

그러므로 성막이 다 만들어졌어도 제사장이 세워지지 않는다면 이스라엘 백성들은 하나님께 제사를 드릴 수 없었을 것입니다. 이제 성막이 완성되고 제사장이 세워지므로 마침내 이스라엘은 온전한 제사장 나라의 기틀을 세울 수 있었습니다.

"아론이 백성을 향하여 손을 들어 축복함으로 속죄제와 번제와 화목제를 마치고 내려오니라 모세와 아론이 회막에 들어갔다가 나와서 백성에게 축복하매 여호와의 영광이 온 백성에게 나타나며 불이 여호와 앞에서 나와 제단 위의 번제물과 기름을 사른지라 온 백성이 이를 보고 소리 지르며 엎드렸더라"(레 9:22~24)

네 번째 단계로 '인구조사'가 실행됩니다. 시내 광야에서 1년 동안 머물며 제사장 나라의 기틀을 세워가던 이스라엘 백성들에게 하나님께서는 마지막 4단계로 인구조사를 명하십니다.

"이같이 이스라엘 자손이 그 조상의 가문을 따라 이십 세 이상으로 싸움에 나갈 만한 이스라엘 자손이 다 계수되었으니 계수된 자의 총계는 육십만 삼천오백오십 명이었더라"(민 1:45~46)

와우! 참으로 감격스럽습니다. 드디어 제사장 나라 조직이 갖추어지게 된 것입니다.

● **두 번째 포인트**

아브라함의 후손은 이삭 1명에서 시작하여 500여 년 만에 60만 명 이상이 되었습니다.

하나님께서 500여 년 전에 아브라함에게 주셨던 약속입니다.

"내가 네게 큰 복을 주고 네 씨가 크게 번성하여 하늘의 별과 같고 바닷가의 모래와 같게 하리니 네 씨가 그 대적의 성문을 차지하리라"(창 22:17)

그 약속대로 아브라함의 후손들이 애굽에서 크게 번성합니다.

"요셉을 알지 못하는 새 왕이 일어나 애굽을 다스리더니 그가 그 백성에게 이르되 이 백성 이스라엘 자손이 우리보다 많고 강하도다 자, 우리가 그들에게 대하여 지혜롭게 하자 두렵건대 그들이 더 많게 되면 전쟁이 일어날 때에 우리 대적과 합하여 우리와 싸우고 이 땅에서 나갈까 하노라 하고"(출 1:8~10)

마침내 그들이 출애굽하여 시내 광야에서 하나님의 명령대로 인구를 조사하면서 제사장 나라 세팅(setting)을 완료합니다.

아브라함의 후손 이삭 1명으로 시작하여 민수기 인구조사 때는 놀랍게도 레위 지파를 제외한 싸움에 나갈 만한 20세 이상의 남자가 603,550명이 된 것입니다. 그런데 인구조사에서 레위 지파가 제외된 이유는 그들의 막중한 사명 때문이었습니다.

레위 지파는 성막과 그 모든 기구와 부속품을 관리하고, 성막의 운반과 세우는 일을 책임졌습니다. 성막 보호를 위해 외인이 오면 죽이는 일까지 담당했기에 성막 사방에 진을 쳐야 했습니다. 이 때문에 하나님께서 레위 지파에게 "증거의 성막에 대한 책임을 지킬지니라"(민 1:53)라고 말씀하심으로 그들은 이스라엘 자손 계수 중에 포함되지 않았습니다.

여기에서 '책임'이란, 히브리어로 '미쉬메레트(מִשְׁמֶרֶת)'입니다. 이는 '보호, 주의하여 지킴, 파수꾼'을 뜻합니다. 그리고 '지키다'는 히브리어로 '샤마르(שָׁמַר)'입니다. 이는 '가시로 울타리를 치고 지키듯 철저히 보호하고 세심히 보다'라는 뜻입니다.

하나님께서 레위 지파에게 하신 "책임을 지킬지니라"(민 1:53)는 말씀은 '에덴동산을 지킴'과 같은 뜻으로 레위 지파가 성막을 반드시 지켜야 한다는 것입니다.

하나님께서는 인구조사를 위해 협력자들을 세우셨습니다. 민수기 1장에서는 모세와 아론, 그리고 각 지파에서 지명된 자들이 하나님의 명령에 협력하고 수행하는 흐뭇한 광경이 펼쳐지고 있습니다.

성경에 각 지파 대표자들을 지칭하는 말들을 살펴보겠습니다(민 1:4~44).

① 가문의 우두머리(4절)

② 너희(모세, 아론)와 함께 설 사람들(5절)

③ 회중에 부름을 받은 자(16절)

④ 그 조상 지파의 지휘관(16절)

⑤ 이스라엘 종족들의 우두머리(16절)

⑥ 지명된 이 사람들(17절)

⑦ 열두 지휘관(44절)

이렇게 협력자들의 도움으로 계수된 603,550명을 기반으로 이스라엘 열두 지파별로 진영이 갖추어집니다. 출애굽한 지 1년 만에 드디어 이스라엘이 조직화된 군대를 가지게 된 것입니다.

● 세 번째 포인트

다섯이 백을 이깁니다.

하나님께서는 레위기 26장의 결론을 통해 이스라엘 백성들이 하나님과 맺은 제사장 나라 언약을 잘 지키면 "너희 다섯이 백을 쫓고 너희 백이 만을 쫓으리니 너희 대적들이 너희 앞에서 칼에 엎드러질 것이며"(레 26:8)라고 약속해주셨습니다.

그러므로 이스라엘이 하나님과 맺은 언약을 잘 지키면 대적과 싸울 때 다섯이 백을 이기는 나라가 될 것입니다. 그러니 그들에게 가장 중요한 것은 언제나 하나님과 맺은 언약을 우선으로 지키는 것입니다.

이스라엘의 '싸움에 나갈 만한 자'로 계수된 60만 대군은 하나님의 약속을 믿고 공동체를 보호할 책임을 가져야 합니다. 그들은 출애굽 전 과정을 통해서 '전쟁은 하나님께 속해 있음'을 근본적으로 알게 된 자들입니다. 그들은 이미 그들의 조상 아브라함과 앗수르의 4개 도시국가와의 전쟁을 알고 있으며 출애굽과 홍해의 기적, 그리고 아말렉과의 전쟁을 학습한 자들입니다.

이후 이스라엘은 여리고성 공성전에서 전쟁은 군대의 숫자가 아닌 하나님의 말씀에 순종함으로 승리한다는 것을 또다시 체험하게 됩니다.

"일곱 번째에 제사장들이 나팔을 불 때에 여호수아가 백성에게 이르되 외치라 여호와께서 너희에게 이 성을 주셨느니라"(수 6:16)

'전쟁이 하나님께 속했다'라는 선언은 성경에 많이 등장합니다. '기드온과 300용사'의 전쟁 이야기입니다.

"여호와께서 기드온에게 이르시되 내가 이 물을 핥아 먹은 삼백 명으로 너희를 구원하며 미디안을 네 손에 넘겨 주리니"(삿 7:7)

'다윗과 골리앗'의 전쟁 이야기입니다.

"여호와의 구원하심이 칼과 창에 있지 아니함을 이 무리에게 알게 하리라 전쟁은 여호와께 속한 것인즉 그가 너희를 우리 손에 넘기시리라"(삼상 17:47)

이후에 남유다를 공격했던 앗수르 군대 18만 5천 명의 죽음을 통해서도 전쟁은 하나님께 속한 것이라는 사실이 드러납니다.

"이 밤에 여호와의 사자가 나와서 앗수르 진영에서 군사 십팔만 오천 명을 친지라 아침에 일찍이 일어나 보니 다 송장이 되었더라"(왕하 19:35)

이사야 선지자와 예레미야 선지자를 비롯해 이후에 등장하는 모든 선지자의 한결같은 주장은 레위기 26장의 말씀을 기억하라는 것입니다. 그런데 이스라엘 백성들이 하나님과 맺은 언약을 지키지 않음으로 이후 그들이 5대 제국 곧 앗수르, 바벨론, 페르시아, 헬라, 로마 제국의 지배를 받게 된 것입니다.

● 네 번째 포인트
동서남북 진영 중심에 회막이 놓이게 됩니다.

이스라엘의 군대 진영이 여타 민족의 군대 진영들과 확실히 구별되는 것은 회막 중심, 하나님 중심이라는 점입니다.

"이스라엘 자손은 각각 자기의 진영의 군기와 자기의 조상의 가문의 기호 곁에 진을 치되 회막을 향하여 사방으로 치라"(민 2:2)

이스라엘 군대의 진영은 다음과 같습니다.

1대대 동편은 유다, 잇사갈, 스불론 지파

2대대 남편은 르우벤, 시므온, 갓 지파

3대대 서편은 에브라임, 므낫세, 베냐민 지파

4대대 북편은 단, 아셀, 납달리 지파

그리고 중앙에는 레위 지파와 함께 회막이 놓입니다. 이스라엘 백성들이 애굽에서 노예로 살 때에는 애굽 군인들이 태어난 사내아이를 나일강에 던지는데 저항도 못하고 무서워서 바라만 보고 있었습니다. 그런 60만 명이었습니다.

그러나 이제는 드디어! 첫째, 자기 가족을 지킬 수 있게 되었으며 둘째, 여호와의 군대가 되어 가나안과 공성전까지 치를 수 있게 되었습니다.

● 다섯 번째 포인트

민수기 인구조사, 첫 번째는 애굽에서 나온 싸움에 나갈 만한 20세 이상의 숫자, 두 번째는 가나안에 들어갈 싸움에 나갈 만한 20세 이상의 숫자입니다.

〈민수기〉에는 두 번의 인구조사 기록이 나옵니다. 첫 번째 인구조사는 시내산에서 1년 동안 머물면서 진행된 제사장 나라 언약, 성막 제작, 제사장 취임 후의 인구조사였습니다. 이때 인구조사의 대상은 '출애굽한 20세 이상 전쟁에 나갈 만한 남자들의 숫자'였습니다.

다음에 다시 살펴보겠습니다만, 두 번째 인구조사는 40년 후 '가나안에 들어갈 20세 이상 전쟁에 나갈 만한 남자들의 숫자'입니다. 여기에 두 번의 인구조사에서 겹치는 사람은 단 두 명뿐입니다. 바로 여호수아와 갈렙이었습니다. 사실, 하나님께서는 첫 번째 인구조사 대상자들이 가데스 바네아 사건으로 그때 모두 진멸할 뻔한 것을 하나님의 은혜로 광야에서 40년을 살다가 자연사(?)하게 하셨습니다. 그런데 여호수아와 갈렙만이 두 번의 인구조사에 모두 포함되었던 것입니다.

> "너희 시체가 이 광야에 엎드러질 것이라 너희 중에서 이십 세 이상으로서 계수된 자 곧 나를 원망한 자 전부가 여분네의 아들 갈렙과 눈의 아들 여호수아 외에는 내가 맹세하여 너희에게 살게 하리라 한 땅에 결단코 들어가지 못하리라"(민 14:29~30)

가데스 바네아 사건을 기점으로 1차, 2차 인구조사의 대상이 달라진 것입니다.

디저트 DESSERT

〈민수기〉를 시작하면서 우리는 무척 든든하다는 생각을 하게 됩니다. 같은 사람들인데 이스라엘 백성들이 애굽에서 노예로 살 때에는 자기 아들조차 지키지 못하는 무능한 사람들로 보이더니 출애굽한 지 1년 만에 너무나 달라진 듬직한 사람들로 보입니다. 하나님께서 함께해주시면, 그리고 제사장 나라의 법대로 살면 이렇게 담대하고 강한 민족으로 세팅될 수 있다는 사실을 보게 됩니다.

지금까지 하나님의 율례와 법도로 내적 무장을 했다면 진영을 갖추는 것은 이제부터 만나게 될 민족들의 도전을 막아내기 위해 외적 무장을 하는 것입니다. 다시는 어린아이나 노약자들이 아말렉 같은 족속에게 당하는 일이 있어서는 안 되기 때문입니다. 하나님 말씀에 순종하고 하나님을 중심에 모시면 어떤 전쟁도 이길 수 있습니다. 다섯이 나가서 백을 이길 수 있다는 것은 참으로 놀라운 기적입니다.

〈민수기〉 말씀과 함께 변화된 듬직한 이스라엘 백성들처럼 새롭게 용기 내는 멋진 그리스도인을 꿈꿉니다.

44일

제사장 나라 회막, 공직자 8,580명! (민 3~4장)

애피타이저 APPETIZER

'23일간의 시내산 캠프' 20일째입니다.

출애굽기 19장에서 출애굽기 끝까지, 레위기 전체, 그리고 민수기 10장 10절까지! 계속해서 출애굽한 이스라엘 백성들이 '시내산에서 머문 1년 동안의 제사장 나라 기록'과 함께할 것입니다.

레위 지파는 열두 지파의 장자들을 대신해서 하나님을 섬길 사람들로 구별되어 따로 계수되었습니다.

장자가 동생들에게 선한 영향력을 끼치듯, 레위 지파는 다른 지파 사람들에게 하나님의 율례와 규례와 법도를 열심히 가르치는 책임을 맡습니다. 이렇게 레위 지파는 제사장을 도와 성막에서 봉사하는 직무와 함께 하나님의 소유로 구별됨으로써 이스라엘 자손 대대로 출애굽의 하나님을 기억하도록 하는 데에 존재의 의미를 갖습니다.

성경통독 BIBLETONGDOK

《일년일독 통독성경》 민수기 3~4장

통通으로 숲이야기 ; 통숲 TONG OBSERVATION

● 첫 번째 포인트

민수기 인구조사의 목적은 '군대와 교육' 두 가지입니다.

하나님께서 출애굽한 이스라엘 백성들의 인구조사를 하게 하신 여러 이유 중 하나는 열두 지파의 '20세 이상 싸움에 나갈 만한 남자들의 숫자'를 통해 군대를 조직하시고자 함입니다.

이스라엘의 군대는 다른 나라들의 군대와 달리 하나님의 방법으로 싸우는 '여호와의 군대'입니다. 보통 군인들은 전쟁을 대비해 늘 군사 훈련을 해야 합니다. 그런데 이스라엘 군인들인 열두 지파의 싸움에 나갈 만한 20세 이상의 남자들은 모두 현역 군인이자 동시에 생업에 종사하는 평범한 사람들입니다. 그들은 전쟁에 대비해 매일 군사 훈련을 하며 일상을 보내는 사람들이 아니라, 제사장 나라 거룩한 시민의 율법을 공부하는 사람들입니다.

이스라엘 군인들의 훈련은 하나님께서 주신 율법을 지켜 행하면 대적과 싸울 때, 다섯이 백을 이긴다는 '믿음'을 학습하는 것입니다. 즉 하나님께서는 인구조사를 통해 이스라엘의 군대를 조직함과 동시에 '제사장 나라 교육'을 더욱 강화하셨습니다.

나중에 살펴보겠습니다만, 그렇게 훈련받고 교육받은 이스라엘 군대가 하나님의 방법으로 싸워 이긴 전쟁이 여리고성 공성전입니다.

> "여호와께서 여호수아에게 이르시되 보라 내가 여리고와 그 왕과 용사들을 네 손에 넘겨 주었으니 너희 모든 군사는 그 성을 둘러 성 주위를 매일 한 번씩 돌되 엿새 동안을 그리하라 제사장 일곱은 일곱 양각 나팔을 잡고 언약궤 앞에서 나아갈 것이요 일곱째 날에는 그 성을 일곱 번 돌며 그 제사장들은 나팔을 불 것이며"(수 6:2~4)

이스라엘 군대는 가나안에서 여리고성 공성전 승리 이후에 5년 동안 30여 번의 전쟁을 모두 승리로 이끕니다. 이스라엘 군대가 늘 승리했던 이유는 그들이 '전쟁은 하나님께 속한 것'이라는 사실을 믿는 믿음과 하나님께서 주신 방법을 따라 늘 용감하게 전쟁에 임했기 때문입니다.

"여호와께서 여호수아에게 이르시되 두려워하지 말라 놀라지 말라 군사를 다 거느리고 일어나 아이로 올라가라 보라 내가 아이 왕과 그의 백성과 그의 성읍과 그의 땅을 다 네 손에 넘겨 주었으니"(수 8:1)

이처럼 하나님께서는 이스라엘 백성들의 인구조사를 통해 제사장 나라 거룩한 시민의 교육과 동시에 '하나님의 군대'를 조직하게 하셨습니다.

● 두 번째 포인트

민수기 인구조사는 출애굽 유월절에 그 근거를 둡니다.

애굽에서의 첫 번째 유월절 때에 애굽의 장자들은 모두 죽었으나 하나님께서 이스라엘 열세 지파의 장자들은 모두 살려주셨습니다.

"처음 태어난 자는 다 내 것임은 내가 애굽 땅에서 그 처음 태어난 자를 다 죽이던 날에 이스라엘의 처음 태어난 자는 사람이나 짐승을 다 거룩하게 구별하였음이니 그들은 내 것이 될 것임이니라 나는 여호와이니라"(민 3:13)

그래서 이때 살아난 이스라엘 장자들과 짐승의 초태생은 모두 하나님의 소유라고 선언하셨습니다.

"이스라엘 자손 중에서 사람이나 짐승을 막론하고 태에서 처음 난 모든 것은 다 거룩히 구별하여 내게 돌리라 이는 내 것이니라 하시니라" (출 13:2)

이후 하나님께서는 이스라엘 백성들을 1년 동안 시내 광야에 머물게 하시며 제사장 나라 교육 후 그들에게 두 가지 방식으로 인구조사를 하게 하십니다.

첫째, '20세 이상 싸움에 나갈 만한 남자들의 숫자'를 계수합니다.

"이같이 이스라엘 자손이 그 조상의 가문을 따라 이십 세 이상으로 싸움에 나갈 만한 이스라엘 자손이 다 계수되었으니 계수된 자의 총계는 육십만 삼천오백오십 명이었더라"(민 1:45~46)

둘째, '이스라엘 장자들의 숫자'와 '레위 지파의 1개월 이상 된 남자들의 숫자'를 계수합니다.

"보라 내가 이스라엘 자손 중에서 레위인을 택하여 이스라엘 자손 중에 태를 열어 태어난 모든 맏이를 대신하게 하였은즉 레위인은 내 것이라"(민 3:12)

"레위 자손을 그들의 조상의 가문과 종족을 따라 계수하되 일 개월 이

상된 남자를 다 계수하라"(민 3:15)

이렇게 해서 레위 지파를 제외한 열두 지파 장자들의 숫자는 22,273명으로 계수됩니다. 그리고 레위 지파의 1개월 이상 된 남자들의 숫자는 22,000명으로 계수됩니다. 계수해서 보니 열두 지파 장자들의 숫자가 레위 지파의 1개월 이상 된 남자들의 숫자보다 273명이 더 많습니다.

우리 생각엔 이 정도면 대략 엇비슷하니 '퉁치면'(?) 될 것 같습니다. 그런데 하나님께서는 레위 지파 사람들이 열두 지파 장자들보다 273명이 부족해 그만큼 일을 더해야 하니 273명에 대한 속전을 레위 지파 사람들에게 주어 그들의 수고에 보답하게 하십니다. 그래서 레위 지파의 부족 수 273명에 대해 각각 5세겔씩 하여 총 1,365세겔을 받게 해주십니다.

"이스라엘 자손의 처음 태어난 자가 레위인보다 이백칠십삼 명이 더 많은즉 속전으로 한 사람에 다섯 세겔씩 받되 성소의 세겔로 받으라 한 세겔은 이십 게라니라 그 더한 자의 속전을 아론과 그의 아들들에게 줄 것이니라 모세가 레위인으로 대속한 이외의 사람에게서 속전을 받았으니 곧 이스라엘 자손의 처음 태어난 자에게서 받은 돈이 성소의 세겔로 천삼백육십오 세겔이라"(민 3:46~50)

하나님께서는 레위 지파의 인구조사에서는 1개월 이상 된 남자들의 숫자와 함께 30세 이상 50세까지의 남자들의 숫자도 계수하게 하십니다. 또한 레위 지파 안에서도 고핫 자손과 게르손 자손과 므라리 자손을 구분해서 계수하게 하십니다.

다시 한번 인구조사의 방식과 계수된 숫자를 정리하면 다음과 같습니다.

① 싸움에 나갈 만한 20세 이상의 남자 = 603,550명

② 1개월 이상 된 레위 지파 남자 = 22,000명

③ 레위 지파를 제외한 열두 지파의 장자 = 22,273명

④ 레위인보다 많으므로 속전을 낸 남자 = 273명

⑤ 레위 지파 중 30~50세의 남자 = 8,580명

하나님은 정말 꼼꼼하신 분입니다.

● 세 번째 포인트

제사장 나라의 공직자인 '회막 공무원'은 8,580명입니다.

위에 언급한 대로 하나님께서 명령하신 레위 지파의 인구조사 기준은 세 가지였습니다.

첫째, 생후 1개월 이상 된 남자들의 숫자

둘째, 30세 이상 50세까지 남자들의 숫자

셋째, 고핫 자손, 게르손 자손, 므라리 자손으로 구분한 남자들의 숫자

하나님께서 레위 지파 가운데 생후 1개월 이상 된 남자들의 숫자를 계수하게 하신 것은 레위 지파를 제외한 열두 지파 장자들의 숫자와 비교해 레위 지파 자손의 수고에 적합한 사례를 주시기 위함입니다. 그리고 하나님께서 레위 지파 사람들 가운데 30세 이상 50세까지 남자들의 숫자를 계수하게 하신 이유는 성막에서의 모든 일을 담당하는 '현역 봉사자'를 구분하신 것입니다.

레위인은 태어난 지 1개월만 되면 계수되고, 30년을 준비하여 20년 일하고 현역에서 물러나는 50세 이후에는 현역 봉사자들을 도우며 30세 이전의 레위인들을 교육하는 일을 했을 것입니다.

> "오십 세부터는 그 일을 쉬어 봉사하지 아니할 것이나 그의 형제와 함께 회막에서 돕는 직무를 지킬 것이요 일하지 아니할 것이라 너는 레위인의 직무에 대하여 이같이 할지니라"(민 8:25~26)

또한 하나님께서 레위 지파 가운데 고핫 자손, 게르손 자손, 므라리 자손을 구분해서 숫자를 계수하게 하신 이유는 그들의 역할이 각각 다르기 때문입니다.

고핫 자손은 증거궤, 등잔대, 향단 등 성막 기구들을 어깨에

메어 운반하고, 게르손 자손은 성막 휘장 및 휘장 문, 줄 등을 수레에 운반하고, 므라리 자손은 장막의 널판, 띠, 기둥, 받침, 말뚝 등을 수레로 운반하는 책임을 맡았습니다.

이러한 기준으로 레위 지파 사람들의 숫자를 다 계수했더니 1개월 이상 계수된 남자의 총수는 22,000명이었고 30세에서 50세까지의 성막에서 현역으로 일할 수 있는 사람의 수는 8,580명이었습니다.

● 네 번째 포인트

8,580명의 제사장 나라 공직자들은 매일 '동분서주'합니다.

제사장 나라 이스라엘의 대제사장은 아론이고, 아론의 두 아들 엘르아살과 이다말은 제사장입니다. 그리고 레위 지파의 고핫 자손, 게르손 자손, 므라리 자손은 제사장을 도와 성막에서 풀타임(full time)으로 일을 했습니다.

제사장이 5대 제사를 집례할 때,

"기름 부음을 받은 제사장은 그 수송아지의 피를 가지고 회막에 들어가서"(레 4:5)

나병을 진찰할 때,

"나병 환자가 정결하게 되는 날의 규례는 이러하니 곧 그 사람을 제사장에게로 데려갈 것이요"(레 14:2)

서원제를 감정해줄 때,

"서원자가 가난하여 네가 정한 값을 감당하지 못하겠으면 그를 제사장 앞으로 데리고 갈 것이요 제사장은 그 값을 정하되 그 서원자의 형편대로 값을 정할지니라"(레 27:8)

매일 상번제를 드릴 때,

"너희가 여호와께 드릴 화제는 이러하니 일 년 되고 흠 없는 숫양을 매일 두 마리씩 상번제로 드리되"(민 28:3)

등잔불을 밝힐 때,

"계속해서 등잔불을 켜 둘지며"(레 24:2)

떡을 진설할 때,

"안식일마다 이 떡을 여호와 앞에 항상 진설하지니"(레 24:8)

이렇게 여러모로 제사장을 돕는 일을 했습니다. 뿐만 아니라 그들은 성막을 지켜야 했습니다. 무단으로 성막을 침입하는 외부인은 죽이기까지 하며 성막을 지켜야 했습니다.

"너는 아론과 그의 아들들을 세워 제사장 직무를 행하게 하라 외인이 가까이 하면 죽임을 당할 것이니라"(민 3:10)

이처럼 레위 지파 인구조사를 통해 계수된 30세에서 50세까지의 8,580명은 제사장 나라 공직자로서 하나님께서 맡겨주신 사명을 감당할 의무와 책임이 막중했습니다.

● 다섯 번째 포인트
레위 지파는 농사지을 수도, 고기를 잡을 수도 없습니다.

장자가 동생들에게 선한 영향력을 끼치듯, 레위 지파는 열두 지파 사람들에게 하나님의 율례와 규례와 법도를 열심히 가르쳐야 하는 책임을 맡았습니다.

"레위에 대하여는 일렀으되 … 주의 법도를 야곱에게, 주의 율법을 이스라엘에게 가르치며 주 앞에 분향하고 온전한 번제를 주의 제단 위에 드리리로다"(신 33:8~10)

특히 레위 지파 제사장들은 율법뿐만 아니라 '나병'에 대해서는 반드시 전문가여야만 했습니다.

"너는 나병에 대하여 삼가서 레위 사람 제사장들이 너희에게 가르치는 대로 네가 힘써 다 지켜 행하되 너희는 내가 그들에게 명령한 대로 지켜 행하라"(신 24:8)

그리고 다섯 가지 제사와 율법을 교육해야 했습니다. 제사드릴 때 구체적으로 어떻게 희생제물을 준비해야 하는지, 어떻게 희생제물을 죽여야 하는지, 어떻게 희생제물의 각을 떠야 하는지를 교육해야 했습니다. 그리고 율법 교육으로는 613가지에 이르는 모든 율법을 삶의 현장에서 모두 실천할 수 있게 해야 했습니다.

"레위 사람 제사장과 당시 재판장에게 나아가서 물으라 그리하면 그들이 어떻게 판결할지를 네게 가르치리니 여호와께서 택하신 곳에서 그들이 네게 보이는 판결의 뜻대로 네가 행하되 그들이 네게 가르치는 대로 삼가 행할 것이니 곧 그들이 네게 가르치는 율법의 뜻대로, 그들이 네게 말하는 판결대로 행할 것이요 그들이 네게 보이는 판결을 어겨 좌로나 우로나 치우치지 말 것이니라"(신 17:9~11)

그리고 레위 지파 제사장들은 때로는 전쟁 때 가장 선두에 용기 있게 서야 했습니다. 이후에 이스라엘 백성들이 가나안에 들어가기 위해 요단강을 건널 때 레위 지파 제사장들이 선두에 섰습니다. 그리고 여리고성 공성전에서도 선두에 서서 전쟁을 이끌었습니다.

"눈의 아들 여호수아가 제사장들을 불러 그들에게 이르되 너희는 언약궤를 메고 제사장 일곱은 양각 나팔 일곱을 잡고 여호와의 궤 앞에서 나아가라 하고"(수 6:6)

이렇게 레위 지파 사람들은 농사일이나 고기 잡는 일에서 제외시켜주시고, 오직 회막에서 제사장의 특권과 사명을 감당하며 일하게 하셨습니다. 그리고 열두 지파에게는 땅을 분배해 각자 자신들의 땅에서 생업에 종사하며 살게 하셨습니다. 그렇게 그들을 대신해 회막에서 봉사하는 레위 지파 제사장들의 생계를 책임지게 하셨던 것입니다. 이것이 하나님께서 제사장 나라 거룩한 시민 이스라엘에게 주신 법이었습니다.

"내가 이스라엘 자손 중에서 레위인을 취하여 그들을 아론과 그의 아들들에게 주어 그들로 회막에서 이스라엘 자손을 대신하여 봉사하게 하며 또 이스라엘 자손을 위하여 속죄하게 하였나니"(민 8:19)

"네 성읍에 거주하는 레위인은 너희 중에 분깃이니 기업이 없는 사이니 또한 저버리지 말지니라"(신 14:27)

하나님께서는 열두 지파가 자기 집안의 장자들을 성심껏 돌보듯이 레위 지파의 생계를 책임지도록 하여 공동체 전체가 제사장 나라의 법으로 충실하게 유지될 수 있도록 하십니다.

디저트 DESSERT

레위 지파를 제외한 열두 지파 사람들 중 20세 이상 60세 미만의 남자들은 전쟁이 나면 목숨을 걸고 나라를 지키는 현역 군인으로 그들의 사명을 다해야 했습니다.

또한 레위 지파의 남자들은 생후 1개월부터 훈련을 받기 시작해서 30세부터 50세까지 회막에서 현역으로 제사장으로, 또는 제사장의 시중드는 일, 성막과 그 모든 기구를 맡아 운반하는 일, 성막 봉사, 백성들을 축복하는 일과 율법을 가르치는 일 등을 감당해야 했습니다. 그 때문에 레위 지파는 다른 열두 지파보다 10년을 더 배우고 준비해서 30세부터 일했으며 60세가 아닌 50세에 은퇴를 해서 그때부터는 후배들을 양성해야 했던 것입니다.

하나님께서 레위 지파의 현역 봉사 기간을 30세에서 50세까지로 정해주신 이유는 그들의 사명이 그만큼 막중하고 육체적으로 힘든 일이었기 때문입니다. 레위 지파의 존재 이유는 성막에서 봉사하는 직무와 함께 하나님의 소유로 구별됨으로 이스라엘 자손 대대로 출애굽의 하나님을 기억하도록 하는 데 있습니다. 다시 말해, 레위 지파의 많은 업무 가운데 가장 중요한 일은 무엇보다 이스라엘 백성들에게 '하나님을 알게 하는 것'이었습니다.

우리가 하나님을 알 수 있는 길은 하나님께서 하나님을 계시하신 책, '오직 성경'뿐입니다.

45일

나실인, 대제사장급 헌신 (민 5~6장)

애피타이저 APPETIZER

'23일간의 시내산 캠프' 21일째입니다.

출애굽기 19장에서 출애굽기 끝까지, 레위기 전체, 그리고 민수기 10장 10절까지! 계속해서 출애굽한 이스라엘 백성들이 '시내산에서 머문 1년 동안의 제사장 나라 기록'과 함께할 것입니다.

이제 시내산 23일 캠프가 이틀밖에 남지 않았습니다. 지난 20일 동안 이스라엘 백성들이 '제사장 나라 거룩한 시민'으로 세워지기 위한 수많은 하나님의 깊은 배려와 사랑이 담긴 율법을 함께 공부하는 시간을 가졌습니다. 어렵게만 느껴졌을 율법의 내용들이 결국 인간을 향한, 모든 민족을 향한 하나님의 마음이었다고 생각하니 참으로 행복하고 기쁨이 넘치는 복된 시간이었습니다.

모든 민족을 위한 복의 통로가 될 이스라엘의 인구조사를 시행하고 하나님께서 함께하시는 회막 중심의 진영을 갖춘 후 이제 이스라엘 공동체를 정결하게 하는 작업을 시행됩니다.

성경통독 BIBLETONGDOK

《일년일독 통독성경》 민수기 5~6장

통通으로 숲이야기 ; 통숲 TONG OBSERVATION

● 첫 번째 포인트

하나님께서는 건강한 사회를 위하여 건강한 가정을 이루기를 원하십니다.

성경은 개인, 가정, 나라를 모두 담고 있습니다. 성경을 통해 개인이 부흥하고, 가정이 부흥하고, 하나님 나라가 부흥해야 합니다. 개인이 부흥한다는 것은 나 자신, 개인이 용기를 잃지 않는 것입니다. 성경 속 하나님의 사람들은 어떤 어려움 가운데에서도 낙심하지 않고 하늘의 하나님을 의지하며 용기를 잃지 않았습니다. 독수리가 날개를 치듯 하늘로 힘차게 올랐습니다.

하나님의 사람은 개인 부흥과 함께 가정 부흥을 이루어야 합니다. 가정의 부흥은 온 가족이 힘을 다해 아브라함의 믿음의 가정을 능가하는 월등한 가정을 꿈꾸는 것입니다.

하나님께서는 민수기 5장을 통해 하나님의 사람들이 속한 가정들이 어떻게 신앙 공동체로 정결한 삶을 살 것인지 가르쳐 주고 계십니다. 건강한 사회는 건강한 가정들의 연합체이기 때문입니다.

하나님께서는 이스라엘의 가정을 반듯하게 세우기 위해 부부간의 신뢰를 이루는 길, 신뢰가 무너졌을 때 다시 회복할 수 있는 길, 회복이 어려울 때 처리하는 방법 등을 알려주시며 이스라엘 공동체를 거룩하게 만들고자 하십니다.

● 두 번째 포인트

나실인 헌신은 대제사장급의 헌신입니다.

하나님께서는 애굽에서의 첫 번째 유월절을 통해 이스라엘 모든 가정의 장자들을 살려주시고 레위인을 장자 대신 부르셔서 하나님을 섬기게 하셨습니다. 그런데 레위인이 아니더라도 누구든지 자원하여 하나님을 섬기기로 한다면 하나님께서는 레위인 그 이상으로 기쁘게 그의 섬김을 받겠다고 말씀하십니다. 이에 시간의 주인 되시는 하나님께서는 남녀 누구나 일정 시간을 정해 하나님을 섬길 수 있도록 '나실인 법'을 주십니다.

"여호와께서 모세에게 말씀하여 이르시되 이스라엘 자손에게 전하여 그들에게 이르라 남자나 여자가 특별한 서원 곧 나실인의 서원을 하고 자기 몸을 구별하여 여호와께 드리려고 하면"(민 6:1~2)

그런데 나실인으로 서원하는 기간 동안 지킬 조건이 있습니다.

첫째, 포도나무에서 난 소산은 먹지 말 것

둘째, 독주 금지

셋째, 머리에 삭도를 대지 말 것

넷째, 시체를 가까이하지 말 것

사실, 제사장은 부모 형제의 시신은 만질 수 있습니다.

"아론의 자손 제사장들에게 말하여 이르라 그의 백성 중에서 죽은 자를 만짐으로 말미암아 스스로를 더럽히지 말려니와 그의 살붙이인 그의 어머니나 그의 아버지나 그의 아들이나 그의 딸이나 그의 형제나 출가하지 아니한 처녀인 그의 자매로 말미암아서는 몸을 더럽힐 수 있느

니라"(레 21:1~3)

하지만 대제사장은 어떤 경우에도, 심지어 부모의 시신조차 만지면 안 됩니다.

"어떤 시체에든지 가까이 하지 말지니 그의 부모로 말미암아서도 더러워지게 하지 말며"(레 21:11)

그런데 나실인으로 헌신하는 자는 그 정한 기간 동안에는 '대제사장처럼' 부모의 시신조차 만지면 안 됩니다. 만약 이 규정을 어겼을 경우에는 지난 시간이 모두 무효가 됩니다.

"자기 몸을 구별하여 여호와께 드릴 날을 새로 정하고 일 년 된 숫양을 가져다가 속건제물로 드릴지니라 자기의 몸을 구별한 때에 그의 몸을 더럽혔은즉 지나간 기간은 무효니라"(민 6:12)

그러므로 하나님께서 원하시는 나실인의 헌신은 대제사장급의 헌신이었습니다.

"자기의 몸을 구별하여 여호와께 드리는 모든 날 동안은 시체를 가까이 하지 말 것이요 그의 부모 형제 자매가 죽은 때에라도 그로 말미암아 몸을 더럽히지 말 것이니 이는 자기의 몸을 구별하여 하나님께 드리는 표가 그의 머리에 있음이라 자기의 몸을 구별하는 모든 날 동안 그는 여호와께 거룩한 자니라"(민 6:6~8)

이스라엘 백성들의 조상 이삭, 야곱, 요셉은 모두 부모의 장례를 직접 치렀습니다. 그런데 나실인만은 그 정한 기간 동안에 어떤 시신도 만지면 안 되는 엄격한 규례를 주셨습니다. 왜냐하면 나실인 법에는 자발적으로, 서원한 대로 약속을 지키라는 하나님의 뜻이 담겨 있기 때문입니다. 한편 하나님께서는 가난한 자도 '힘이 미치는 대로' 서원할 수 있게 해주셨습니다.

> "이는 곧 서원한 나실인이 자기의 몸을 구별한 일로 말미암아 여호와께 헌물을 드림과 행할 법이며 이외에도 힘이 미치는 대로 하려니와 그가 서원한 대로 자기의 몸을 구별하는 법을 따라 할 것이니라"(민 6:21)

하나님께서는 이처럼 형편이 안 되는 사람에게도 서원을 할 수 있는 길을 열어주셨습니다. 혹 서원자가 가난하여 그 정해준 값을 다 감당하기 어려운 경우 제사장이 그 사람의 형편을 살펴서 적절한 값을 다시 정해주게 하셨습니다.

> "그러나 서원자가 가난하여 네가 정한 값을 감당하지 못하겠으면 그를 제사장 앞으로 데리고 갈 것이요 제사장은 그 값을 정하되 그 서원자의 형편대로 값을 정할지니라"(레 27:8)

● 세 번째 포인트

나실인 서원에는 '본인의 서원', '부모의 서원', '하나님의 부르심'이 있습니다.

하나님께서 일정 기간 하나님께 헌신할 수 있는 기회로 열어 주신 '나실인 법'은 세 가지 방법으로 행해집니다.

첫 번째는 '본인의 서원'입니다.

> "이스라엘 자손에게 전하여 그들에게 이르라 남자나 여자가 특별한 서원 곧 나실인의 서원을 하고 자기 몸을 구별하여 여호와께 드리려고 하면"(민 6:2)

두 번째는 '부모의 서원'입니다. 이 케이스에 해당되는 나실인이 바로 한나의 아들 사무엘입니다.

> "서원하여 이르되 만군의 여호와여 만일 주의 여종의 고통을 돌보시고 나를 기억하사 주의 여종을 잊지 아니하시고 주의 여종에게 아들을 주시면 내가 그의 평생에 그를 여호와께 드리고 삭도를 그의 머리에 대지 아니하겠나이다"(삼상 1:11)

세 번째는 '하나님의 부르심'입니다. 여기에 해당되는 케이스는 삼손과 세례 요한입니다.

나실인 삼손 이야기입니다.

> "보라 네가 임신하여 아들을 낳으리니 그의 머리 위에 삭도를 대지 말라 이 아이는 태에서 나옴으로부터 하나님께 바쳐진 나실인이 됨이라"(삿 13:5)

나실인 세례 요한 이야기입니다.

"이는 그가 주 앞에 큰 자가 되며 포도주나 독한 술을 마시지 아니하며 모태로부터 성령의 충만함을 받아"(눅 1:15)

하나님께서 '나실인 법'을 주신 이유는 많은 사람이 자원하여 하나님의 일에 기쁘게 참여하기를 기대하셨기 때문입니다.

● 네 번째 포인트

제사장의 중요한 업무 중 하나는 이스라엘 자손을 축복하는 것입니다.

복은 하나님의 창고에 가득 들어 있고, 복 주시는 분은 오직 하나님 한 분뿐이십니다. 제사장들의 중요한 일 중 하나는 이스라엘 백성을 위해 그 복을 빌어주는 것입니다.

"여호와께서 모세에게 말씀하여 이르시되 아론과 그의 아들들에게 말하여 이르기를 너희는 이스라엘 자손을 위하여 이렇게 축복하여 이르되 여호와는 네게 복을 주시고 너를 지키시기를 원하며 여호와는 그의 얼굴을 네게 비추사 은혜 베푸시기를 원하며 여호와는 그 얼굴을 네게로 향하여 드사 평강 주시기를 원하노라 할지니라 하라 그들은 이같이 내 이름으로 이스라엘 자손에게 축복할지니 내가 그들에게 복을 주리라"(민 6:22~27)

하나님께서는 아브라함이 '모든 민족'을 위한 '복의 통로'가 되게 하셨습니다.

"땅의 모든 족속이 너로 말미암아 복을 얻을 것이라"(창 12:3)

아브라함 이후 500여 년 만에 하나님께서 이제 제사장의 손을 들어 이스라엘 백성들을 축복하게 하십니다. 정말 감격스러운 장면이 아닐 수 없습니다.

"아론이 백성을 향하여 손을 들어 축복함으로 속죄제와 번제와 화목제를 마치고 내려오니라"(레 9:22)

"그 때에 제사장들과 레위 사람들이 일어나서 백성을 위하여 축복하였으니 그 소리가 하늘에 들리고 그 기도가 여호와의 거룩한 처소 하늘에 이르렀더라"(대하 30:27)

● 다섯 번째 포인트

보아스와 바울의 인사법은 〈민수기〉에서 시작됩니다.

〈룻기〉를 보면 베들레헴 사람 보아스가 그의 밭에서 일하는 사람들과 대화하는 장면이 나옵니다.

"마침 보아스가 베들레헴에서부터 와서 베는 자들에게 이르되 여호와께서 너희와 함께 하시기를 원하노라 하니 그들이 대답하되 여호와께

서 당신에게 복 주시기를 원하나이다 하니라"(룻 2:4)

이어서 사도 바울이 쓴 편지의 서두를 보겠습니다.

"로마에서 하나님의 사랑하심을 받고 성도로 부르심을 받은 모든 자에게 하나님 우리 아버지와 주 예수 그리스도로부터 은혜와 평강이 있기를 원하노라"(롬 1:7)

"골로새에 있는 성도들 곧 그리스도 안에서 신실한 형제들에게 편지하노니 우리 아버지 하나님으로부터 은혜와 평강이 너희에게 있을지어다"(골 1:2)

보아스와 그의 밭에서 일하는 사람들이 〈민수기〉에서 하나님께서 제사장들을 통해 이스라엘 백성들을 축복하라고 하신 그 말씀대로 인사하고 있음을 알 수 있습니다. 그리고 사도 바울은 그의 서신마다 '은혜와 평강'을 빠뜨리지 않습니다. 사도 바울 또한 〈민수기〉를 통해 알려주신 하나님의 말씀대로 사랑하는 성도들에게 축복하고 있습니다.

디저트 DESSERT

저도 보아스와 사도 바울처럼 여러분에게 〈민수기〉의 말씀대로 축복하겠습니다.

“여호와는 당신에게 복을 주시고 당신을 지키시기를 원하며 여호와는 그의 얼굴을 당신에게 비추사 은혜 베푸시기를 원하며 여호와는 그 얼굴을 당신에게로 향하여 드사 평강 주시기를 원합니다.”

46일

화려한 작업복은 없지만! (민 7~8장)

애피타이저 APPETIZER

'23일간의 시내산 캠프' 22일째입니다.

출애굽기 19장에서 출애굽기 끝까지, 레위기 전체, 그리고 민수기 10장 10절까지! 계속해서 출애굽한 이스라엘 백성들이 '시내산에서 머문 1년 동안의 제사장 나라 기록'과 함께할 것입니다.

23일간의 시내산 캠프를 마무리해야 하기 때문에 무척 바쁘고 분주합니다. 그러나 즐겁고 행복한 여정이 아닐 수 없습니다. 이스라엘 열두 지파의 공동체 정결 작업을 모두 마친 후 유다 지파를 선두로 매일 한 지파씩 각 지파의 지휘관들이 성막으로 나와 동일하게, 공평하게 하나님께 예물을 드립니다. 정말 감사하고 감격스러운 장면입니다.

하나님께 드릴 수 있는 기쁨! 그 기쁨은 해보지 않으면 말로 다 표현할 수가 없습니다. 받는 기쁨도 크지만 주는 기쁨, 그리고 하나님께 바치는 기쁨이 얼마나 기쁘고 감격스러운 것인지, 다윗의 고백을 늘 따라 하고 싶습니다.

> "나와 내 백성이 무엇이기에 이처럼 즐거운 마음으로 드릴 힘이 있었나이까 모든 것이 주께로 말미암았사오니 우리가 주의 손에서 받은 것으로 주께 드렸을 뿐이니이다"(대상 29:14)

성경통독 BIBLETONGDOK

《일년일독 통독성경》 민수기 7~8장

통通으로 숲이야기 ; 통숲 TONG OBSERVATION

● 첫 번째 포인트

12일 동안 이스라엘 열두 지파의 '봉헌 예물 축제'가 열립니다.

이스라엘 백성들의 1차 인구조사 후 각 지파의 진영이 성막을 중심으로 세워집니다. 이렇게 모든 진영이 갖추어진 후, 거룩히 구별한 날에 열두 지파의 지휘관들이 하나님께 헌물을 바치기 시작합니다.

열두 지파의 지휘관들이 드린 헌물은 지휘관 두 명이 수레 한 대씩 해서 덮개 있는 수레가 여섯 대, 그리고 지휘관 한 명이 소 한 마리씩 해서 열두 마리였습니다. 열두 지파 가운데 유다 지파의 지휘관이 가장 먼저 나아와 하나님께 헌물을 드립니다.

"여호와께서 모세에게 이르시기를 지휘관들은 하루 한 사람씩 제단의 봉헌물을 드릴지니라 하셨더라 첫째 날에 헌물을 드린 자는 유다 지파 암미나답의 아들 나손이라"(민 7:11~12)

성막에서 하나님께 헌물을 드리는 열두 지파 순서는 성막이 행진할 때 그 선두가 되는 동편 유다 지파부터 민수기 2장에 나오는 진영 순서대로입니다.

"여호와께서 모세에게 명령하신 것을 따라 행진하기를 시작하였는데 선두로 유다 자손의 진영의 군기에 속한 자들이 그들의 진영별로 행진하였으니 유다 군대는 암미나답의 아들 나손이 이끌었고"(민 10:13~14)

열두 지파 가운데 유다 지파가 가장 먼저 하나님께 헌물을 드린 이유는 유다를 향한 야곱의 축복에서 비롯되었습니다.

"유다야 너는 네 형제의 찬송이 될지라 네 손이 네 원수의 목을 잡을 것이요 네 아버지의 아들들이 네 앞에 절하리로다 … 규가 유다를 떠나지 아니하며 통치자의 지팡이가 그 발 사이에서 떠나지 아니하기를 실로가 오시기까지 이르리니 그에게 모든 백성이 복종하리로다"(창 49:8~10)

야곱의 축복대로 유다는 이후 예수님의 족보에까지 이름이 오르게 됩니다.

"아브라함과 다윗의 자손 예수 그리스도의 계보라 아브라함이 이삭을 낳고 이삭은 야곱을 낳고 야곱은 유다와 그의 형제들을 낳고"(마 1:1~2)

이렇게 유다 지파의 지휘관을 필두로 12일 동안 각 지파의 지휘관이 매일 하나님께 헌물을 바칩니다. 열두 지파는 각 지파별로 숫자가 다름에도 불구하고 똑같은 내용으로 봉헌 예물을 드렸습니다.

열두 지파의 지휘관들이 드린 봉헌물입니다.

① 헌물은 은반 1개(130세겔), 은 바리 1개(70세겔), 금 그릇 1개(10세겔)

② 번제물은 수송아지 1마리, 숫양 1마리, 1년 된 어린 숫양 1마리

③ 속죄제물은 숫염소 1마리

④ 화목제물은 소 2마리, 숫양 5마리, 숫염소 5마리, 1년 된

어린 숫양 5마리였습니다.

이는 마치, 성막 건축 때 드린 20세 이상의 603,550명이 똑같이 드린 속전과 같았습니다.

"너희의 생명을 대속하기 위하여 여호와께 드릴 때에 부자라고 반 세겔에서 더 내지 말고 가난한 자라고 덜 내지 말지며 너는 이스라엘 자손에게 속전을 취하여 회막 봉사에 쓰라 이것이 여호와 앞에서 이스라엘 자손의 기념이 되어서 너희의 생명을 대속하리라"(출 30:15~16)

열두 지파가 드리는 기쁨을 똑같이 맛보는 놀라운 장면입니다.

● 두 번째 포인트

이스라엘 열두 지파가 '움직이는 성막 500년'을 향한 봉헌 예물을 드립니다.

유다 지파를 선두로 이스라엘 열두 지파의 지휘관들이 드린 이 헌물은 레위인들, 즉 게르손 자손, 므라리 자손, 고핫 자손에게 보내 각기 직임대로 회막 봉사에 사용될 것입니다. 이 모든 것은 이다말이 감독하게 됩니다.

레위인들에게 주어진 헌물은 게르손 자손에게 수레 2대, 소 4마리, 므라리 자손에게 수레 4대, 소 8마리였습니다. 므라리 자손이 보다 무거운 성물을 운반하기 때문입니다. 고핫 자손은 성막 기구들을 어깨에 메어 운반하기 때문에 소와 수레를 제공하지 않습니다.

"고핫 자손에게는 주지 아니하였으니 그들의 성소의 직임은 그 어깨로 메는 일을 하는 까닭이었더라"(민 7:9)

약 6개월 동안 만든 '성막' 중심으로 이제 온 이스라엘이 행진하며 나아갈 것입니다. 이들은 성막과 함께 '움직이는 성막 500년' 시대를 이끌게 됩니다. 그런데 성막이 움직일 때 세 가지 방법으로 움직이는 것이 법입니다. 게르손 자손들은 그들의 직임대로 성막의 기구들을 수레 두 대에 실어 소 네 마리로 끌어야 합니다. 므라리 자손들은 그들의 직임대로 성막 기구들을 수레 네 대에 실어 소 여덟 마리로 끌어야 합니다.

고핫 자손은 수레나 소를 사용하지 않고 그들의 직임대로 성막의 기구들을 어깨에 메어 옮겨야 했습니다. 그런데 이때 아론 자손 제사장들이 성소 안 기구들을 각색 보자기에 싸서 준 것을 어깨에 메어 옮겨야 하는 것이 법입니다.

"진영이 전진할 때에 아론과 그의 아들들이 들어가서 칸 막는 휘장을 걷어 증거궤를 덮고 그 위를 해달의 가죽으로 덮고 그 위에 순청색 보자기를 덮은 후에 그 채를 꿰고 진설병의 상에 청색 보자기를 펴고 대접들과 숟가락들과 주발들과 붓는 잔들을 그 위에 두고 또 항상 진설하는 떡을 그 위에 두고 홍색 보자기를 그 위에 펴고 그것을 해달의 가죽 덮개로 덮은 후에 그 채를 꿰고 청색 보자기를 취하여 등잔대와 등잔들과 불 집게들과 불똥 그릇들과 그 쓰는 바 모든 기름 그릇을 덮고 등잔대와 그 모든 기구를 해달의 가죽 덮개 안에 넣어 메는 틀 위에 두고 금제단 위에 청색 보자기를 펴고 해달의 가죽 덮개로 덮고 그 채를 꿰고 성소에서 봉사하는 데에 쓰는 모든 기구를 취하여 청색 보자기에 싸서 해달의 가죽 덮개로 덮어 메는 틀 위에 두고 제단의 재를 버리고 그 제단 위에 자색 보자기를 펴고 봉사하는 데에 쓰는 모든 기구 곧 불 옮기는 그릇들과 고기 갈고리들과 부삽들과 대야들과 제단의 모든 기구를 두고 해달의 가죽 덮개를 그 위에 덮고 그 채를 꿸 것이며 진영을 떠날 때에 아론과 그의 아들들이 성소와 성소의 모든 기구 덮는 일을 마치거든 고핫 자손들이 와서 멜 것이니라 그러나 성물은 만지지 말라 그들이 죽으리라 회막 물건 중에서 이것들은 고핫 자손이 멜 것이며"(민 4:5~15)

이렇게 아론 자손 제사장들이 각색 보자기에 싸놓으면 그 후 고핫 자손이 어깨에 메어 옮기고 옮겨진 장소에서 다시 진설할 때는 다시 아론 자손 제사장들이 그 보자기를 풀어놓습니다. 이것이 법입니다. 꼭 지켜야 할, "법이요!"입니다.

그런데 이후 다윗이 언약궤를 예루살렘으로 옮겨오면서 고핫 자손에 관한 규례를 잘 알지 못하고 블레셋 방식을 사용했다가 나곤의 타작 마당에서 웃사가 죽는 일이 발생합니다.

"그들이 하나님의 궤를 새 수레에 싣고 산에 있는 아비나답의 집에서 나오는데 아비나답의 아들 웃사와 아효가 그 새 수레를 모니라 … 그들이 나곤의 타작 마당에 이르러서는 소들이 뛰므로 웃사가 손을 들어 하나님의 궤를 붙들었더니 여호와 하나님이 웃사가 잘못함으로 말미암아 진노하사 그를 그 곳에서 치시니 그가 거기 하나님의 궤 곁에서 죽으니라"(삼하 6:3~7)

그러자 다윗이 다시 〈민수기〉를 공부하여 하나님의 언약궤를 수레가 아닌 고핫 자손의 어깨에 메어 옮기게 합니다.

"여호와의 궤를 메고 들어가서 다윗이 그것을 위하여 친 장막 가운데 그 준비한 자리에 그것을 두매 다윗이 번제와 화목제를 여호와 앞에 드리니라"(삼하 6:17)

이처럼 하나님의 말씀은 어느 것 하나 허투루 보아서는 안 됩니다.

● 세 번째 포인트

이스라엘 자손이 손을 들어 '레위인'들에게 안수합니다.

12일 동안 진행된 이스라엘 열두 지파 지휘관들의 헌물 드리는 기간이 모두 끝이 납니다. 그러자 이제는 레위 지파가 모두 성막 앞으로 나오고 이스라엘 열두 지파의 모든 사람이 레위 지파에게 안수를 합니다. 그리고 대제사장 아론이 요제로 마무리합니다. 이는 레위인들은 하나님께 봉사하는 자들임을 다시 한번 확인하는 것이었습니다.

"레위인을 여호와 앞에 나오게 하고 이스라엘 자손이 그들에게 안수하게 한 후에 아론이 이스라엘 자손을 위하여 레위인을 흔들어 바치는 제물로 여호와 앞에 드릴지니 이는 그들에게 여호와께 봉사하게 하기 위함이라"(민 8:10~11)

이처럼 레위인은 이스라엘 열두 지파와 달리 특별하게 구별되어 제사장 나라를 위해 헌신해야 했습니다.

레위 지파가 열두 지파와 구별된 것은 다음과 같습니다.

첫째, 생후 1개월 이상부터 '레위인'으로 계수

둘째, 25세에서 30세까지 회막 봉사 수습

셋째, 30세에서 50세까지 현역으로 회막 봉사

넷째, 50세 이후에는 조력자로서 회막 봉사를 도우며 후임 양성 교육에 힘썼을 것입니다.

"레위인은 이같이 할지니 곧 이십오 세 이상으로는 회막에 들어가서 복무하고 봉사할 것이요 오십 세부터는 그 일을 쉬어 봉사하지 아니할 것이나 그의 형제와 함께 회막에서 돕는 직무를 지킬 것이요 일하지 아니할 것이라 너는 레위인의 직무에 대하여 이같이 할지니라"(민 8:24~26)

앞서 살펴보았습니다만, 열두 지파 사람들은 20세에서 60세까지 현역입니다. 그런데 레위 지파는 열두 지파보다 10년을 더 준비하여 30세부터 일하고 50세에 은퇴합니다. 레위 지파가 30세부터 50세까지만 현역으로 일하는 이유는 레위인들의 일이 그만큼 '고되고 조심스러운 전문직'이었기 때문입니다.

● 네 번째 포인트

고핫 자손은 성물을 어깨에 메되 잠시라도 성소를 들어가 보아서는 안 됩니다.

레위 지파 가운데에서도 고핫 자손은 게르손 자손과 므라리 자손과 달리 수레도 사용하지 않고 그들의 어깨에 메어 언약궤를 옮기는 매우 특별한 업무를 맡은 자들입니다. 그런데 더 중요한 것은, 고핫 자손은 그들의 어깨에 메어 언약궤를 옮기고 그 언약궤를 성소 안에 안치한 후에는 절대 언약궤를 보아서는 안 되었습니다. 만일 그들이 '언약궤를 보면 죽을 것'이라는 하나님의 경고를 들었기 때문입니다.

"그들이 지성물에 접근할 때에 그들의 생명을 보존하고 죽지 않게 하기 위하여 이같이 하라 아론과 그의 아들들이 들어가서 각 사람에게 그가 할 일과 그가 멜 것을 지휘하게 할지니라 그들은 잠시라도 들어가서 성소를 보지 말라 그들이 죽으리라"(민 4:19~20)

이렇게 언약궤를 어깨에 메어 옮기는 막중한 책임을 맡은 고핫 자손은 인구조사를 통해 2,750명으로 계수되었습니다.

"모세와 아론과 회중의 지도자들이 고핫 자손들을 그 종족과 조상의 가문에 따라 계수하니 삼십 세부터 오십 세까지 회막에서 복무하고 봉사할 모든 자 곧 그 종족대로 계수된 자가 이천칠백오십 명이니"(민 4:34~36)

이스라엘 모든 백성은 하나님 앞에 구별되고 거룩한 삶을 살아야 하지만 특히 2,750명의 고핫 자손은 제사장 나라의 핵심 공직자로 더욱 조심해야 했습니다.

● 다섯 번째 포인트

성소에 가까이 오라. 그러나 반드시 조심하라.

하나님께서 이스라엘 백성들에게 '성막'을 제작하게 하신 이유는 '누구든지', '하나님의 이름을 두려고 택하신 곳'에 와서, '다섯 가지 제사'를 통해 용서받을 수 있는 길을 열어주시기 위함이었습니다. 그러나 그렇다고 성소에 아무렇게나 나와서는 안 됩니다. 하나님께서 제시하신 방법은 '조심히 오라'는 것입니다.

> "내가 이스라엘 자손 중에서 레위인을 취하여 그들을 아론과 그의 아들들에게 주어 그들로 회막에서 이스라엘 자손을 대신하여 봉사하게 하며 또 이스라엘 자손을 위하여 속죄하게 하였나니 이는 이스라엘 자손이 성소에 가까이 할 때에 그들 중에 재앙이 없게 하려 하였음이니라"(민 8:19)

하나님께서 레위인들로 하여금 회막에서 풀타임(full time)으로 일하게 하신 이유는 이스라엘 열두 지파의 사람들이 성소로 나올 때 혹여 조심하지 않아 재앙을 받을까 걱정하셨기 때문입니다.

레위인들은 이스라엘 백성들이 하나님 앞에 올바른 제사를 드릴 수 있도록 돕는 '레위기'의 전문 지식을 가진 자들입니다. 그래서 레위인들의 도움을 잘 받으면 이스라엘 백성들은 모두 하나님 앞에 온전한 제사를 드릴 수 있는 것입니다.

이처럼 제사는 '누구든지' 드릴 수 있지만 동시에 조심해서 하나님 앞에 나와야 하는 것입니다.

디저트 DESSERT

레위 지파의 고핫 자손, 게르손 자손, 므라리 자손! 이들에게 제사장이 입는 화려한 작업복이 주어지는 것은 아니지만 이들이 없이는 제사장들이 그 직임을 제대로 감당할 수 없습니다.

레위인들이 없다면, 하나님 중심의 이스라엘은 실현 불가능한 꿈에 지나지 않을 것입니다. 이들은 '움직이는 성막 500년'을 보내고 다윗 시대에 언약궤가 예루살렘에 안치되면서 시작되는 '예루살렘 성전 1,000년' 시대에 하나님을 찬양하는 '찬양대' 등이 되면서 그 역할이 달라지게 됩니다.

레위인들은 참으로 귀한 하나님의 사람들로 성경에 기록되고 있습니다. 우리도 오늘 자신의 역할에 최선을 다하며 그 일을 통해 하나님께 영광을 돌리는 아름다운 모습을 꿈꿉니다.

47일

시내산 캠프 1년 종료 (민 9장~10:10)

애피타이저 APPETIZER

'23일간의 시내산 캠프' 마지막 날입니다.

출애굽기 19장에서 출애굽기 끝까지, 레위기 전체, 그리고 민수기 10장 10절까지! 우리는 지난 23일 동안 출애굽한 이스라엘 백성들이 '시내산에서 머문 1년 동안의 제사장 나라 기록'과 함께했습니다.

시내산 캠프를 통해 이스라엘 백성들은 이제 애굽의 노예가 아닌 제사장 나라 거룩한 시민으로 새로 태어났습니다. 이들은 시내 광야에서 지난 1년 동안 성막과 제사장의 옷을 만들고 제사장 취임식과 정결 의식, 그리고 인구조사를 통해 군대까지 조직했습니다. 그리고 이스라엘 열두 지파가 모두 성막 앞으로 나와 12일에 걸쳐 각 지파의 지휘관들을 통해 하나님께 예물을 드리고 레위인들은 공식적으로 제사장 나라 공직자로 인준을 받았습니다.

이제 이스라엘 백성들이 시내 광야를 떠나기 전 애굽에서의 첫 번째 유월절을 지낸 지 1년 만에 시내 광야에서 두 번째 유월절을 지킵니다. 이는 지난날 하나님의 은혜를 되새기는, 출발을 위한 최종 준비입니다.

성경통독 BIBLETONGDOK

《일년일독 통독성경》 민수기 9장~10:10

통通으로 숲이야기 ; 통숲 TONG OBSERVATION

● 첫 번째 포인트

첫 번째 유월절은 '급하게', 두 번째 유월절은 '규례대로' 지킵니다.

1년 전 애굽에서의 첫 번째 유월절은 애굽 제국이 종료되고 공식적으로 제사장 나라가 출발한 날이었습니다. 이 첫 번째 유월절은 한마디로 '급하게' 지킨 유월절이었습니다. 그래서 정신이 하나도 없었던 날이기도 했습니다.

"너희는 그것을 이렇게 먹을지니 허리에 띠를 띠고 발에 신을 신고 손에 지팡이를 잡고 급히 먹으라 이것이 여호와의 유월절이니라"(출 12:11)

'급하게' 지킨 유월절이었지만 드디어 입(入)애굽한 지 430년 만에 출(出)애굽하는 역사적인 날이었습니다.

하나님께서는 이스라엘 백성들에게 바로 이날을 자녀에게 가르치라고 말씀하셨습니다.

"이 후에 너희의 자녀가 묻기를 이 예식이 무슨 뜻이냐 하거든 너희는 이르기를 이는 여호와의 유월절 제사라 여호와께서 애굽 사람에게 재앙을 내리실 때에 애굽에 있는 이스라엘 자손의 집을 넘으사 우리의 집을 구원하셨느니라 하라"(출 12:26~27)

이후 출애굽한 지 1년 만에 제사장 나라 거룩한 시민으로 준비된 이스라엘 백성들이 시내 광야에서 두 번째 유월절을 '규례대로' 지킵니다.

"너는 무교병의 절기를 지키라 내가 네게 명령한 대로 아빕월의 정한 때에 이레 동안 무교병을 먹을지니 이는 그 달에 네가 애굽에서 나왔음

이라 빈 손으로 내 앞에 나오지 말지니라"(출 23:15)

"여호와께서 자기의 이름을 두시려고 택하신 곳에서 소와 양으로 네 하나님 여호와께 유월절 제사를 드리되 유교병을 그것과 함께 먹지 말고 이레 동안은 무교병 곧 고난의 떡을 그것과 함께 먹으라 이는 네가 애굽 땅에서 급히 나왔음이니 이같이 행하여 네 평생에 항상 네가 애굽 땅에서 나온 날을 기억할 것이니라"(신 16:2~3)

이렇게 두 번째 유월절을 시작으로 유월절은 '모든 율례와 규례대로 지켜야 할 유월절'이 됩니다.

"너희는 그것을 지키되 그 모든 율례와 그 모든 규례대로 지킬지니라"(민 9:3)

한편, 하나님께서는 어떠한 사정으로 유월절을 지키지 못할 경우에는 그 문제를 해결하고 한 달 뒤에 반드시 유월절을 지키라고 말씀하십니다.

"이스라엘 자손에게 말하여 이르라 너희나 너희 후손 중에 시체로 말미암아 부정하게 되든지 먼 여행 중에 있다 할지라도 다 여호와 앞에 마땅히 유월절을 지키되 둘째 달 열넷째 날 해 질 때에 그것을 지켜서 어린 양에 무교병과 쓴 나물을 아울러 먹을 것이요"(민 9:10~11)

만약 문제가 없음에도 유월절을 지키지 아니하는 자는 그 백성 중에서 끊어질 것이라고 엄중한 경고의 말씀도 하십니다.

"그러나 사람이 정결하기도 하고 여행 중에도 있지 아니하면서 유월절을 지키지 아니하는 자는 그 백성 중에서 끊어지리니 이런 사람은 그 정한 기일에 여호와께 헌물을 드리지 아니하였은즉 그의 죄를 담당할지며"(민 9:13)

이러한 하나님의 경고에도 이후에 북이스라엘은 유월절을 지키지 않고 제사장 나라 사명을 감당하지 않음으로 결국 앗수르에게 멸망합니다.

"여호와께서 그의 종 모든 선지자를 통하여 하신 말씀대로 드디어 이스라엘을 그 앞에서 내쫓으신지라 이스라엘이 고향에서 앗수르에 사로잡혀 가서 오늘까지 이르렀더라"(왕하 17:23)

이스라엘 백성들은 약속의 땅 가나안에 들어가서 사사 시대와 왕정 500년을 지나기까지 오랫동안 유월절을 제대로 지키지 않다가 요시야 왕 때 이르러 제대로 유월절을 지킵니다.

"사사가 이스라엘을 다스리던 시대부터 이스라엘 여러 왕의 시대와 유다 여러 왕의 시대에 이렇게 유월절을 지킨 일이 없었더니 요시야 왕 열여덟째 해에 예루살렘에서 여호와 앞에 이 유월절을 지켰더라"(왕하 23:22~23)

● 두 번째 포인트

나의 가고 서는 것, 주님 뜻에 있으니!

출애굽한 이스라엘 백성들은 시내산 언약이 체결되기 전에는 하나님께서 임하실 때 두려워 떨었습니다. 그때를 다시 한번 회상해봅시다.

"여호와께서 산에서 그(모세)를 불러 말씀하시되"(출 19:3)

"모세가 내려와서 백성의 장로들을 불러 여호와께서 자기에게 명령하신 그 모든 말씀을 그들 앞에 진술하니"(출 19:7)

"내가 빽빽한 구름 가운데서 네게 임함은 내가 너와 말하는 것을 백성들이 듣게 하며"(출 19:9)

"너는 내려가서 아론과 함께 올라오고 제사장들과 백성에게는 경계를 넘어 나 여호와에게로 올라오지 못하게 하라"(출 19:24)

"뭇 백성이 우레와 번개와 나팔 소리와 산의 연기를 본지라 그들이 볼 때에 떨며 멀리 서서"(출 20:18)

"모세에게 이르되 당신이 우리에게 말씀하소서 우리가 들으리이다 하나님이 우리에게 말씀하시지 말게 하소서 우리가 죽을까 하나이다"(출 20:19)

1년 전 이스라엘 백성들은 하나님 뵙는 것을 무서워하고 두려워하며 죽을까 걱정까지 했었습니다.

그런데 1년 만에 이들은 놀랍게 변화되어 하나님의 이름을 두려고 택하신 곳, '성막' 위에 구름이 떠오르면 행진을 시작하고 구름이 머물면 진을 치며 하나님과 동행하는 이스라엘이 되었습니다.

"구름이 성막에서 떠오르는 때에는 이스라엘 자손이 곧 행진하였고 구름이 머무는 곳에 이스라엘 자손이 진을 쳤으니"(민 9:17)

이스라엘 백성들은 지난 1년 동안의 훈련으로 말미암아 하나님의 인도하심을 믿고 따르게 된 것입니다.

"이틀이든지 한 달이든지 일 년이든지 구름이 성막 위에 머물러 있을 동안에는 이스라엘 자손이 진영에 머물고 행진하지 아니하다가 떠오르면 행진하였으니"(민 9:22)

이틀이든지 한 달이든지 일 년이든지… 하나님의 인도하심에 따라 성막을 걷고, 행진하고, 다시 설치하고, 자신들의 장막을 걷고, 행진하고, 다시 설치합니다. 주님 말씀하시면 '가고', 주님 말씀하시면 '서는' 동행자들이 된 것입니다.

● 세 번째 포인트

아론 자손이 은 나팔을 붑니다.

이스라엘 백성들이 시내 광야에서 유월절을 지키자 하나님께서는 그들에게 은 나팔 두 개를 만들게 하십니다. 이제 시내산을 출발할 때가 된 것입니다.

"은 나팔 둘을 만들되 두들겨 만들어서 그것으로 회중을 소집하며 진영을 출발하게 할 것이라"(민 10:2)

그리고 하나님께서는 두 개의 나팔을 아론의 자손인 제사장들이 불게 하십니다.

"그 나팔은 아론의 자손인 제사장들이 불지니 이는 너희 대대에 영원한 율례니라"(민 10:8)

제사장들이 은 나팔을 불면 그 소리에 이스라엘 백성들이 움직입니다.

첫째, 나팔 두 개를 불 때는 온 회중이 회막 문 앞에 모입니다.

둘째, 나팔 한 개를 불 때는 천부장 된 지휘관만 모입니다.

셋째, 크게 나팔을 불 때는 행진을 시작하거나 대적을 치러갑니다.

넷째, 제물을 드리며 나팔을 불 때는 희락의 날과 정한 절기와 초하루 행사 때입니다. 이후 성경에는 나팔 소리와 관련한 이야기가 자주 등장합니다.

여리고성을 돌 때 이야기입니다.

"제사장 일곱은 일곱 양각 나팔을 잡고 언약궤 앞에서 나아갈 것이요 일곱째 날에는 그 성을 일곱 번 돌며 그 제사장들은 나팔을 불 것이며 제사장들이 양각 나팔을 길게 불어 그 나팔 소리가 너희에게 들릴 때에는 백성은 다 큰 소리로 외쳐 부를 것이라 그리하면 그 성벽이 무너져 내리리니"(수 6:4~5)

기드온과 300용사 이야기입니다.

"삼백 명을 세 대로 나누어 각 손에 나팔과 빈 항아리를 들리고 항아리 안에는 횃불을 감추게 하고 … 나와 나를 따르는 자가 다 나팔을 불거든 너희도 모든 진영 주위에서 나팔을 불며 이르기를 여호와를 위하라, 기드온을 위하라 하라 하니라"(삿 7:16~18)

솔로몬의 성전 낙성식 때 이야기입니다.

"노래하는 레위 사람 아삽과 헤만과 여두둔과 그의 아들들과 형제들이 다 세마포를 입고 제단 동쪽에 서서 제금과 비파와 수금을 잡고 또 나팔 부는 제사장 백이십 명이 함께 서 있다가 나팔 부는 자와 노래하는 자들이 일제히 소리를 내어 여호와를 찬송하며 감사하는데 나팔 불고 제금 치고 모든 악기를 울리며 소리를 높여 여호와를 찬송하여 이르되"(대하 5:12~13)

〈요한계시록〉의 이야기입니다.

"일곱 나팔을 가진 일곱 천사가 나팔 불기를 준비하더라 첫째 천사가

나팔을 부니"(계 8:6~7)

"일곱째 천사가 나팔을 불매 하늘에 큰 음성들이 나서 이르되 세상 나라가 우리 주와 그의 그리스도의 나라가 되어 그가 세세토록 왕 노릇 하시리로다 하니"(계 11:15)

● 네 번째 포인트

1년 만에 '제사장 나라 그룹 리더십'이 세워집니다.

출애굽의 전 과정과 시내산에서 머물렀던 1년은 모세 한 사람의 리더십으로 이스라엘이 인도되었습니다. 그런데 시내산 1년을 통해 제사장 나라가 출범되고 새로운 리더 그룹이 형성됩니다. 이스라엘의 새로운 리더는 크게 네 개의 그룹이 됩니다.

첫째, 제사장 그룹입니다.

"너는 그것들로 네 형 아론과 그와 함께 한 그의 아들들에게 입히고 그들에게 기름을 부어 위임하고 거룩하게 하여 그들이 제사장 직분을 내게 행하게 할지며"(출 28:41)

둘째, 회막 공직자 그룹인 레위인 8,580명입니다.

"모세와 아론과 이스라엘 지휘관들이 레위인을 그 종족과 조상의 가문에 따라 다 계수하니 삼십 세부터 오십 세까지 회막 봉사와 메는 일에

참여하여 일할 만한 모든 자 곧 그 계수된 자는 팔천오백팔십 명이라" (민 4:46~48)

셋째, 열두 지파의 대표로 인구조사와 예물을 드렸던 지휘관 그룹 12명입니다.

"그들은 회중에서 부름을 받은 자요 그 조상 지파의 지휘관으로서 이스라엘 종족들의 우두머리라"(민 1:16)

넷째, 장로 그룹 70명입니다.

"모세와 아론과 나답과 아비후와 이스라엘 장로 칠십 인이 올라가서" (출 24:9)

그 외 천부장, 백부장, 오십부장, 십부장 등이 이스라엘의 리더로 섬겼습니다.

"모세가 이스라엘 무리 중에서 능력 있는 사람들을 택하여 그들을 백성의 우두머리 곧 천부장과 백부장과 오십부장과 십부장을 삼으매"(출 18:25)

● 다섯 번째 포인트

시내산 캠프 1년이 종료됩니다.

시내산 캠프 1년 동안 4단계로 제사장 나라 시스템이 완성됩니다.

1단계 언약 체결, 2단계 성막 제작, 3단계 제사장 취임, 4단계 인구조사입니다. 이제 이스라엘은 명실공히 5대 제사를 누구나 드릴 수 있는 제사장 나라가 되었습니다.

하나님의 이름을 두려고 택하신 곳 '성막'과 하나님께 올려드리는 제사를 돕는 '제사장', 제사드리는 자들이 준비하는 '예물'까지 모두 준비되고 훈련되어졌습니다. 그리고 열두 지파 지휘관들이 바친 예물을 통해 '움직이는 성막 500년'을 위한 수레까지 모든 준비가 완료되었습니다.

> "이스라엘 지휘관들 곧 그들의 조상의 가문의 우두머리들이요 그 지파의 지휘관으로서 그 계수함을 받은 자의 감독된 자들이 헌물을 드렸으니 … 모세가 수레와 소를 받아 레위인에게 주었으니"(민 7:2~6)

이제 약속의 땅 가나안으로! 출발하면 됩니다.

> "은 나팔 둘을 만들되 두들겨 만들어서 그것으로 회중을 소집하며 진영을 출발하게 할 것이라"(민 10:2)

드디어 출애굽한 지 1년 만에 제사장 나라 거룩한 시민으로 새로 태어난 이스라엘 백성들이 시내산 캠프 1년을 마치고 약속의 땅 가나안으로 출발합니다. 바로 내일입니다.

이스라엘은 시내산 1년 동안 내적으로나 외적으로 제사장 나라의 정비 작업을 모두 끝냈습니다. 하나님께서 1년 동안 하신 일은 이스라엘 백성들의 가슴을 데우는 일이었습니다.

이스라엘 백성들도 하나님의 그 꿈을 품어야 했기 때문입니다. 하나님의 열정과 이스라엘 백성들의 땀이 어우러져야 하나님의 꿈과 약속이 성취될 수 있습니다.

하나님의 꿈을 위한 '제사장 나라'는 하나님의 용서가 있는 나라입니다. 이웃 사이에 나눔과 거룩이 있는 나라입니다. 민족 사이에 평화가 있는 나라입니다.

48일

정말 사소한 것 (민 10:11~12장)

애피타이저 APPETIZER

1년간의 시내산 캠프를 마치고 마침내 시내산을 떠날 시간이 되었습니다. 민수기 10장 11절에서 12장은 이스라엘 백성들이 시내산에서 가데스 바네아까지 진군하는 이야기가 기록되어 있습니다.

그러나 이스라엘 백성들은 아직 완전히 준비되지 못한 모습을 보입니다. 그들은 아직도 하나님의 마음을 이해하지 못하고 사소한 것들에 집착하여 원망하고 불평합니다. 모세가 백성들로 인한 힘든 속마음을 하나님께 드러내자 하나님께서는 장로 70인을 세워 하나님의 영을 부어주시고 그들로 하여금 예언하게 하십니다. 또한 하나님께서는 고기가 없다고 불평하는 이스라엘 백성들에게 메추라기를 보내셔서 풍족하게 먹여주십니다. 이런 이스라엘 백성들을 이끌고 모세가 혼신의 힘을 다해 그들을 약속의 땅 가나안으로 인도하기 위해 출발합니다.

우리도 지난 23일 동안 이스라엘 백성들과 함께 1년간 머물렀던 시내산을 떠나 여행을 시작할 것입니다. 우리도 힘차게 출발합시다!

성경통독 BIBLETONGDOK

《일년일독 통독성경》 민수기 10:11~12장

통通으로 숲이야기 ; 통숲 TONG OBSERVATION

● 첫 번째 포인트

애굽에서의 출발은 바로의 명령으로! 시내산에서의 출발은 나팔 소리로!

아브라함의 후손인 이스라엘 백성들이 출애굽해서 시내산에

도착하기까지는 정말 모든 과정이 파란만장했습니다. 애굽에서 6개월간 있었던 목숨을 건 모세와 바로의 아홉 번의 협상은 말 그대로 손에 땀을 쥐는 긴장의 시간이었습니다. 결국 마지막 열 번째 재앙을 맞고서야 애굽 왕 바로는 두 손 두 발 다 들고 이스라엘 백성들의 출애굽을 승인해주었습니다.

애굽에서의 첫 번째 유월절이 없었다면 바로는 이스라엘의 출애굽을 명령하지 않았을 것입니다.

"밤에 바로가 모세와 아론을 불러서 이르되 너희와 이스라엘 자손은 일어나 내 백성 가운데에서 떠나 너희의 말대로 가서 여호와를 섬기며 너희가 말한 대로 너희 양과 너희 소도 몰아가고 나를 위하여 축복하라"(출 12:31~32)

그 긴박했던, 그리고 정돈되지 않은 오합지졸의 상태로 급하게 나왔던 120만 명의 이스라엘 백성들이 이제 출애굽한 지 1년 만에 진영을 갖추어 시내산에서 새 출발을 한다는 것은 정말 감사와 감격이 넘치고 만감이 교차하지 않을 수 없는 일이었습니다.

구름이 성막 위에 떠오르고 두 개의 나팔이 울리자 그 나팔 소리에 맞춰 모든 이스라엘 백성들이 기쁘게 출발합니다.

"둘째 해 둘째 달 스무날에 구름이 증거의 성막에서 떠오르매 이스라엘 자손이 시내 광야에서 출발하여 자기 길을 가더니 바란 광야에 구

름이 머무니라"(민 10:11~12)

첫 나팔 소리에 동쪽 진영이 출발합니다. 두 번째 나팔 소리에 남쪽 진영이 출발합니다. 그리고 세 번째와 네 번째 나팔 소리와 함께 서쪽과 북쪽의 모든 진영이 다 출발합니다.

"너희가 그것을 크게 불 때에는 동쪽 진영들이 행진할 것이며 두 번째로 크게 불 때에는 남쪽 진영들이 행진할 것이라 떠나려 할 때에는 나팔 소리를 크게 불 것이며"(민 10:5~6)

이제 그들은 시내 광야를 출발해 요단강을 건너 마침내 약속의 땅 가나안으로 들어갈 것입니다.

● 두 번째 포인트

안전한 '약자 보호 체제'로 행군을 시작합니다.

이스라엘 백성들이 애굽에서 첫 번째 유월절을 통해 밤에 갑자기 바로의 명령으로 출애굽하게 됐을 때는 너무나 급하고 경황이 없었습니다. 그래서 그때는 약자들, 즉 노약자, 여자, 어린아이들이 전체 진영에서 뒤로 처졌고 그로 인해 아말렉의 먹잇감이 되었습니다.

"너희는 애굽에서 나오는 길에 아말렉이 네게 행한 일을 기억하라 곧 그들이 너를 길에서 만나 네가 피곤할 때에 네 뒤에 떨어진 약한 자들을 쳤고 하나님을 두려워하지 아니하였느니라"(신 25:17~18)

그런데 지난 1년 동안 시내 광야에서 군대를 조직하고 진영을 갖추며 조직적으로 진군할 수 있는 힘이 생긴 것입니다. 그래서 이제 시내산에서 출발할 때는 처음부터 싸움에 나갈 만한 20세 이상의 남자들이 '약자들을 보호하며' 행군을 시작합니다. 이스라엘의 인구조사는 열두 지파에서 '20세 이상 싸움에 나갈 만한 자'를 계수했습니다.

하나님께서 이 기준으로 인구를 조사하게 하신 이유는 바로 아말렉에게 당했던 노약자, 여자, 어린이 그리고 20세 이상 싸움에 나갈 수 없는 자들을 보호하는 '책임자'의 의미였던 것입니다.

이스라엘이 진군하면서 약자들을 보호할 책임을 맡은 열두 지파 진영의 지휘관이자 책임자는 나손, 느다넬, 엘리압, 엘리술, 슬루미엘, 엘리아삽, 엘리사마, 가말리엘, 아비단, 아히에셀, 바기엘, 아히라입니다.

"모세와 아론과 각기 이스라엘 조상의 가문을 대표한 열두 지휘관이 계수하였더라"(민 1:44)

이들은 각 지파의 '인구조사 책임자들'이었습니다. 그들은 각 지파 안에서 누가 싸움에 나갈 만한 사람인지 누가 보호를 받아야 할 사람인지, 일일이 다 조사하고 파악한 사람들이었습니다. 이들은 또한 '예물 봉헌의 대표자들'이었습니다.

"제단에 기름을 바르던 날에 지휘관들이 제단의 봉헌을 위하여 헌물을 가져다가 그 헌물을 제단 앞에 드리니라"(민 7:10)

그리고 이들은 열두 지파의 '행군할 각 진영의 책임자들'이었습니다.

"이스라엘 자손은 각각 자기의 진영의 군기와 자기의 조상의 가문의 기호 곁에 진을 치되 회막을 향하여 사방으로 치라 동방 해 돋는 쪽에 진 칠 자는 그 진영별로 유다의 진영의 군기에 속한 자라 유다 자손의 지휘관은 암미나답의 아들 나손이요"(민 2:2~3)

열두 지파의 지휘관들은 정말 든든하고 믿음직합니다. 이스라엘은 지난 1년 사이에 이렇게 귀한 '헌신자'를 배출시킨 것입니다.

● 세 번째 포인트

이스라엘 백성들은 사소한 것에 집착하여 원망과 불평을 시작합니다.

이스라엘 백성들은 지난 1년 사이에 하나님과 제사장 나라 언약도 맺었고 성막과 제사장의 옷도 만들었고, 제사장 취임식도 했고, 인구도 조사하고, 군대도 조직했습니다. 무엇보다 억압적 노동으로부터 자유를 얻었고 하늘로부터 만나를 내려 받음으로 식량으로부터도 자유를 얻었습니다. 그런데 그들은 정말 사소한 것으로 불평을 시작합니다.

"여호와께서 들으시기에 백성이 악한 말로 원망하매 여호와께서 들으시고 진노하사 여호와의 불을 그들 중에 붙여서 진영 끝을 사르게 하시매 백성이 모세에게 부르짖으므로 모세가 여호와께 기도하니 불이 꺼졌더라 그 곳 이름을 다베라라 불렀으니 이는 여호와의 불이 그들 중에 붙은 까닭이었더라"(민 11:1~3)

사소한 것에 집착하여 시작된 원망과 불평은 반복되기까지 합니다.

● 네 번째 포인트

동역자가 필요 없는 사람은 아무도 없습니다.

오랜 세월 애굽에서 노예로 살았던 이스라엘 백성들을 인도하는 일은 정말 쉬운 일이 아니었습니다. 그래서 그토록 뛰어나고 월등한 지도자 모세마저도 책임이 너무 중하여 혼자 그 일을 다 감당하기 힘들다고 하나님께 호소할 정도였습니다.

"책임이 심히 중하여 나 혼자는 이 모든 백성을 감당할 수 없나이다"(민 11:14)

이스라엘 백성들은 모세와 아론에게 온갖 불평과 불만을 내쏟다가 심지어 하나님께서 내려주시는 만나까지도 불평했습니다. 이 불평들은 사실 출애굽할 때 함께 나온 다른 인종들의 탐욕에서 시작되었습니다(민 11:4).

"수많은 잡족과 양과 소와 심히 많은 가축이 그들과 함께 하였으며"(출 12:38)

이스라엘 백성들이 그들에게 영향을 받았던 것입니다.

"우리가 애굽에 있을 때에는 값없이 생선과 오이와 참외와 부추와 파와 마늘들을 먹은 것이 생각나거늘 이제는 우리의 기력이 다하여 이 만나 외에는 보이는 것이 아무 것도 없도다 하니"(민 11:5~6)

이스라엘 백성들은 고기가 먹고 싶다고 또 불평하기 시작했습니다. 그러자 모세가 이 모든 문제를 혼자 다 감당하지 못하겠다고 하나님께 호소합니다.

"내게 은혜를 베푸사 즉시 나를 죽여 내가 고난 당함을 내가 보지 않게 하옵소서"(민 11:15)

온유하기로 유명한 모세가 이스라엘 백성들을 인도하기가

얼마나 힘들었던지 하나님께 은혜를 간구하며 자신을 죽여 달라고까지 했던 것입니다.

이에 하나님께서 모세의 호소를 들으시고 이스라엘에 70명의 장로들을 세우십니다. 그리고 70명의 장로들에게 하나님의 영이 임할 수 있는 특권을 부여하십니다. 그래서 그들이 모세와 동역할 수 있게 하십니다. 많은 세월이 지나고 엘리야도 모세처럼 하나님께 호소합니다.

> "자기 자신은 광야로 들어가 하룻길쯤 가서 한 로뎀 나무 아래에 앉아서 자기가 죽기를 원하여 이르되 여호와여 넉넉하오니 지금 내 생명을 거두시옵소서 나는 내 조상들보다 낫지 못하니이다"(왕상 19:4)

엘리야의 사역 또한 혼자 감당하기에 너무 버거웠던 것입니다. 그러자 하나님께서 친히 엘리야에게 천사를 보내셔서 구운 떡과 물을 주시며 위로하시고 40일 후에는 직접 엘리야를 만나주십니다. 그리고 하나님께서 엘리야에게 '바알에게 무릎 꿇지 않은 7천 명'이 있다는 사실을 알려주십니다. 또한 엘리야에게 새로운 사명을 주시며 엘리사를 만나게 해주십니다.

이처럼 동역자가 필요 없는 사람은 아무도 없습니다. 모세에게도 엘리야에게도 동역자는 누구에게나 필요합니다. 지도자의 책임이 언제나 막중하기 때문입니다.

● 다섯 번째 포인트

가까운 사이일수록 '비방'은 서로 조심해야 합니다.

가까이 있으면 '허물'을 쉽게 볼 수 있습니다. 모세가 이방 여인 구스를 취한 사실을 아론과 미리암이 비방합니다. 이는 아론과 미리암이 모세의 지휘권에 대해 시기했기 때문입니다.

"그들이 이르되 여호와께서 모세와만 말씀하셨느냐 우리와도 말씀하지 아니하셨느냐"(민 12:2)

모세, 아론, 미리암은 사적 관계와 공적 관계, 둘 다 가지고 있는 사이입니다. 그들은 사적 관계로는 삼 남매입니다. 그러나 공적 관계로는 이스라엘의 지도자 그룹입니다.

"내가 너를 애굽 땅에서 인도해 내어 종 노릇 하는 집에서 속량하였고 모세와 아론과 미리암을 네 앞에 보냈느니라"(미 6:4)

이스라엘 지도부에서 이런 문제가 발생하자 하나님께서 공식적으로 모세에 대한 '하나님의 평가'를 내어놓으십니다.

"이르시되 내 말을 들으라 너희 중에 선지자가 있으면 나 여호와가 환상으로 나를 그에게 알리기도 하고 꿈으로 그와 말하기도 하거니와 내 종 모세와는 그렇지 아니하니 그는 내 온 집에 충성함이라 그와는 내가 대면하여 명백히 말하고 은밀한 말로 하지 아니하며 그는 또 여호와의

형상을 보거늘 너희가 어찌하여 내 종 모세 비방하기를 두려워하지 아니하느냐"(민 12:6~8)

모세를 향한 하나님의 평가입니다.

첫째, 온유함이 지면의 모든 사람보다 더한 사람

둘째, 내 종 모세

셋째, 내 온 집에 충성하는 사람

넷째, 내가 대면하여 명백히 말하는 사람

다섯째, 여호와의 형상을 보는 사람

가까운 사이일수록 본의 아니게 허물을 볼 기회가 생길 수도 있습니다. 그런데 그 허물을 보았을 때 어떻게 하면 좋을지 노아의 세 아들의 행동이 좋은 예가 됩니다.

"가나안의 아버지 함이 그의 아버지의 하체를 보고 밖으로 나가서 그의 두 형제에게 알리매 셈과 야벳이 옷을 가져다가 자기들의 어깨에 메고 뒷걸음쳐 들어가서 그들의 아버지의 하체를 덮었으며 그들이 얼굴을 돌이키고 그들의 아버지의 하체를 보지 아니하였더라"(창 9:22~23)

남의 허물을 보게 되었을 때에 뒷걸음쳐 들어가 덮어주는 것이 가까운 사이의 사람들이 해야 할 본이 되는 행동입니다. 이것이 긍휼의 하나님께서 원하시는 우리의 삶입니다.

시내산에서의 1년은 성막 제작에서부터 구름이 성막 위에 머문 1년이라 할 수 있습니다. 그 시내산 1년 이야기가 이후 〈민수기〉의 광야 생활 40년과 〈신명기〉를 이끕니다.

우리 예수님의 공생애 3년은 세례 요한에게 세례를 받으심으로부터 예수님의 부활까지라 할 수 있습니다. 그 예수님의 3년 공생애 이야기가 이후 '사도행전 30년'과 '공동서신 9권'을 이끕니다.

이처럼 성경은 1권이자 66권이며, 66권이자 동시에 1권의 책입니다. 그래서 "성경 한 권이면 충분하다."라는 고백이 우리의 노래가 될 수밖에 없습니다.

49일

10 대 2가 만든 40년 (민 13~14장)

애피타이저 APPETIZER

시내산을 출발한 이스라엘 백성들은 약속의 땅 가나안과 접경지대인 가나안 남쪽 가데스 바네아에 도착합니다. 약속의 땅 가나안이 그들 코앞에 있습니다.

그런데 가데스 바네아에서 이스라엘 백성들은 수백 년 동안 말로만 들어왔던 가나안, 어느 누구도 가보지 않은 가나안, 그 땅을 미리 한번 정탐해보고자 제안합니다. 하나님께서 이 제안을 수용하십니다. 그런데 가데스 바네아에서의 가나안 정탐 사건은 이후 이스라엘에게 상상할 수 없는 큰 위기를 맞게 합니다.

가데스 바네아 사건을 통(通)으로 본다면 '가나안 정탐'으로 시작해 우여곡절을 겪은 후 '아론의 싹 난 지팡이'로 마무리되는 이야기입니다.

성경통독 BIBLETONGDOK

《일년일독 통독성경》 민수기 13~14장

통通으로 숲이야기 ; 통숲 TONG OBSERVATION

● 첫 번째 포인드

하나님께서는 이스라엘 백성들의 가나안 정탐 제안을 수용하십니다.

이스라엘 백성들이 도착한 가데스 바네아는 곧바로 가나안으로 입성할 수 있는 지점이었습니다.

"너희가 가나안 땅에 들어가는 때에 그 땅은 너희의 기업이 되리니 곧 가나안 사방 지경이라 너희 남쪽은 에돔 곁에 접근한 신 광야니 너희의 남쪽 경계는 동쪽으로 염해 끝에서 시작하여 돌아서 아그랍빔 언덕 남쪽에 이르고 신을 지나 가데스바네아 남쪽에 이르고"(민 34:2~4)

가데스 바네아에 도착한 이스라엘 백성들은 지난 수백 년 동안 그들의 조상 아브라함과 이삭과 야곱을 통해 하나님께서 주시기로 약속한 땅이라고 귀에 못이 박히도록 듣기만 했던, 바로 그 땅 가나안이 너무나 궁금했습니다.

그들 가운데 가나안 땅에 가본 사람은 아무도 없었습니다. 그래서 그들은 가나안 땅을 점령하러 가기 전, 미리 그 땅을 한번 정탐해보고 싶었습니다(신 1:22).

그러자 하나님께서 이스라엘 백성들의 그 제안을 받아들이십니다. 그렇게 해서 편성된 가나안 정탐꾼은 여호수아와 갈렙을 비롯한 그들 수준의 열두 지파의 젊은 지도자들이었습니다.

> "여호와께서 모세에게 말씀하여 이르시되 사람을 보내어 내가 이스라엘 자손에게 주는 가나안 땅을 정탐하게 하되 그들의 조상의 가문 각 지파 중에서 지휘관 된 자 한 사람씩 보내라"(민 13:1~2)

가나안 정탐을 계기로 열두 명의 젊은 차세대 지도자들이 선출된 것입니다. 모세는 열두 명의 정탐꾼에 속한 호세아를 '여호수아'로 개명해주었습니다. 여호수아는 '구원', '구원자'라는 뜻의 호세아에서 '하나님은 구원자이시다'라는 뜻으로 이름이 바뀌었습니다.

열두 지파의 차세대 리더로 선발된 열두 명의 정탐꾼들의 가나안 정탐 목적은 다음과 같습니다(민 13:17~20).

첫째, 가나안 거민의 군사력 탐지

- 강한지 약한지, 많은지 적은지

둘째, 가나안 땅의 상태 정탐

- 좋은지 나쁜지, 비옥한지 메마른지

셋째, 가나안 성읍 정탐

- 진영인지 산성인지

넷째, 가나안 땅 나무 정탐

- 나무가 있는지 없는지, 실과의 상태는 어떠한지

이것이 40일 동안 그들이 가나안에 들어가서 일아내야 하는 미션이었습니다.

● 두 번째 포인트

가나안 정탐 40일 만에 입(入)가나안과 입(入)애굽으로 갈라섭니다.

열두 명의 정탐꾼들은 가나안 땅을 최대한 넓게 잡는다 해도 22,000㎢가 채 되지 않는, 다시 말해, 2주일이면 충분히 오고 갈 수 있는 가나안 땅을 40일 동안 샅샅이 뒤지며 정탐에 성공을 하고 무사히 귀환했습니다.

그런데 안타깝게도 거기까지만 좋았습니다. 40일 동안 가나안 정탐을 마치고 돌아온 열두 명은 이스라엘 백성들 앞에서 '보고대회'를 합니다. 열 명 모두, 정탐한 땅은 '심히 아름다운 땅, 과연 젖과 꿀이 흐르는 땅'이라고 동의합니다. 그러나 그 다음 보고와 대안이 10명 대 2명으로 너무나 다르게 표출됩니다. 정탐꾼 열 명의 보고 내용입니다.

첫째, 그 땅 거주민들은 강하고, 성읍도 너무나 견고하고 크다.

둘째, 그래서 그 땅 백성들을 치지 못한다. 그들은 우리보다 강하다.

셋째, 그 땅은 거주민을 삼키는 땅이다.

넷째, 그 땅의 모든 백성은 신장이 장대하다. 거인들이다.

다섯째, 그들과 비교하면 우리는 메뚜기같이 보인다.

그런데 열 명의 이 보고를 들은 이스라엘 백성들은 참으로 안타깝게도 믿음 없는 이 열 명의 보고를 선택하고 맙니다.

"온 회중이 소리를 높여 부르짖으며 백성이 밤새도록 통곡하였더라 이스라엘 자손이 다 모세와 아론을 원망하며 온 회중이 그들에게 이르되 우리가 애굽 땅에서 죽었거나 이 광야에서 죽었으면 좋았을 것을 어찌하여 여호와가 우리를 그 땅으로 인도하여 칼에 쓰러지게 하려 하는가 우리 처자가 사로잡히리니 애굽으로 돌아가는 것이 낫지 아니하랴

이에 서로 말하되 우리가 한 지휘관을 세우고 애굽으로 돌아가자"(민 14:1~4)

그러자 여호수아와 갈렙이 백성들을 진정시키려고 나섭니다. 정탐꾼 두 명, 즉 여호수아와 갈렙의 보고 내용입니다.

첫째, 그 땅을 취하자. 능히 이기리라.

둘째, 여호와를 거역하지 말자.

셋째, 하나님께서 우리를 그 땅으로 인도하여 들이시고, 우리에게 주신다.

넷째, 그 땅 백성을 두려워하지 말라. 그들은 우리의 먹이라.

다섯째, 여호와는 우리와 함께하신다.

그런데 오히려 온 백성이 갈렙과 여호수아를 돌로 쳐 죽이려고 합니다. 그러자 그 위기 가운데 하나님의 영광이 나타나십니다.

"온 회중이 그들을 돌로 치려 하는데 그 때에 여호와의 영광이 회막에서 이스라엘 모든 자손에게 나타나시니라"(민 14:10)

● 세 번째 포인트

모세 인생에 두 번째 가장 큰 위기를 만납니다.

누구나 인생을 살면서 크고 작은 위기 앞에 놓이게 됩니다. 모세는 120년의 인생 가운데 가장 큰 위기, 두 번째 위기를 맞닥뜨리게 됩니다.

모세의 인생 가운데 가장 큰 첫 번째 위기는 시내 광야에서 금송아지 사건으로 장정 60만 명의 이스라엘 백성 전체가 진멸될 위기였습니다. 그때는 3,000명가량의 죽음으로 끝이 났습니다.

모세의 인생 가운데 가장 큰 두 번째 위기는 이스라엘 백성들이 다시 입(入)애굽을 주장하는 바로 이 사건으로 시작됩니다. 장정 60만 명의 백성들 전체가 다시 진멸될 위기에 처해진 것입니다. 결국 이때는 3천여 명의 다섯 배인 15,000여 명의 죽음으로 끝이 납니다.

가데스 바네아에서의 모세의 이 두 번째 위기는 시내 광야에서의 금송아지 사건보다 몇 배 더 큰 위기였습니다.

> "여호와께서 모세에게 이르시되 이 백성이 어느 때까지 나를 멸시하겠느냐 내가 그들 중에 많은 이적을 행하였으나 어느 때까지 나를 믿지 않겠느냐 내가 전염병으로 그들을 쳐서 멸하고 네게 그들보다 크고 강한 나라를 이루게 하리라"(민 14:11~12)

그러자 이 일촉즉발의 위기 가운데 모세가 또다시 다급하게 엎드려 하나님의 체면을 걱정하고, 하나님의 성품에 의지하며 자신의 목숨을 걸고 이스라엘 백성들을 위해 중보기도를 시작합니다.

모세의 기도입니다.

"애굽인 중에서 주의 능력으로 이 백성을 인도하여 내셨거늘 그리하시면 그들이 듣고 이 땅 거주민에게 전하리이다 주 여호와께서 이 백성 중에 계심을 그들도 들었으니 곧 주 여호와께서 대면하여 보이시며 주의 구름이 그들 위에 섰으며 주께서 낮에는 구름 기둥 가운데에서, 밤에는 불 기둥 가운데에서 그들 앞에 행하시는 것이니이다 이제 주께서 이 백성을 하나 같이 죽이시면 주의 명성을 들은 여러 나라가 말하여 이르기를 여호와가 이 백성에게 주기로 맹세한 땅에 인도할 능력이 없었으므로 광야에서 죽였다 하리이다 이제 구하옵나니 이미 말씀하신 대로 주의 큰 권능을 나타내옵소서 이르시기를 여호와는 노하기를 더디하시고 인자가 많아 죄악과 허물을 사하시나 형벌 받을 자는 결단코 사하지 아니하시고 아버지의 죄악을 자식에게 갚아 삼사대까지 이르게 하리라 하셨나이다 구하옵나니 주의 인자의 광대하심을 따라 이 백성의 죄악을 사하시되 애굽에서부터 지금까지 이 백성을 사하신 것 같이 사하시옵소서"(민 14:13~19)

모세의 이 기도는,

첫째, 출애굽 소문이 가나안에 다 퍼져 있다는 것

둘째, 하나님이 이스라엘과 함께 계심을 가나안 사람들이 구름 기둥, 불 기둥 기적으로 다 안다는 것

셋째, 이스라엘 백성들을 죽이시면 여러 나라 사람들이 알고 있는 주의 명성에 흠이 간다는 것

넷째, 그리고 하나님의 성품을 의지하는 기도였습니다.

● 네 번째 포인트

하나님께서 '출애굽세대'에서 '만나세대 40년 교육'으로 결정하십니다.

하나님께서 목숨을 건 모세의 이 진심 어린 기도를 들으시고 정말 놀랍게도 다시 뜻을 돌이키십니다. 전염병 카드, 즉 즉시 진멸을 철회해주신 것입니다. 그리고 하나님께서 출애굽세대의 잘못된 입애굽 결정을 용서하시고 40년을 더 살려두시겠다는 것과 또 다른 두 가지 중요한 결정을 함께 말씀하십니다.

첫 번째는, '내 종' 갈렙만 예외로 40년 후 가나안에 입성할 것이라고 말씀하십니다.

"내 종 갈렙은 그 마음이 그들과 달라서 나를 온전히 따랐은즉 그가 갔던 땅으로 내가 그를 인도하여 들이리니 그의 자손이 그 땅을 차지하리

라"(민 14:24)

그동안 하나님께서 '내 종'이라고 친히 언급해주신 대표적인 하나님의 사람은 내 종 아브라함, 내 종 모세였습니다. 그런데 갈렙이 영광스럽게도 '하나님의 종' 카테고리에 들어가게 된 것입니다.

하나님께서 아브라함을 '내 종'이라고 말씀하신 기록입니다.

"나는 네 아버지 아브라함의 하나님이니 두려워하지 말라 내 종 아브라함을 위하여 내가 너와 함께 있어 네게 복을 주어 네 자손이 번성하게 하리라 하신지라"(창 26:24)

하나님께서 모세를 '내 종'이라고 말씀하신 기록입니다.

"내 종 모세와는 그렇지 아니하니 그는 내 온 집에 충성함이라"(민 12:7)

이후 아브라함과 모세와 갈렙에 이어 다윗이 영광스럽게 '하나님의 종'이 됩니다.

"이제 내 종 다윗에게 이와 같이 말하라 만군의 여호와께서 이와 같이 말씀하시기를 내가 너를 목장 곧 양을 따르는 데에서 데려다가 내 백성 이스라엘의 주권자로 삼고"(삼하 7:8)

또 이후 사도 바울이 '하나님의 종'이 됨을 자랑합니다.

"하나님의 종이요 예수 그리스도의 사도인 나 바울이 사도 된 것은 하나님이 택하신 자들의 믿음과 경건함에 속한 진리의 지식과"(딛 1:1)

두 번째는, 출애굽 당시 20세 미만의 유아들만 40년 후 '만나 세대'로 성장시켜 입(入)가나안 시키겠다고 말씀하십니다.

"너희가 사로잡히겠다고 말하던 너희의 유아들은 내가 인도하여 들이리니 그들은 너희가 싫어하던 땅을 보려니와 너희의 시체는 이 광야에 엎드러질 것이요 너희의 자녀들은 너희 반역한 죄를 지고 너희의 시체가 광야에서 소멸되기까지 사십 년을 광야에서 방황하는 자가 되리라 너희는 그 땅을 정탐한 날 수인 사십 일의 하루를 일 년으로 쳐서 그 사십 년간 너희의 죄악을 담당할지니 너희는 그제서야 내가 싫어하면 어떻게 되는지를 알리라 하셨다 하라 나 여호와가 말하였거니와 모여 나를 거역하는 이 악한 온 회중에게 내가 반드시 이같이 행하리니 그들이 이 광야에서 소멸되어 거기서 죽으리라"(민 14:31~35)

한마디로 하나님의 결정은 가나안 정탐 40일을, '하루를 일 년으로 쳐서' 계산하여 그 40년 동안, 즉 출애굽세대들이 자신들의 죄악을 담당하는 동안 그들의 자녀 세대들을 교육해서 '만나 세대'가 되게 하시겠다는 결정입니다.

이후 이와 비슷한 경우로 많은 세월이 지나고 하나님께서는 남유다에게 '바벨론 포로 70년'을 말씀하시는데 바벨론 포로 70년의 근거는 그들이 약속의 땅 가나안에서 안식일을 지키지 않은 날들을 계수하여 2세대 교육 기간인 70년이라고 결정하십니다.

"이에 토지가 황폐하여 땅이 안식년을 누림 같이 안식하여 칠십 년을 지냈으니 여호와께서 예레미야의 입으로 하신 말씀이 이루어졌더라" (대하 36:21)

● 다섯 번째 포인트

하나님께서는 이스라엘 백성들이 불평하던 칠흑 같은 그 밤에도 이들이 다음 날 먹을 만나를 내려주십니다.

온 이스라엘 백성들이 믿음 없는 열 명의 정탐 보고를 듣고 입(入)가나안이 아닌 입(入)애굽을 결정한, 그 말도 안 되는 칠흑 같은 그 밤에도 하나님께서는 이들을 위해 다음 날 먹을 만나를 내려주십니다.

이후에 하나님의 이 모든 이야기를 알게 되고, 깨닫게 된 사도 요한이 벅찬 가슴을 누를 길 없어 〈요한일서〉를 통해 "하나님은 사랑이시다!"라고 목 놓아 소리쳐 외칩니다.

가데스 바네아에서 칠흑 같은 그 밤에도 이스라엘 백성들이 다음 날 먹을 만나를 내려주신 우리 하나님은 오늘 우리에게도 일용할 양식을 매일 준비해주고 계십니다. 정말 우리 하나님은 사랑이십니다.

"네 조상들도 알지 못하던 만나를 광야에서 네게 먹이셨나니 이는 다 너를 낮추시며 너를 시험하사 마침내 네게 복을 주려 하심이었느니라" (신 8:16)

디저트 DESSERT

믿음 없는 열 명의 정탐꾼들의 보고를 듣고 두려움에 사로잡힌 이스라엘 백성들은 입(入)애굽을 주장하며 하나님을 거역했습니다. 그러나 믿음의 사람 여호수아와 갈렙은 "하나님이 함께하시면 능히 이길 수 있습니다."라고 외칩니다.

정탐꾼 열 명은 두려움에 사로잡혀 가나안과 싸우는 것은 도무지 실현 불가능한 꿈이라고 말했습니다. 그러나 믿음의 눈으로 보면, 가나안으로 가는 길은 한 걸음 차이일 뿐입니다. 열 명의 정탐꾼들은 한 걸음 차이를 천 걸음, 만 걸음 차이로 벌려놓고 '불가능하다, 꿈을 포기하자'며 온 이스라엘 백성들을 기운 빠지게 합니다.

불신앙의 천 걸음, 만 걸음 차이는 결국 40년 동안이나 더 교육받아야 한다는 하나님의 결정이 됩니다. 아브라함의 믿음과 순종이, 모세의 믿음과 순종이, 여호수아와 갈렙의 믿음과 순종이 그리고 성경 속 하나님의 사람들의 믿음과 순종이 그래서 그토록 값진 것입니다. 믿음과 순종이 지름길입니다.

50일
이스라엘의 불순종에 대한 눈높이 기적(민 15~17장)

애피타이저 APPETIZER

열두 명의 가나안 정탐꾼들 가운데 열 명이 그들의 믿음 없음과 잘못된 판단으로 인해 죽임을 당했습니다. 그러나 정탐꾼 열 명에게 동조했던 이스라엘 백성들은 목숨을 건 모세의 간절한 중보기도 덕분에 다행히 진멸은 면했습니다. 그런데 약속의 땅 가나안 입성은 40년 후로 연기되었습니다.

이 폭풍 끝에서 하나님께서는 다시 이스라엘 백성들에게 자비와 사랑을 베푸셔서 그들이 40년 후에 들어가서 살게 될 가나안에서 지켜야 될 약속들을 주십니다.

"여호와께서 모세에게 말씀하여 이르시되 이스라엘 자손에게 말하여 이르라 너희는 내가 인도하는 땅에 들어가거든 그 땅의 양식을 먹을 때에 여호와께 거제를 드리되"(민 15:17~19)

그런데 가데스 바네아에서의 가나안 정탐 사건 이후 안타깝게도 또다시 거센 폭풍의 반역 사건이 일어납니다. 이 반역 사건은 시내 광야에서의 금송아지 사건보다 그리고 바로 직전 열 명의 정탐꾼들의 반란보다 훨씬 더 아찔하고 심각한 사건이었습니다.

이 위급한 시점에서 우리는 정말 '하나님의 사람다운' 모세의 진면목를 보게 됩니다. 하나님께서 왜 그렇게까지 모세를 향해 '내 종 모세, 내 종 모세' 하셨는지 고개가 저절로 끄덕여집니다.

성경통독 BIBLETONGDOK

《일년일독 통독성경》 민수기 15~17장

통通으로 숲이야기 ; 통숲 TONG OBSERVATION

● 첫 번째 포인트

열 명의 정탐꾼의 죽음으로도 깨닫지 못한 자들 250명이 모세에게 반기를 듭니다.

가나안 정탐 보고 대회 후 정탐에 참여했던 열두 명 가운데 열 명이 죽고 목숨을 건 모세의 1차 중보기도를 통해 이스라엘 백성 60만 명의 진멸은 철회됩니다. 그리고 가나안 정탐 사건은 앞으로 40년 동안의 하나님의 '만나 투자 교육'으로 잘 마무리되는 듯했습니다.

그런데 하나님의 결정인 '광야 생활 40년'에 대해 레위 지파의 고라와 르우벤 지파의 다단, 아비람, 온이 앞장서서 자기들끼리 이스라엘 총회를 엽니다. 그리고 열두 지파의 이름 있는 지휘관 250명으로 지도부를 구성하여 하나님께서 모세를 통해 세우신 제사장 나라 조직을 근본적으로 위협하고 나왔습니다.

> "그들이 모여서 모세와 아론을 거슬러 그들에게 이르되 너희가 분수에 지나도다 회중이 다 각각 거룩하고 여호와께서도 그들 중에 계시거늘 너희가 어찌하여 여호와의 총회 위에 스스로 높이느냐"(민 16:3)

정탐꾼 열 명의 죽음으로도 깨닫지 못한 자들 250명이 이렇게 모세에게 반기를 든 것입니다.

● 두 번째 포인트

250명의 반역 사건은 모세 120년 인생의 세 번째 큰 위기였습니다.

레위 지파의 고라와 르우벤 지파의 다단, 아비람, 온이 앞장서서 일으킨 이스라엘의 250명의 반란은 지난 1년간 시내 광야에서 세운 제사장 나라의 모든 세팅이 한꺼번에 무너질 위기였습니다.

출애굽해서 지난 짧은 기간 여기까지 오는 데에도 금송아지 사건으로 3,000여 명이 죽고, 아론의 두 아들 나답과 아비후가 죽고, 가나안을 정탐했던 미래 지도자 열 명이 죽는 대가를 지불하고 겨우 찾은 '안정'이었습니다. 이 위기 앞에 숨을 크게 몰아 내쉬고 모세는 그들의 말을 듣고 일단 엎드렸다가 하나님의 판단을 기다려보자고 말합니다. 그리고 고라와 다단, 아비람을 설득하기 시작합니다.

레위 지파의 고핫 자손들 중 일부가 같은 레위 지파인 아론 가문만 '제사장직'을 맡는 일에 대해 불만을 가졌던 것입니다. 그들은 같은 레위 지파 안에서 아론 가문은 제사장직을 수행하고 고핫 가문은 언약궤를 어깨에 메어 옮기는 일을 하는 것이 불만이었습니다. 그래서 그들은 그것이 하나님의 결정이라기보다는 모세와 아론의 사심이 들어간 결정이라고 오해했고 제사장직의 사명보다는 특권에만 더 집중했던 것입니다. 참으로 안타깝기 그지없습니다.

모세를 통해 제사장직을 아론 가문에 주신 것은 하나님의 결정이라는 사실을 다 들었음에도 불구하고, 또한 고핫 가문의 일이 얼마나 소중한 일인지 다 알게 되었음에도 불구하고, 고핫의 손자 고라는 모세의 말을 더 이상 듣지 않습니다. 고라가 이때라도 자신의 잘못을 인정하고 엎드렸더라면 좋았을 텐데 말입니다. 이때가 기회였는데 고라는 끝내 모세의 설득에도 뜻을 바꾸지 않습니다.

● **세 번째 포인트**

광야 40년 교육 이슈 – "눈속임이야, 누굴 속여!"라고 오해한 이들.

레위 지파 고핫의 손자, 고라를 설득하는 데 실패(?)한 모세가 이번에는 르우벤 지파의 다단과 아비람을 부릅니다. 그들을 설득하기 위해서입니다. 그런데 그들이 모세를 더욱 심히 노하게 만듭니다.

"모세가 엘리압의 아들 다단과 아비람을 부르러 사람을 보냈더니 그들이 이르되 우리는 올라가지 않겠노라 네가 우리를 젖과 꿀이 흐르는 땅에서 이끌어 내어 광야에서 죽이려 함이 어찌 작은 일이기에 오히려 스스로 우리 위에 왕이 되려 하느냐 이뿐 아니라 네가 우리를 젖과 꿀이 흐르는 땅으로 인도하여 들이지도 아니하고 밭도 포도원도 우리에게 기업으로 주지 아니하니 네가 이 사람들의 눈을 빼려느냐 우리는 올라가지 아니하겠노라"(민 16:12~14)

르우벤 지파의 다단과 아비람은 모세의 부름에 대해 오지도 않을뿐더러 오히려 어깃장을 놓으면서 자신들은 모세가 스스로 왕이 되려고 한다는 속셈을 다 알아차렸다고 말합니다.

모세 입장에서는 말 그대로 어이가 없었을 것입니다. 모세의 목숨을 건 중보기도로 겨우 살아남은 그들이 '모세 왕정 타파'라는 어이없는 혁명의 명분을 들고 나온 것입니다.

'광야 40년 제사장 나라 교육 이슈' – "눈속임이야, 누굴 속여!"

그러자 모세가 심히 화를 냅니다. 그런데 여기에서 모세는 그들에게 자신의 분노의 칼을 휘두른 것이 아니라 하나님 앞에 기도합니다. 모세의 기도 내용입니다.

"주는 그들의 헌물을 돌아보지 마옵소서"(민 16:15)

모세는 자신의 방식으로 즉결 처분하기보다는 '제사장 나라 방식'으로 이 문제를 처리하고 있습니다. 다시 말해, 하나님께서 예물을 받지 않으시면 용서받을 수 없다는 제사장 나라 법으로 처리하고 있습니다.

"그들의 헌물을 돌아보지 마옵소서!" 이 말은 모세가 이 상황에서도 자기 감정대로 처리하지 않고 오직 제사장 나라 법으로 처벌하시라는 제사장 나라의 놀라운 '종'의 기도였습니다. 또 "나는 그들의 나귀 한 마리도 빼앗지 아니하였고 그들 중의 한 사람도 해하지 아니하였나이다"(민 16:15)라고 기도합니다.

모세의 이 말은 이스라엘 백성들에게 한 변명이 아닙니다. 하늘의 하나님께 올려드린 기도의 내용입니다. 이 말은 모세 자신이 민족을 이끄는 국가 리더십을 행할 때 백성들의 털끝 하나 자기 사익을 위해 챙기지 않았다는 말입니다.

그들에게서 나귀 한 마리도 빼앗지 않았다는 말은 모세 자신의 왕정이 아닌 오직 제사장 나라에 한 점 부끄럼 없이 공적으로 충성했다는 말입니다. 그러므로 제사장 나라의 주의 백성 된 그들에게 어떤 손해도 입히지 않았다는 것입니다.

사실, '왕정 제도'는 백성을 '종'으로 만드는 것입니다.

> "그러므로 그들의 말을 듣되 너는 그들에게 엄히 경고하고 그들을 다스릴 왕의 제도를 가르치라 … 그가 또 너희의 노비와 가장 아름다운 소년과 나귀들을 끌어다가 자기 일을 시킬 것이며 너희의 양 떼의 십분의 일을 거두어 가리니 너희가 그의 종이 될 것이라"(삼상 8:9~17)

그러나 모세에게 이스라엘 백성들은 하나님의 소유이고, 하나님과 언약을 맺은 제사장 나라 거룩한 시민이었습니다.

여기서 잠깐, 모세가 심히 노하여 하나님께 기도했던 내용은 이후 '사무엘 연설'의 모티브(motive)가 됩니다.

> "주는 그들의 헌물을 돌아보지 마옵소서 나는 그들의 나귀 한 마리도 빼앗지 아니하였고 그들 중의 한 사람도 해하지 아니하였나이다"(민 16:15)

> "내가 여기 있나니 여호와 앞과 그의 기름 부음을 받은 자 앞에서 내게 대하여 증언하라 내가 누구의 소를 빼앗았느냐 누구의 나귀를 빼앗았느냐 누구를 속였느냐 누구를 압제하였느냐 내 눈을 흐리게 하는 뇌물을 누구의 손에서 받았느냐 그리하였으면 내가 그것을 너희에게 갚으리라"(삼상 12:3)

결국 모세의 이 간절한 설득에도 불구하고 250명의 반란자들이 뜻을 철회할 기미를 보이지 않자 모세가 '250 대 1의 향로 대결'을 제안합니다. 모세가 "회막 문 앞에 온 회중이 보는 데서 대결하자!"라고 한 것입니다.

> "너희는 제각기 향로를 들고 그 위에 향을 얹고 각 사람이 그 향로를 여호와 앞으로 가져오라 향로는 모두 이백오십 개라 너와 아론도 각각 향로를 가지고 올지니라"(민 16:17)

'250 대 1의 향로 대결'은 이후 엘리야 선지자의 갈멜산 대결

'850 대 1' 사건을 연상하게 합니다.

"사람을 보내 온 이스라엘과 이세벨의 상에서 먹는 바알의 선지자 사백오십 명과 아세라의 선지자 사백 명을 갈멜 산으로 모아 내게로 나아오게 하소서 아합이 이에 이스라엘의 모든 자손에게로 사람을 보내 선지자들을 갈멜 산으로 모으니라"(왕상 18:19~20)

백 번 천 번 양보해서 이스라엘 열두 지파 백성들까지는 그렇다고 해도 최소한 레위 지파 고핫의 손자 고라만은 사태가 여기까지 가게 해서는 안 되는 것입니다. 그런데 오히려 고라가 향로를 들고 회막 앞에 모인 반란의 지도자 250명 편에 서서 끝까지 모세와 아론에게 대적합니다.

"고라가 온 회중을 회막 문에 모아 놓고 그 두 사람을 대적하려 하매"(민 16:19)

모세의 120년의 인생에서 이때가 가장 힘들고 쓸쓸했을 것 같습니다.

● **네 번째 포인트**

금송아지 사건으로 죽은 사람은 3천여 명, 250명의 반란 사건으로 죽은 사람은 1만 5천여 명입니다.

'250 대 1 향로 대결!' 회막 앞에 250명의 반란자들의 향로와 아론의 향로가 놓입니다. 모든 향로에는 불이 담겨 있었습니다. 이때 고핫의 손자 고라가 회중 앞에서 모세와 아론을 대적하려 하자 여호와의 영광이 온 이스라엘 회중 앞에 나타납니다.

"여호와께서 모세와 아론에게 말씀하여 이르시되 너희는 이 회중에게서 떠나라 내가 순식간에 그들을 멸하려 하노라"(민 16:20~21)

가데스 바네아에서만 벌써 두 번째, 하나님께서 이스라엘 온 회중을 멸하겠다고 말씀하신 것입니다.

가나안 정탐 보고 대회 이후 또다시 일어난 위기였습니다. 그러자 모세와 아론, 두 사람이 함께 엎드려 하나님께 기도합니다. 이것이 가데스 바네아에서의 '모세의 2차 중보기도'입니다.

"그 두 사람이 엎드려 이르되 하나님이여 모든 육체의 생명의 하나님이여 한 사람이 범죄하였거늘 온 회중에게 진노하시나이까"(민 16:22)

모세와 아론이 하나님께 간절히 엎드려 기도하자 하나님께서 한발 물러서십니다. 그리고 모세가 하나님의 말씀에 따라 고라당의 반역자들 250명과 이스라엘 모든 백성을 따로 구분하여 나눕니다.

"여호와께서 모세에게 말씀하여 이르시되 회중에게 명령하여 이르기를 너희는 고라와 다단과 아비람의 장막 사방에서 떠나라 하라"(민

16:23~24)

모세가 백성들에게 말합니다.

"여호와께서 나를 보내사 이 모든 일을 행하게 하신 것이요 나의 임으로 함이 아닌 줄을 이 일로 말미암아 알리라"(민 16:28)

이전 시내 광야에서 금송아지 사건 때에는 모세가 레위 청년들의 칼을 통해 3,000여 명을 죽게 했었습니다. 그러나 이번에 땅이 갈라져 반역자들이 죽는 것은 모세 자신이 한 일이 아니라 하나님께서 하신 일이라는 사실을 말한 것입니다.

"만일 여호와께서 새 일을 행하사 땅이 입을 열어 이 사람들과 그들의 모든 소유물을 삼켜 산 채로 스올에 빠지게 하시면 이 사람들이 과연 여호와를 멸시한 것인 줄을 너희가 알리라 그가 이 모든 말을 마치자마자 그들이 섰던 땅바닥이 갈라지니라"(민 16:30~31)

모세의 말이 끝나자마자 땅이 벌어져 고라와 고라에 속한 사람들과 모든 소유물을 삼킵니다. 그러자 그 모든 광경을 지켜본 이스라엘 백성들이 그들의 부르짖음을 듣고 두려워 도망합니다. 그리고 향로를 가지고 나왔던 250명은 여호와께로부터 불이 나와 죽게 됩니다.

그런데 더 안타까운 사건이 이튿날 또 발생합니다. 하나님께서 그렇게까지 하셨음에도 이스라엘 백성들은 오히려 모세와 아론을 원망하며 죽이려 합니다. 그들 생각에는 모세와 아론이 하나님의 백성들을 죽게 했다는 것입니다. 무지와 어리석음을 넘어 이렇게까지 오해하니 참으로 안타깝다는 말조차 아까울 정도입니다. 바로 그때 구름이 회막을 덮으며 하나님의 영광이 나타납니다. 그래서 모세와 아론이 그 위기를 넘깁니다.

"회중이 모여 모세와 아론을 칠 때에 회막을 바라본즉 구름이 회막을 덮었고 여호와의 영광이 나타났더라"(민 16:42)

하나님께서 모세와 아론에게 회막 앞에서 말씀하십니다.

"너희는 이 회중에게서 떠나라 내가 순식간에 그들을 멸하려 하노라"(민 16:45)

가데스 바네아에서만 벌써 세 번째, 하나님께서 이스라엘 백성들을 진멸하겠다고 말씀하신 것입니다. 그러자 모세와 아론이 하나님 앞에 또다시 엎드립니다. 이것이 가데스 바네아에서의 '모세의 3차 중보기도'입니다. 그러면서 모세가 아론에게 급히 말합니다.

"모세가 아론에게 이르되 너는 향로를 가져다가 제단의 불을 그것에 담고 그 위에 향을 피워 가지고 급히 회중에게로 가서 그들을 위하여 속죄하라"(민 16:46)

이미 하나님의 진노로 염병이 시작되었었고, 결국 이날 염병으로 14,700명이 죽습니다. 가데스 바네아에서 정탐꾼 10명, 고라당 250명 이상, 염병으로 14,700명 총 15,000여 명이 죽었습니다.

이는 금송아지 사건으로 죽은 3,000여 명의 다섯 배가 되는 수입니다. 이렇게 죽은 숫자의 무게만큼, 모세와 아론은 정말 죽을 만큼 힘이 들었을 것입니다.

● 다섯 번째 포인트

아론의 싹 난 지팡이는 하나님의 백성을 향한 눈높이입니다.

하나님께서는 출애굽하면서 단 한 사람의 생명도 잃지 않기 위해 최선을 다해 지키고 보호하며 데리고 나오셨습니다. 하지만 그들의 죄악으로 시내 광야에서 금송아지 사건으로 3,000여 명 그리고 가데스 바네아에서 또 15,000여 명이 죽은 이후 하나님께서는 다음과 같은 일을 하십니다.

"여호와께서 모세에게 말씀하여 이르시되 너는 이스라엘 자손에게 말하여 그들 중에서 각 조상의 가문을 따라 지팡이 하나씩을 취하되 곧 그들의 조상의 가문대로 그 모든 지휘관에게서 지팡이 열둘을 취하고 그 사람들의 이름을 각각 그 지팡이에 쓰되 레위의 지팡이에는 아론의 이름을 쓰라 이는 그들의 조상의 가문의 각 수령이 지팡이 하나씩 있어야 할 것임이니라 그 지팡이를 회막 안에서 내가 너희와 만나는 곳인 증거궤 앞에 두라 내가 택한 자의 지팡이에는 싹이 나리니 이것으로 이스라엘 자손이 너희에게 대하여 원망하는 말을 내 앞에서 그치게 하리라"(민 17:1~5)

하나님께서는 레위 지파 가운데 아론과 그의 자손들이 대대로, 그리고 전문직으로 제사장의 사명을 감당하게 하셨다는 사실을 보여주시기 위해 아론의 지팡이에서 싹이 나게 하십니다. 이는 모세와 아론을 향한 이스라엘 백성들의 원망을 그치게 하고자 하신 하나님의 눈높이 기적이었습니다.

디저트 DESSERT

가데스 바네아 사건은 가나안 정탐으로 시작해 온갖 우여곡절을 겪은 후 아론의 싹 난 지팡이로 마무리되었습니다.

가데스 바네아 사건의 시작은 가나안 정탐 사건이었습니다. 이스라엘 열두 명의 미래 지도자들이 가나안 땅을 40일 동안 정탐하고 돌아와 열 명의 믿음 없는 사람들의 보고로부터 걷잡을 수 없는 문제가 발생하기 시작했습니다.

결국 가나안 정탐 40일은 광야 생활 40년, 만나세대의 교육이라는 하나님의 결정으로 끝이 납니다. 하나님의 광야 생활 40년 동안 이루어진 만나세대 교육의 결과는 40년 후 여리고성 정탐을 통해 그들의 부모 세대와는 너무나 다른, 수준 높은 정탐 보고대회를 이끌어내는 것으로 나타납니다.

하나님을 아는 지식을 키워주는, 하나님을 알게 하는 교육이 가장 확실하고, 가장 행복한 미래 대안입니다.

51일

소금 언약(민 18~19장)

애피타이저 APPETIZER

민수기 18장은 레위 지파 가운데 아론의 자손들이 책임 맡은 '제사장의 일'과 레위 지파 가운데 고핫, 게르손, 므라리 자손들이 책임 맡은 '제사장을 돕는 일'에 대한 하나님의 말씀입니다. 그리고 민수기 19장은 '부정을 씻는 물'에 대한 말씀입니다.

우리는 〈레위기〉와 이어지는 〈민수기〉에서 '정하다 또는 부정하다'라는 말을 다소 이해하기 어렵다고 생각합니다. 그러나 '정하다'는 '클린(clean, 깨끗한)'이고 '부정하다'는 '언클린(unclean, 깨끗하지 않은)'이라는 의미입니다. 하나님께서는 물이 부족한 곳, 광야에서 생활하고 있는 이스라엘 백성들이 위생 개념을 가지고 건강하게 살기를 바라시며 "이건 깨끗한 거야~.", "저건 깨끗하지 않은 거야~." 이렇게 자상하게 설명해주시고 계신 것입니다.

그러므로 민수기 19장은 인간을 창조하신 하나님께서 인간들이 가장 건강하게 살 수 있는 방법을 알려주신 정말 귀한 '건강 사용 설명서'입니다. 성경은 이처럼, 나와 우리를 향한 하나님의 사랑이 가득 담긴 책입니다.

성경통독 BIBLETONGDOK

《일년일독 통독성경》 민수기 18~19장

통通으로 숲이야기 ; 통숲 TONG OBSERVATION

● 첫 번째 포인트

제사장 나라의 '제사장 세우기' 다섯 가지 에피소드입니다.

민수기 18장은 제사장 나라에서 하나님과 이스라엘 백성들 사이의 존재인 '제사장'이 어떻게 셋업되었는지를 다시 한번 총정리해서 가르쳐주시는 하나님의 말씀입니다.

사실, 세상 어느 나라의 법에도 제사장의 옷에 대해 법으로까지 정해주는 나라는 없습니다. 그런데 하나님께서는 제사장 나라의 제사장은 "이렇게 입어야 한다."라고 이를 성문화해서 법으로까지 정해주셨습니다.

제사장의 옷을 비롯해서 하나님께서 제사장 직임을 나라의 법으로 세우기 위해 얼마나 노력하셨는지 다음 다섯 가지를 통해 짧게 한 번 살펴보겠습니다.

첫 번째, 제사장의 복식(服飾)법입니다.

"성소에서 섬기기 위한 정교한 옷 곧 제사 직분을 행할 때에 입는 제사장 아론의 거룩한 옷과 그의 아들들의 옷이라"(출 39:41)

두 번째, 첫 대제사장 아론의 첫 제사 때 불을 내려주십니다.

"불이 여호와 앞에서 나와 제단 위의 번제물과 기름을 사른지라 온 백성이 이를 보고 소리 지르며 엎드렸더라"(레 9:24)

세 번째, 아론의 두 아들 나답과 아비후의 죽음을 슬퍼하지 못하게 하십니다.

"아론의 아들 나답과 아비후가 각기 향로를 가져다가 여호와께서 명령하시지 아니하신 다른 불을 담아 여호와 앞에 분향하였더니 불이 여호와 앞에서 나와 그들을 삼키매 그들이 여호와 앞에서 죽은지라"(레

10:1~2)

"모세가 아론과 그의 아들 엘르아살과 이다말에게 이르되 너희는 머리를 풀거나 옷을 찢지 말라 그리하여 너희가 죽음을 면하고 여호와의 진노가 온 회중에게 미침을 면하게 하라 오직 너희 형제 이스라엘 온 족속은 여호와께서 치신 불로 말미암아 슬퍼할 것이니라"(레 10:6)

네 번째, 250 대 1의 향로 대결로 반란을 일으켰던 250명을 죽이십니다.

"너희는 제각기 향로를 들고 그 위에 향을 얹고 각 사람이 그 향로를 여호와 앞으로 가져오라 향로는 모두 이백오십 개라 너와 아론도 각각 향로를 가지고 올지니라 그들이 제각기 향로를 가져다가 불을 담고 향을 그 위에 얹고 모세와 아론과 더불어 회막 문에 서니라"(민 16:17~18)

"여호와께로부터 불이 나와서 분향하는 이백오십 명을 불살랐더라"(민 16:35)

다섯 번째, 12개의 지팡이 대결을 하게 하십니다.

"내가 택한 자의 지팡이에는 싹이 나리니 이것으로 이스라엘 자손이 너희에게 대하여 원망하는 말을 내 앞에서 그치게 하리라 모세가 이스라엘 자손에게 말하매 그들의 지휘관들이 각 지파대로 지팡이 하나씩을 그에게 주었으니 그 지팡이가 모두 열둘이라 그 중에 아론의 지팡이가 있었더라"(민 17:5~6)

이와 같이 다섯 가지의 이야기를 통해 알 수 있는 것은 제사장 나라의 제사장직을 세팅하는 일이 쉽지 않았다는 것과 그럼에도 불구하고 '제사장직'이 자리를 잡아야 '제사장 나라'가 시작될 수 있다는 분명한 사실을 보여주고 있습니다.

● 두 번째 포인트

모세는 '제사장직'을 세우기 위해 엎드리고 또 엎드리는 수고를 아끼지 않았습니다.

250명의 반란자들의 억지처럼 만약 모세가 왕이 되었다면 오히려 그렇게까지 고생하지 않으면서 이스라엘 백성들을 '명령'으로 이끌 수 있었을 것입니다.

사울 왕의 예를 보면 그는 명령 한마디로 제사장 85명을 그 자리에서 죽게 했습니다. 다윗 왕도 쪽지 한 장으로 죄 없는 우리아를 죽게 했습니다. 왕이 되면, 이렇게 왕 된 자들 마음대로 '명령'을 내립니다. 그런데 모세는 끝내 왕이 되지 않고 이스라엘 백성들 앞에 엎드리고 또 엎드리며 제사장 나라를 셋업시키는 일에 혼신의 힘을 다했습니다.

모세가 그토록 제사장 나라 셋업을 위해 애쓴 이유는 모세가 제사장 나라의 제사장과 제사를 통한 '하나님의 용서의 능력'을 알았기 때문입니다.

앞서 살펴보았듯이, 이스라엘 백성들은 250명의 반란 사건과 이들이 한순간에 죽는 모습을 보고도 깨닫지 못하고 회막으로 가서 모세를 죽이려 했습니다. 결국 이 일로 하나님께서 진노하셔서 염병이 시작된 것입니다. 이때 대제사장 아론이 향로를 들고 하나님의 용서를 바라며 염병이 진행되는 백성들 사이 한복판으로 뛰어들어가 속죄함으로 염병이 그쳤습니다. 그러나 안타깝게도 14,700명이 죽었습니다.

"이에 모세가 아론에게 이르되 너는 향로를 가져다가 제단의 불을 그것에 담고 그 위에 향을 피워 가지고 급히 회중에게로 가서 그들을 위하여 속죄하라 여호와께서 진노하셨으므로 염병이 시작되었음이니라 아론이 모세의 명령을 따라 향로를 가지고 회중에게로 달려간즉 백성 중에 염병이 시작되었는지라 이에 백성을 위하여 속죄하고 죽은 자와 산 자 사이에 섰을 때에 염병이 그치니라"(민 16:46~48)

이 사건을 통해 이스라엘 백성들은 회막에 함부로 가까이하면 죽을 수 있다는 사실을 처음으로 제대로 깨닫게 됩니다.

"이스라엘 자손이 모세에게 말하여 이르되 보소서 우리는 죽게 되었나이다 망하게 되었나이다 다 망하게 되었나이다 가까이 나아가는 자 곧

여호와의 성막에 가까이 나아가는 자마다 다 죽사오니 우리가 다 망하여야 하리이까"(민 17:12~13)

하나님께서 제사장직을 세우신 것은 이스라엘 백성들이 죄로 인해 죽게 되었을 때에 제사장의 제사를 통해 이스라엘 백성들에게 하나님의 진노가 임하지 않고 용서의 길을 열기 위함이었습니다.

"이와 같이 너희는 성소의 직무와 제단의 직무를 다하라 그리하면 여호와의 진노가 다시는 이스라엘 자손에게 미치지 아니하리라"(민 18:5)

하나님의 용서는 결국 성전과 제사장을 통해 임하게 됩니다.

우리는 〈히브리서〉 말씀을 통해 하나님의 깊은 뜻을 깨닫게 됩니다. 하나님께서 대제사장을 세우신 것은 처음 대제사장 아론으로부터 시작해서 결국 마지막 대제사장이신 '장래 좋은 일의 대제사장 예수 그리스도'를 통해 진정한 '하나님의 용서를 이루시기 위함'이었습니다.

"그리스도께서는 장래 좋은 일의 대제사장으로 오사 손으로 짓지 아니한 것 곧 이 창조에 속하지 아니한 더 크고 온전한 장막으로 말미암아 염소와 송아지의 피로 하지 아니하고 오직 자기의 피로 영원한 속죄를 이루사 단번에 성소에 들어가셨느니라"(히 9:11~12)

"그리스도께서는 참 것의 그림자인 손으로 만든 성소에 들어가지 아니하시고 바로 그 하늘에 들어가사 이제 우리를 위하여 하나님 앞에 나타나시고 대제사장이 해마다 다른 것의 피로써 성소에 들어가는 것 같이 자주 자기를 드리려고 아니하실지니 그리하면 그가 세상을 창조한 때부터 자주 고난을 받았어야 할 것이로되 이제 자기를 단번에 제물로 드려 죄를 없이 하시려고 세상 끝에 나타나셨느니라"(히 9:24~26)

"율법은 장차 올 좋은 일의 그림자일 뿐이요 참 형상이 아니므로 해마다 늘 드리는 같은 제사로는 나아오는 자들을 언제나 온전하게 할 수 없느니라"(히 10:1)

모세가 '나귀 한 마리도 취하지 않는 길'을 가면서 엎드리고 또 엎드리며 제사장 나라 제도를 수립하기 위해 그 수고를 아끼지 않은 이유는 모세가 진정한 '하나님의 종'이었기 때문입니다. 하나님께서는 '하나님의 종' 모세를 통해 제사장 나라를 수립하심으로 장차 올 좋은 일의 그림자를 만드십니다.

● 세 번째 포인트

레위인은 제사장에게 주신 하나님의 선물입니다.

가데스 바네아에서 가나안 정탐 사건 이후 250명 반란 사건의 주동자 가운데 한 명이었던 레위 지파의 고핫 자손 '고라의 반란'은 오해에서 비롯된 것이었습니다.

고핫의 손자 고라는 자신도 같은 레위 지파인데 왜 아론 가문만이 제사장직을 맡는지 불만이었습니다. 고라는 제사장 직분이 높은 계급이라고 착각했던 것입니다.

레위 지파 가운데 아론 자손이 맡은 일은 '제사장의 일'이었고 고핫, 게르손, 므라리 자손은 제사장을 도와 그들도 회막에서 막중한 사명을 감당하는 자들이었습니다.

"보라 내가 이스라엘 자손 중에서 너희의 형제 레위인을 택하여 내게 돌리고 너희에게 선물로 주어 회막의 일을 하게 하였나니 너와 네 아들들은 제단과 휘장 안의 모든 일에 대하여 제사장의 직분을 지켜 섬기라 내가 제사장의 직분을 너희에게 선물로 주었은즉 거기 가까이 하는 외인은 죽임을 당할지니라"(민 18:6~7)

만약 제사장에게만 성소의 업무를 모두 맡긴다면 함부로 회막에 가까이 하는 외인을 막는 일, 죽이는 일까지 제사장들만으로는 결코 다 수행하지 못할 것입니다. 때문에 하나님께서는 레위 지파의 고핫 자손, 게르손 자손, 므라리 자손들, 즉 레위인들에게 성막 봉사의 일을 분담하게 하셨던 것입니다.

그러므로 제사장과 레위인들은 서로를 향한 선물입니다. 바늘과 실, 동전의 양면과 같은, 서로에게 꼭 필요한 사람들입니다.

하나님의 일에는 결코 높고 낮음이 없습니다. 다만 각자 맡은 소임이 다를 뿐입니다.

● 네 번째 포인트
레위인도 십일조의 십일조를 드려야 합니다.

제사장 나라 법에 따라 이스라엘 열두 지파 모든 백성은 십일조를 내야 합니다.

"그 땅의 십분의 일 곧 그 땅의 곡식이나 나무의 열매는 그 십분의 일은 여호와의 것이니 여호와의 성물이라"(레 27:30)

하나님께서는 이스라엘 열두 지파가 낸 십일조를 레위 자손들에게 주셨습니다.

"내가 이스라엘의 십일조를 레위 자손에게 기업으로 다 주어서 그들이 하는 일 곧 회막에서 하는 일을 갚나니"(민 18:21)

하나님께서 레위인들의 분깃이 되어주신 것입니다.

"여호와께서 또 아론에게 이르시되 너는 이스라엘 자손의 땅에 기업도 없겠고 그들 중에 아무 분깃도 없을 것이나 내가 이스라엘 자손 중에 네 분깃이요 네 기업이니라"(민 18:20)

이스라엘 열두 지파의 사람들이 하나님께 바치는 십일조의 쓰임은 다음과 같습니다.

첫째, 레위인의 생계

둘째, 성막 관리

셋째, 구제

"여호와여 이제 내가 주께서 내게 주신 토지 소산의 맏물을 가져왔나이다 하고 너는 그것을 네 하나님 여호와 앞에 두고 네 하나님 여호와 앞에 경배할 것이며 네 하나님 여호와께서 너와 네 집에 주신 모든 복으로 말미암아 너는 레위인과 너희 가운데에 거류하는 객과 함께 즐거워할지니라 셋째 해 곧 십일조를 드리는 해에 네 모든 소산의 십일조 내기를 마친 후에 그것을 레위인과 객과 고아와 과부에게 주어 네 성읍 안에서 먹고 배부르게 하라"(신 26:10~12)

그런데 이스라엘 열두 지파가 바친 십일조로 살아가는 레위인 또한 하나님께 십일조를 드려야 합니다. 즉, 레위인들은 십일조의 십일조를 하나님께 드리는 것입니다.

"너는 레위인에게 말하여 그에게 이르라 내가 이스라엘 자손에게 받아 너희에게 기업으로 준 십일조를 너희가 그들에게서 받을 때에 그 십일조의 십일조를 거제로 여호와께 드릴 것이라"(민 18:26)

이처럼 열두 지파의 모든 이스라엘 백성들뿐 아니라 회막에서 하나님의 일을 하는 레위 지파의 모든 사람도 반드시 십일조의 십일조를 하나님께 바쳐야 했습니다.

● 다섯 번째 포인트
예방은 문제를 작게 만듭니다.

'부정한 것(unclean)'은 개인뿐만 아니라 공동체 전체에 좋지 않은 영향을 미칠 수 있습니다. 때문에 하나님께서는 이를 경계하시며 부정한 자가 정결하게 되기 위해서 필요한 일정 기간과 절차를 주셨습니다.

하나님께서는 '부정한 것' 자체를 문제 삼기보다는 시체로 인해 부정하게 된 경우 일어날 질병의 감염을 염려하시고 방지 장치를 주신 것입니다. 예방은 문제를 작게 만듭니다. 하나님께서는 자주 씻을 수 없는 광야 생활에서 공동체의 보건을 위해 예방할 수 있는 절차를 주셨습니다.

> "사람의 시체를 만진 자는 이레 동안 부정하리니 그는 셋째 날과 일곱째 날에 잿물로 자신을 정결하게 할 것이라 그리하면 정하려니와 셋째 날과 일곱째 날에 자신을 정결하게 하지 아니하면 그냥 부정하니"(민 19:11~12)

애굽 등 당시 고대 근동의 다른 나라들은 시체를 오랜 기간

보관하며 향품 처리를 하는 등, 매장 풍속을 지켰습니다. 그러나 이스라엘은 될 수 있는 한 24시간 내에 매장을 했습니다. 이는 시체는 부정하다는 의식과 '정결법' 때문에 시체를 백성들과 최대한 빨리 분리했던 것입니다.

"이스라엘 자손에게 명령하여 모든 나병 환자와 유출증이 있는 자와 주검으로 부정하게 된 자를 다 진영 밖으로 내보내되"(민 5:2)

"그 때에 사람의 시체로 말미암아 부정하게 되어서 유월절을 지킬 수 없는 사람들이 있었는데 그들이 그 날에 모세와 아론 앞에 이르러"(민 9:6)

사복음서를 보면 예수님의 시신도 하루가 지나기 전에 매장되었다고 기록되어 있습니다.

"저물었을 때에 아리마대의 부자 요셉이라 하는 사람이 왔으니 그도 예수의 제자라 빌라도에게 가서 예수의 시체를 달라 하니 이에 빌라도가 내주라 명령하거늘 요셉이 시체를 가져다가 깨끗한 세마포로 싸서 바위 속에 판 자기 새 무덤에 넣어 두고 큰 돌을 굴려 무덤 문에 놓고 가니"(마 27:57~60)

성경에서 '부정하다'는 말을 언급하는 것은 깨끗하지 못한 것을 예방하여 생육하고 번성하게 하는 복을 주시기 위함입니다.

디저트 DESSERT

민수기 19장에는 '부정을 씻는 물'에 대해 기록하고 있습니다. 사람의 시체로 인해 이스라엘 회중이 부정해졌을 때, 즉 '깨끗하지 않은 상태(unclean)'가 되었을 때 그 '부정(unclean)'을 씻을 물을 만드는 데에는 붉은 암송아지의 재가 필요했습니다. 그 재는 한 번도 멍에를 메지 않은 붉은 암송아지의 가죽과 고기, 피와 배설물까지 다 태우며, 그 가운데 백향목과 우슬초와 홍색 실까지 함께 태워서 만든 것이었습니다.

사람이 '정결(clean)'하기를 원하시는 하나님께서는 '부정(unclean)'한 상태를 씻을 물의 정결 절차에 대해 이렇게까지 세세하게 알려주고 계십니다. 이것이 하나님의 깊은 사랑이고 배려입니다.

성경에는 이렇게 따뜻한 하나님의 사랑과 배려가 가득 넘칩니다. 그래서 오늘도 성경을 통해 하나님을 아는 일에 열심을 내야 할 것입니다.

52일

가나안에 갈 수 없게 된 모세(민 20~21장)

애피타이저 APPETIZER

미리암도 죽고, 아론도 죽고, 모세는 가나안에 들어가지 못한다는 하나님의 엄중한 결정을 받아들여야 하는 다소 무거운 날입니다. 모세는 자신이 가나안에 못 들어간다는 사실에도 불구하고 그의 남은 삶을 소홀히 하지 않습니다. 성실하게 가나안 입성을 준비합니다.

가나안에 가까워질수록 이스라엘은 이방 족속들과 전쟁을 치러야 했는데 요단 동편을 점령할 때에 모세가 그 전쟁을 이끕니다. 아론과 모세가 하나님께서 주신 현재의 삶에 최선을 다하며 끝까지 묵묵하게 하나님의 말씀에 순종하는 모습을 보게 됩니다.

성경통독 BIBLETONGDOK

《일년일독 통독성경》 민수기 20~21장

통通으로 숲이야기 ; 통숲 TONG OBSERVATION

● 첫 번째 포인트

하나님께서 지도자 모세에게는 '제사장 나라 스탠더드(standard)'로 더 엄격한 기준을 적용하십니다.

'원망'이 주특기인 이스라엘 백성들이 이번에는 또 '물 문제'를 가지고 모세를 너무나 심하게 괴롭힙니다. '온유하기'가 주특기인 모세가 이번만은 참지 못하고 이스라엘 백성과 다툽니다.

"회중이 물이 없으므로 모세와 아론에게로 모여드니라 백성이 모세와 다투어 말하여 이르되 우리 형제들이 여호와 앞에서 죽을 때에 우리도 죽었더라면 좋을 뻔하였도다"(민 20:2~3)

이때 하나님께서는 모세에게 이스라엘 회중 앞에서 "반석에게 명령하여 물을 내라."라고 말씀하십니다.

그런데 모세가 반석에게 명령하지 않고 지팡이로 두 번을 칩니다.

"모세와 아론이 회중을 그 반석 앞에 모으고 모세가 그들에게 이르되 반역한 너희여 들으라 우리가 너희를 위하여 이 반석에서 물을 내랴 하고 모세가 그의 손을 들어 그의 지팡이로 반석을 두 번 치니 물이 많이 솟아나오므로 회중과 그들의 짐승이 마시니라"(민 20:10~11)

모세가 지팡이로 반석을 두 번 치자 일단 반석에서 물이 나왔습니다. 그러나 여기에서 큰 문제가 발생합니다. 모세가 이스라엘 회중 앞에서 하나님의 '거룩'을 드러내지 않은 것이 문제가 된 것입니다. 사실, 과거 호렙산에서 '물 문제'가 있었을 때 하나님께서 "반석을 치라."라고 하셨습니다. 그리고 그때는 모세가 반석을 치자 반석에서 물이 나왔던 경험이 있습니다.

"내가 호렙 산에 있는 그 반석 위 거기서 네 앞에 서리니 너는 그 반석을 치라 그것에서 물이 나오리니 백성이 마시리라 모세가 이스라엘 장로들의 목전에서 그대로 행하니라"(출 17:6)

그런데 이번에 주신 하나님의 명령은 전과 달랐고 모세는 이전의 경험을 생각하여 하나님의 명령을 제대로 실천하지 못한 것입니다.

하나님께서는 모세에게 "이 일로 가나안에 건너갈 수 없다."라고 말씀하십니다. 지난 세월 이스라엘 백성들의 잘못은 수도 없이 용서하신 하나님께서 지도자 모세에게는 제사장 나라 스탠더드로 너무나 엄격한 잣대를 단호하게 내미십니다. 이것이 하나님의 일을 책임 맡은 '지도자'에게 요구되는 기준입니다.

40여 년 전, 하나님께서는 호렙산 떨기나무 아래에서 애굽에 못 가겠다고 하는 모세에게 화를 내시면서까지 몇 번이나 설득하며 모세를 애굽으로 보내셨습니다.

> "모세가 이르되 오 주여 보낼 만한 자를 보내소서 여호와께서 모세를 향하여 노하여 이르시되 레위 사람 네 형 아론이 있지 아니하냐 그가 말 잘 하는 것을 내가 아노라"(출 4:13~14)

그런데 그 후 40여 년 동안이나 이스라엘을 인도한 지도자 모세에게는 반석을 친 이 문제로 인해 가나안에 들어가지 못한다고 말씀하신 것입니다. 모세는 하나님께 요단강을 건너가게 해 달라고 간구하고 또 간구합니다. 그러자 하나님께서는 "이 일로 다시 말하지 말라."라고 딱 자르십니다.

> "구하옵나니 나를 건너가게 하사 요단 저쪽에 있는 아름다운 땅, 아름다운 산과 레바논을 보게 하옵소서 하되 여호와께서 너희 때문에 내게 진노하사 내 말을 듣지 아니하시고 내게 이르시기를 그만해도 족하니

이 일로 다시 내게 말하지 말라"(신 3:25~26)

하나님의 이 결정에 대해 모세가 이번만은 이스라엘 백성들에게 "이 일은 나 자신도 잘못한 일이지만 실상은 너희 이스라엘 백성들 때문에 하나님께서 자신에게 진노하신 것"이라고 그 상황을 좀 더 자세히 설명한 것입니다. 모세는 하나님의 결정을 받아들이고 이때부터 자신은 약속의 땅 가나안에 들어가지 못하지만 자신이 없는 상태에서도 이스라엘 백성들이 성공적으로 가나안에 입성할 수 있도록 만반의 준비를 하기 시작합니다.

하나님께서 '내 종'이라고 불러주신 하나님의 사람은 정말 달라도 너무 다릅니다. 지난 40여 년 동안의 모세는 지도자로서 '넘사벽'(넘을 수 없는 사차원의 벽)이었습니다. 그런데 '모세는 가나안에 들어가지 못한다'는 하나님의 결정 이후에 더 놀라운 리더십을 보여줍니다.

모세의 리더십은 '굿(good)', '아웃스탠딩(outstanding)', '엑설런트(excellent)'를 넘어 '피나매널 리더십(phenomenal leadership, 놀랄 만한 리더십)', 이 말밖에 달리 표현할 말이 없습니다.

● 두 번째 포인트

미리암은 모세에게 생명의 은인이며 소중한 동지였습니다.

모세보다 일곱 살이 많은 모세의 누나이자 동역자인 미리암이 세상을 떠납니다. 미리암에 관한 성경의 기록입니다.

"그의 누이가 바로의 딸에게 이르되 내가 가서 당신을 위하여 히브리 여인 중에서 유모를 불러다가 이 아기에게 젖을 먹이게 하리이까"(출 2:7)

"아론의 누이 선지자 미리암이 손에 소고를 잡으매 모든 여인도 그를 따라 나오며 소고를 잡고 춤추니"(출 15:20)

그런데 출애굽한 후, 한때 아론과 미리암이 모세를 시기하자 미리암의 몸에 나병이 걸렸습니다. 그때 모세가 미리암의 나병이 낫기를 간절히 기도하므로 미리암의 나병이 치유된 일이 있었습니다.

"모세가 여호와께 부르짖어 이르되 하나님이여 원하건대 그를 고쳐 주옵소서"(민 12:13)

모세에게 미리암은 생명의 은인이며 소중한 동지였습니다.

● 세 번째 포인트

첫 대제사장 아론이 대제사장직을 엘르아살에게 승계합니다.

모세의 누나 미리암이 죽고, 그 후 모세의 형 아론도 하나님의 거룩하심을 나타내지 못함으로 출애굽 40년 5월 1일, 123세의 나이로 호르산에서 죽음을 맞습니다.

제사장 나라, 첫 대제사장이었던 아론이 죽자 아론의 아들 엘르아살이 아론이 입었던 대제사장의 옷을 물려받으며 대제사장직을 승계받습니다.

"모세가 아론의 옷을 벗겨 그의 아들 엘르아살에게 입히매 아론이 그 산 꼭대기에서 죽으니라 모세와 엘르아살이 산에서 내려오니 온 회중 곧 이스라엘 온 족속이 아론이 죽은 것을 보고 그를 위하여 삼십 일 동안 애곡하였더라"(민 20:28~29)

아론이 죽자 이스라엘 백성들 전체가 아론의 죽음을 30일 동안 애곡합니다. 이후 모압 평지에서 모세의 죽음에도 30일 동안 애곡합니다.

여기에서 123년의 아론의 삶을 다섯 가지로 정리해보겠습니다.

첫째, 아론은 '말 잘하는 대변인'이었습니다.

"레위 사람 네 형 아론이 있지 아니하냐 그가 말 잘 하는 것을 내가 아노라"(출 4:14)

둘째, 아론은 '금송아지 사건을 용서받은 사람'이었습니다.

"아론이 그들의 손에서 금 고리를 받아 부어서 조각칼로 새겨 송아지

형상을 만드니"(출 32:4)

셋째, 아론은 '두 아들, 나답과 아비후의 죽음을 가슴에 묻고 산 아버지'였습니다.

"모세가 아론과 그의 아들 엘르아살과 이다말에게 이르되 너희는 머리를 풀거나 옷을 찢지 말라"(레 10:6)

넷째, 아론은 '향로 대결과 지팡이 대결을 받아들인 사람'이었습니다.

"향로는 모두 이백오십 개라 너와 아론도 각각 향로를 가지고 올지니라"(민 16:17)

"그 지팡이가 모두 열둘이라 그 중에 아론의 지팡이가 있었더라"(민 17:6)

다섯째, 아론은 이스라엘 백성들을 살리기 위해 향을 피워 '염병이 진행되는 한복판으로 뛰어든 사람'이었습니다.

"아론이 모세의 명령을 따라 향로를 가지고 회중에게로 달려간즉 백성 중에 염병이 시작되었는지라 이에 백성을 위하여 속죄하고 죽은 자와 산 자 사이에 섰을 때에 염병이 그치니라"(민 16:47~48)

아론이 첫 대제사장이었고, 마지막 대제사장은 우리 예수님이십니다. 마지막 대제사장이신 우리 예수님은 우리가 아직 죄인 되었을 때에 그리스도께서 우리를 위하여 십자가에서 죽으심으로 하나님께서 우리에 대한 자기의 사랑을 확증하셨습니다(롬 5:8).

● 네 번째 포인트

〈오바댜〉는 민수기 20장과 묶어서 함께 읽어야 합니다.

이스라엘은 어떤 민족과도 닥치는 대로 싸워서는 안 되는 나라입니다. 왜냐하면 그들은 제사장 나라의 사명을 받았기 때문입니다. 제사장 나라는 모든 민족 사이에 평화를 만드는 나라입니다. 이 귀한 사명을 가진 이스라엘이 가나안으로 향하는 길에 에돔 왕에게 에돔 땅 '왕의 큰길'로 지나갈 수 있도록 해달라고 요청합니다.

가데스 바네아에서 가나안 땅으로 갈 때 에돔 땅을 지나가는 것이 가장 빠르고 적합한 길이었기 때문에 이스라엘은 이 길을 선택했고 그래서 에돔 왕에게 이를 부탁한 것입니다. 그리고 알다시피 에돔은 에서의 후손들로 이스라엘의 형제 나라입니다. 그래서 모세는 에돔 왕에게 형제 나라임을 말하고 출애굽 사건도 언급하며 에돔 땅을 지나가게 해달라고 요청한 것입니다.

에돔의 '왕의 큰길'은 '왕의 대로' 혹은 '왕의 길'이라 불리던 길로 요단강 동쪽을 따라 남북 쪽으로 뻗어 있는 주요 교통로로 국제무역에 큰 역할을 감당하는 길이었습니다. 이 길은 이후, 로마 제국의 트라야누스 황제가 이 길을 재건, 정비한 후 '트라얀의 길(Via Nova Traiana)'로 불렀습니다. 이 길은 현재까지도 이용되는 세계에서 가장 오래된 도로 가운데 하나입니다.

그런데 에돔 왕이 모세의 이 요청을 거절합니다. 그러자 모세가 싸움 대신 다른 길을 선택합니다. 오래전, 하나님께서 에서의 후손들인 '에돔 족속'에게 세일산을 주셨기 때문에 모세는 그 하나님의 말씀을 존중하여 전쟁을 피한 것입니다.

"세일 산에 있는 에돔 족속의 조상 에서의 족보는 이러하고"(창 36:9)

"그들과 다투지 말라 그들의 땅은 한 발자국도 너희에게 주지 아니하리니 이는 내가 세일 산을 에서에게 기업으로 주었음이라"(신 2:5)

이후에도 이스라엘은 롯의 후손인 모압과 암몬과도 싸우지 않고 길을 우회합니다.

"여호와께서 내게 이르시되 모압을 괴롭히지 말라 그와 싸우지도 말라 그 땅을 내가 네게 기업으로 주지 아니하리니 이는 내가 롯 자손에게 아르를 기업으로 주었음이라"(신 2:9)

"암몬 족속에게 가까이 이르거든 그들을 괴롭히지 말고 그들과 다투지도 말라 암몬 족속의 땅은 내가 네게 기업으로 주지 아니하리니 이는 내가 그것을 롯 자손에게 기업으로 주었음이라"(신 2:19)

그런데 오랜 세월이 흐른 후, 하나님께서는 에돔족의 멸망을 결정하십니다. 〈오바댜〉의 기록입니다.

"네가 네 형제 야곱에게 행한 포학으로 말미암아 부끄러움을 당하고 영원히 멸절되리라 네가 멀리 섰던 날 곧 이방인이 그의 재물을 빼앗아 가며 외국인이 그의 성문에 들어가서 예루살렘을 얻기 위하여 제비 뽑던 날에 너도 그들 중 한 사람 같았느니라 네가 형제의 날 곧 그 재앙의 날에 방관할 것이 아니며 유다 자손이 패망하는 날에 기뻐할 것이 아니며 그 고난의 날에 네가 입을 크게 벌릴 것이 아니며"(옵 1:10~12)

남유다가 그들의 잘못으로 인해 하나님께 처벌받는 과정에서 바벨론 제국에게 멸망할 때, 에돔족이 바벨론 편에 서서 남유다의 멸망을 돕습니다. 하나님께서 이 일을 가지고 아주 오래된 이야기, 즉 '야곱과 에서의 형제 관계'를 거론하시며 그들에게 오바댜 선지자를 통해 에돔족의 멸망을 말씀하신 것입니다. 그러므로 〈오바댜〉는 민수기 20장과 함께 읽어야 합니다.

● 다섯 번째 포인트

불뱀을 보내 물게 하시고, 놋뱀을 보게 해서 살게 하십니다.

에돔과의 협상이 불발되고 다른 길로 우회하는 과정에서 생긴 이스라엘 백성의 불평은 다시 '만나에 대한 불평'으로까지 이어집니다.

"백성이 호르 산에서 출발하여 홍해 길을 따라 에돔 땅을 우회하려 하였다가 길로 말미암아 백성의 마음이 상하니라 백성이 하나님과 모세를 향하여 원망하되 어찌하여 우리를 애굽에서 인도해 내어 이 광야에서 죽게 하는가 이 곳에는 먹을 것도 없고 물도 없도다 우리 마음이 이 하찮은 음식을 싫어하노라"(민 21:4~5)

이스라엘 백성들은 에돔 땅을 피해 다른 길로 가면서 그 광야 길이 얼마나 힘이 드는지 마음이 상하여 그들은 또다시 그들의 주특기인 원망과 불평을 쏟아내었습니다. 그러자 하나님께서 불뱀을 보내셔서 이스라엘 백성들을 물게 하십니다. 이에 이들이 스스로 범죄함을 깨닫고 다급하게 모세에게 매달립니다.

"백성이 모세에게 이르러 말하되 우리가 여호와와 당신을 향하여 원망함으로 범죄하였사오니 여호와께 기도하여 이 뱀들을 우리에게 떠나게 하소서 모세가 백성을 위하여 기도하매"(민 21:7)

하나님께서 모세의 기도를 통해 이들이 살 수 있는 길을 말씀하십니다.

"여호와께서 모세에게 이르시되 불뱀을 만들어 장대 위에 매달아라 물린 자마다 그것을 보면 살리라 모세가 놋뱀을 만들어 장대 위에 다니

뱀에게 물린 자가 놋뱀을 쳐다본즉 모두 살더라"(민 21:8~9)

이후에 예수님께서 니고데모와의 대화 중에 놋뱀 이야기를 말씀하십니다.

"모세가 광야에서 뱀을 든 것 같이 인자도 들려야 하리니 이는 그를 믿는 자마다 영생을 얻게 하려 하심이니라"(요 3:14~15)

놋뱀을 보는 사람마다 구원을 받았듯이 예수님의 부활을 믿는 사람에게는 하나님의 구원이 임하게 됩니다.

디저트 DESSERT

우리는 말 그대로 세상에 다시 없을 불세출의 지도자, 모세의 진면목을 보며 참으로 놀랍다는 생각을 하게 됩니다. 지도자는 카리스마를 조작하거나 한마디 명령으로 하는 것이 아니라 섬김과 설득으로 사명을 감당하는 사람입니다. 하나님의 종이라 자처하는 사람은 많지만 하나님께서 '내 종'이라 불러주시는 하나님의 사람은 많지 않습니다.

우리도 '진정한 하나님의 종'이 되기를 꿈꿔봅니다.

53일

레반트 국가들의 긴장 (민 22~25장)

애피타이저 APPETIZER

모세를 통한 광야 40년 훈련은 만나세대를 오합지졸이었던 부모, 출애굽세대를 뛰어넘는 하나님의 군대로, 탄탄한 조직력과 강한 군사력을 갖춘 이스라엘로 변모시켰습니다. 그러므로 이스라엘 백성들이 광야 40년 훈련을 거의 마치고 가나안 근처에 다다랐을 때에는 가나안 주변국들이 이스라엘 군대를 두려워할 정도가 됩니다.

이스라엘 군대가 얼마나 강했는지 유프라테스강 건너, 동부 지중해 연안 지역인 당시 가나안족들이 살고 있던 지역과 레바논, 시리아, 요르단 등 레반트 지역의 나라들이 서로 동맹을 맺고 힘을 합쳐 맞서야 할 정도였습니다.

출애굽 40년 만에 '하나님의 군대'로 변모된 놀라운 만나세대들을 만나보겠습니다.

성경통독 BIBLETONGDOK

《일년일독 통독성경》 민수기 22~25장

통通으로 숲이야기 ; 통숲 TONG OBSERVATION

● 첫 번째 포인트

출애굽 40년 만에 고대 근동의 여러 나라가 이스라엘 군대를 두려워하고, 떨며, 긴장합니다.

모세는 므리바에서 하나님의 말씀대로 반석에게 명령하지 않고 지팡이로 두 번 쳐서 물을 나오게 한 사건으로 말미암아 가나안에 들어갈 수 없게 됩니다. 그러나 모세는 만나세대들과 함께 요단 동편 지역, 즉 아모리 왕과 바산 왕이 통치하는 지역을 먼저 점령함으로 앞으로의 여호수아의 전쟁을 미리 준비해놓습니다.

"그들이 돌이켜 바산 길로 올라가매 바산 왕 옥이 그의 백성을 다 거느리고 나와서 그들을 맞아 에드레이에서 싸우려 하는지라 여호와께서 모세에게 이르시되 그를 두려워하지 말라 내가 그와 그의 백성과 그의 땅을 네 손에 넘겼나니 너는 헤스본에 거주하던 아모리인의 왕 시혼에게 행한 것 같이 그에게도 행할지니라 이에 그와 그의 아들들과 그의 백성을 다 쳐서 한 사람도 남기지 아니하고 그의 땅을 점령하였더라" (민 21:33~35)

모세가 만나세대들과 함께 요단 동편 지역을 순식간에 점령하자 레반트 지역의 모든 나라가 이스라엘 군대를 두려워합니다. 이는 40여 년 전, 가데스 바네아에서 가나안 정탐 사건 때 드린 모세의 기도가 40여 년 만에 현실이 되었음을 보여준 것입니다.

"모세가 여호와께 여짜오되 애굽인 중에서 주의 능력으로 이 백성을 인도하여 내셨거늘 그리하시면 그들이 듣고 이 땅 거주민에게 전하리이다 주 여호와께서 이 백성 중에 계심을 그들도 들었으니 곧 주 여호와께서 대면하여 보이시며 주의 구름이 그들 위에 섰으며 주께서 낮에는 구름 기둥 가운데에서, 밤에는 불 기둥 가운데에서 그들 앞에 행하시는 것이니이다 이제 주께서 이 백성을 하나 같이 죽이시면 주의 명성을 들은 여러 나라가 말하여 이르기를 여호와가 이 백성에게 주기로 맹세한 땅에 인도할 능력이 없었으므로 광야에서 죽였다 하리이다 이제 구하옵나니 이미 말씀하신 대로 주의 큰 권능을 나타내옵소서"(민 14:13~17)

40여 년 전 모세는 이스라엘 백성들을 위해 중보기도하면서 이미 '주의 명성을 들은 여러 나라'를 언급했었습니다. 그러나 출애굽세대의 불순종으로 지난 40여 년 동안은 여러 민족들에게 무시받는 정도밖에 안 되었습니다. 하지만 만나세대의 순종으로 이제 여러 나라가 이스라엘을 보면서 하나님의 백성이라는 명성 때문에 두려워 떨고 있습니다.

● 두 번째 포인트

아말렉족과 모압족이 보여준 비겁한 행동은 비슷합니다.

40여 년 전, 오랜 노예 생활 끝에 출애굽한 이스라엘이 홍해를 건넜을 때 아말렉족들은 진영에서 뒤처진 이스라엘의 노약자들을 공격해 그들의 물건을 탈취했었습니다. 당시 아말렉 족속들이 조금만 성숙한 민족이었다면 국제구호단체가 되어 노예 생활에서 벗어난 이스라엘 백성들을 도와주어야 했습니다. 그런데 아말렉족들은 그러한 악행을 저지르며 재물을 모으는 수준 낮은 민족의 모습을 보여주었습니다.

"너희는 애굽에서 나오는 길에 아말렉이 네게 행한 일을 기억하라 곧 그들이 너를 길에서 만나 네가 피곤할 때에 네 뒤에 떨어진 약한 자들을 쳤고 하나님을 두려워하지 아니하였느니라"(신 25:17~18)

아말렉족들의 악행에 대해 하나님께서는 두 번에 걸쳐 처벌하셨습니다.

첫 번째, 여호수아가 아말렉과 싸워 이기게 하셨습니다.

"여호수아가 칼날로 아말렉과 그 백성을 쳐서 무찌르니라"(출 17:13)

두 번째, 사울 왕 때에 아말렉과 싸워 이기게 하셨습니다.

"아말렉 사람의 왕 아각을 사로잡고 칼날로 그의 모든 백성을 진멸하였으되"(삼상 15:8)

그런데 이번에는 모압 왕 발락이 이스라엘에게 비겁한 행동을 합니다. 이스라엘을 두렵게 여긴 모압 왕이 '저주'라는 비겁한 술수를 쓴 것입니다. 사실, 이스라엘은 하나님의 말씀에 따라 모압과 싸울 마음이 처음에는 전혀 없었습니다. 그런데 모압 왕이 아말렉 족속들처럼 뒤에서 이스라엘을 저주하며 자신들의 나라를 지키려 했던 것입니다.

하나님께서 아브라함의 후손인 이스라엘을 제사장 나라 거룩한 시민으로 삼으신 이유는 바로 이러한 나라들을 포함해 '모든 민족'의 수준을 결국 높이기 위함이셨습니다.

● 세 번째 포인트

에돔과 모압은 그들의 자주국방의 수고가 아닌, '하나님의 오래된 약속' 때문에 나라를 지킨 것입니다.

에돔과 모압은 이스라엘의 가나안 정복 전쟁 중에도 땅을 빼앗기지 않고 그들의 나라를 끝까지 지키게 되었습니다. 그런데 그것은 그들이 자주국방의 힘으로 나라를 지킨 것이 아닙니다.

앞서 살펴보았듯이 가나안으로 가기 위해 모세와 이스라엘 백성들이 에돔 땅을 지나갈 것을 부탁했을 때 에돔 왕이 이를 거절했습니다.

"청하건대 우리에게 당신의 땅을 지나가게 하소서 우리가 밭으로나 포도원으로 지나가지 아니하고 우물물도 마시지 아니하고 왕의 큰길로만 지나가고 … 에돔 왕이 대답하되 너는 우리 가운데로 지나가지 못하리라 … 에돔 왕이 이같이 이스라엘이 그의 영토로 지나감을 용납하지 아니하므로 이스라엘이 그들에게서 돌이키니라"(민 20:17~21)

사실, 그때 이스라엘은 얼마든지 그들과 싸워 이길 수 있는 강한 군대였습니다. 모세와 만나세대들이 아모리 왕과 바산 왕 옥과의 전쟁에서 이겨 요단 동편을 점령했듯이 말입니다.

그러나 이스라엘이 에돔과 싸우지 않고 길을 우회한 이유는 〈창세기〉에서 보았듯이 하나님께서 이미 에돔에게 주신 약속과 명령이 있었기 때문입니다.

> "그들과 다투지 말라 그들의 땅은 한 발자국도 너희에게 주지 아니하리니 이는 내가 세일 산을 에서에게 기업으로 주었음이라"(신 2:5)

모압과도 마찬가지입니다. 앞에서 잠깐 언급했듯이 모압 왕은 강한 민족 이스라엘을 상대할 힘이 없자 이상한 술수를 써서 자기 나라를 지키려 했습니다. 그러나 모압이 나라를 지킨 것은 그 이상한 술수 때문이 아닙니다. 하나님께서 일찍이 아브라함과 롯에게 주신 약속 때문이었습니다.

> "큰 딸은 아들을 낳아 이름을 모압이라 하였으니 오늘날 모압의 조상이요"(창 19:37)

> "여호와께서 내게 이르시되 모압을 괴롭히지 말라 그와 싸우지도 말라 그 땅을 내가 네게 기업으로 주지 아니하리니 이는 내가 롯 자손에게 아르를 기업으로 주었음이라"(신 2:9)

이처럼 에돔과 모압이 이스라엘 군대의 공격을 받지 않고 그들의 나라를 지킬 수 있었던 것은 그들의 힘이나 술수나 수고가 아닙니다. 바로 하나님의 제사장 나라 '세계 경영 원칙' 때문입니다.

● 네 번째 포인트

성경에 발락의 헛수고와 발람의 헛발질이 기록된 것은 '이유'가 있습니다.

모압 왕 발락은 이스라엘에 대한 두려움이 밀려오자 끊임없이 생존 전략을 찾습니다. 그러나 우리가 이미 알고 있듯이 그 모든 수고는 헛수고일 뿐입니다.

발람은 메소포타미아의 브돌 사람으로 복채를 받고 예언해주는 복술가였습니다. 모압 왕은 그러한 발람에게 이스라엘 백성들을 저주해줄 것을 수차례에 걸쳐 간청합니다. 그러는 가운데 하나님께서 나귀의 입을 열게 하시는 사건도 일어났던 것입니다. 발락 왕과 복술가 발람의 잔꾀는 한마디로 '완전한 헛수고'입니다. 이들의 잔꾀대로 예언하는 자리를 바꾸어 '달리' 본다고 해서 상황이 달라지는 것이 아니기 때문입니다.

"발락이 말하되 나와 함께 그들을 달리 볼 곳으로 가자 거기서는 그들을 다 보지 못하고 그들의 끝만 보리니 거기서 나를 위하여 그들을 저

주하라"(민 23:13)

참으로 어리석은 행동이 아닐 수 없습니다. 세계 경영은 복채 받는 복술가가 자리 바꿔 잔꾀를 부리는 복술 예언으로 움직여지지 않습니다.

동서남북 모든 공간이 다 하나님의 소유이고, 하나님의 창조 공간입니다. 연대를 정하시며 거주의 경계를 한정하시는 분은 오직 하나님이십니다(행 17:26). 한마디로 세계 경영에서 '세계가 다 하나님께 속했다'(출 19:5)는 것, 이 말씀이 가장 중요한 명제입니다.

이스라엘도 마찬가지입니다. 이스라엘도 하나님의 세계 경영 원칙에 어긋나면 반드시 처벌을 받습니다. 비록 이스라엘을 애굽의 풀무 불에서 인도하여 내셨지만, 하나님께서는 만약 그들이 하나님을 떠나면 그들을 여러 민족 가운데 흩을 것이라고 미리 말씀해주십니다.

"네 하나님 여호와는 소멸하는 불이시요 질투하시는 하나님이시니라 네가 그 땅에서 아들을 낳고 손자를 얻으며 오래 살 때에 만일 스스로 부패하여 무슨 형상의 우상이든지 조각하여 네 하나님 여호와 앞에 악을 행함으로 그의 노를 일으키면 내가 오늘 천지를 불러 증거를 삼노니 너희가 요단을 건너가서 얻는 땅에서 속히 망할 것이라 너희가 거기서 너희의 날이 길지 못하고 전멸될 것이니라 여호와께서 너희를 여러 민족 중에 흩으실 것이요"(신 4:24~27)

● 다섯 번째 포인트

비느하스는 시기를 받을 정도로 열심을 냅니다.

거짓 복술가 발람은 헛수고를 멈추지 않고 계속해서 이스라엘을 흔들 꾀를 냅니다. 이것은 결국 자기 스스로 무덤을 파는 일입니다. 모압 왕 발락은 '저주 방책'이 실패하자, 거짓 복술가 꾀쟁이 발람의 꾀를 받아들여 '모압 제사 초청 사건'을 만듭니다.

"이스라엘이 싯딤에 머물러 있더니 그 백성이 모압 여자들과 음행하기를 시작하니라 그 여자들이 자기 신들에게 제사할 때에 이스라엘 백성을 청하매 백성이 먹고 그들의 신들에게 절하므로 이스라엘이 바알브올에게 가담한지라 여호와께서 이스라엘에게 진노하시니라"(민 25:1~3)

참으로 아쉽게도 이스라엘 백성들이 이들의 꾐에 넘어갑니다. 포기하지 않고 계속해서 악한 꾀를 내는 모압 왕 발락과 거짓 복술가 발람의 꾐에 빠진 이스라엘 때문에 결국 하나님께서 진노하십니다.

"보라 이들이 발람의 꾀를 따라 이스라엘 자손을 브올의 사건에서 여호와 앞에 범죄하게 하여 여호와의 회중 가운데에 염병이 일어나게 하였느니라"(민 31:16)

모압 왕 발락과 거짓 복술가 발람의 죄악은 〈요한계시록〉에서 버가모 교회를 책망할 때도 언급됩니다.

"발람이 발락을 가르쳐 이스라엘 자손 앞에 걸림돌을 놓아 우상의 제물을 먹게 하였고 또 행음하게 하였느니라"(계 2:14)

이 '모압 제사 초청 사건'은 이스라엘에게 또 한 번의 큰 위기를 가져다줍니다. 하나님께서는 이 사건을 두고 각 지파의 족장들과 장로들에게 선동의 책임을 물으시며 이스라엘의 재판관들에게 엄중하게 처벌할 것을 명령하십니다.

"여호와께서 모세에게 이르시되 백성의 수령들을 잡아 태양을 향하여 여호와 앞에 목매어 달라 그리하면 여호와의 진노가 이스라엘에게서 떠나리라 모세가 이스라엘 재판관들에게 이르되 너희는 각각 바알브올에게 가담한 사람들을 죽이라 하니라"(민 25:4~5)

싯딤 골짜기에서의 이 우상숭배와 음행 사건으로 진노하신 하나님께서는 이스라엘 백성들 24,000명을 죽게 하십니다. 이런 위기 상황에서 이스라엘 자손 한 사람이 미디안의 한 여인을 데리고 막사로 들어가는 것을 보고, 대제사장 아론의 손자이자 엘르아살의 아들인 비느하스가 의로운 분노를 느껴 그들을 죽입니다.

하나님께서는 비느하스의 이 용기 있는 행동에 대해 "내 질투심으로 질투하여"라고 평가하시며 진노를 돌이키심으로 이스라엘이 진멸되지 않게 하십니다.

"제사장 아론의 손자 엘르아살의 아들 비느하스가 내 질투심으로 질투하여 이스라엘 자손 중에서 내 노를 돌이켜서 내 질투심으로 그들을 소멸하지 않게 하였도다"(민 25:11)

여기에서 하나님께서 말씀하신 '내 질투심으로'의 '질투'는 히브리어로 '킨아(קִנְאָה)'입니다. 이는 '열심을 내나'라는 '카나(קָנָא)'에서 파생된 말로 하나님의 지나친 열심, 시기할 정도의 열심을 뜻합니다. '질투'라는 단어는 성경에서 자주 등장합니다.

"그것들에게 절하지 말며 그것들을 섬기지 말라 나 네 하나님 여호와는 질투하는 하나님인즉"(출 20:5)

"너는 다른 신에게 절하지 말라 여호와는 질투라 이름하는 질투의 하나님임이니라"(출 34:14)

"여호수아가 백성에게 이르되 너희가 여호와를 능히 섬기지 못할 것은 그는 거룩하신 하나님이시요 질투하시는 하나님이시니 너희의 잘못과 죄들을 사하지 아니하실 것임이라 만일 너희가 여호와를 버리고 이방

신들을 섬기면 너희에게 복을 내리신 후에라도 돌이켜 너희에게 재앙을 내리시고 너희를 멸하시리라"(수 24:19~20)

비느하스의 열심을 통해 제사장 나라 첫 대제사장 아론, 아론의 아들 엘르아살, 엘르아살의 아들 비느하스로 이어지는 대제사장 가문의 '열심'이 식지 않고 오히려 더욱 뜨거워졌다는 것을 알 수 있습니다. 그래서 결국 이들 제사장 그룹이 이후 여리고성 정복 때에 무장한 이스라엘 군인들과 함께 선두에 서서 용감하게 성을 돌 수 있었던 것입니다.

"여호수아가 백성에게 이르기를 마치매 제사장 일곱은 양각 나팔 일곱을 잡고 여호와 앞에서 나아가며 나팔을 불고 여호와의 언약궤는 그 뒤를 따르며 그 무장한 자들은 나팔 부는 제사장들 앞에서 행진하며 후군은 궤 뒤를 따르고 제사장들은 나팔을 불며 행진하더라"(수 6:8~9)

디저트 DESSERT

우리는 하나님의 마음을 품고 살기를 원합니다. 그런데 하나님의 마음은 저절로 깨닫게 되는 것이 아닙니다. '오직 성경'의 기록을 통해 알 수 있습니다. 그래서 우리가 하나님의 마음을 품고 살기 위해 성경을 읽고, 공부하는 것입니다. 성경을 읽고 성경을 공부하다 보면 성경에 '하나님의 마음'이 들어 있다는 것을 발견하게 됩니다. 그리고 수많은 하나님의 사람들이 이런 하나님의 마음을 깊이 헤아린 멋진 사람들이었음을 알게 됩니다.

아론의 손자 비느하스는 하나님의 마음으로 하나님의 질투를 대신한 '하나님의 사람'이었다는 평가를 받았습니다. 하나님께 이런 평가를 받는다면 세상에 정말 부러울 것이 없을 것 같습니다. 세상 사람들의 평가보다 하나님의 평가를 기대하는, 그리고 사도 바울처럼 하나님께서 예비해주신 면류관을 기대하는 정말 멋진 그리스도인을 꿈꿉니다.

54일

두 번째 인구조사(민 26~27장)

애피타이저 APPETIZER

이스라엘 백성들의 첫 번째 인구조사는 모세와 대제사장 아론이 시무할 때에 시내 광야에서 '출애굽한 이스라엘의 20세 이상으로 싸움에 나갈 만한 남자들의 숫자'를 계수한 것입니다. 그리고 두 번째 인구조사는 가데스 바네아 사건으로 광야 생활 40년을 보낸 후 모세와 아론의 아들 엘르아살이 대제사장으로 시무할 때에 모압 평지에서 '가나안에 들어갈 만나세대 가운데 20세 이상 싸움에 나갈 만한 남자들의 숫자'를 계수한 것입니다.

지금으로부터 3,400여 년 전에 이렇게 사회과학적인 두 차례의 인구센서스가 실시되었던 것입니다. 사도 바울이 말한 정의처럼 하나님의 어리석음이 사람보다 지혜롭고 하나님의 약하심이 사람보다 강합니다(고전 1:25).

성경통독 BIBLETONGDOK

《일년일독 통독성경》 민수기 26~27장

통通으로 숲이야기 ; 통숲 TONG OBSERVATION

● 첫 번째 포인트

'출애굽세대' 인구조사 이후, 40년 만에 '만나세대'를 대상으로 두 번째 인구조사가 실시됩니다.

40년 전 이스라엘 백성들이 1년 동안 머물던 시내 광야에서 약속의 땅 가나안을 향해 출발하기 전에 실시했던 첫 번째 인구조사의 대상자들은 '출애굽세대'들이었습니다. 그런데 광야 생활 40년을 지내고 이제 약속의 땅 가나안에 들어갈, 만나를 먹고 자란 '만나세대'를 대상으로 두 번째 인구조사를 실시합니다.

가데스 바네아에서 "우리 처자가 사로잡히리니 애굽으로 돌아가는 것이 낫지 아니하랴"(민 14:3)라고 했던 바로 그들의 자녀들이 지난 40년 동안 광야에서 하나님께서 제공해주신 만나를 먹으며 모세에게 율법을 배운 만나세대로 "이십 세 이상으로 능히 전쟁에 나갈 만한 모든 자"(민 26:2)가 된 것입니다. 이 만나세대들이 가나안에 입성할 것에 대해 이미 하나님께서는 40년 전에 말씀하셨습니다.

> "여분네의 아들 갈렙과 눈의 아들 여호수아 외에는 내가 맹세하여 너희에게 살게 하리라 한 땅에 결단코 들어가지 못하리라 너희가 사로잡히겠다고 말하던 너희의 유아들은 내가 인도하여 들이리니 그들은 너희가 싫어하던 땅을 보려니와 너희의 시체는 이 광야에 엎드러질 것이요"(민 14:30~32)

두 번째 인구조사의 대상자이면서 약속의 땅 가나안에 들어가게 되는 '만나세대'의 특징은 세 가지입니다.

첫째, 40년 동안 광야에서 만나를 먹고, 모세에게 제사장 나라를 공부한 사람들로 출애굽 때의 20세 미만과 광야에서 태어난 사람들입니다.

둘째, 부모 세대들의 불평과 원망을 반면교사로 삼은 사람들입니다.

셋째, 머츄어 스튜던트(mature student, 입학 연령을 넘긴 학생)

인 여호수아와 갈렙이 특별한 경우로 함께합니다.

여기서 잠깐, '입학 연령을 넘긴 학생'이라고 해석되는 '머츄어 스튜던트(mature student)'는 서양에서 고등학교를 졸업한 이후 곧바로 대학에 진학하지 않고 사회에서 충분한 경험을 쌓은 후, 늦게 대학에 들어간 성숙한 학생들을 말합니다.

1차 인구조사 때 계수된 60만 명의 사람들은 하나님의 말씀대로 지난 40년 동안 모두 광야에서 자연사했습니다. 그러나 여호수아와 갈렙은 출애굽세대들로서 1차 인구조사 때에도 계수에 들었고, 오직 이 두 사람만 만나세대들과 함께 광야 40년 동안 모세에게 교육을 받았던 것입니다.

더 놀라운 사실은 여호수아와 갈렙은 자신들보다 한참 어린 후배들과 함께 공부하면서도 40년 동안 계속해서 1등 자리를 놓치지 않았다는 것입니다. 그리고 모세도 들어가지 못한 가나안에 들어가게 됩니다.

두 번째 인구조사의 결과는 놀랍게도 첫 번째 인구조사 때와 비교해서 큰 변동이 없습니다. 40년 전 1차 인구조사 때의 숫자는 603,550명 그리고 40년 후 2차 인구조사 때의 인구는 601,730명입니다.

두 번째 인구조사에서 드러난 각 지파의 특징은 다음과 같습니다.

첫째, 1차 인구조사 때보다 1,820명이 감소했습니다.

둘째, 1대대 동쪽 진영의 유다, 잇사갈, 스불론 지파의 수는 모두 증가했습니다.

셋째, 므낫세 지파는 획기적으로 32,200명에서 52,700명으로 증가했습니다. 에브라임 지파로 요셉의 장자권이 넘어갔지만 이를 수용하고 자기 몫을 감당한 므낫세 지파는 광야 생활 동안에도 번성하는 복을 받았습니다.

넷째, 시므온 지파는 59,300명에서 22,200명으로 크게 감소했습니다. 아마도 바알브올 우상숭배와 음행 사건으로 죽은 이들이 많이 포함되어 있을 것입니다. 비느하스에게 죽임당한 시므리가 시므온 지파의 족장이었으므로 그 영향을 많이 받았을 것입니다.

이러한 인구조사의 목적은 앞으로 있을 가나안 정복 전쟁과 가나안 땅 분배를 위함이었습니다.

● 두 번째 포인트

제사장 나라의 인구조사는 제비뽑기와 계민수전(計民授田)을 통한

'제사를 최종 목적'으로 합니다.

"이 명수대로 땅을 나눠 주어 기업을 삼게 하라"(민 26:53)

인구 숫자대로, 그리고 제비뽑기로 땅을 분배하는 것은 땅의 주인이 오직 하나님이심을 인정하는 것입니다. 이는 또한 제사드릴 예물 준비에 어느 누구도 빠진 자가 없도록 하신 하나님의 배려입니다.

이 인구조사를 통한 땅 분배는 고려 말의 개혁가 정도전이 이상적인 국가를 꿈꾸며 구상한 토지 제도인 '계민수전(計民授田)', 즉 백성들의 숫자를 헤아려서 땅을 분배한다는 것으로 인간 세상에서는 도저히 이루어지지 않을 기적 같은 일이 성경에서는 이미 오래전에 행해진 것입니다.

하나님께서는 이스라엘 백성들에게 계민수전과 제비뽑기로 땅을 분배하게 하십니다. 그래야 결국 '누구나' 그 땅의 소산물을 통해 준비한 예물을 들고 제사장을 만날 수 있고, '누구나' 그 땅의 소산물 가운데 십일조를 낼 수 있으며 그렇게 이스라엘 백성들이 드린 십일조를 통해 제사장들이 회막에서 풀타임으로 일할 수 있게 되는 것입니다.

성경에는 '제비뽑기'에 관한 이야기들이 많습니다.

첫 번째, 가나안 땅 분배와 예루살렘에 거주할 사람을 제비뽑기로 결정합니다.

"오직 그 땅을 제비 뽑아 나누어 그들의 조상 지파의 이름을 따라 얻게 할지니라"(민 26:55)

"백성의 지도자들은 예루살렘에 거주하였고 그 남은 백성은 제비 뽑아 십분의 일은 거룩한 성 예루살렘에서 거주하게 하고 그 십분의 구는 다른 성읍에 거주하게 하였으며"(느 11:1)

두 번째, 종교적인 결정으로 아사셀의 염소, 성전의 일 할당, 찬양대, 문지기 등을 제비뽑기로 결정합니다.

"두 염소를 위하여 제비 뽑되 한 제비는 여호와를 위하고 한 제비는 아사셀을 위하여 할지며"(레 16:8)

"이에 제비 뽑아 피차에 차등이 없이 나누었으니 이는 성전의 일을 다스리는 자와 하나님의 일을 다스리는 자가 엘르아살의 자손 중에도 있고 이다말의 자손 중에도 있음이라"(대상 24:5)

"그들과 모든 형제 곧 여호와 찬송하기를 배워 익숙한 자의 수효가 이백팔십팔 명이라 이 무리의 큰 자나 작은 자나 스승이나 제자를 막론하고 다같이 제비 뽑아 직임을 얻었으니"(대상 25:7~8)

"각 문을 지키기 위하여 그의 조상의 가문을 따라 대소를 막론하고 다 제비 뽑혔으니"(대상 26:13)

세 번째, 특별한 임무를 맡을 사람을 결정할 때, 즉 왕 결정, 전쟁 출전 병력, 제자 충원 등을 제비뽑기로 결정합니다.

"사무엘이 이에 이스라엘 모든 지파를 가까이 오게 하였더니 베냐민 지파가 뽑혔고"(삼상 10:20)

"우리가 이제 기브아 사람에게 이렇게 행하리니 곧 제비를 뽑아서 그들을 치되"(삿 20:9)

"제비 뽑아 맛디아를 얻으니 그가 열한 사도의 수에 들어가니라"(행 1:26)

네 번째, 범인을 찾을 때, 예를 들어 아간, 요나단, 요나 등이 제비뽑기로 뽑힙니다.

"삽디의 가족 각 남자를 가까이 나아오게 하였더니 유다 지파 세라의 증손이요 삽디의 손자요 갈미의 아들인 아간이 뽑혔더라"(수 7:18)

"사울이 이르되 나와 내 아들 요나단 사이에 뽑으라 하였더니 요나단이 뽑히니라"(삼상 14:42)

"자 우리가 제비를 뽑아 이 재앙이 누구로 말미암아 우리에게 임하였나 알아 보자 하고 곧 제비를 뽑으니 제비가 요나에게 뽑힌지라"(욘 1:7)

제비는 사람이 뽑으나 모든 일을 작정하기는 여호와 하나님께 있습니다(잠 16:33).

● 세 번째 포인트

슬로브핫의 딸들이 '땅 상속 특례법 제정'을 성공합니다.

앞으로 가나안 땅을 정복한 후의 일이긴 합니다만, 기업을 나누는 것은 매우 예민한 문제입니다. 그런데 아버지가 일찍 죽고 아들조차 없는 집안인 슬로브핫의 딸들은 당시 2차 인구조사 기준으로 기업을 나누는 방식에 따르면 받을 분깃이 없었습니다.

이때 여인의 수가 인구수에 포함되지 않던 당시 상황이었지만 생계가 달린 문제였기 때문에 슬로브핫의 딸들이 특별 대책을 요구하고 나섭니다.

> "요셉의 아들 므낫세 종족들에게 므낫세의 현손 마길의 증손 길르앗의 손자 헤벨의 아들 슬로브핫의 딸들이 찾아왔으니 그의 딸들의 이름은 말라와 노아와 호글라와 밀가와 디르사라 그들이 회막 문에서 모세와 제사장 엘르아살과 지휘관들과 온 회중 앞에 서서 이르되 우리 아버지가 광야에서 죽었으나 여호와를 거슬러 모인 고라의 무리에 들지 아니하고 자기 죄로 죽었고 아들이 없나이다 어찌하여 아들이 없다고 우리 아버지의 이름이 그의 종족 중에서 삭제되리이까 우리 아버지의 형제 중에서 우리에게 기업을 주소서"(민 27:1~4)

그러자 모세가 이 문제를 하나님께 아뢰고 하나님께서는 적합한 대안을 주십니다. 하나님께서 기업 분배에 있어서 절대 소외되는 사람이 없도록 배려하신 것입니다.

슬로브핫의 딸들의 법이 제정될 수 있었던 것은 그들이 반역죄를 지은 가문이 아니고 '고라의 무리에 들지 아니하고 자기 죄로 죽었고'(민 27:3), '슬로브핫 딸들의 말이 옳았기'(민 27:7) 때문이었습니다.

그러므로 가나안 정복 후 이루어질 이스라엘의 '땅의 상속법'은 다음과 같이 결정되었습니다.

첫째, 기준은 아들에게 상속하며, 장자는 두 배의 상속을 받습니다.

"반드시 그 미움을 받는 자의 아들을 장자로 인정하여 자기의 소유에서 그에게는 두 몫을 줄 것이니 그는 자기의 기력의 시작이라 장자의 권리가 그에게 있음이니라"(신 21:17)

둘째, 슬로브핫의 딸들의 법에 따라 아들이 없을 경우에는 딸이 상속을 받습니다.

"아들이 없으면 그의 기업을 그의 딸에게 돌릴 것이요"(민 27:8)

셋째, 아들과 딸 모두 없을 때에는 가까운 친족순으로 상속을 받습니다.

"딸도 없으면 그의 기업을 그의 형제에게 줄 것이요 형제도 없으면 그의 기업을 그의 아버지의 형제에게 줄 것이요 그의 아버지의 형제도 없으면 그의 기업을 가장 가까운 친족에게 주어 받게 할지니라 하고 나 여호와가 너 모세에게 명령한 대로 이스라엘 자손에게 판결의 규례가 되게 할지니라"(민 27:9~11)

● 네 번째 포인트

아말렉 전쟁의 책임자 '여호수아'가 가나안 전쟁 책임자로 세워집니다.

여호수아는 지난 40년 동안 모세의 수종을 들던 자였습니다.

"모세는 진으로 돌아오나 눈의 아들 젊은 수종자 여호수아는 회막을 떠나지 아니하니라"(출 33:11)

그런데 하나님께서는 모세의 수종자이자 40년 전 '아말렉 전쟁의 책임자'였던 여호수아를 이제 모세의 뒤를 이어 이스라엘의 지도자이자 '가나안 전쟁 책임자'로 정해주십니다. 그리고 하나님께서는 모세에게 말씀하십니다.

"네 존귀를 그에게 돌려 이스라엘 자손의 온 회중을 그에게 복종하게 하라"(민 27:20)

여호수아에게 그 대단한 모세의 존귀를 돌리라는 것입니다.

그러자 하나님의 말씀대로 모세가 여호수아를 이스라엘의 지도자로 세웁니다.

"모세가 여호와께서 자기에게 명령하신 대로 하여 여호수아를 데려다가 제사장 엘르아살과 온 회중 앞에 세우고 그에게 안수하여 위탁하되 여호와께서 모세에게 명령하신 대로 하였더라"(민 27:22~23)

여호수아가 모세처럼 하나님 앞과 사람 앞에서 존귀한 자가 됩니다.

● 다섯 번째 포인트

조상들의 땅을 바라보고, 조상에게로 돌아가라.

하나님께서는 여기에서 다시 한번, 모세가 왜 가나안에 들어가지 못하고 멈추어야 하는지 말씀해주십니다.

"여호와께서 모세에게 이르시되 너는 이 아바림 산에 올라가서 내가 이스라엘 자손에게 준 땅을 바라보라 본 후에는 네 형 아론이 돌아간 것 같이 너도 조상에게로 돌아가리니 이는 신 광야에서 회중이 분쟁할 때에 너희가 내 명령을 거역하고 그 물 가에서 내 거룩함을 그들의 목전에 나타내지 아니하였음이니라"(민 27:12~14)

그러자 모세가 하나님의 이 말씀도 순종합니다. 이제 그에게 남은 시간이 많지 않습니다. 그래서 모세는 남은 시간을 가장 귀하게 보낼 준비를 합니다.

이제 모세는 지난 40년간 만나세대들에게 가르쳤던 율법 설명을 다시 복습시키며 가르치기 시작합니다. 〈신명기〉가 시작되는 것입니다.

"모세가 요단 저쪽 모압 땅에서 이 율법을 설명하기 시작하였더라"(신 1:5)

디저트 DESSERT

뒷모습이 아름다운 사람이 진정 아름다운 사람입니다. 그의 뒷모습에 그가 살아온 삶이 무엇을 위한 삶이었는지 그려져 있기 때문입니다.

모세는 자신의 죽음을 앞에 놓고 슬퍼하거나 연연해하지 않습니다. 마음 한편에 자리 잡은 아쉬움을 뒤로한 채, 오히려 이스라엘 백성을 염려하며 자신의 뒤를 이어 민족을 이끌어갈 새로운 지도자, 여호수아를 세워 모든 존귀를 돌림으로써 여호수아 체제를 견고히 합니다.

모세는 마지막 순간까지도 자신의 사명을 감당하고 있습니다. 이런 사람이 '하나님의 사람'입니다.

아브라함과 이삭과 야곱의 이야기, 모세 이야기, 앞으로 펼쳐질 여호수아 이야기! 우리 삶의 모든 이야기, 성경 한 권으로 충분합니다.

55일

거룩한 절기와 제사 (민 28~30장)

애피타이저 APPETIZER

하나님께서는 이스라엘 백성들에게 〈출애굽기〉와 〈레위기〉에서 말씀하셨던 절기와 제사 규례에 대해 〈민수기〉에서 다시 한 번 말씀해주십니다.

다시 생각해보아도 인간의 반복은 잔소리일 수 있지만 하나님의 반복은 정말 중요한 '강조'입니다.

하나님께서는 이스라엘 백성들이 약속의 땅 가나안에 들어가기 전에 미리, 절기와 제사의 규례에 대해 말씀하시고 또 말씀하시며 강조하십니다.

그런데 이렇게까지 하나님께서 반복하여 말씀해주셨음에도 이스라엘 백성들은 약속의 땅 가나안에 들어간 이후, 바벨론 포로로 끌려가기까지 900여 년 동안 절기와 제사 규례를 제대로 지킨 적이 많지 않습니다. 그래서 가나안에 들어간 이후부터는 선지자들을 통해 절기와 제사 규례에 대해 또다시 강조하십니다.

성경통독 BIBLETONGDOK

《일년일독 통독성경》 민수기 28~30장

통通으로 숲이야기 ; 통숲 TONG OBSERVATION

● 첫 번째 포인트

하나님께서 40년 만에, 이번에는 '만나세대'에게 명절을 말씀하십니다.

인간 삶에 명절만큼 기쁜 날은 없습니다. 애굽에서는 '쉬지 말라'고 이스라엘 백성들을 억압했습니다. 모세가 '광야 3일 길 제사'를 드리러 가겠다고 말하자 바로 왕은 "어찌하여 백성의 노역을 쉬게 하느냐."라고 윽박지르며 나왔습니다.

그런데 이제 제사장 나라에서는 1년 단위로 명절을 많이 만들고 그 명절마다 아무 노동도 하지 말고, 모든 사람이 다 쉬고, 기뻐하며 하나님을 만나라는 것입니다. 이것이 제사장 나라의 명절입니다. 제사장 나라의 명절은 하나님과 이스라엘 백성 간의 만남의 시간입니다.

지난 40년 전, 이스라엘 백성들은 시내 광야에서 하나님과 제사장 나라 언약을 체결하고 십계명을 비롯한 제사장 나라 율법과 절기 규례들을 받았습니다.

> "너는 매년 세 번 내게 절기를 지킬지니라 너는 무교병의 절기를 지키라 내가 네게 명령한 대로 아빕월의 정한 때에 이레 동안 무교병을 먹을지니 이는 그 달에 네가 애굽에서 나왔음이라 빈 손으로 내 앞에 나오지 말지니라 맥추절을 지키라 이는 네가 수고하여 밭에 뿌린 것의 첫 열매를 거둠이니라 수장절을 지키라 이는 네가 수고하여 이룬 것을 연말에 밭에서부터 거두어 저장함이니라 네 모든 남자는 매년 세 번씩 주 여호와께 보일지니라"(출 23:14~17)

아직 인구조사도 하기 전에 주셨던 말씀입니다. 약속의 땅 가나안에 들어가 땅을 차지하고 농사지어 추수한 첫 열매의 소출을 가지고 1년 세 차례 하나님 앞에 나와서 하나님과 기쁨으로 만나자는 말씀입니다.

그런데 안타깝게도 출애굽세대는 하나님의 말씀을 믿지도, 따르지도 않았으며 결국 하나님께서 주신 약속의 기쁨도 제대로 누리지 못했습니다. 하지만 40년이 지나 출애굽 당시 20세 미만이었던, 출애굽세대의 자녀들인 '만나세대'들이 가나안에 들어갈 대상이 되어 '2차 인구조사'와 '싸움에 나갈 만한 수'로 계수되어 정말 모든 것을 책임질 수 있는 사람들이 되었습니다.

바로 이 만나세대들에게 2차 인구조사가 끝나자마자 다시 '명절'을 말씀하신 것입니다. 만나세대들은 하나님께서 주신 제사장 나라 절기에 관한 말씀들이 1년 후 약속의 땅 가나안에 들어가 성취되는 것을 그들의 눈으로 직접 보고 경험하게 됩니다.

"또 이스라엘 자손들이 길갈에 진 쳤고 그 달 십사일 저녁에는 여리고 평지에서 유월절을 지켰으며 유월절 이튿날에 그 땅의 소산물을 먹되 그 날에 무교병과 볶은 곡식을 먹었더라 또 그 땅의 소산물을 먹은 다음 날에 만나가 그쳤으니 이스라엘 사람들이 다시는 만나를 얻지 못하였고 그 해에 가나안 땅의 소출을 먹었더라"(수 5:10~12)

이렇게 꿈이 현실이 되는 기적 같은 하나님의 말씀을 우리는 성경을 통해 체험하고 있습니다.

● 두 번째 포인트

하나님의 말씀을 출애굽세대들은 귀로 담았지만, 만나세대들은 마음으로 담습니다.

출애굽세대는 '홍해의 영적 전쟁 5단계'를 직접 보며 체험했습니다. 애굽에서 나왔지만 앞에는 홍해가 가로막혀 있고, 뒤에는 애굽 군대가 뒤쫓아오는, 진퇴양난의 상황을 하나님께서 지시하신 영적 전쟁으로 극복한 신앙 체험이었습니다. 이때 출애굽세대들은 가만히 서서 홍해가 갈라지는 것을 보고 그 홍해를 걸어서 건너는 놀라운 사건을 체험했습니다.

이 상황을 모세는, 첫째, 하나님을 '알고 더 알아가는 기회'로 임했습니다. 둘째, 하나님을 '더 믿을 기회'로 임했습니다. 셋째, 하나님께 '더 순종할 기회'로 임했습니다. 넷째, 전쟁을 통해 하나님을 '더 체험'했습니다. 다섯째, 애굽과의 홍해 전쟁을 이기고 난 후, '모든 영광을 하나님께' 올려드렸습니다.

그런데 이 놀라운 신앙 체험이 출애굽세대에는 아쉽게도 '마음' 깊숙한 곳으로 들어가지는 못했습니다. 한편 만나세대들은 40년 동안 모세를 통해 '듣는 교육'을 받았습니다.

"네 하나님 여호와께서 이 사십 년 동안에 네게 광야 길을 걷게 하신 것을 기억하라 이는 너를 낮추시며 너를 시험하사 네 마음이 어떠한지 그 명령을 지키는지 지지키 않는지 알려 하심이라 너를 낮추시며 너를 주리게 하시며 또 너도 알지 못하며 네 조상들도 알지 못하던 만나를 네게 먹이신 것은 사람이 떡으로만 사는 것이 아니요 여호와의 입에서 나오는 모든 말씀으로 사는 줄을 네가 알게 하려 하심이니라 이 사십 년 동안에 네 의복이 해어지지 아니하였고 네 발이 부르트지 아니하였느니라"(신 8:2~4)

사실 '만나세대'들은 홍해 영적 전쟁 5단계를 직접 겪은 주역들은 아니었습니다. 그러나 애굽에서의 첫 번째 유월절 이야기로부터 홍해를 건넌 일, 그리고 시내 광야에서의 세사장 나라 언약 체결과 절기 규례들까지, 이 모든 이야기를 귀로 들으면서 교육받았습니다.

결국 만나세대들은 직접적인 체험이 아님에도 하나님의 말씀을 들음으로 하나님의 모든 기적이 담긴 명절, 절기들을 그들 마음에 다 담았습니다.

● 세 번째 포인트

하나님의 명령 '아무 노동도 하지 말라'는 것은 어느 누구도 명절의 혜택에서 소외시키지 말라는 뜻입니다.

하나님께서 우리 인생들에게 주신 명령은 이 땅에 사는 동안 '수고하라'는 것입니다.

"너는 네 평생에 수고하여야 그 소산을 먹으리라"(창 3:17)

"맥추절을 지키라 이는 네가 수고하여 밭에 뿌린 것의 첫 열매를 거둠이니라 수장절을 지키라 이는 네가 수고하여 이룬 것을 연말에 밭에서부터 거두어 저장함이니라"(출 23:16)

"너희의 하나님 여호와 앞에서 먹고 너희의 하나님 여호와께서 너희의 손으로 수고한 일에 복 주심으로 말미암아 너희와 너희의 가족이 즐거워할지니라"(신 12:7)

하나님의 또 다른 명령은 지정하신 명절에는 '아무 노동도 하지 말라'는 것입니다.

"일곱째 날은 네 하나님 여호와의 안식일인즉 너나 네 아들이나 네 딸이나 네 남종이나 네 여종이나 네 가축이나 네 문안에 머무는 객이라도 아무 일도 하지 말라"(출 20:10)

"엿새 동안은 일하고 일곱째 날은 너희를 위한 거룩한 날이니 여호와께 엄숙한 안식일이라 누구든지 이 날에 일하는 자는 죽일지니"(출 35:2)

"일곱째 달에 이르러는 그 달 초하루에 성회로 모이고 아무 노동도 하지 말라 이는 너희가 나팔을 불 날이니라"(민 29:1)

"이 달 열닷새날은 여호와의 무교절이니 이레 동안 너희는 무교병을 먹을 것이요 그 첫 날에는 너희가 성회로 모이고 아무 노동도 하지 말지며"(레 23:6~7)

이렇게 하나님께서 말씀하신 명절에 이스라엘 백성들뿐만 아니라 여종이나 남종이나 가축이나 문안에 머무는 객이라도 아무 노동도 시키지 말라고 말씀하신 것은 하나님의 명절의 혜택에서 어느 누구도 소외시키지 말라는 뜻입니다.

● 네 번째 포인트

모든 것을 선물로 주신 하나님께서 인간이 작은 선물을 받으시고 크게 기뻐하십니다.

"칠칠절 처음 익은 열매를 드리는 날에 너희가 여호와께 새 소제를 드릴 때에도 성회로 모일 것이요 아무 일도 하지 말 것이며 수송아지 두 마리와 숫양 한 마리와 일 년 된 숫양 일곱 마리로 여호와께 향기로운 번제를 드릴 것이며"(민 28:26~27)

"칠칠절 처음 익은 열매를 드리는 날에…"라는 말씀 속에는 주기를 좋아하시는 하나님께서 '먼저 세 가지를 주신다'는 뜻이 들어 있습니다.

첫째, 하나님께서 전쟁에서 승리하게 해주실 것입니다.

"나는 너희의 하나님이 되며 또 가나안 땅을 너희에게 주려고 애굽 땅에서 너희를 인도하여 낸 너희의 하나님 여호와이니라"(레 25:38)

"네 하나님 여호와께서 너를 인도하사 네가 가서 차지할 땅으로 들이시고 네 앞에서 여러 민족 헷 족속과 기르가스 족속과 아모리 족속과 가나안 족속과 브리스 족속과 히위 족속과 여부스 족속 곧 너보다 많고 힘이 센 일곱 족속을 쫓아내실 때에 네 하나님 여호와께서 그들을 네게 넘겨 네게 치게 하시리니 그 때에 너는 그들을 진멸할 것이라"(신 7:1~2)

둘째, 하나님께서는 제비 뽑은 숫자만큼 모두에게 땅을 주실 것입니다.

"수가 많은 자에게는 기업을 많이 줄 것이요 수가 적은 자에게는 기업을 적게 줄 것이니 그들이 계수된 수대로 각기 기업을 주되 오직 그 땅을 제비 뽑아 나누어 그들의 조상 지파의 이름을 따라 얻게 할지니라" (민 26:54~55)

셋째, 하나님께서 비와 바람을 보내주실 것입니다.

"여호와께서 너희의 땅에 이른 비, 늦은 비를 적당한 때에 내리시리니 너희가 곡식과 포도주와 기름을 얻을 것이요"(신 11:14)

이렇게 하나님께서는 앞으로 가나안에 들어가면 '먼저 주실 세 가지'에 인간의 수고를 보태라고 말씀하시는 것입니다. 하나님께서 기쁨으로 주신 것에 인간이 수고해서 얻은 '처음 익은 열매'는 하나님께 '선물'로 가져오라고 하십니다. 그러면 그 다음에 익은 열매들로 다음과 같은 풍요를 누리게 하겠다고 말씀하십니다.

> "내가 너희에게 철따라 비를 주리니 땅은 그 산물을 내고 밭의 나무는 열매를 맺으리라 너희의 타작은 포도 딸 때까지 미치며 너희의 포도 따는 것은 파종할 때까지 미치리니 너희가 음식을 배불리 먹고 너희의 땅에 안전하게 거주하리라"(레 26:4~5)
>
> "너희는 오래 두었던 묵은 곡식을 먹다가 새 곡식으로 말미암아 묵은 곡식을 치우게 될 것이며"(레 26:10)

인간이 하나님께 기쁨으로 선물 드리는 것, 즉 예물을 드리는 것은 하나님이 어떤 분이신지를 되새기며 하나님을 인정하는 행위입니다. 하나님께서는 이스라엘에게 "내 헌물, 내 음식을 내게 바칠지니라."라고 말씀하십니다. 이는 이스라엘이 누리고 소유하고 있는 것들이 근본적으로 하나님의 것임을 알게 하시기 위함이었습니다.

● 다섯 번째 포인트

'자발적 헌신'이 가장 품위 있는 헌신입니다.

이스라엘 백성들은 애굽에서 모든 것을 빼앗아가는 '제국'을 경험했습니다. 그러나 하나님께서는 이제 그들을 제국이 아닌 제사장 나라에서 살게 하시면서 인간의 삶 가운데 가장 고상한 행위인 '자발적 헌신'에 대해 말씀하십니다.

하나님께서는 '누구든지' 나실인 헌신과 서원이 가능하도록 해주셨습니다. 서원은 하나님께 반드시 드려야 하는 생명 속전(출 30:16) 예물 등을 훨씬 넘어선 것으로 하나님께서 가장 기쁘게 받으시는 항목입니다.

"너희의 소유 중에서 너희는 여호와께 드릴 것을 택하되 마음에 원하는 자는 누구든지 그것을 가져다가 여호와께 드릴지니"(출 35:5)

"이스라엘 자손에게 전하여 그들에게 이르라 남자나 여자가 특별한 서원 곧 나실인의 서원을 하고 자기 몸을 구별하여 여호와께 드리려고 하면"(민 6:2)

"너희는 너희의 하나님 여호와께서 자기 이름을 두시려고 택하실 그 곳으로 내가 명령하는 것을 모두 가지고 갈지니 곧 너희의 번제와 너희의 희생과 너희의 십일조와 너희 손의 거제와 너희가 여호와께 서원하는 모든 아름다운 서원물을 가져가고"(신 12:11)

서원은 인간이 하나님께 드린 약속이요, 맹세이기 때문에 반드시 지키는 것이 원칙입니다. 그러나 여성들의 경우 당시 가부

장적 사회에서 서원을 지키는 데에는 많은 장애 요인들이 있었습니다. 그래서 하나님께서는 여성들을 위해 서원의 예외 규정까지 주셨습니다. 여성이 서원한 것을 무효화할 수 있도록 안전장치를 만들어주신 것입니다. 이를 위해 여성들이 서원할 경우, 가장인 아버지나 남편의 동의를 얻게 하십니다. 책임을 함께 지게 하기 위해서입니다.

하나님께 서원하기 위해 가족들이 함께 서원할 수 있다면 더욱 아름다운 서원이 되는 것입니다. 이는 또한 약자를 위한 하나님의 또 다른 배려였습니다. 서원자가 하나님께 서원할 때 지켜야 할 사항들은 다음과 같습니다.

먼저, 서원 내용을 철저히 이행해야 합니다.

"사람이 여호와께 서원하였거나 결심하고 서약하였으면 깨뜨리지 말고 그가 입으로 말한 대로 다 이행할 것이니라"(민 30:2)

이것이 서원의 대원칙입니다.

다음으로, 서원제물은 흠 없는 것으로 드려야 합니다.

"만일 누구든지 서원한 것을 갚으려 하든지 자의로 예물을 드리려 하여 소나 양으로 화목제물을 여호와께 드리는 자는 기쁘게 받으심이 되도록 아무 흠 없는 온전한 것으로 할지니 … 소나 양의 지체가 더하거나 덜하거나 한 것은 너희가 자원제물로는 쓰려니와 서원제물로 드리

면 기쁘게 받으심이 되지 못하리라"(레 22:21~23)

그 다음은, 서원제물의 값을 못 정할 때에는 제사장이 정해줍니다.

"서원자가 가난하여 네가 정한 값을 감당하지 못하겠으면 그를 제사장 앞으로 데리고 갈 것이요 제사장은 그 값을 정하되 그 서원자의 형편대로 값을 정할지니라"(레 27:8)

서원자가 하나님 앞에 서원할 때에는 몇 가지 주의할 사항이 있습니다.

첫째, 신속히 이행해야 합니다.

"네 하나님 여호와께 서원하거든 갚기를 더디하지 말라"(신 23:21)

둘째, 함부로 서원하지 말아야 합니다.

"함부로 이 물건은 거룩하다 하여 서원하고 그 후에 살피면 그것이 그 사람에게 덫이 되느니라"(잠 20:25)

셋째, 서원한 내용을 바꾸지 못합니다.

"내가 서원한 것이 실수라고 말하지 말라"(전 5:6)

넷째, 거짓으로 하지 말아야 합니다.

"너희는 내 이름으로 거짓 맹세함으로 네 하나님의 이름을 욕되게 하지 말라 나는 여호와이니라"(레 19:12)

자발적 헌신은 하나님을 기쁘게 해드리는 가장 품위 있는 헌신입니다.

디저트 DESSERT

이스라엘 백성들이 하나님께 명절, 절기를 지키고 선물, 예물을 드리는 것은 하나님과 더 가까워지고 하나님을 주인으로 모신다는 의미입니다. 인간의 나약함을 잘 아시는 하나님께서 미리 명절, 절기를 정해주심으로 늘 하나님을 기억하며 하나님 중심으로 살아가도록 길을 열어주셨습니다.

그러므로 '하나님이 지시하신 절기와 제사 규례'는 인간을 향한 하나님의 사랑이자 배려입니다. 알아가면 알아갈수록 우리 인간을 향한 하나님의 사랑 이야기는 끝이 없습니다.

56일

모세와 요단 동편 땅들 (민 31~32장)

애피타이저 APPETIZER

모세는 이스라엘의 지도자로서 마지막 전쟁이라 할 수 있는 미디안과의 전쟁을 수행합니다. 그런데 이번 미디안과의 전쟁에서 모세는 만나세대들을 전면에 내세웁니다.

모세는 하나님의 결정에 따라 요단 서편 가나안으로 들어가지 못합니다. 때문에 모세는 이제, 자신이 없이도 만나세대들이 요단 서편 가나안 정복 전쟁을 잘 수행할 수 있도록 그들을 훈련시킵니다. 이렇게 끝까지 최선을 다하는 이스라엘의 지도자 하나님의 사람, 모세의 모습이 참으로 아름답습니다.

성경통독 BIBLETONGDOK

《일년일독 통독성경》 민수기 31~32장

통通으로 숲이야기 ; 통숲 TONG OBSERVATION

● 첫 번째 포인트

만나세대 12,000명! 그들이 주도한 첫 싸움에서 승리합니다.

출애굽 이후 지금까지의 모든 전쟁, 즉 아말렉과의 전쟁, 요단 동편에서의 전쟁인 아모리 왕 시혼, 바산 왕 옥과의 전쟁은 모두 모세가 주도한 전쟁이었습니다.

"여호와께서 모세에게 말씀하여 이르시되 이스라엘 자손의 원수를 미디안에게 갚으라 그 후에 네가 네 조상에게로 돌아가리라"(민 31:1~2)

그런데 마지막 전쟁 명령을 받은 모세가 미디안과의 전쟁은 대제사장 엘르아살의 아들 비느하스와 열두 지파에서 1,000명씩 뽑은 12,000명의 만나세대들이 앞장서서 주도하게 합니다.

"모세가 각 지파에 천 명씩 싸움에 보내되 제사장 엘르아살의 아들 비느하스에게 성소의 기구와 신호 나팔을 들려서 그들과 함께 전쟁에 보내매"(민 31:6)

미디안과의 전쟁 명분은 미디안의 거짓 복술가 발람이 꾀를 내어 모압 여인들을 동원하여 이스라엘을 범죄하게 한 것에 대한 처벌이었습니다.

> "보라 이들이 발람의 꾀를 따라 이스라엘 자손을 브올의 사건에서 여호와 앞에 범죄하게 하여 여호와의 회중 가운데에 염병이 일어나게 하였느니라"(민 31:16)

미디안과 싸울 전쟁 준비는 성소의 기구와 신호 나팔, 그리고 12,000명이 손에 든 칼이었습니다. 이는 이후에 벌어질 요단 서편의 여리고성 공성전을 비롯한 31번의 가나안 정복 전쟁을 위한 예행연습이었습니다.

> "제사장 일곱은 양각 나팔 일곱을 잡고 여호와의 궤 앞에서 계속 행진하며 나팔을 불고 무장한 자들은 그 앞에 행진하며 후군은 여호와의 궤 뒤를 따르고 제사장들은 나팔을 불며 행진하니라"(수 6:13)

미디안과의 전쟁에서 사용된 전략과 전술은 이후 사사 시대 때 기드온과 300명의 용사들이 미디안 군대를 대적할 때에 같은 전략과 전술로 다시 사용됩니다.

● 두 번째 포인트

이스라엘 백성들이 요단 서편으로 건너가기 전, 전리품 분배 방식을 예행연습시키십니다.

이스라엘은 비느하스와 열두 지파에서 1,000명씩 뽑은 12,000명의 만나세대들이 앞장서서 주도한 미디안과의 전쟁에서 대승을 거둡니다. 더욱 놀라운 일은 전쟁에 참전한 12,000명이 모두 생존해서 돌아왔다는 것입니다.

"군대의 지휘관들 곧 천부장과 백부장들이 모세에게 나아와서 모세에게 말하되 당신의 종들이 이끈 군인을 계수한즉 우리 중 한 사람도 축나지 아니하였기로"(민 31:48~49)

세계 전쟁사에서 한 예를 보면, 제2차 페르시아 전쟁 때 페르시아 제국이 그리스를 점령하러 갔던 '마라톤 전투'에서 15분 동안 그리스의 아테네 군 전사자는 192명인데 비해 페르시아 군은 6,400명이 전사하는 기록을 남겼습니다.

이처럼 어떠한 크고 작은 전쟁이건 간에 반드시 전사자와 부상자가 나오기 마련입니다. 그런데 만나세대들은 미디안과의 전쟁에서 놀랍게도 단 한 명의 전사자도 없이 12,000명이 모두 살아서 돌아온 진기록을 전쟁사에 남긴 것입니다.

전쟁에 참가한 군인들이 단 한 명의 희생자도 없이 승리하고 모두 살아 돌아온 전쟁은 성경에 세 번 정도 기록되어 있습니다.

첫째, 지금 살펴본 비느하스와 만나세대 12,000명이 미디안과의 전쟁에서 승리하고 모두 살아서 돌아왔습니다.

둘째, 요단 서편 여리고성 공성전에서 모두가 생존했습니다.

"이에 백성은 외치고 제사장들은 나팔을 불매 백성이 나팔 소리를 들을 때에 크게 소리 질러 외치니 성벽이 무너져 내린지라 백성이 각기 앞으로 나아가 그 성에 들어가서 그 성을 점령하고"(수 6:20)

셋째, 사사 시대에 기드온과 300명의 용사들이 미디안과의 전쟁에서 모두 살아서 돌아왔습니다.

"삼백 명이 나팔을 불 때에 여호와께서 그 온 진영에서 친구끼리 칼로 치게 하시므로 적군이 도망하여"(삿 7:22)

이제 하나님께서는 미디안과의 전쟁에서 큰 승리를 거둔 비느하스와 12,000명의 만나세대들에게 전리품의 분배를 가르쳐 주십니다. 그런데 전리품을 전쟁에 참여한 군인들에게만 분배하는 것이 아니었습니다.

하나님께서 이스라엘에게 정해주신 전리품의 분배 원칙은 전쟁에 참가한 군인들과 이스라엘 공동체 모두, 그리고 레위인들에게 분배하는 것입니다.

이후, 제국의 흥망성쇠 과정을 보면, 제국이 어느 정도 안정 기조에 들어가서 분배를 하기 시작하면 그때부터 제국들이 하향

곡선을 그리기 시작한다는 공통점을 가지고 있습니다. 때문에 전쟁보다 더 어려운 일이 바로 '분배'입니다. 하나님께서는 이스라엘에게 처음부터 분배에 대한 원칙을 세워주심으로 제사장 나라의 품위를 갖도록 해주셨습니다.

먼저, 하나님께서는 모세를 통해 전쟁에 참가한 군인들과 이스라엘 백성들에게 절반씩 나누어주게 하십니다. 그리고 전쟁에 참가한 군인들은 소득의 500분의 1을 대제사장 엘르아살에게 주고 이스라엘 백성들은 분배받은 소득의 50분의 1을 레위인들에게 주게 하십니다.

또한 천부장과 백부장 등 군대의 지휘관들은 자신과 부하들의 생명을 보호해주심에 감사하며 하나님께 헌물을 드립니다. 미디안과의 전쟁에서 승리한 군대의 지휘관들이 이때 하나님께 바친 금의 합계는 16,750세겔이었습니다.

하나님께서는 이처럼 전리품을 분배하는 일까지도 세심하게 가르쳐주심으로 앞으로 있게 될 가나안 정복 전쟁에서 제사장 나라 거룩한 시민, 이스라엘 공동체가 분열되지 않도록 미리 그들을 교육하셨습니다.

● 세 번째 포인트

모세가 '두 지파'에게 화를 낸 이유는 두 가지입니다.

이스라엘이 요단 동편 땅을 차지하자, 르우벤 지파와 갓 지파 사람들이 모세와 대제사장 엘르아살에게 찾아와 우리에게 먼저 요단 동편 땅을 분배해달라고 요청합니다.

요단 동편 땅은 서편 땅에 비해 목축하기에 좋은 조건을 가지고 있었고 르우벤 지파와 갓 지파는 다른 지파들에 비해 가축을 많이 소유하고 있었기 때문에 이 땅을 자기들 지파가 목축업 하기에 좋은 땅이라 생각했던 것입니다.

"르우벤 자손과 갓 자손은 심히 많은 가축 떼를 가졌더라 그들이 야셀 땅과 길르앗 땅을 본즉 그 곳은 목축할 만한 장소인지라 갓 자손과 르우벤 자손이 와서 모세와 제사장 엘르아살과 회중 지휘관들에게 말하여 이르되"(민 32:1~2)

그런데 두 지파의 요청을 듣던 모세가 그들의 말을 자르고 화를 내기 시작합니다. 웬만해서 모세가 화내는 경우가 많지 않습니다. 모세의 온유함은 하나님께서도 인정하신 바입니다. 그런데 온유한 모세가 화를 낸 이유는 두 가지 때문입니다.

첫째, 땅 분배 원칙이 제비뽑기라는 것은 모두 알고 있는 사실

이기에 모세는 분노했습니다. 가나안 땅 분배 대원칙은 계민수전과 제비뽑기입니다. 오직 예외는 갈렙 한 사람뿐입니다. 그런데 두 지파가 분배 원칙인 제비뽑기를 위반하고 나온 것입니다.

"오직 그 땅을 제비 뽑아 나누어 그들의 조상 지파의 이름을 따라 얻게 할지니라 그 다소를 막론하고 그들의 기업을 제비 뽑아 나눌지니라"(민 26:55~56)

둘째, 먼저 땅을 분배받고 요단강을 건너지 않겠다는 것은 다른 형제들을 크게 낙심하게 하는 일이기에 모세는 화를 냈습니다. 앞서 가데스 바네아에서 가나안 정탐꾼 열 명이 요단강 서편에 무서운 아낙 자손이 살고 있으니 건너가지 말고 다시 애굽으로 돌아가 차라리 종이 되자고 외쳤었습니다. 그때 '요단 서편 진군 불가론'이 이스라엘 백성들을 낙심하게 했던 일을 모세가 지금 두 지파에게 상기시킵니다.

지금, 너희가 먼저 땅을 분배해달라는 것은 그때와 같이 형제들을 크게 낙심하게 하는 일이라는 것입니다.

"모세가 갓 자손과 르우벤 자손에게 이르되 너희 형제들은 싸우러 가거늘 너희는 여기 앉아 있고자 하느냐 너희가 어찌하여 이스라엘 자손에게 낙심하게 하여서 여호와께서 그들에게 주신 땅으로 건너갈 수 없게 하려 하느냐 너희 조상들도 내가 가데스바네아에서 그 땅을 보라고

보냈을 때에 그리 하였었나니"(민 32:6~8)

사실, 모세는 슬로브핫의 딸들의 제안도 경청했던 열린 귀와 열린 마음을 가진 사람입니다. 그런데 이렇게 두 지파의 말을 중간에 자르고 화를 낸 것은 이 사안이 그만큼 예민한 문제였기 때문입니다.

● 네 번째 포인트

두 지파는 분노한 모세에게 오히려 더 가까이 다가서서 말합니다.

르우벤 지파와 갓 지파는 모세가 자신들의 입장을 다 듣기도 전에 이렇게 공개적인 화를 내는 상황에 비록 당황했지만 모세를 충분히 이해했습니다. 그래서 그들은 오히려 모세에게 더 가까이 나아갑니다. 그리고 그들의 형편과 각오를 더 진솔하게 말하기 시작합니다.

"그들이 모세에게 가까이 나아와 이르되"(민 32:16)

물론 이들이 모세를 설득해서 그 땅을 반드시 얻으려고 하는 말이 아닙니다. 또한 그들은 모세가 승낙하지 않으면 강하게 저항하겠다는 의사도 전혀 없습니다. 왜냐하면 그들은 지난 40년 동안 범사에 모세를 청종했기 때문입니다.

다만, 먼저 그들의 속마음을 모세에게 진지하게 털어놓습니다. 우리 지파는 목축업에 용이한 요단 동편 땅이 필요하다고 말입니다. 그리고 곧이어 그들의 각오를 밝힙니다.

"이 땅의 원주민이 있으므로 우리 어린 아이들을 그 견고한 성읍에 거주하게 한 후에 우리는 무장하고 이스라엘 자손을 그 곳으로 인도하기까지 그들의 앞에서 가고 이스라엘 자손이 각기 기업을 받기까지 우리 집으로 돌아오지 아니하겠사오며"(민 32:17~18)

르우벤 지파와 갓 지파가 요구하는 요단 동편 땅은 요단강과 얍복강이 흐르는 곳으로 요단 계곡에서 요단강으로 흘러가는 중요한 강들이 모두 그곳에 있기 때문에 매우 비옥하여 목축업 하기에 유리했습니다.

이 요단 동편에 있는 주요 성읍들은 길르앗 야베스, 사르단, 숙곳, 아담 등입니다. 그래서 유목민 이스라엘, 그중에서도 가축이 많은 두 지파가 이곳을 원했던 것입니다. 그러자 모세가 그들의 말을 듣고 그들의 요구를 일단 승낙합니다.

"너희의 입이 말한 대로 행하라"(민 32:24)

그리고 모세가 그들에게 아주 중요한 '전쟁 선봉대' 약속을 단단히 받아냅니다.

"모세가 그들에게 이르되 갓 자손과 르우벤 자손이 만일 각각 무장하고 너희와 함께 요단을 건너가서 여호와 앞에서 싸워서 그 땅이 너희 앞에 항복하기에 이르면 길르앗 땅을 그들의 소유로 줄 것이니라 그러나 만일 그들이 너희와 함께 무장하고 건너지 아니하면 그들은 가나안 땅에서 너희와 함께 땅을 소유할 것이니라 갓 자손과 르우벤 자손이 대답하여 이르되 여호와께서 당신의 종들에게 명령하신 대로 우리가 행할 것이라 우리가 무장하고 여호와 앞에서 가나안 땅에 건너가서 요단 이쪽을 우리가 소유할 기업이 되게 하리이다"(민 32:29~32)

이제 르우벤 지파와 갓 지파는 요단 동편 땅을 먼저 분배받게 됩니다. 그리고 모세는 여기에서 요단 동편 길르앗과의 전쟁에서 공이 있는 므낫세 반 지파를 르우벤, 갓 지파와 함께 요단 동편 분배에 합류시킵니다.

"모세가 갓 자손과 르우벤 자손과 요셉의 아들 므낫세 반 지파에게 아모리인의 왕 시혼의 나라와 바산 왕 옥의 나라를 주되 곧 그 땅과 그 경내의 성읍들과 그 성읍들의 사방 땅을 그들에게 주매"(민 32:33)

"므낫세의 아들 마길의 자손은 가서 길르앗을 쳐서 빼앗고 거기 있는 아모리인을 쫓아내매 모세가 길르앗을 므낫세의 아들 마길에게 주매 그가 거기 거주하였고"(민 32:39~40)

이후 두 지파와 므낫세 반 지파는 그들이 모세에게 약속한 대로 여호수아가 이스라엘의 지도자가 되어 요단 서편 정복 전쟁

을 위해 요단강을 건너갈 때에 선봉에 섭니다. 그리고 요단 서편에서 5년에 걸쳐 가나안 정복 전쟁을 모두 마치고 다른 모든 지파의 땅 분배가 끝난 후에야 다시 요단 동편으로 건너갑니다.

르우벤 지파와 갓 지파, 그리고 므낫세 반 지파가 모세가 죽은 후 여호수아에게 밝힌 그들의 각오입니다.

> "그들이 여호수아에게 대답하여 이르되 당신이 우리에게 명령하신 것은 우리가 다 행할 것이요 당신이 우리를 보내시는 곳에는 우리가 가리이다 우리는 범사에 모세에게 순종한 것 같이 당신에게 순종하려니와 오직 당신의 하나님 여호와께서 모세와 함께 계시던 것 같이 당신과 함께 계시기를 원하나이다 누구든지 당신의 명령을 거역하며 당신의 말씀을 순종하지 아니하는 자는 죽임을 당하리니 오직 강하고 담대하소서"(수 1:16~18)

광야 40년 동안 하나님께서 내려주신 만나를 먹으며 모세에게 율법을 배운 이 '만나세대'들의 각오는 정말 '엄지 척'해줄 만큼 멋진 모습입니다.

● 다섯 번째 포인트

모세는 가나안 입성의 가장 현실적인 디딤돌을 만듭니다.

모세는 두 지파 반이 가나안 정복 전쟁 선봉대를 서는 조건으로 더 큰 책임을 감당하게 하며 오히려 열두 지파 모두를 하나로 더 뭉치게 합니다. 모세는 요단 서편 정복 전쟁을 앞두고 40년 전, 자신이 애굽에 들어갈 때보다 더 열심히, 그리고 더 철저히 만나세대들을 준비시킵니다. 모세는 마지막까지 자신의 사명에 최선을 다합니다. 자신의 마지막 사명이라는 것을 알기에 더욱더 노력한 것입니다.

이후 두 지파 반은 그들의 약속대로 요단 서편 가나안 정복 전쟁을 다 마치고 여호수아에게 축복을 받은 후 요단 동편으로 돌아갑니다. 이는 모세가 광야 40년 동안, 그리고 요단 서편 가나안 정복 전쟁을 앞두고 그들을 얼마나 잘 교육시켰는지 알 수 있는 대목입니다.

> "그 때에 여호수아가 르우벤 사람과 갓 사람과 므낫세 반 지파를 불러서 그들에게 이르되 여호와의 종 모세가 너희에게 명령한 것을 너희가 다 지키며 또 내가 너희에게 명령한 모든 일에 너희가 내 말을 순종하여 오늘까지 날이 오래도록 너희가 너희 형제를 떠나지 아니하고 오직 너희의 하나님 여호와께서 명령하신 그 책임을 지키도다 이제는 너희의 하나님 여호와께서 이미 말씀하신 대로 너희 형제에게 안식을 주셨으니 그런즉 이제 너희는 여호와의 종 모세가 요단 저쪽에서 너희에게 준

소유지로 가서 너희의 장막으로 돌아가되 오직 여호와의 종 모세가 너희에게 명령한 명령과 율법을 반드시 행하여 너희의 하나님 여호와를 사랑하고 그의 모든 길로 행하며 그의 계명을 지켜 그에게 친근히 하고 너희의 마음을 다하며 성품을 다하여 그를 섬길지니라 하고 여호수아가 그들에게 축복하여 보내매 그들이 자기 장막으로 갔더라"(수 22:1~6)

디저트 DESSERT

하나님으로부터 사명을 받은 그날부터 자신의 생명을 다하는 그날까지 항상 최선을 다하고, 매일매일 열심을 내었던 모세의 모습을 보았습니다.

성경 속 하나님의 사람들은 날마다 최선을 다하는 사람들이었습니다. 1년 365일 동안 하루 20분씩 지치지 않고 공부하면 누구나 성경 전체를 '오직 성경'으로 쉽게 이야기할 수 있습니다. 우리 삶의 모든 이야기, 성경 한 권으로 충분합니다.

57일

제사장 나라 '공간' 이야기 (민 33~36장)

애피타이저 APPETIZER

성경의 공간 이야기입니다. 민수기 33장에 등장하는 장소 하나하나는 지난 40년 광야 생활 동안 하나님께서 이스라엘 백성들을 어떻게 인도하셨는지 생생한 기억들을 다시 한번 확인하게 됩니다.

그리고 민수기 34장에는 이제 이스라엘 백성들이 정착할 가나안 땅의 구체적인 규모와 지역들이 나타나 있으며 민수기 35장에는 레위인들에게 주어질 성읍들과 도피성에 관한 말씀이 기록되어 있습니다.

또한 민수기 36장에는 분배받은 땅과 관련하여 정해진 원칙과 제도 범위 내에서 처리할 수 없는 사건이 일어날 경우 이를 해결하기 위해 주신 특별법과 그 예가 기록되어 있습니다.

이렇게 민수기 33장에서 36장은 이스라엘 백성들이 지난 40년 광야에서의 여정을 회고하면서 이제 그들이 들어갈 약속의 땅인 가나안의 경계를 미리 확정받는 성경 속 '공간' 이야기들이 펼쳐집니다.

성경통독 BIBLETONGDOK

《일년일독 통독성경》 민수기 33~36장

통通으로 숲이야기 ; 통숲 TONG OBSERVATION

● 첫 번째 포인트

제사장 나라 '공간(땅)'은 하나님께서 법으로 정해주셨습니다.

성경에는 대략 2,000년의 시간과 1,500곳의 공간과 5,000명의 인간들이 들어 있습니다. 〈민수기〉는 책의 제목대로 수많은 숫자가 등장하는데 사람들의 숫자뿐만 아니라 많은 숫자의 지명들도 등장합니다.

결론부터 이야기하면, 하나님께서는 성경 속 지명 1,500곳을 통해 세계가 다 하나님께 속해 있고 세상의 모든 공간이 하나님의 소유라는 것을 알려주십니다.

민수기 33장에는 대략 40곳의 지명이 나옵니다.

"이스라엘 자손이 라암셋을 떠나 숙곳에 진을 치고 숙곳을 떠나 광야 끝 에담에 진을 치고 에담을 떠나 바알스본 앞 비하히롯으로 돌아가서 믹돌 앞에 진을 치고"(민 33:5~7)

이렇게 애굽에서 모압까지 '떠나, 진을 치고, 떠나, 진을 치고…' 이스라엘 백성들이 지난 40년 동안 광야를 거쳐 온 곳이 대략 40곳이 넘는다는 기록입니다. 이스라엘 백성들이 출애굽한 라암셋에서 요단 동편 모압 평지까지는 보통 열흘 내외로 걸리고, 아무리 천천히 걸어도 한 달이면 충분하다고 합니다. 그런데 이스라엘은 그 거리를 40년이나 걸려 도착한 것입니다.

이스라엘 백성들이 지난 40년 동안 40곳 이상의 장소에서 진을 치고, 진을 거두고, 다시 진을 치고, 진을 거두고 했다는 기록은 장소 한 곳, 한 곳마다 그들의 땀 흘린 삶의 내용이 그대로 들어 있다는 뜻입니다. 그러므로 그 지명들은 그들의 역사이자 삶 그 자체입니다. 되돌아보면 그 모든 것이 하나님의 은혜요, 미래를 위한 준비였습니다.

이제 하나님께서는 지난 40년의 세월을 뒤돌아보게 하시고 이즈음에서 이스라엘 백성들이 들어가 살게 될 가나안 땅을 분배해줄 책임자들의 명단을 공개해주십니다.

"너희에게 땅을 기업으로 나눌 자의 이름은 이러하니 제사장 엘르아살과 눈의 아들 여호수아니라 너희는 또 기업의 땅을 나누기 위하여 각 지파에 한 지휘관씩 택하라"(민 34:17~18)

요단 동편은 이미 분배가 끝났기 때문에 요단 서편 땅 분배의 총책임자로 여호수아와 대제사장 엘르아살을 정해주십니다. 그리고 지파별 제비뽑기 담당자로는 갈렙을 포함해 열 명을 정해주십니다.

하나님께서 이처럼 땅 분배의 지도자들까지 꼼꼼하게 정해주신 이유는 요단 서편에서 가나안 정복 전쟁을 성공리에 모두 마친다 해도 마지막에 분배를 잘하지 못하면 그동안의 고생이 모두 헛수고가 될 수 있기 때문입니다. 이어서 하나님께서는 이스라엘의 동서남북 사방 경계를 말씀해주십니다.

"너는 이스라엘 자손에게 명령하여 그들에게 이르라 너희가 가나안 땅에 들어가는 때에 그 땅은 너희의 기업이 되리니 곧 가나안 사방 지경이라"(민 34:2)

500년 전, 이스라엘 백성들의 조상 아브라함에게 가나안은 '보여줄 땅'이었습니다. 이후 계속해서 가나안은 눈으로가 아닌 믿음으로 보아온 '약속의 땅'이었습니다. 그런데 500년 만에 아브라함의 후손들인 이스라엘 백성들에게 가나안은 '사방 경계'가 정해진 구체적인 땅이 되면서 그들의 '보여줄 땅', '약속의 땅'은 현실이 됩니다.

이제 가나안 땅은 들어가서 점령하고 공정하게 분배하고 정의롭게 살아갈 일만 남은 그런 땅이 된 것입니다.

"너희 남쪽은 에돔 곁에 접근한 신 광야니 너희의 남쪽 경계는 동쪽으로 염해 끝에서 시작하여"(민 34:3)

"서쪽 경계는 대해가 경계가 되나니 이는 너희의 서쪽 경계니라 북쪽 경계는 이러하니 대해에서부터 호르 산까지 그어라"(민 34:6~7)

그러므로 이스라엘 백성들이 가나안에 들어가서 행할 미션은

첫째, 가나안의 우상을 모두 깨뜨리고 산당을 다 헐고,

둘째, 각 지파 종족의 수대로 제비뽑기를 하고,

셋째, 제비를 뽑은 대로 땅을 분배하여 그곳에 거주하는 것입니다.

● 두 번째 포인트

레위인들은 '제사장 나라 교육'을 위해 48개 성읍으로 흩어집니다.

창세기 49장에서 야곱은 자신의 죽음을 앞두고 열두 아들에게 유언으로 축복의 메시지를 남겼습니다. 그때 야곱이 셋째 아들 레위에게 남긴 축복은 "내가 그들을 야곱 중에서 나누며 이스라엘 중에서 흩으리라"(창 49:7)는 것이었습니다. 야곱의 축복은 이제 현실이 되어 레위 지파가 이스라엘 각 지파 속으로 흩어져 제사장 나라 공직을 수행하게 될 것입니다.

레위 지파 사람들, 즉 레위인들은 각 지역의 지도자들이지만 동시에 사회적 세력이라는 면에서는 레위 지파 사람들끼리 함께 모여 살지 못하기에 사회적 약자일 수 있었습니다. 그래서 하나님께서는 레위인들에게 48개의 성읍도 주시고 목초지도 주셔서 이들을 돌보십니다.

> "너희가 레위인에게 모두 사십팔 성읍을 주고 그 초장도 함께 주되 너희가 이스라엘 자손의 소유에서 레위인에게 너희가 성읍을 줄 때에 많이 받은 자에게서는 많이 떼어서 주고 적게 받은 자에게서는 적게 떼어 줄 것이라 각기 받은 기업을 따라서 그 성읍들을 레위인에게 줄지니라"(민 35:7~8)

"레위 사람들이 이스라엘 자손의 기업 중에서 받은 성읍은 모두 마흔 여덟 성읍이요 또 그 목초지들이라 이 각 성읍의 주위에 목초지가 있었고 모든 성읍이 다 그러하였더라"(수 21:41~42)

하나님께서 레위인들에게 주신 48개 성읍은 열두 지파가 각 땅의 분량대로 분배해준 것으로 가나안 전역에 분포되어 있었습니다. 당시 1개월 이상 된 레위인들의 숫자가 23,000명이므로 대략 5만여 명으로 추정됩니다.

그러므로 레위인들이 48개 성읍에 1,000여 명씩 흩어져 살았을 것입니다. 장자가 동생들을 교육하는 것처럼, 레위인들은 각 지파 속으로 흩어지게 됩니다.

"보라 내가 이스라엘 자손 중에서 레위인을 택하여 이스라엘 자손 중에 태를 열어 태어난 모든 맏이를 대신하게 하였은즉 레위인은 내 것이라"(민 3:12)

그래서 하나님께서는 이스라엘 백성들에게 당부하십니다.

"너는 삼가 네 땅에 거주하는 동안에 레위인을 저버리지 말지니라"(신 12:19)

● **세 번째 포인트**

도피성 사람들은 대제사장의 죽음 소식만을 기다립니다.

하나님께서는 열두 지파 사람들에게 땅을 분배해주시고 레위인들에게 허락해주신 48개 성읍 중 6개 도피성을 지정해주십니다.

> "너희를 위하여 성읍을 도피성으로 정하여 부지중에 살인한 자가 그리로 피하게 하라 이는 너희가 복수할 자에게서 도피하는 성을 삼아 살인자가 회중 앞에 서서 판결을 받기까지 죽지 않게 하기 위함이니라"(민 35:11~12)

6개 도피성을 포함한 48개 성읍은 하나님께서 이스라엘 백성들에게 주신 두 가지 사회적 안전장치입니다.

먼저 48개의 성읍은 평생을 하나님의 일에 헌신해야 할 레위인들을 위해 하나님께서 마련해주신 사회적 안전장치입니다. 또 하나, 6개의 도피성은 부지중에 살인한 자가 도피성에서 그 생명을 건짐 받을 수 있는 사회적 안전장치입니다.

6개의 도피성은 먼저, 요단 서편에 납달리의 산지 갈릴리 게데스와 에브라임 산지인 세겜, 그리고 유다 산지인 기럇 아르바, 곧 헤브론에 두었습니다(수 20:7).

다음, 요단 동편에는 르우벤 지파의 평지 광야 베셀과 갓 지파의 길르앗 라못 그리고 므낫세 지파의 바산 골란을 구별하여 두었습니다(수 20:8).

"이 여섯 성읍은 이스라엘 자손과 타국인과 이스라엘 중에 거류하는 자의 도피성이 되리니 부지중에 살인한 모든 자가 그리로 도피할 수 있으리라"(민 35:15)

그런데 도피성은 아무나 들어갈 수 있는 곳이 아니었습니다. 도피성으로 피신하는 자는 먼저 성문 어귀에서 성문 장로들에게 자신이 당한 사고의 자초지종을 고하고 그의 비고의성이 인정될 때에만 들어갈 수 있습니다. 고의로 살인한 자들은 도피성에 들어갈 수 없습니다. 특히 철 연장이나 사람을 죽일 만한 돌이나 나무 연장으로 살인한 자 등은 도피성에 절대 들어갈 수 없습니다.

"이 성읍들 중의 하나에 도피하는 자는 그 성읍에 들어가는 문 어귀에 서서 그 성읍의 장로들의 귀에 자기의 사건을 말할 것이요 그들은 그를 성읍에 받아들여 한 곳을 주어 자기들 중에 거주하게 하고"(수 20:4)

그렇다면 도피성으로 피신했던 자는 언제 다시 나갈 수 있을까요? 바로 현직 대제사장의 죽음이 공포되면 그는 자유할 수 있습니다.

"이는 살인자가 대제사장이 죽기까지 그 도피성에 머물러야 할 것임이라 대제사장이 죽은 후에는 그 살인자가 자기 소유의 땅으로 돌아갈 수 있느니라"(민 35:28)

만약 현직 대제사장이 아직 살아 있음에도 살인자가 도피성에서 나가면 그는 죽임을 당해도 그를 구할 방법이 없습니다.

"살인자가 어느 때든지 그 피하였던 도피성 지경 밖에 나가면 피를 보복하는 자가 도피성 지경 밖에서 그 살인자를 만나 죽일지라도 피 흘린 죄가 없나니"(민 35:26~27)

도피성과 대제사장은 이렇게 밀접한 관계가 있습니다.

● 네 번째 포인트

땅의 경계표를 이 지파에서 저 지파로 옮기면 안 됩니다.

하나님께서는 이스라엘 백성들에게 가나안 땅을 분배받은 이후 경계표를 옮기지 말라고 말씀하십니다.

"네 하나님 여호와께서 네게 주어 차지하게 하시는 땅 곧 네 소유가 된 기업의 땅에서 조상이 정한 네 이웃의 경계표를 옮기지 말지니라"(신 19:14)

앞서 살폈듯이, 하나님께서는 이와 관련하여 세 가지 원칙을 정해주셨습니다.

첫째, 땅 분배의 기본은 계민수전과 제비뽑기이며, 매 50년마다 희년 명절을 통해 원래의 자리로 돌아가게 합니다.

"너희의 종족을 따라 그 땅을 제비 뽑아 나눌 것이니 수가 많으면 많은 기업을 주고 적으면 적은 기업을 주되 각기 제비 뽑은 대로 그 소유가 될 것인즉 너희 조상의 지파를 따라 기업을 받을 것이니라"(민 33:54)

"이 해는 너희에게 희년이니 너희는 각각 자기의 소유지로 돌아가며 각각 자기의 가족에게로 돌아갈지며"(레 25:10)

둘째, 슬로브핫의 딸 특별법으로 아들이 없을 경우 딸이 기업을 받습니다. 그런데 아들을 대신해 땅을 기업으로 받은 딸은 다른 지파 남자와 혼인을 해서는 안 됩니다. 그 지파 안에서 결혼해서 그 지파에게 주신 땅을 보존해야 했기 때문입니다.

"이스라엘 자손의 지파 중 그 기업을 이은 딸들은 모두 자기 조상 지파의 종족되는 사람의 아내가 될 것이라 그리하면 이스라엘 자손이 각기 조상의 기업을 보전하게 되어 그 기업이 이 지파에서 저 지파로 옮기게 하지 아니하고 이스라엘 자손 지파가 각각 자기 기업을 지키리라"(민 36:8~9)

셋째, 땅 분배 후 그 땅은 아들에게, 아들이 없으면 딸에게로, 아들과 딸 모두 없으면 가까운 친족 순서로 상속됩니다.

"너는 이스라엘 자손에게 말하여 이르기를 사람이 죽고 아들이 없으면 그의 기업을 그의 딸에게 돌릴 것이요 딸도 없으면 그의 기업을 그의 형제에게 줄 것이요 형제도 없으면 그의 기업을 그의 아버지의 형제에게 줄 것이요 그의 아버지의 형제도 없으면 그의 기업을 가장 가까운 친족에게 주어 받게 할지니라"(민 27:8~11)

이렇게 하나님께서는 땅의 경계표를 이 지파에서 저 지파로 옮기지 못하게 하시므로 이스라엘 각 지파에 생길 수 있는 부익부 빈익빈 현상을 근본적으로 막을 수 있게 하십니다. 하나님이 주신 기업의 분량을 감사하며 형제와 함께 기쁨으로 동거하는 것이 하나님이 원하시는 제사장 나라의 삶의 방식입니다.

● 다섯 번째 포인트

땅의 경계를 지키느냐, 넘느냐가 '제국'과 '제사장 나라'의 근본 차이입니다.

아브라함에게 '보여줄 땅'이었던 약속의 땅 가나안이 500년 만에 후손들에게 동서남북 사방 경계로 뚜렷하게 현실이 됩니다.

하나님께서 정해주신 이스라엘 사방 경계는 민수기 34장의 말씀대로 동쪽-염해(사해), 서쪽-대해(지중해), 남쪽-신 광야, 북쪽-호르산까지입니다. 이는 남북으로는 약 256㎞, 동서로는 약 80㎞ 정도입니다. 이후 가나안 땅 완전 정복 성취는 다윗과 솔로몬 때에 이루어집니다.

다윗이 130만 명의 병력을 가지고도 메소포타미아나 나일강 지역으로 정복 전쟁을 나가지 않은 이유는 놀랍게도 민수기 34장을 통해 하나님께서 주신 제사장 나라의 땅의 경계를 지키고자 하는 소망 때문이었습니다.

"솔로몬이 사는 동안에 유다와 이스라엘이 단에서부터 브엘세바에 이르기까지 각기 포도나무 아래와 무화과나무 아래에서 평안히 살았더라"(왕상 4:25)

솔로몬도 자기 아버지 다윗처럼 제사장 나라의 땅의 경계 안에 머물며 통치했습니다. 이후 앗수르 제국의 왕 산헤립이 이끄는 군대 18만 5천 명이 예루살렘에서 하룻밤에 죽은 이유는 앗수르가 하나님께서 정하신 땅의 경계를 넘었기 때문입니다.

B.C. 8세기 당시, 하나님께서는 북이스라엘이 200년 동안 제사장 나라 사명을 전혀 감당치 않자 앗수르를 통해 북이스라엘을 멸망시키셨습니다. 그런데 하나님의 도구로 쓰였던 앗수르 제국의 왕이 북이스라엘을 넘어 유다 예루살렘까지 공격하러 와서 자신의 총명으로 열국의 경계를 걷어치웠다고 자만한 말을 했습니다. 그러므로 앗수르는 처벌을 받게 된 것입니다.

앗수르 왕이 말합니다.

"나는 내 손의 힘과 내 지혜로 이 일을 행하였나니 나는 총명한 자라 열국의 경계선을 걷어치웠고 그들의 재물을 약탈하였으며 또 용감한 자처럼 위에 거주한 자들을 낮추었으며"(사 10:13)

이후 하나님께서 바벨론 왕 느부갓네살에게 예루살렘을 넘겨주신 이유는 남유다가 제사장 나라 거룩한 시민의 사명을 망각했기 때문입니다.

"이제 내가 이 모든 땅을 내 종 바벨론의 왕 느부갓네살의 손에 주고 또 들짐승들을 그에게 주어서 섬기게 하였나니"(렘 27:6)

이렇게 가나안 안에서든 밖에서든, 땅의 모든 경계는 하나님께서 정하십니다. 하나님께서 '인류의 모든 족속을 한 혈통으로 만드사 온 땅에 살게 하시고 그들의 연대를 정하시며 거주의 경계를 한정'하셨습니다(행 17:26).

디저트 DESSERT

하나님의 말씀은 허투루 땅에 떨어지는 법이 없습니다. 어떤 말씀은 즉시 이루어지고 어떤 말씀은 500년 후에 이루어지고 그리고 또 어떤 말씀은 세상 끝 날에 이루어질 것입니다.

하나님께서 아브라함에게 주신 자손과 땅에 대한 약속이 500년 만에 성취되는 것을 우리는 성경을 통해 목도했습니다. 성경

속 모든 하나님의 말씀은 이루어지지 않은 말씀이 단 하나도 없습니다. 이처럼 풀은 마르고 꽃은 시드나 하나님의 말씀은 영원합니다.

58일

광야 여정에 대한 회고와 반성 (신 1~2장)

애피타이저 APPETIZER

사도 바울이 죽음을 앞두고 믿음의 아들 디모데에게 남긴 유언과 같은 기록이 〈디모데후서〉라면, 〈신명기〉는 모세가 죽음을 앞두고 만나세대들에게 남긴 유언과 같은 기록입니다.

모세는 지난 40년 동안 만나세대들에게 매일 해왔던 하나님의 말씀을 두 달 동안 만나세대의 졸업식을 기념하여 네 편의 역사 특강으로 다시 복습해줍니다. 이렇게 쓰인 〈신명기〉는 바로 모세의 저자 직강입니다. 앞으로 우리는 〈신명기〉를 읽고 공부하는 동안 모세의 열정뿐만 아니라 모세의 작은 숨소리까지도

느낄 수 있게 될 것입니다.

성경통독 BIBLETONGDOK

《일년일독 통독성경》 신명기 1~2장

통通으로 숲이야기 ; 통숲 TONG OBSERVATION

● 첫 번째 포인트

모세는 죽음 두 달을 앞두고 '또 시작'합니다.

40년 전, 가데스 바네아에서 '광야 생활 40년'이 결정된 이래로 모세는 하루도 빠짐없이 만나세대들에게 하나님께서 주신 제사장 나라 율법을 가르쳐왔습니다. 만나세대들은 그렇게 모세를 통해 제사장 나라 율법을 배웠습니다.

다시 말해, 만나세대들에게 지난 40년은 '40년 과정 제사장 나라 로스쿨(law school)'이었습니다. 그 내용에 있어서는 40년 전 하나님께서 시내산에서 모세에게 주신 말씀이나 이후 모세가 모압 평지에서 만나세대들에게 전하는 말씀이 동일합니다.

40년 전에는 시내산에서 모세 혼자 하나님의 말씀을 들었습니다.

"모세가 여호와와 함께 사십 일 사십 야를 거기 있으면서 떡도 먹지 아니하였고 물도 마시지 아니하였으며 여호와께서는 언약의 말씀 곧 십계명을 그 판들에 기록하셨더라"(출 34:28)

그때는 모세 혼자 '심쿵'했었습니다. 그런데 지금 모압 평지에서는 60만 명이 동시에 '심쿵'하고 있습니다.

"이는 모세가 요단 저쪽 숩 맞은편의 아라바 광야 곧 바란과 도벨과 라반과 하세롯과 디사합 사이에서 이스라엘 무리에게 선포한 말씀이니라"(신 1:1)

시내산과 모압 평지에서 하나님의 말씀을 들으며 꿈을 꾸는 숫자가 다릅니다.

모세가 요단 동편에서 아모리 왕 시혼과 바산 왕 옥과 싸워 크게 승리한 후 잠시 멈추고 지난날을 회고합니다. 모세는 '또다시!' 만나세대들에게 제사장 나라 율법 가르치기를 '또 시작'합니다.

"그 때는 모세가 헤스본에 거주하는 아모리 왕 시혼을 쳐죽이고 에드레이에서 아스다롯에 거주하는 바산 왕 옥을 쳐죽인 후라 모세가 요단 저쪽 모압 땅에서 이 율법을 설명하기 시작하였더라"(신 1:4~5)

● 두 번째 포인트

'출애굽세대'의 출발점은 애굽이고, '만나세대'의 출발점은 가데스 바네아입니다.

애굽에서 유월절 '어린양의 피'로 애굽의 장자들은 모두 다 죽고 히브리 민족의 장자들은 다 살았습니다. 이 기준으로 출애굽세대가 출발했습니다.

"그 때에 바로가 완악하여 우리를 보내지 아니하매 여호와께서 애굽 나라 가운데 처음 난 모든 것은 사람의 장자로부터 가축의 처음 난 것까지 다 죽이셨으므로 태에서 처음 난 모든 수컷들은 내가 여호와께 제사를 드려서 내 아들 중에 모든 처음 난 자를 다 대속하리니"(출 13:15)

'출애굽세대'는 애굽에서 태어나 출애굽의 모든 역사를 경험한 사람들로, 그들 책임자의 수는 603,550명이었습니다. 그 후, 출애굽세대들은 가데스 바네아에서 입(入)애굽을 다시 주장한 일로 40년 광야 생활 동안 순차적으로 모두 자연사했습니다.

"가데스 바네아에서 떠나 세렛 시내를 건너기까지 삼십팔 년 동안이라 이 때에는 그 시대의 모든 군인들이 여호와께서 그들에게 맹세하신 대로 진영 중에서 다 멸망하였나니"(신 2:14)

바로 그 가데스 바네아에서 정탐 사건을 기점으로 출애굽 당시 20세 미만이면서 입(入)애굽 결정에 동참하지 않은 유아들을 기준으로 만나세대가 시작되었습니다. 그들 만나세대 책임자의 수는 601,730명입니다.

> "너희가 사로잡히겠다고 말하던 너희의 유아들은 내가 인도하여 들이리니 그들은 너희가 싫어하던 땅을 보려니와 너희의 시체는 이 광야에 엎드러질 것이요 너희의 자녀들은 너희 반역한 죄를 지고 너희의 시체가 광야에서 소멸되기까지 사십 년을 광야에서 방황하는 자가 되리라" (민 14:31~33)

광야 40년은 '출애굽세대'에서 '만나세대'로 바뀌는 기간이었습니다.

● 세 번째 포인트

모압 평지에서 모세가 여호수아와 갈렙에게 '순종의 훈장'을 달아 줍니다.

모세는 '여호수아, 갈렙' 이 두 사람의 순종을, 그리고 그들의 가나안 입성을 부러워합니다.

> "오직 여분네의 아들 갈렙은 온전히 여호와께 순종하였은즉 그는 그것을 볼 것이요 그가 밟은 땅을 내가 그와 그의 자손에게 주리라 하시고

여호와께서 너희 때문에 내게도 진노하사 이르시되 너도 그리로 들어가지 못하리라 네 앞에 서 있는 눈의 아들 여호수아는 그리로 들어갈 것이니 너는 그를 담대하게 하라 그가 이스라엘에게 그 땅을 기업으로 차지하게 하리라"(신 1:36~38)

물론 모세와 아론은 지도자로서 그 기준이 다르기는 하지만 어쨌든 므리바에서 불순종함으로 가나안에 들어갈 수 없게 되었습니다. 반석에게 '명령하여 물을 내라'는 하나님의 지시대로 하지 않고, 반석을 '두 번 쳐서' 물을 낸 것입니다. 하나님의 엄격한 기준은 지도자 모세와 아론에게 더 철저했습니다.

"모세가 그의 손을 들어 그의 지팡이로 반석을 두 번 치니 물이 많이 솟아나오므로 회중과 그들의 짐승이 마시니라 여호와께서 모세와 아론에게 이르시되 너희가 나를 믿지 아니하고 이스라엘 자손의 목전에서 내 거룩함을 나타내지 아니한 고로 너희는 이 회중을 내가 그들에게 준 땅으로 인도하여 들이지 못하리라 하시니라"(민 20:11~12)

모세와 아론은 안타깝게 가나안에 들어가지 못하게 되었고 20세 이상 싸움에 나갈 만한 60만 명 중에서 오직 여호수아와 갈렙, 단 두 명만이 그 놀라운 '순종' 과목을 통과했습니다.

"모세와 제사장 아론이 시내 광야에서 계수한 이스라엘 자손은 한 사람도 들지 못하였으니 이는 여호와께서 그들에게 대하여 말씀하시기를 그들이 반드시 광야에서 죽으리라 하셨음이라 이러므로 여분네의 아들 갈렙과 눈의 아들 여호수아 외에는 한 사람도 남지 아니하였더라"(민 26:64~65)

지난 40년 동안 오직 순종으로 살아남은 여호수아와 갈렙에게 모세는 모압 평지에서 빛나는 '순종의 훈장'을 수여합니다. 그 두 사람을 부러워하며, 자랑스러워하며 ….

그런데 놀라운 사실은 이후, 40년 동안 광야에서 모세에게 교육받고 훈련받은 만나세대들 60만 명은 대부분 '순종' 과목을 통과했다는 것입니다.

"여호와의 언약궤를 멘 제사장들은 요단 가운데 마른 땅에 굳게 섰고 그 모든 백성이 요단을 건너기를 마칠 때까지 모든 이스라엘은 그 마른 땅으로 건너갔더라"(수 3:17)

출애굽세대들이 홍해를 건널 때의 모습과 비교해보면 요단강을 마른 땅으로 건너가는 모든 만나세대의 모습은 정말 성숙한 모습이 아닐 수 없습니다. 교육과 훈련이 이런 놀라운 결과를 낳은 것입니다.

● 네 번째 포인트

에돔, 모압, 암몬에게 힘을 절제해서 사용하라고 당부합니다.

하나님께서는 40년 전과는 비교할 수 없을 만큼 강력한 힘을 가지게 된 만나세대들에게 이제는 주변 나라에 그 힘을 절제해서 사용하라고 말씀하십니다. 왜냐하면 이스라엘은 '제사장 나라'이지, '제국'이 아니기 때문입니다. 만나세대들의 부모 세대인 출애굽세대들은 너무나 힘없는 사람들이었습니다.

첫째, 그들은 애굽의 60만 노예로서 심지어 애굽 군인들이 그들의 사내아이들을 나일강에 던져도 보고만 있던 사람들이었습니다.

둘째, 그들은 애굽에서 나올 때 별 힘도 없는 아말렉족에게 약탈당했던 사람들이었습니다.

셋째, 그들은 '우리는 스스로 보기에도 메뚜기 같다'며 자신들을 스스로 평가절하했던 사람들이었습니다.

그러나 출애굽세대와 달리 만나세대는 고대 근동의 가나안 지역 주변국들 모두가 그들을 두려워할 정도였습니다. 앞서 살펴보았습니다만, 모압 왕 발락이 '저주로 어떻게 좀 해볼까' 할 정도였습니다.

> "십볼의 아들 발락이 이스라엘이 아모리인에게 행한 모든 일을 보았으므로 모압이 심히 두려워하였으니 이스라엘 백성이 많음으로 말미암아 모압이 이스라엘 자손 때문에 번민하더라"(민 22:2~3)

"보라 애굽에서 나온 민족이 지면에 덮였으니 이제 와서 나를 위하여 그들을 저주하라 내가 혹 그들을 쳐서 몰아낼 수 있으리라 하나이다" (민 22:11)

여리고성 라합이 두 정탐꾼들에게 40년 전 일과 얼마 전 일에 대해 말한 내용 중에서도 이스라엘을 향한 두려움을 볼 수 있습니다.

"여호와께서 이 땅을 너희에게 주신 줄을 내가 아노라 우리가 너희를 심히 두려워하고 이 땅 주민들이 다 너희 앞에서 간담이 녹나니 이는 너희가 애굽에서 나올 때에 여호와께서 너희 앞에서 홍해 물을 마르게 하신 일과 너희가 요단 저쪽에 있는 아모리 사람의 두 왕 시혼과 옥에게 행한 일 곧 그들을 전멸시킨 일을 우리가 들었음이니라 우리가 듣자 곧 마음이 녹았고 너희로 말미암아 사람이 정신을 잃었나니 너희의 하나님 여호와는 위로는 하늘에서도 아래로는 땅에서도 하나님이시니라"(수 2:9~11)

이제 이렇게 강력한 힘을 가지게 된 만나세대들에게 하나님께서는 그들이 가진 힘을 민족들 사이에서 평화를 만드는 데 사용하라고 말씀하십니다. 특히 에돔, 모압, 암몬에게는 결코 힘자랑하지 말라고 말씀하십니다. 오직 하나님의 처벌의 대상자들인 '가나안 족속들'과만 싸우라고 말씀하십니다.

● 다섯 번째 포인트

오늘부터 천하 만민이 너희를 두려워하리라!

이스라엘 백성들이 애굽에서 60만 노예로 살고 있을 때에는 애굽의 군인들이 그들의 집 안에 들어와 사내아이를 발견하고 그 아이를 나일강에 내던져도 한마디 저항도 못하고 그저 울 뿐이었습니다. 그나마 적극적으로 한 일은 아이를 최대한 숨겼다가 갈대 상자를 만들어 그 안에 아이를 태워 나일강에 띄워 보내는 것 정도였습니다(출 2:3).

그런데 그들이 모세의 지도하에 430년 만에 애굽의 노예에서 자유인이 되어 출애굽을 하자 그 소식을 전해 들은 고대 근동의 모든 나라가 이스라엘 민족에 대해 두려워하며 떨었습니다.

"여러 나라가 듣고 떨며 블레셋 주민이 두려움에 잡히며 에돔 두령들이 놀라고 모압 영웅이 떨림에 잡히며 가나안 주민이 다 낙담하나이다"(출 15:14~15)

그런데 이스라엘이 곧바로 가나안으로 행하지 않고 40년 동안이나 광야를 맴돌고만 있자 주변국들이 이스라엘에 대해 경계를 늦추게 됩니다.

드디어 모세와 만나세대들이 40년의 교육과 훈련을 모두 마치고 요단 동편 아모리 왕 시혼과의 전쟁을 앞두고 있을 때 하나님께서 그들에게 다음과 같은 놀라운 말씀을 주십니다.

> "오늘부터 내가 천하 만민이 너를 무서워하며 너를 두려워하게 하리니 그들이 네 명성을 듣고 떨며 너로 말미암아 근심하리라 하셨느니라"(신 2:25)

이후 모세의 뒤를 이은 여호수아가 요단강을 건너 요단 서편에 이르러 그 지역을 점령해가기 시작하면서는 기브온 주민들이 자신의 신분을 속이기까지 하며 이스라엘 진영으로 항복하러 찾아옵니다.

> "그들이 여호수아에게 대답하되 종들은 당신의 하나님 여호와의 이름으로 말미암아 심히 먼 나라에서 왔사오니 이는 우리가 그의 소문과 그가 애굽에서 행하신 모든 일을 들으며 또 그가 요단 동쪽에 있는 아모리 사람의 두 왕들 곧 헤스본 왕 시혼과 아스다롯에 있는 바산 왕 옥에게 행하신 모든 일을 들었음이니이다"(수 9:9~10)

"오늘부터 천하 만민이 너를 두려워하리라!" 참으로 놀라운 하나님의 약속의 말씀을 만나세대들은 그들 마음에 기쁨으로 담습니다. 하나님께서 이 모든 이야기를 담아 '하나님을 계시하신' 성경은 이처럼 세계가 다 하나님께 속했다는 것을 '알게 해주는 책'이고 '모든 사람에게 알려야 할 책'입니다.

"세계가 다 내게 속하였나니 너희가 내 말을 잘 듣고 내 언약을 지키면 너희는 모든 민족 중에서 내 소유가 되겠고 너희가 내게 대하여 제사장 나라가 되며 거룩한 백성이 되리라 너는 이 말을 이스라엘 자손에게 전할지니라"(출 19:5~6)

디저트 DESSERT

모세의 열정과 수준, 그리고 모세의 실력에 대해 이미 두 손, 두 발 다 들었음에도 불구하고 〈신명기〉를 통해 본 모세에 대해 또 놀라지 않을 수 없습니다. 끝까지 최선을 다하는 모습, 그리고 멋진 스승과 멋진 제자들의 모습은 세상 어떤 훌륭한 그림이나 음악보다도 '정말 아름답다'라고 표현할 수 있을 것입니다.

멋진 작품을 보고 나면 수준이 놀랍게 업그레이드되듯이 모세와 만나세대를 보고 우리의 '신앙 수준도 업그레이드'되기를 꿈꿉니다. 그래서 항상 "나 주님의 기쁨 되기를 원합니다."

59일

60만 명, 율법 대박 (신 3~4장)

애피타이저 APPETIZER

신명기 1장과 2장에서는 모세가 가데스 바네아에서부터 시작한 40년을 회고했다면, 신명기 3장과 4장은 모세가 요단 동편 땅에 도착해 바산 왕 옥을 물리친 일과 요단 동편 땅을 분배한 일을 회고합니다.

바산은 길르앗과 헬몬산 중간 지대에 있는 비옥한 땅으로 60개의 성읍을 가진 견고한 나라였습니다. 그리고 바산 왕 옥은 거인 르바임 족속이었습니다. 요단 동편에서의 일을 회고하면서 이제 모세는 요단 서편 가나안 정복 전쟁의 지도자로 여호수아를 세웁니다.

모세는 자신이 건너가지 못하는 요단 서편 땅에 대한 아쉬움과 기대를 만나세대들에게 모두 말하며 그들에게 그것이 원동력이 되게 합니다. 모세의 당부는 곧, 하나님의 마음의 진심이었습니다.

성경통독 BIBLETONGDOK

《일년일독 통독성경》 신명기 3~4장

통通으로 숲이야기 ; 통숲 TONG OBSERVATION

● 첫 번째 포인트

만나학교 60만 명 졸업식이 두 달 동안 거행됩니다.

40년 전 가데스 바네아에서의 '만나학교 입학식'은 참으로 쓸쓸했었습니다. 가나안 정탐 후 다시 입애굽하겠다는 출애굽세대들을 즉시 진멸하시려다가 그들을 40년 더 살려주시는 대신에 그들의 자녀들을 광야 만나학교에 입학시키신 것입니다.

"너희의 시체는 이 광야에서 엎드러질 것이요 너희의 자녀들은 너희 반역한 죄를 지고 너희의 시체가 광야에서 소멸되기까지 사십 년을 광야에서 방황하는 자가 되리라"(민 14:32~33)

그런데 광야 40년 '제사장 나라 로스쿨' 과정이 모두 끝난 모압 평지에서의 만나학교 졸업식은 60만 명의 월등한 졸업생을 배출하는 세계 최고의 졸업식이 되었습니다. 이제 모세는 만나학교 졸업식에 맞추어 졸업식 특강을 4회에 걸쳐 진행합니다.

첫 번째 율법 특강 : 출애굽과 광야 생활의 회고(과거)입니다(신 1:1~4:43).

두 번째 율법 특강 : 하나님의 율법 총강론(현재)입니다(신 4:44~26장).

세 번째 율법 특강 : 가나안에 들어가서 해야 할 일과 언약의 갱신(미래)입니다(신 27~30장).

네 번째 율법 특강 : 마지막 당부와 모세의 노래와 축복입니다(신 31~34장).

이는 세계 인류 역사에 길이 남을 명교수의 명강의가 아닐 수 없습니다. 이런 강의를 오늘 우리까지도 들을 수 있다는 것이 정말 기쁘고 감격스럽습니다.

● 두 번째 포인트

모세, 시내산 80일은 '듣고', 모압 평지 60일은 '말합니다.'

모세의 120년 인생에서 가장 행복한 두 번의 기억은 '시내산에서의 두 번의 40일', 즉 시내산에서의 80일과 '모압 평지에서의 두 달', 즉 모압 평지에서의 60일일 것입니다. 먼저, 시내산에서 행복했던 모세의 첫 번째 40일입니다.

"여호와께서 모세에게 이르시되 너는 산에 올라 내게로 와서 거기 있으라 네가 그들을 가르치도록 내가 율법과 계명을 친히 기록한 돌판을 네게 주리라"(출 24:12)

"모세는 구름 속으로 들어가서 산 위에 올랐으며 모세가 사십 일 사십 야를 산에 있으니라"(출 24:18)

그리고 시내산에서 행복했던 모세의 두 번째 40일입니다.

"모세가 여호와와 함께 사십 일 사십 야를 거기 있으면서 떡도 먹지 아니하였고 물도 마시지 아니하였으며 여호와께서는 언약의 말씀 곧 십계명을 그 판들에 기록하셨더라"(출 34:28)

모세는 시내산에서 떡도 먹지 않고 물도 마시지 않았으나 하나님의 말씀을 듣고 기록하는 것만으로도 충분히 기쁘고 행복했습니다.

두 번째, 모압 평지에서의 두 달, 그 60일의 기간은 모세가 죽음을 앞두고 '또다시' 율법을 말하고 기록하는 기쁨의 시간이었습니다.

> "이는 모세가 요단 저쪽 숩 맞은편의 아라바 광야 곧 바란과 도벨과 라반과 하세롯과 디사합 사이에서 이스라엘 무리에게 선포한 말씀이니라"(신 1:1)

모세는 하나님께서 주신 율법을 이스라엘 백성들에게 두 번 전달했습니다. 한 번은 출애굽세대에게, 또 한 번은 만나세대에게! 그런데 한 번은(출애굽세대) '꽝'이었고, 한 번은(만나세대) '대박'이었습니다.

● 세 번째 포인트

모세는 만나세대 60만 졸업생들의 미래를 위해 '그네(swing)'를 태웁니다.

그네를 탈 때, 앞으로 멀리 나가기 위해서는 그네를 잡아주는 사람이 그네를 뒤로 멀리 끌고 갔다가 앞으로 힘차게 밀어주면 됩니다. 마찬가지로 먼 미래로 가기 위해서는 과거를 더 멀리 되짚어보아야 합니다.

모세는 만나세대들에게 미래를 위해 지나간 날들을 상고합니다.

첫째, 모세는 만나를 먹으며 훈련받았던 지난 광야 생활 40년을 상고합니다.

둘째, 모세는 아브라함 이후 500년을 상고합니다.

셋째, 모세는 하나님의 천지 창조까지 되돌아가서 그때를 상고합니다.

다음의 내용은 좀 길지만 모세 강의의 하이라이트입니다.

"네가 있기 전 하나님이 사람을 세상에 창조하신 날부터 지금까지 지나간 날을 상고하여 보라 하늘 이 끝에서 저 끝까지 이런 큰 일이 있었느냐 이런 일을 들은 적이 있었느냐 어떤 국민이 불 가운데에서 말씀하시는 하나님의 음성을 너처럼 듣고 생존하였느냐 어떤 신이 와서 시험과 이적과 기사와 전쟁과 강한 손과 편 팔과 크게 두려운 일로 한 민족을 다른 민족에게서 인도하여 낸 일이 있느냐 이는 다 너희의 하나님 여호와께서 애굽에서 너희를 위하여 너희의 목전에서 행하신 일이라 이것을 네게 나타내심은 여호와는 하나님이시요 그 외에는 다른 신이 없음을 네게 알게 하려 하심이니라 여호와께서 너를 교훈하시려고 하늘에서부터 그의 음성을 네게 듣게 하시며 땅에서는 그의 큰 불을 네게 보이시고 네가 불 가운데서 나오는 그의 말씀을 듣게 하셨느니라 여호와께서 네 조상들을 사랑하신 고로 그 후손인 너를 택하시고 큰 권능으로 친히 인도하여 애굽에서 나오게 하시며 너보다 강대한 여러 민족을 네 앞에서 쫓아내고 너를 그들의 땅으로 인도하여 들여서 그것을 네게 기업으로 주려 하심이 오늘과 같으니라 그런즉 너는 오늘 위로 하늘에나 아래로 땅에 오직 여호와는 하나님이시요 다른 신이 없는 줄을 알아 명심하고 오늘 내가 네게 명령하는 여호와의 규례와 명령을 지키라 너와 네 후손이 복을 받아 네 하나님 여호와께서 네게 주시는 땅에서 한 없이 오래 살리라"(신 4:32~40)

이렇게 만나세대들을 그네에 태워 지난날을 상고해본 모세는 앞으로 미래를 위해 크게 세 가시 낭부를 합니다.

첫째, 규례와 법도를 먼저 알고 지켜 순종하라고 당부합니다.

"내가 너희에게 가르치는 규례와 법도를 듣고 준행하라"(신 4:1)

"믿음은 들음에서 나며 들음은 그리스도의 말씀으로 말미암았느니라" (롬 10:17)

둘째, 말씀 그대로 가감하지 말라고 당부합니다.

"내가 너희에게 명령하는 말을 너희는 가감하지 말고"(신 4:2)

"내가 이 두루마리의 예언의 말씀을 듣는 모든 사람에게 증언하노니 만일 누구든지 이것들 외에 더하면 하나님이 이 두루마리에 기록된 재앙들을 그에게 더하실 것이요 만일 누구든지 이 두루마리의 예언의 말씀에서 제하여 버리면 하나님이 이 두루마리에 기록된 생명나무와 및 거룩한 성에 참여함을 제하여 버리시리라"(계 22:18~19)

셋째, 하나님 여호와의 명령을 지켜 행하라고 당부합니다.

"내가 너희에게 내리는 너희 하나님 여호와의 명령을 지키라"(신 4:2)

"나의 계명을 지키는 자라야 나를 사랑하는 자니"(요 14:21)

"하나님 앞에서는 율법을 듣는 자가 의인이 아니요 오직 율법을 행하는 자라야 의롭다 하심을 얻으리니"(롬 2:13)

모세가 만나세대들에게 이런 당부를 한 이유는 그들이 하나님께 복 받기를 진심으로 간절히 원했기 때문입니다.

"너희가 너희 하나님 나 여호와의 말을 들어 순종하고 내가 보기에 의를 행하며 내 계명에 귀를 기울이며 내 모든 규례를 지키면 내가 애굽 사람에게 내린 모든 질병 중 하나도 너희에게 내리지 아니하리니 나는 너희를 치료하는 여호와임이라"(출 15:26)

"나를 사랑하고 내 계명을 지키는 자에게는 천 대까지 은혜를 베푸느니라"(출 20:6)

하나님의 말씀을 지키고 순종함으로 우리도 복의 근원 되시는 하나님께 복을 받는 귀한 하나님의 사람들이 되기를 기도합니다.

● 네 번째 포인트

제사장 나라, 이같이 공의로운 규례와 법도를 가진 나라는 세상 어디에도 없습니다.

하나님께서 세워주신 나라, 제사장 나라는 참으로 놀라운 나라, 세상 어디에도 없는 나라입니다. 모세가 말합니다.

"우리 하나님 여호와께서 우리가 그에게 기도할 때마다 우리에게 가까이 하심과 같이 그 신이 가까이 함을 얻은 큰 나라가 어디 있느냐 오늘 내가 너희에게 선포하는 이 율법과 같이 그 규례와 법도가 공의로운 큰 나라가 어디 있느냐"(신 4:7~8)

하나님께서 친히 세워주신 공의로운 나라, 제사장 나라는 다음과 같습니다.

첫째, 이 큰 공의로운 나라는 아브라함을 통해서 시작되었습니다.

"여호와께서 이르시되 내가 하려는 것을 아브라함에게 숨기겠느냐 아브라함은 강대한 나라가 되고 천하 만민은 그로 말미암아 복을 받게 될 것이 아니냐 내가 그로 그 자식과 권속에게 명하여 여호와의 도를 지켜 의와 공도를 행하게 하려고 그를 택하였나니 이는 나 여호와가 아브라함에게 대하여 말한 일을 이루려 함이니라"(창 18:17~19)

둘째, 이 큰 공의로운 나라는 애굽과 비교해보면 더 잘 알 수 있습니다. 애굽은 공의와는 거리가 먼 나라였습니다. 그들은 이스라엘 백성들에게 짚도 주지 않고 일을 시키고, 서로의 사이를 분열시키며, 오직 제국의 길을 가기 위한 나라였습니다.

"바로가 그 날에 백성의 감독들과 기록원들에게 명령하여 이르되 너희는 백성에게 다시는 벽돌에 쓸 짚을 전과 같이 주지 말고 그들이 가서 스스로 짚을 줍게 하라 또 그들이 전에 만든 벽돌 수효대로 그들에게 만들게 하고 감하지 말라"(출 5:6~8)

셋째, 이 큰 공의로운 나라는 하나님의 약속이 있는 나라입니다.

"세계가 다 내게 속하였나니 너희가 내 말을 잘 듣고 내 언약을 지키면 너희는 모든 민족 중에서 내 소유가 되겠고 너희가 내게 대하여 제사장 나라가 되며 거룩한 백성이 되리라"(출 19:5~6)

넷째, 이 큰 공의로운 나라는 하나님께서 다윗을 통해 실현되게 하셨습니다.

"다윗이 온 이스라엘을 다스려 다윗이 모든 백성에게 정의와 공의를 행할새"(삼하 8:15)

다섯째, 이 큰 공의로운 나라는 끝내 예수님을 통해 완성됩니다.

"하늘에 계신 우리 아버지여 이름이 거룩히 여김을 받으시오며 나라가 임하시오며 뜻이 하늘에서 이루어진 것 같이 땅에서도 이루어지이다" (마 6:9~10)

"그가 고난 받으신 후에 또한 그들에게 확실한 많은 증거로 친히 살아 계심을 나타내사 사십 일 동안 그들에게 보이시며 하나님 나라의 일을 말씀하시니라"(행 1:3)

"너희는 가서 모든 민족을 제자로 삼아 아버지와 아들과 성령의 이름으로 세례를 베풀고 내가 너희에게 분부한 모든 것을 가르쳐 지키게 하라 볼지어다 내가 세상 끝날까지 너희와 항상 함께 있으리라 하시니라"(마 28:19~20)

'이게 나라냐?'가 아닌, '이게 나라다!'라고 말할 수 있는 나라는 바로 예수님께서 완성하신 '하나님 나라'입니다.

● 다섯 번째 포인트

'보여줄(지시할) 땅'은 500년 만에 '아름다운 땅(good land)'이 됩니다.

500년 전 하나님께서 아브라함에게 말씀하신 '보여줄(지시할) 땅'은 아브라함이 가고 싶은 땅이었기보다는 아브라함이 가야 할 '순종의 땅'이었습니다.

"여호와께서 아브람에게 이르시되 너는 너의 고향과 친척과 아버지의 집을 떠나 내가 네게 보여 줄 땅으로 가라 내가 너로 큰 민족을 이루고 네게 복을 주어 네 이름을 창대하게 하리니 너는 복이 될지라"(창 12:1~2)

그 이후, 이삭을 지나 야곱에 이르러 가나안 땅은 '고향 땅'이 되었습니다.

"여호와께서 야곱에게 이르시되 네 조상의 땅 네 족속에게로 돌아가라 내가 너와 함께 있으리라"(창 31:3)

500여 년 만에 모세에게 가나안 땅은 진심으로 가고 싶은 아름다운 땅, 굿 랜드(good land)가 되었습니다. 그런데 모세에게는 므리바 사건으로 건너갈 수 없는 땅이 되어버렸습니다. 그는 하나님의 결정을 듣고 하나님께 한 걸음 더 다가가서 간곡히 부탁했습니다.

"주 여호와여 주께서 주의 크심과 주의 권능을 주의 종에게 나타내시기를 시작하셨사오니 천지간에 어떤 신이 능히 주께서 행하신 일 곧 주의 큰 능력으로 행하신 일 같이 행할 수 있으리이까 구하옵나니 나를 건너게 하사 요단 저쪽에 있는 아름다운 땅, 아름다운 산과 레바논을 보게 하옵소서"(신 3:24~25)

그러나 하나님께서는 모세의 간청을 들어주시지 않습니다.

"여호와께서 너희 때문에 내게 진노하사 내 말을 듣지 아니하시고 내게 이르시기를 그만해도 족하니 이 일로 다시 내게 말하지 말라 너는 비스가 산 꼭대기에 올라가서 눈을 들어 동서남북을 바라고 네 눈으로 그 땅을 바라보라 너는 이 요단을 건너지 못할 것임이니라"(신 3:26~27)

결국 하나님의 결정을 받아들인 모세는 자신이 갈 수 없는 땅에 대한 평가를 이렇게 말합니다.

"여호와께서 너희로 말미암아 내게 진노하사 내게 요단을 건너지 못하며 네 하나님 여호와께서 네게 기업으로 주신 그 아름다운 땅에 들어가지 못하게 하리라고 맹세하셨은즉 나는 이 땅에서 죽고 요단을 건너지 못하려니와 너희는 건너가서 그 아름다운 땅을 얻으리니"(신 4:21~22)

모세에게 가나안 땅은

첫째, 정말 가보고 싶은 아름다운 땅이었습니다.

둘째, 동서남북 경계를 전달한 땅이었습니다.

"너는 이스라엘 자손에게 명령하여 그들에게 이르라 너희가 가나안 땅에 들어가는 때에 그 땅은 너희의 기업이 되리니 곧 가나안 사방 지경이라"(민 34:2)

셋째, 바라보기만 해야 하는 땅이었습니다.

"너는 여리고 맞은편 모압 땅에 있는 아바림 산에 올라가 느보 산에 이르러 내가 이스라엘 자손에게 기업으로 주는 가나안 땅을 바라보라"

(신 32:49)

넷째, 젖과 꿀이 흐르는 더 큰 미래가 있는 약속의 땅이었습니다.

"여호와께서 너희의 조상들에게 맹세하여 그들과 그들의 후손에게 주리라고 하신 땅 곧 젖과 꿀이 흐르는 땅에서 너희의 날이 장구하리라" (신 11:9)

모세 이후 1,500년이 지나 '그 아름다운 땅' 가나안으로 우리 예수님께서 '굿 뉴스(Good News) 십자가'를 지기 위해 오십니다.

"이는 선지자 이사야를 통하여 하신 말씀을 이루려 하심이라 일렀으되 스불론 땅과 납달리 땅과 요단 강 저편 해변 길과 이방의 갈릴리여 흑암에 앉은 백성이 큰 빛을 보았고 사망의 땅과 그늘에 앉은 자들에게 빛이 비치었도다 하였느니라"(마 4:14~16)

"이 때로부터 예수 그리스도께서 자기가 예루살렘에 올라가 장로들과 대제사장들과 서기관들에게 많은 고난을 받고 죽임을 당하고 제삼일에 살아나야 할 것을 제자들에게 비로소 나타내시니"(마 16:21)

"주 여호와의 영이 내게 내리셨으니 이는 여호와께서 내게 기름을 부으사 가난한 자에게 아름다운 소식을 전하게 하려 하심이라 나를 보내사 마음이 상한 자를 고치며 포로된 자에게 자유를, 갇힌 자에게 놓임을 선포하며 여호와의 은혜의 해와 우리 하나님의 보복의 날을 선포하여 모든 슬픈 자를 위로하되 무릇 시온에서 슬퍼하는 자에게 화관을 주어 그 재를 대신하며 기쁨의 기름으로 그 슬픔을 대신하며 찬송의 옷으로 그 근심을 대신하시고 그들이 의의 나무 곧 여호와께서 심으신 그 영광을 나타낼 자라 일컬음을 받게 하려 하심이라"(사 61:1~3)

디저트 DESSERT

모세가 그토록 들어가고 싶어 했던 그 아름다운 곳, 약속의 땅 가나안! 1,500년 후 아름다운 우리 주님께서 우리의 친구가 되어주기 위해 그곳으로 다시 오십니다.

주님의 보혈의 공로가 아니면 우리는 영영 형벌에서 벗어날 수 없습니다.

♬ 아름답다 예수여, 나의 좋은 친구!
예수 공로 아니면 영원 형벌 받네.
예수님 예수님, 나의 죄 위하여,
보배 피를 흘리니 죄인 받으소서.

60일

하나님을 사랑하라 (신 5~6장)

애피타이저 APPETIZER

신명기 1장에서 4장까지는 모세의 첫 번째 역사 특강이었고, 신명기 5장부터는 두 번째 역사 특강이 시작됩니다.

40년 전, 하나님께서는 시내산에서 출애굽한 이스라엘 백성들에게 친히 하나님의 음성으로 십계명을 주셨습니다. 그런데 그때 그 자리에 있었던 60만 명의 출애굽세대들은 여호수아와 갈렙 외에는 모두 죽고 지금은 한 사람도 없습니다.

이제 모세는 40년 전 하나님께서 친히 돌판에 새겨주셨던 십계명의 말씀을 출애굽세대의 자녀들인 '만나세대'에게 또다시 가르쳐주고 있습니다.

"이스라엘아 들으라."라는 '쉐마'의 말씀에는 지난 오랜 세월 동안 '온 맘 다해' 하나님을 사랑해온 모세가 만나세대들에게 당부하는 하나님을 사랑하라는 간절한 호소가 들어 있습니다.

성경통독 BIBLETONGDOK

《일년일독 통독성경》 신명기 5~6장

통通으로 숲이야기 ; 통숲 TONG OBSERVATION

● 첫 번째 포인트

하나님께서는 오늘 여기서! 40년 전과 '꼭 같은 말씀'을 하십니다.

먼저 모세는 40년 전 하나님께서 출애굽세대들과 제사장 나라 언약을 맺으신 일을 상기시킵니다. 그런데 그 언약은 지난 40년 전 과거가 아닌 오늘 여기 바로 이 자리에 살아 있는 만나세대들과 세우신 언약이라고 선언합니다.

"모세가 온 이스라엘을 불러 그들에게 이르되 이스라엘아 오늘 내가 너희의 귀에 말하는 규례와 법도를 듣고 그것을 배우며 지켜 행하라 우리 하나님 여호와께서 호렙산에서 우리와 언약을 세우셨나니 이 언약은 여호와께서 우리 조상들과 세우신 것이 아니요 오늘 여기 살아 있는 우리 곧 우리와 세우신 것이라"(신 5:1~3)

출애굽기 19장에서 하나님께서 이스라엘 백성들과 맺으신 제사장 나라 언약은 동일하신 하나님께서 언제나 '오고 오는 모든 세대'에게 동일한 내용으로 그때마다 새롭게 주신 것입니다.

먼저, 40년 전 하나님께서 시내산에서 출애굽세대들에게 주신 말씀입니다.

"세계가 다 내게 속하였나니 너희가 내 말을 잘 듣고 내 언약을 지키면 너희는 모든 민족 중에서 내 소유가 되겠고 너희가 내게 대하여 제사장 나라가 되며 거룩한 백성이 되리라"(출 19:5~6)

40년 후, 하나님께서 모세를 통해 모압 평지에서 만나세대들에게 주신 말씀입니다.

"너희 하나님 여호와께서 너희에게 명령하신 모든 도를 행하라 그리하면 너희가 살 것이요 복이 너희에게 있을 것이며 너희가 차지한 땅에서 너희의 날이 길리라"(신 5:33)

500여 년이 지난 이후에, 하나님의 말씀에 대해 다윗이 그의 아들 솔로몬에게 한 말입니다.

"네 하나님 여호와의 명령을 지켜 그 길로 행하여 그 법률과 계명과 율례와 증거를 모세의 율법에 기록된 대로 지키라 그리하면 네가 무엇을 하든지 어디로 가든지 형통할지라"(왕상 2:3)

1,000년이 지난 후 하나님께서 주신 말씀으로 에스라가 새롭게 결심한 다짐과 각오는 다음과 같습니다.

"에스라가 여호와의 율법을 연구하여 준행하며 율례와 규례를 이스라엘에게 가르치기로 결심하였었더라"(스 7:10)

이렇게 하나님께서는 시내산에서 주신 율법을 40년 후 만나세대에게, 500년 후 다윗 시대에, 1,000년 후 에스라 시대에 동일하게 주셨습니다. 그러므로 기록된 하나님의 말씀 성경은 항상 오늘 여기서 내게 주신 살아 있는 굿 뉴스(good news)입니다.

● 두 번째 포인트

자녀 교육의 방법 - 듣게 하고, 질문하게 하라.

참으로 아쉽지만, 만나세대들은 그들의 부모 세대들을 반면교사(反面教師)로 '순종'을 배웠습니다. 왜냐하면 출애굽세대들이 '순종' 대신 '원망'을 일삼다가 지난 40년 동안 광야에서 모두 죽었기 때문입니다. 만나세대들은 광야 40년 동안 불순종하는 부모 세대 밑에서 살면서도 모세가 가르쳐준 율법을 잘 배우며 하나님의 말씀에 순종하고 그들의 자녀들에게도 율법과 순종을 가르칠 만한 실력을 갖추게 되었습니다. 그러므로 모세는 만나세대들에게 자기 자녀들을 직접 가르치는 행복을 누리라고 힘주어 말합니다.

> "이스라엘아 들으라 우리 하나님 여호와는 오직 유일한 여호와이시니 너는 마음을 다하고 뜻을 다하고 힘을 다하여 네 하나님 여호와를 사랑하라 오늘 내가 네게 명하는 이 말씀을 너는 마음에 새기고 네 자녀에게 부지런히 가르치며 집에 앉았을 때에든지 길을 갈 때에든지 누워 있을 때에든지 일어날 때에든지 이 말씀을 강론할 것이며 너는 또 그것을 네 손목에 매어 기호를 삼으며 네 미간에 붙여 표로 삼고 또 네 집 문설주와 바깥 문에 기록할지니라"(신 6:4~9)

또한 모세는 만나세대들에게 자녀들이 충분히 질문하게 하라고 말합니다. 그리고 자녀들의 질문에 다음과 같이 답하라고 가르쳐줍니다.

> "후일에 네 아들이 네게 묻기를 우리 하나님 여호와께서 명령하신 증거와 규례와 법도가 무슨 뜻이냐 하거든 너는 네 아들에게 이르기를 우리가 옛적에 애굽에서 바로의 종이 되었더니 여호와께서 권능의 손으로 우리를 애굽에서 인도하여 내셨나니"(신 6:20~21)

세계적으로 자녀 교육에 가장 성공한 유대인들의 자녀 교육

특징은 다음 두 가지입니다. 첫째는 가정에서 부모가 자기 자녀들에게 하나님의 말씀인 성경을 '이야기'로 해주는 것입니다. 둘째는 자녀들에게 '무슨 질문이든지' 하게 하는 것입니다. 그 이유는 부모들이 자녀들의 호기심 담긴 어떤 질문도 성경으로 답할 수 있다고 믿기 때문입니다.

그러므로 모든 부모는 자기 자녀들에게 성경을 이야기로 전할 수 있을 실력을 갖추기 위해 먼저 살아 계신 하나님의 말씀인 성경을 공부해야 합니다.

● 세 번째 포인트

하나님께서는 심고 거두는 것을 넘어, 심지 않고도 거두게 하십니다.

하나님께서 주신 율법에 순종하고 살면 어떤 일이 생기게 될까요? 아마 요즘 아이들 말로 '까무작' 놀라게 될 것입니다.

하나님께서 주신 율법, 즉 하나님께서 주신 규례와 법도를 순종하고 지켜 행하면 "네 하나님 여호와께서 네 조상 아브라함과 이삭과 야곱을 향하여 네게 주리라 맹세하신 땅으로 너를 들어가게 하시고 네가 건축하지 아니한 크고 아름다운 성읍을 얻게 하시며 네가 채우지 아니한 아름다운 물건이 가득한 집을 얻게 하시며 네가 파지 아니한 우물을 차지하게 하시며 네가 심지 아니한 포도원과 감람나무를 차지하게 하사 네게 배불리 먹게 하실"(신 6:10~11) 것입니다.

하나님께서 창조 때, 모든 피조물에게 베푸신 복은 '심고 거두는 것'입니다. 그래서 콩 심은 데 콩 나고 팥 심은 데 팥 나고, 아궁이에 불을 때면 굴뚝에 연기가 피어오릅니다. 이렇게 월요일부터 토요일까지 심어서 거두는 복을 누리게 하셨습니다. 그런데 천지를 창조하신 후 주일, 즉 안식일은 쉬도록 법으로 정해 주셨습니다.

> "천지와 만물이 다 이루어지니라 하나님이 그가 하시던 일을 일곱째 날에 마치시니 그가 하시던 모든 일을 그치고 일곱째 날에 안식하시니라 하나님이 그 일곱째 날을 복되게 하사 거룩하게 하셨으니 이는 하나님이 그 창조하시며 만드시던 모든 일을 마치시고 그 날에 안식하셨음이니라"(창 2:1~3)

그러므로 인생들이 '안식일에 쉬라'는 이 법을 지키면, 하나님께서는 심지 않은 데서도 거두는 큰 복을 주겠다고 말씀하신 것입니다. 제사장 나라 백성들에게 안식일, 안식년, 희년을 지키면 심지 않은 데서 거두는 더 큰 복을 받게 하시고 애굽 제국에서 벗어난 날인 유월절, 그리고 오순절, 초막절을 지키면 또한 심지 않은 데서 거두는 더 큰 복을 주겠다고 약속하십니다.

제국은 강제로 노동하게 합니다. 그러나 제사장 나라는 하나님께서 정한 명절에 반드시 쉬게 합니다. 그러면 오히려 심지 않고도 거두는 더 큰 복을 받을 것이라고 하나님께서 약속하십니다. 물론 때로는 하나님께서 심은 만큼도 못 거두게 흉년을 주시는 경우도 있습니다. 그러나 하나님께서 주신 규례와 법도를 잘 순종하면 우리가 건축하지 아니한 크고 아름다운 성읍을 얻게 하십니다.

또한 우리가 채우지 아니한 아름다운 물건이 가득한 집을 얻게 하십니다. 우리가 파지 아니한 우물을 차지하게 하십니다. 우리가 심지 아니한 포도원과 감람나무를 차지하게 하십니다. 어디 그뿐입니까. 이런 복도 누리게 해주십니다.

"너희의 원수들을 쫓으리니 그들이 너희 앞에서 칼에 엎드러질 것이라 또 너희 다섯이 백을 쫓고 너희 백이 만을 쫓으리니 너희 대적들이 너희 앞에서 칼에 엎드러질 것이며 내가 너희를 돌보아 너희를 번성하게 하고 너희를 창대하게 할 것이며 내가 너희와 함께 한 내 언약을 이행하리라 너희는 오래 두었던 묵은 곡식을 먹다가 새 곡식으로 말미암아 묵은 곡식을 치우게 될 것이며"(레 26:7~10)

심고 거두는 인과율만 가지고는 다섯이 결코 백을 이길 수 없고 백이 결코 만을 이길 수 없습니다. 그러나 하나님께서 더하여 주신 복으로는 이 모든 것이 가능합니다.

"여호와께서 우리에게 이 모든 규례를 지키라 명령하셨으니 이는 우리가 우리 하나님 여호와를 경외하여 항상 복을 누리게 하기 위하심이며 또 여호와께서 우리를 오늘과 같이 살게 하려 하심이라"(신 6:24)

이는 온 우주 만물을 창조하시고, 피조물인 인간에게 피조 세계의 인과율과 그 인과율을 능가하는 규례를 주시고, 그 규례에 순종하면 더 큰 복을 주시겠다는 살아 계신 하나님의 말씀입니다.

● 네 번째 포인트

하나님께 복 받는 길 – 좌로나 우로나 치우치지 말라.

하나님께서는 복의 근원이십니다. 하나님의 계획은 처음부터 '모든 민족'이 하나님께 복을 받는 것입니다.

하나님께 복을 받는 길은 다음과 같습니다.

"그런즉 너희 하나님 여호와께서 너희에게 명령하신 대로 너희는 삼가 행하여 좌로나 우로나 치우치지 말고 너희 하나님 여호와께서 너희에게 명령하신 모든 도를 행하라 그리하면 너희가 살 것이요 복이 너희에

게 있을 것이며 너희가 차지한 땅에서 너희의 날이 길리라"(신 5:32~33)

앞으로 모세 없이 약속의 땅 가나안에 들어가게 되는 만나세대들이 그 땅에서 하나님께 복을 받으며 살기 위해 지켜야 할 사항들은 다음과 같습니다(신 6:12~19).

① 애굽 땅 종 되었던 집에서 인도하여 내신 하나님을 기억할 것

② 하나님 여호와만 섬길 것

③ 우상숭배하지 말 것

④ 하나님을 시험하지 말 것

⑤ 하나님의 명령과 증거와 규례를 지킬 것

⑥ 하나님 보시기에 정직하고 선량한 일을 행할 것

⑦ 자녀들에게 신앙을 계승할 것

이후에 하나님의 사람 다니엘이 자기 민족이 약속의 땅 가나안에서 하나님께 복을 받지 못하고 바벨론 포로로 끌려간 이유를 다음과 같이 분석합니다.

"온 이스라엘이 주의 율법을 범하고 치우쳐 가서 주의 목소리를 듣지 아니하였으므로 이 저주가 우리에게 내렸으되 곧 하나님의 종 모세의 율법에 기록된 맹세대로 되었사오니 이는 우리가 주께 범죄하였음이니이다 주께서 큰 재앙을 우리에게 내리사 우리와 및 우리를 재판하던

재판관을 쳐서 하신 말씀을 이루셨사오니 온 천하에 예루살렘에서 일어난 일 같은 것이 없나이다 모세의 율법에 기록된 대로 이 모든 재앙이 이미 우리에게 내렸사오나 우리는 우리의 죄악을 떠나고 주의 진리를 깨달아 우리 하나님 여호와의 얼굴을 기쁘게 하지 아니하였나이다"(단 9:11~13)

다니엘은 이렇게 그들의 잘못을 분석하고 이어서 하나님의 긍휼을 간구합니다.

"나의 하나님이여 귀를 기울여 들으시며 눈을 떠서 우리의 황폐한 상황과 주의 이름으로 일컫는 성을 보옵소서 우리가 주 앞에 간구하옵는 것은 우리의 공의를 의지하여 하는 것이 아니요 주의 큰 긍휼을 의지하여 함이니이다 주여 들으소서 주여 용서하소서 주여 귀를 기울이시고 행하소서 지체하지 마옵소서 나의 하나님이여 주 자신을 위하여 하시옵소서 이는 주의 성과 주의 백성이 주의 이름으로 일컫는 바 됨이니이다"(단 9:18~19)

그리고 다니엘은 또한 회복의 길도 모세 율법의 기록인 〈레위기〉를 통해서 하나님의 긍휼을 찾습니다.

"그들이 나를 거스른 잘못으로 자기의 죄악과 그들의 조상의 죄악을 자복하고 또 그들이 내게 대항하므로 나도 그들에게 대항하여 내가 그들을 그들의 원수들의 땅으로 끌어 갔음을 깨닫고 그 할례 받지 아니한 그들의 마음이 낮아져서 그들의 죄악의 형벌을 기쁘게 받으면 내가 야곱과 맺은 내 언약과 이삭과 맺은 내 언약을 기억하며 아브라함과 맺은 내 언약을 기억하고 그 땅을 기억하리라"(레 26:40~42)

언제나 하나님께 놀라운 복을 받는 비결은 하나님의 말씀에 좌로나 우로나 치우치지 않고 명령하신 모든 말씀에 순종하는 것입니다.

● 다섯 번째 포인트

모세의 당부 – 아브라함과 이삭처럼 하나님을 사랑하라.

모세가 만나세대들에게 말합니다. 그들의 조상 아브라함과 이삭처럼 하나님을 사랑하라고 말입니다.

"여호와께서 이르시되 네 아들 네 사랑하는 독자 이삭을 데리고 모리아 땅으로 가서 내가 네게 일러 준 한 산 거기서 그를 번제로 드리라"(창 22:2)

"사자가 이르시되 그 아이에게 네 손을 대지 말라 그에게 아무 일도 하지 말라 네가 네 아들 네 독자까지도 내게 아끼지 아니하였으니 내가 이제야 네가 하나님을 경외하는 줄을 아노라"(창 22:12)

아브라함과 이삭은 서로 깊이 사랑하고 신뢰하는 부자지간입니다. 또한 그들은 더 나아가 아버지와 아들이 함께 하나님께 순종하는 사람들이었습니다.

아브라함과 이삭은 서로 진심으로 사랑하지만 하나님을 더 많이 사랑한다는 것을 실제로 증명해 보였습니다. 이삭은 아버지 아브라함에게 순종하고 하나님께 순종했습니다. 바로 이것이 그 후손들을 제사장 나라 거룩한 시민이 되게 한 것입니다. 모세는 만나세대들에게 아브라함과 이삭처럼 하나님을 사랑하라고 가르칩니다.

> "너는 마음을 다하고 뜻을 다하고 힘을 다하여 네 하나님 여호와를 사랑하라"(신 6:5)

'하나님 여호와를 사랑하라'는 것이 율법의 핵심입니다. 우리 예수님께서도 율법의 첫째 되는 계명을 이렇게 말씀하셨습니다.

> "예수께서 대답하시되 첫째는 이것이니 이스라엘아 들으라 주 곧 우리 하나님은 유일한 주시라 네 마음을 다하고 목숨을 다하고 뜻을 다하고 힘을 다하여 주 너의 하나님을 사랑하라 하신 것이요 둘째는 이것이니 네 이웃을 네 자신과 같이 사랑하라 하신 것이라 이보다 더 큰 계명이 없느니라"(막 12:29~31)

하나님을 사랑하고 이웃을 사랑하는 것, 이것이 우리와 우리 자녀들이 꿈꾸고 또 꿈꿔야 할 인생 최고의 꿈입니다.

♬ 복의 근원 강림하사 찬송하게 하소서.
구속하신 그 사랑을 항상 찬송합니다.

하나님께서는 복의 근원이십니다. 창조 세계 안에서 우리 인간이 수고하고 땀 흘려 받는 복과 하나님께서 안식일을 주셔서 쉼과 함께 하나님을 기억하고 예배함으로 받는 복, 즉 심지 않은 데서 거두는 더 큰 복까지 다 주셨습니다.

이 땅에 사는 동안 하나님의 말씀을 공부함으로 하나님께서 준비하신 놀라운 복을 누리며 하나님을 찬송하는 멋진 그리스도인을 꿈꿉니다.

61일

거룩한 문화(신 7~9장)

애피타이저 APPETIZER

하나님께서는 모세를 통해 이스라엘 백성들을 제사장 나라 거룩한 시민으로 삼으신 이유에 대해 말씀하십니다. 이스라엘이 세상 여러 나라 가운데 제사장 나라로 선택받은 이유는 그들이 다른 민족들과 비교해 수가 많고 월등하고 탁월해서가 아닙니다. 전적인 '하나님의 사랑' 때문이며 또한 그들의 조상 '아브라함과 이삭과 야곱과 맺은 약속' 때문이었습니다.

그러므로 이스라엘은 그들이 하나님과 맺은 제사장 나라 언약을 잘 지켜 행하면 복을 받는 것은 물론, '모든 민족'이 하나님께 복을 받게 되는, 놀라운 특권과 사명의 통로라는 사실을 결코 잊으면 안 되는 민족입니다.

이 사실을 모세가 만나세대들의 귓전에 못이 박힐 정도로 이야기하고 또 이야기해주고 있습니다. 지금 우리도 그 귀한 이야기를 〈신명기〉를 통해 듣고 또 듣는 기쁨을 누리고 있습니다.

성경통독 BIBLETONGDOK

《일년일독 통독성경》 신명기 7~9장

통通으로 숲이야기 ; 통숲 TONG OBSERVATION

● 첫 번째 포인트

모세의 40일 금식과 예수님의 40일 금식은 '나라 이야기'로 서로 깊게 연결되어 있습니다.

모세가 애굽에서 이스라엘 백성들을 데리고 나와 시내산에 도착하자 그곳에서 하나님께서는 이스라엘 백성들과 제사장 나라 언약을 맺으신 후 모세를 시내산 꼭대기로 부르셨습니다.

모세를 시내산 꼭대기로 부르신 이유는 하나님께서 두 돌판에 친히 십계명을 새겨주시기 위함이었습니다.

"모세는 구름 속으로 들어가서 산 위에 올랐으며 모세가 사십 일 사십 야를 산에 있으니라"(출 24:18)

그런데 모세가 시내산 꼭대기에서 하나님께 십계명 두 돌판을 받는 동안 산 아래 시내 광야에서는 이스라엘 백성들이 금송아지 우상을 만든 사건이 발생했습니다.

제사장 나라 언약을 세운 지 40여 일 만에 '너희를 위하여 새긴 우상을 만들지 말라'는 법을 어기므로 제사장 나라가 절체절명의 위기에 빠졌던 것입니다. 그러자 모세는 하나님께서 친히 만들어주신 십계명 두 돌판을 깨뜨리고 금송아지 우상을 부수어 백성들에게 마시게 한 후, 3천여 명을 죽임으로 일단락을 짓고 또다시 시내산에 올라갔습니다.

모세는 이번에는 두 돌판을 깎아 만들어 손에 들고 시내산에 올라가 40일을 금식하며 하나님 앞에 엎드렸습니다. 이렇게 엎드려 금식함으로 이 위기를 극복했던 것입니다.

"모세가 여호와와 함께 사십 일 사십 야를 거기 있으면서 떡도 먹지 아니하였고 물도 마시지 아니하였으며 여호와께서는 언약의 말씀 곧 십계명을 그 판들에 기록하셨더라"(출 34:28)

이후 예수님께서 하나님 나라를 위한 공생애 3년을 앞두고 세례 요한에게 세례를 받으신 후, 광야로 나가셔서 40일 동안 금식하셨습니다.

> "그 때에 예수께서 성령에게 이끌리어 마귀에게 시험을 받으러 광야로 가사 사십 일을 밤낮으로 금식하신 후에 주리신지라"(마 4:1~2)

예수님께서는 40일 금식 후, 사탄에게 시험받으시는 과정에서 모세가 기록한 〈신명기〉로 사탄의 모든 시험을 이기셨습니다. 사탄의 시험, 예수님의 대답, 〈신명기〉의 기록은 다음과 같습니다.

첫 번째 사탄의 시험은 "네가 만일 하나님의 아들이어든 명하여 이 돌들로 떡덩이가 되게 하라"(마 4:3)입니다. 사탄의 이 시험을 이기신 예수님의 말씀은 "기록되었으되(It is written) 사람이 떡으로만 살 것이 아니요 하나님의 입으로부터 나오는 모든 말씀으로 살 것이라"입니다. 이는 신명기 8장 3절의 기록입니다.

> "사람이 떡으로만 사는 것이 아니요 여호와의 입에서 나오는 모든 말씀으로 사는 줄을 네가 알게 하려 하심이니라"(신 8:3)

두 번째 사탄의 시험은 "네가 만일 하나님의 아들이어든 뛰어내리라"(마 4:6)입니다. 사탄의 이 시험을 이기신 예수님의 말씀은 "기록되었으되(It is written) 주 너의 하나님을 시험하지 말라"입니다. 이는 신명기 6장 16절의 기록입니다.

"너희의 하나님 여호와를 시험하지 말고"(신 6:16)

세 번째 사탄의 시험은 "내게 엎드려 경배하면 이 모든 것을 네게 주리라"(마 4:9)입니다. 사탄의 이 시험을 이기신 예수님의 말씀은 "기록되었으되(It is written) 주 너의 하나님께 경배하고 다만 그를 섬기라"입니다. 이는 신명기 6장 13절의 기록입니다.

"네 하나님 여호와를 경외하며 그를 섬기며 그의 이름으로 맹세할 것이니라"(신 6:13)

이처럼 예수님께서는 하나님 나라 공생애의 그 첫 시작 시점에 40일을 금식하고 사탄의 시험을 받으실 때에 제사장 나라 기록인 〈신명기〉의 말씀으로 이기셨습니다.

모세의 40일 금식은 제사장 나라를 다시 살리기 위함이었으며 예수님의 40일 금식은 제사장 나라를 수렴한 하나님 나라를 완성하시기 위한 공생애 시작의 첫걸음이었습니다.

● 두 번째 포인트

광야 40년 동안 만나세대들을 향한 하나님의 시험은 그들로 세 가지 답을 찾게 해주었습니다.

하나님께서는 이스라엘 백성들이 출애굽한 지 한 달째 되던 날부터 40년 동안 만나를 비처럼 내려주셨습니다. 그런데 광야 40년 동안, 하나님께서는 때때로 일부러 이스라엘 백성들을 낮추고 주리게 했다고 말씀하십니다.

"너를 낮추시며 너를 주리게 하시며 또 너도 알지 못하며 네 조상들도 알지 못하던 만나를 네게 먹이신 것은 사람이 떡으로만 사는 것이 아니요 여호와의 입에서 나오는 모든 말씀으로 사는 줄을 네가 알게 하려 하심이니라"(신 8:3)

이 말씀에는 만나세대들을 향한 세 가지 질문이 들어 있고, 그들이 이 질문에 대한 답을 찾을 수 있도록 하셨습니다.

첫째, 왜 그들을 낮추셨는가?

"인자가 온 것은 섬김을 받으려 함이 아니라 도리어 섬기려 하고 자기 목숨을 많은 사람의 대속물로 주려 함이니라"(마 20:28)

"너희 중에 큰 자는 너희를 섬기는 자가 되어야 하리라 누구든지 자기를 높이는 자는 낮아지고 누구든지 자기를 낮추는 자는 높아지리라"(마 23:11~12)

만나세대들이 낮아져야 모든 민족을 섬기는 큰 자가 될 수 있습니다.

둘째, 왜 그들을 주리게 하셨는가?

"의에 주리고 목마른 자는 복이 있나니 그들이 배부를 것임이요"(마 5:6)

"예수께서 이르시되 나는 생명의 떡이니 내게 오는 자는 결코 주리지 아니할 터이요 나를 믿는 자는 영원히 목마르지 아니하리라"(요 6:35)

만나세대들이 하나님의 의에 목마르게 하셨습니다.

셋째, 왜 그들에게 만나를 먹게 하셨는가?

"사람이 떡으로만 살 것이 아니요 하나님의 입으로부터 나오는 모든 말씀으로 살 것이라"(마 4:4)

하나님께서는 만나세대들을 낮추고 주리게 하셔서 마침내 그들에게 복을 주려 하셨습니다.

"이는 다 너를 낮추시며 너를 시험하사 마침내 네게 복을 주려 하심이었느니라"(신 8:16)

"네 하나님 여호와께서 너를 아름다운 땅에 이르게 하시나니 그 곳은 골짜기든지 산지든지 시내와 분천과 샘이 흐르고 밀과 보리의 소산지요 포도와 무화과와 석류와 감람나무와 꿀의 소산지라 네가 먹을 것에 모자람이 없고 네게 아무 부족함이 없는 땅이며 그 땅의 돌은 철이요 산에서는 동을 캘 것이라 네가 먹어서 배부르고 네 하나님 여호와께서 옥토를 네게 주셨음으로 말미암아 그를 찬송하리라"(신 8:7~10)

결국 하나님께 복을 받은 만나세대들은 하나님을 사랑하고 하나님을 찬송할 것입니다. 인간이 하나님께 복을 받는 것은 인간의 능력으로가 아닌 하나님의 말씀에 '순종'함으로 가능한 것입니다.

"너희가 이 모든 법도를 듣고 지켜 행하면 네 하나님 여호와께서 네 조상들에게 맹세하신 언약을 지켜 네게 인애를 베푸실 것이라 곧 너를 사랑하시고 복을 주사 너를 번성하게 하시되 네게 주리라고 네 조상들에게 맹세하신 땅에서 네 소생에게 은혜를 베푸시며 네 토지 소산과 곡식과 포도주와 기름을 풍성하게 하시고 네 소와 양을 번식하게 하시리니"(신 7:12~13)

인간에게 음식이 절대적으로 필요하다는 것은 인간을 지으신 하나님께서 더 잘 아십니다. 그런데 하나님께서 만나세대를 주리게 하신 후 그들을 시험하며 살펴보셨습니다.

예를 들면 광야 40년 생활 끝 무렵에, 만나세대 60만 명은 주변의 모든 나라에게 두려운 존재가 되었습니다. 즉, 이들은 얼마든지 자신들과 자녀들의 배고픔을 해결하기 위해 힘으로 주변 나라들인 모압, 암몬 등의 지역으로 가서 양식을 빼앗을 수 있었다는 것입니다.

만약 그렇게 되면 제사장 나라의 사명 중에 하나인 '모든 민족과의 평화'는 안중에도 없게 되는 것입니다. 따라서 하나님께서는 만나세대들을 때로는 주리게 하셔서 식량을 빼앗는 약탈 민족이 되는지 여부를 살피며 시험하셨습니다.

하나님께서 우리 인생들에게 절대적으로 필요한 음식보다 더 중요한 하나님 나라가 있다는 사실을 가르쳐주신 것입니다. 의에 주리고 목마른 자는 복이 있나니 그들이 하나님 나라로 배부르게 될 것입니다.

● 세 번째 포인트
시험장에는 아무나 들여보내지 않습니다.

시험장에는 시험 볼 준비가 된 사람이 들어갈 수 있습니다. 하나님께서도 시험을 보고 그 시험에 통과할 만한 사람을 시험장에 들여보내십니다.

통(通)으로 성경을 보면, 하나님의 시험을 멋지게 통과한 사람들에 관한 기록들이 있습니다. 이는 우리에게도 그렇게 살라고 가르쳐주신 것입니다.

첫째, 아브라함과 이삭은 모리아산 시험장에 들어갔습니다.

"그 일 후에 하나님이 아브라함을 시험하시려고 그를 부르시되 아브라함아 하시니 그가 이르되 내가 여기 있나이다 여호와께서 이르시되 네 아들 네 사랑하는 독자 이삭을 데리고 모리아 땅으로 가서 내가 네게 일러 준 한 산 거기서 그를 번제로 드리라"(창 22:1~2)

아브라함과 이삭은 이 시험을 멋지게 통과했습니다. 그래서 이들은 '여호와 이레'의 하나님을 체험할 수 있었고 아브라함은 '하나님의 벗'이 되는 영광까지도 누리게 되었습니다.

둘째, 만나세대 60만 명은 광야 시험장에 들어갔습니다.

"네 하나님 여호와께서 이 사십 년 동안에 네게 광야 길을 걷게 하신 것을 기억하라 이는 너를 낮추시며 너를 시험하사 네 마음이 어떠한지 그 명령을 지키는지 지키지 않는지 알려 하심이라"(신 8:2)

만나세대 60만 명도 이 힘든 시험을 멋지게 통과했습니다. 그래서 그들은 그들의 부모 세대인 출애굽세대들이 들어가지 못한 약속의 땅 가나안에 들어가게 되었습니다.

셋째, 욥이 시험장에 들어갔습니다.

"이제 주의 손을 펴서 그의 모든 소유물을 치소서 그리하시면 틀림없이 주를 향하여 욕하지 않겠나이까 여호와께서 사탄에게 이르시되 내가 그의 소유물을 다 네 손에 맡기노라 다만 그의 몸에는 네 손을 대지 말지니라 사탄이 곧 여호와 앞에서 물러가니라"(욥 1:11~12)

하나님께서는 욥을 시험하신 것이지만 욥에게는 실전이었습니다. 하지만 욥도 이 어려운 시험을 멋지게 통과했습니다. 그리고 전보다 더 놀라운 하나님의 복을 받게 되었습니다.

넷째, 예수님께서 시험장에 들어가셨습니다.

"그 때에 예수께서 성령에게 이끌리어 마귀에게 시험을 받으러 광야로 가사 사십 일을 밤낮으로 금식하신 후에 주리신지라"(마 4:1~2)

이렇게 우리 예수님께서도 시험받으셨고 그 시험을 '기록된 하나님의 말씀'으로 모두 통과하셨습니다.

하나님께서 우리를 낮추시며 우리를 시험하시는 것은 우리의 마음이 어떠한지 그리고 우리가 성경에 기록된 하나님의 명령을 지키는지 지키지 않는지 아시고자 함입니다. 그러므로 마침내 복을 받아 하나님의 나라를 유업으로 상속받게 하려 하심입니다.

● 네 번째 포인트

만나세대가 광야 생활 40년에서 잊지 말고 기억해야 할 곳은 출애굽세대들이 하나님을 거역했던 다섯 곳입니다.

하나님께서는 모세를 통해 만나세대들에게 지난 광야 40년을 되돌아보며 그들의 부모 세대인 출애굽세대들이 하나님을 거역했던 다섯 곳을 늘 기억하라고 말씀하십니다.

첫째, 금송아지 우상을 만들어 3천여 명이 죽은 시내산입니다.

"모세가 그들이 만든 송아지를 가져다가 불살라 부수어 가루를 만들어 물에 뿌려 이스라엘 자손에게 마시게 하니라 … 레위 자손이 모세의

말대로 행하매 이 날에 백성 중에 삼천 명 가량이 죽임을 당하니라"(출 32:20~28)

둘째, 원망하는 이스라엘 백성들을 불사르셨다는 뜻의 다베라입니다.

"여호와께서 들으시기에 백성이 악한 말로 원망하매 여호와께서 들으시고 진노하사 여호와의 불을 그들 중에 붙여서 진영 끝을 사르게 하시매"(민 11:1)

셋째, 백성이 모세와 다투어 붙여진 이름 맛사입니다.

"백성이 모세와 다투어 이르되 우리에게 물을 주어 마시게 하라 모세가 그들에게 이르되 너희가 어찌하여 나와 다투느냐 너희가 어찌하여 여호와를 시험하느냐 … 그가 그 곳 이름을 맛사 또는 므리바라 불렀으니 이는 이스라엘 자손이 다투었음이요 또는 그들이 여호와를 시험하여 이르기를 여호와께서 우리 중에 계신가 안 계신가 하였음이더라"(출 17:2~7)

넷째, 탐욕의 무덤이 된 기브롯 핫다아와입니다.

"고기가 아직 이 사이에 있어 씹히기 전에 여호와께서 백성에게 대하여 진노하사 심히 큰 재앙으로 치셨으므로 그 곳 이름을 기브롯 핫다아와라 불렀으니 욕심을 낸 백성을 거기 장사함이었더라"(민 11:33~34)

다섯째, 백성의 불신으로 광야 40년의 원인이 된 가데스 바네아입니다.

"너희 조상들도 내가 가데스바네아에서 그 땅을 보라고 보냈을 때에 그리 하였었나니 그들이 에스골 골짜기에 올라가서 그 땅을 보고 이스라엘 자손을 낙심하게 하여서 여호와께서 그들에게 주신 땅으로 갈 수 없게 하였었느니라"(민 32:8~9)

모세는 이 다섯 곳의 지명들을 잊을 수가 없었습니다. 그곳들은 모두 하나님의 마음을 아프시게 했던 곳이기 때문입니다. 모세는 만나세대들에게 가나안에 가서도 이 광야 다섯 곳을 늘 기억하게 함으로 다시는 하나님의 마음을 아프시게 하지 말 것을 당부했습니다.

● 다섯 번째 포인트

이스라엘이 제사장 나라로 택함을 받은 이유는 하나님의 사랑과 하나님의 맹세 때문입니다.

이스라엘이 제사장 나라 거룩한 시민으로 택함을 받은 것은 '그들의 공의' 때문이 아닙니다. 이스라엘이 하나님과 제사장 나라 언약을 맺게 된 것은 전적인 '하나님의 사랑'이었습니다. 그리고 하나님께서 그들의 조상인 아브라함과 이삭과 야곱과 맺은 언약 때문이었습니다.

"내가 내 언약을 나와 너 및 네 대대 후손 사이에 세워서 영원한 언약을 삼고 너와 네 후손의 하나님이 되리라 내가 너와 네 후손에게 네가 거류하는 이 땅 곧 가나안 온 땅을 주어 영원한 기업이 되게 하고 나는 그들의 하나님이 되리라"(창 17:7~8)

또한 가나안은 그들의 잘못으로 처벌받는 것입니다. 가나안은 오랫동안 우상을 숭배하며 죄악이 관영했습니다.

"그 땅도 더러워졌으므로 내가 그 악으로 말미암아 벌하고 그 땅도 스스로 그 주민을 토하여 내느니라"(레 18:25)

만약 이스라엘이 그 땅에 가서 사는 동안 제사장 나라의 사명을 제대로 감당하지 않으면 가나안인들이 그들의 잘못으로 그 땅이 그들을 토함 같이 이스라엘도 마찬가지라는 것입니다.

"너희 전에 있던 그 땅 주민이 이 모든 가증한 일을 행하였고 그 땅도 더러워졌느니라 너희도 더럽히면 그 땅이 너희가 있기 전 주민을 토함 같이 너희를 토할까 하노라"(레 18:27~28)

한참 후의 일입니다만, 하나님께서는 북이스라엘이 200년 동안 제사장 나라 사명을 감당치 않으므로 앗수르 제국을 통해 처벌하시고, 그 이후 남유다도 150년 동안 제사장 나라 사명을 감당치 않으므로 바벨론 제국을 통해 처벌하십니다.

하나님께서 애굽에서 종 되었던 이스라엘을 선택하신 것은 하나님의 모든 민족을 향한 사랑 때문입니다. '모든 민족'을 위한 '한 민족'으로 제사장 나라의 사명을 위해 이스라엘은 선택된 것입니다.

디저트 DESSERT

하나님께서는 아무것도 없는 황량한 광야에서 생활하는 동안 이스라엘의 모든 필요를 채워주셨습니다. 그러나 때로는 낮추시고 시험하시고 주리게 하셔서 그들에게 겸손과 제사장 나라의 사명과 하나님의 사랑을 가르치셨습니다.

모세는 이스라엘 백성들에게 "네 하나님 여호와를 기억하라!"라고 강조합니다. 율법을 기록한 종이를 손목에 매고 미간에 붙이며 집 문설주와 바깥 문에 기록하라고 당부합니다. 하나님을 기억하는 것이 개인과 민족의 유일한 생명 길입니다. 하나님을 기억하는 것, 하나님을 경외하는 것이 지식의 근본입니다.

62일

천 대를 이을 천수답(天水畓) (신 10~11장)

애피타이저 APPETIZER

하나님께서 제사장 나라 이스라엘에게 요구하시는 것은 40년 전이나 지금이나 변함이 없습니다. 그것은 모세가 몇 번이나 반복해서 강조했듯이 "네 하나님 여호와를 경외하여 그의 모든 도를 행하고 그를 사랑하며 마음을 다하고 뜻을 다하여 네 하나님 여호와를 섬기고 내가 오늘 네 행복을 위하여 네게 명하는 여호와의 명령과 규례"(신 10:12~13)를 지키는 것입니다.

하나님께서 주신 명령과 규례는 인생들을 억압하기 위한 것이 아닙니다. 인간에게 주시는 가장 유익한 복된 길입니다. 인간의 삶을 아름답게 하는 높은 수준의 법입니다. 그래서 이 말씀은 모세뿐만 아니라 앞으로 계속해서 하나님의 선지자들이 이스라엘에게 요구하는 기준이 됩니다.

우리가 하나님을 기쁘시게 하는 길은 우리가 원하는 일을 하는 것이 아니라 하나님께서 원하시는 일을 하는 것입니다. 그래서 최선을 다해 오늘도 성경을 읽고 공부하며 하나님을 알고 하나님께 순종하려고 노력하는 것입니다.

성경통독 BIBLETONGDOK

《일년일독 통독성경》 신명기 10~11장

통通으로 숲이야기 ; 통숲 TONG OBSERVATION

● 첫 번째 포인트

만나세대의 40년 순종, 그들 당대로만 끝나서는 안 됩니다.

만나세대들은 광야 40년 동안 하나님의 말씀에 순종하면서 결국 하나님께서 그들에게 요구하시는 것이 무엇인지를 배우게 됐습니다.

"이스라엘아 네 하나님 여호와께서 네게 요구하시는 것이 무엇이냐 곧 네 하나님 여호와를 경외하여 그의 모든 도를 행하고 그를 사랑하며 마음을 다하고 뜻을 다하여 네 하나님 여호와를 섬기고"(신 10:12)

하나님께서 그들에게 요구하시는 것은 바로 하나님을 경외하고, 하나님을 사랑하고, 하나님을 섬기는 것입니다.

그런데 이 말씀을 지키는 것은 만나세대 그들 당대에서 끝나면 안 됩니다. 놀랍게도 만나세대들은 그들의 부모 세대들과는 달리 자녀들을 교육시킬 만한 실력을 갖추었습니다. 그러므로 모세는 만나세대들에게 지난 40년 동안 배웠던 '하나님께 순종'하는 것을 각 가정에서 '패밀리 스쿨(family school)'을 통해 자녀에게 가르치라고 당부합니다.

"이러므로 너희는 나의 이 말을 너희의 마음과 뜻에 두고 또 그것을 너희의 손목에 매어 기호를 삼고 너희 미간에 붙여 표를 삼으며 또 그것을 너희의 자녀에게 가르치며 집에 앉아 있을 때에든지, 길을 갈 때에든지, 누워 있을 때에든지, 일어날 때에든지 이 말씀을 강론하고 또 네 집 문설주와 바깥 문에 기록하라"(신 11:18~20)

유대인들은 이 말씀 중 '누워 있을 때에든지~'라는 말을 매우 잘 실천한 민족입니다. 유대인들은 자녀들이 잠자리에 드는 침대 곁에서 '베드타임 스토리(bedtime story)'로 성경 이야기를 해주었습니다. 이것은 생각 이상으로 큰 효과가 있습니다.

왜냐하면 '어려서 듣는 이야기'가 가장 오래 남기 때문입니다. 만나세대들이 배운 40년 순종은 이렇게 '패밀리 스쿨'을 통해 자녀들에게 계승됩니다.

● 두 번째 포인트

자손의 삼사 대, 자손의 천 대는 그들의 부모들과 연결되어 있습니다.

자녀들의 행복이 곧, 부모의 행복입니다. 진정으로 자녀들이 복을 누리며 행복한 인생을 살기를 바란다면 부모는 반드시 자녀에게 '하나님을 교육'해야 합니다. 그래서 모세가 "내가 오늘 네 행복을 위하여 네게 명하는 여호와의 명령과 규례를 지킬 것"(신 10:13)을 강조하는 것입니다.

또한 부모가 장수하고 자녀들도 이 땅을 사는 동안 장수의 복을 누리기를 원한다면 그 비결 또한 부모가 자기 자녀에게 하나님을 가르치는 것입니다. 하나님께서 그렇게 약속해주셨기 때문입니다.

"그리하면 여호와께서 너희 조상들에게 주리라고 맹세하신 땅에서 너

희의 날과 너희의 자녀의 날이 많아서 하늘이 땅을 덮는 날과 같으리라"(신 11:21)

성경에는 자녀 교육으로 크게 성공한 하나님의 사람들의 이야기가 기록되어 있습니다.

첫째, 아브라함은 아들 이삭에게 번제를 가르쳤습니다. 그러므로 이삭은 아브라함과 함께 번제를 통해 하나님을 경외했습니다.

"사자가 이르시되 그 아이에게 네 손을 대지 말라 그에게 아무 일도 하지 말라 네가 네 아들 네 독자까지도 내게 아끼지 아니하였으니 내가 이제야 네가 하나님을 경외하는 줄을 아노라"(창 22:12)

결국 이삭은 아버지를 이어 '여호와 이레'의 삶을 살 수 있게 되었습니다.

둘째, 야곱은 노년에 애굽에서 130세부터 147세까지 17년 동안 열두 아들에게 아브라함과 이삭의 하나님을 가르쳤습니다.

"야곱이 그 아들들을 불러 이르되 너희는 모이라 너희가 후일에 당할 일을 내가 너희에게 이르리라"(창 49:1)

야곱의 열두 아들은 이후 이스라엘의 열두 지파가 되는 복을 받았습니다.

셋째, 다윗 왕은 아들 솔로몬에게 제사장 나라 율법을 교육

함으로 솔로몬이 형통한 인생을 살 수 있는 길을 제시해주었습니다.

"내가 이제 세상 모든 사람이 가는 길로 가게 되었노니 너는 힘써 대장부가 되고 네 하나님 여호와의 명령을 지켜 그 길로 행하여 그 법률과 계명과 율례와 증거를 모세의 율법에 기록된 대로 지키라 그리하면 네가 무엇을 하든지 어디로 가든지 형통할지라 여호와께서 내 일에 대하여 말씀하시기를 만일 네 자손들이 그들의 길을 삼가 마음을 다하고 성품을 다하여 진실히 내 앞에서 행하면 이스라엘 왕위에 오를 사람이 네게서 끊어지지 아니하리라 하신 말씀을 확실히 이루게 하시리라"(왕상 2:2~4)

자녀들의 '행복한 날'을 많게 하는 것은 이처럼 부모들의 '쉐마(들으라!)' 교육(신 6:4~9; 11:13~21)에 달려 있습니다.

● 세 번째 포인트

언약궤는 광야에서 가나안으로 꼭 가져가야 합니다.

만나세대들이 지난 광야 40년을 되돌아보면 광야에서 얻은 것들 가운데 굳이 가나안까지 가지고 갈 만한 것은 거의 없을 것입니다. 풍요로운 가나안에는 모든 것이 넉넉하기 때문입니다.

그런데 잊지 말고 가나안에 반드시 가지고 들어가야 할 것이 있습니다. 그것은 바로 언약궤입니다.

하나님께서는 40년 전, 출애굽한 이스라엘 백성들을 시내 광야에서 1년간 머무르게 하시며 그들에게 친히 설계도를 주시고 성막을 만들게 하셨습니다. 그 성막 가운데 가장 중요한 것이 바로 언약궤였습니다. 하나님께서는 하나님의 임재를 상징하는 그 언약궤 안에 세 가지를 넣어두라고 말씀하셨습니다.

십계명 두 돌판, 만나 항아리, 그리고 아론의 싹 난 지팡이입니다. 십계명 두 돌판은 하나님께서 친히 새겨주신 말씀입니다.

> "너는 처음과 같은 두 돌판을 다듬어 가지고 산에 올라 내게로 나아오고 또 나무궤 하나를 만들라 네가 깨뜨린 처음 판에 쓴 말을 내가 그 판에 쓰리니 너는 그것을 그 궤에 넣으라 하시기로 내가 조각목으로 궤를 만들고 처음 것과 같은 돌판 둘을 다듬어 손에 들고 산에 오르매 여호와께서 그 총회 날에 산 위 불 가운데에서 너희에게 이르신 십계명을 처음과 같이 그 판에 쓰시고 그것을 내게 주시기로 내가 돌이켜 산에서 내려와서 여호와께서 내게 명령하신 대로 그 판을 내가 만든 궤에 넣었더니 지금까지 있느니라"(신 10:1~5)

사실 열 가지 계명 정도는 충분히 외울 수도 있습니다. 그런데 하나님께서 십계명을 두 돌판에 새겨 언약궤 안에 보관하게 하신 것은 여호와의 이름을 두려고 택하신 곳을 만드시고 더 나아가 십계명을 이스라엘 백성들의 가슴에 새겨주시기 위함이었습니다. 만나세대들이 다른 것은 몰라도 이 언약궤만은 반드시 약속의 땅 가나안으로 가지고 가야 합니다. 그 이유는 언약궤가 있어야 그들이 레위인과 함께 제사를 드릴 수 있기 때문입니다.

"그 때에 여호와께서 레위 지파를 구별하여 여호와의 언약 궤를 메게 하며 여호와 앞에 서서 그를 섬기며 또 여호와의 이름으로 축복하게 하셨으니 그 일은 오늘까지 이르느니라 그러므로 레위는 그의 형제 중에 분깃이 없으며 기업이 없고 네 하나님 여호와께서 그에게 말씀하심 같이 여호와가 그의 기업이시니라"(신 10:8~9)

제사장 나라의 5대 제사를 위한 세 가지 방법은 하나님의 이름을 두려고 택하신 곳인 '언약궤가 있는 곳(장소), 예물, 그리고 제사장'입니다. 그러므로 레위 지파와 언약궤는 떼려야 뗄 수 없을 만큼 깊게 연결되어 있습니다.

이스라엘 백성들이 광야 생활 40년을 마치고 약속의 땅 가나안에 들어가는 첫걸음은 여호수아의 명령대로 레위 지파 제사장들이 언약궤를 메고 이스라엘 백성들보다 앞서 요단강을 건너면서 시작됩니다.

"여호수아가 또 제사장들에게 말하여 이르되 언약궤를 메고 백성에 앞

서 건너라 하매 곧 언약궤를 메고 백성에 앞서 나아가니라"(수 3:6)

이처럼 언약궤는 약속의 땅 가나안에 가장 먼저, 그리고 반드시 가지고 들어가야 하는 소중한 것이었습니다.

● 네 번째 포인트

이스라엘의 '종과 나그네' 경험이 제사장 나라 기초 재산입니다.

하나님께서 이스라엘 백성들에게 주신 613가지 율법의 조항들 가운데 첫 번째 조항, 즉 제사장 나라의 헌법 제1조 1항은 "나는 너를 애굽 땅, 종 되었던 집에서 인도하여 낸 네 하나님 여호와니라"(출 20:2)입니다.

"너희의 하나님 여호와는 신 가운데 신이시며 주 가운데 주시요 크고 능하시며 두려우신 하나님이시라 사람을 외모로 보지 아니하시며 뇌물을 받지 아니하시고 고아와 과부를 위하여 정의를 행하시며 나그네를 사랑하여 그에게 떡과 옷을 주시나니 너희는 나그네를 사랑하라 전에 너희도 애굽 땅에서 나그네 되었음이니라"(신 10:17~19)

이를 통해서 알 수 있는 것은 하나님께서 이스라엘 백성들의 애굽에서의 종과 나그네의 경험을 제사장 나라의 가장 중요한 기초 재산으로 정해주셨다는 것입니다. 종과 나그네 이야기는 이후, 예수님의 가르침을 통해 나그네를 사랑하라는 것을 넘어 '원수를 사랑하라'는 말씀으로 발전됩니다.

"또 네 이웃을 사랑하고 네 원수를 미워하라 하였다는 것을 너희가 들었으나 나는 너희에게 이르노니 너희 원수를 사랑하며 너희를 박해하는 자를 위하여 기도하라"(마 5:43~44)

● 다섯 번째 포인트

'순종'은 하나님의 뜻이 이 땅에 이루어지는 통로입니다.

하나님께서는 지난 40년 광야 생활 가운데 하나님의 말씀에 순종한 만나세대들에게 그들이 복을 받을 수 있는 길과 저주를 받을 수도 있는 경고의 말씀을 함께 주십니다.

"내가 오늘 복과 저주를 너희 앞에 두나니 너희가 만일 내가 오늘 너희에게 명하는 너희의 하나님 여호와의 명령을 들으면 복이 될 것이요 너희가 만일 내가 오늘 너희에게 명령하는 도에서 돌이켜 떠나 너희의 하나님 여호와의 명령을 듣지 아니하고 본래 알지 못하던 다른 신들을 따르면 저주를 받으리라"(신 11:26~28)

또한 하나님께서는 애굽의 풍요와 가나안의 풍요를 비교하시며 만나세대들이 약속의 땅 가나안에서 하나님의 말씀에 순종하며 누릴 복에 대해 더 자세하게 말씀해주십니다. 특히, 농사와 가축 기르기에 결정적인 영향을 주는 물 공급에 대해 애굽과 비교해 말씀해주십니다.

"네가 들어가 차지하려 하는 땅은 네가 나온 애굽 땅과 같지 아니하니 거기에서는 너희가 파종한 후에 발로 물 대기를 채소밭에 댐과 같이 하였거니와"(신 11:10)

즉, 애굽은 농업용수를 나일강으로부터 끌어오기 위한 관개시설을 만들어 이를 통해 원활하게 물을 공급했습니다. 그러나 가나안은 애굽과 다릅니다.

"네 하나님 여호와께서 너를 아름다운 땅에 이르게 하시나니 그 곳은 골짜기든지 산지든지 시내와 분천과 샘이 흐르고 밀과 보리의 소산지요 포도와 무화과와 석류와 감람나무와 꿀의 소산지라 네가 먹을 것에 모자람이 없고 네게 아무 부족함이 없는 땅이며 그 땅의 돌은 철이요 산에서는 동을 캘 것이라"(신 8:7~9)

이렇게 가나안의 풍요로운 땅은 첫째, 산과 골짜기가 있어서 하늘에서 내리는 비를 흡수하는 땅입니다. 즉, 인간의 큰 노력 없이도 자연을 통해 하나님께서 물을 보내주십니다.

둘째, 하나님께서 돌보아주시는 땅입니다.

셋째, 연초부터 연말까지 여호와의 눈이 항상 그 위에 있는 땅입니다. 즉, 하나님께서 항상 그 땅을 지켜보시며 필요를 공급해주시는 것입니다.

넷째, 하나님께서 이른 비와 늦은 비를 적당한 때에 내려주시는 땅입니다.

다섯째, 하나님께서 들에 풀을 나게 하십니다. 하나님께서는 만나세대들에게 이렇게 애굽과 비교까지 해주시면서 가나안 땅의 천수답(天水畓) 풍요를 말씀해주십니다.

'천수답'은 빗물에 의해서만 경작할 수 있는 땅으로, 이 땅을 일명 하늘바라기, 천둥지기로 불렀습니다. 즉, 물꼬를 하늘에 대고 있는 땅입니다.

그런데 이런 천수답의 풍요는 하나님의 말씀에 순종할 때에 받는 복입니다. 만약 만나세대들이 약속의 땅 가나안에 들어가 하나님의 말씀에 순종하지 않는다면 하나님께서는 그 땅에 비를 내리지 않으심으로 그들은 아름다운 그 땅에서 오히려 속히 망하게 될 것입니다. 그러므로 하나님께서는 약속의 땅 가나안에 들어가서 하나님의 이 말씀을 자녀들에게 반드시 가르칠 것을 다시 명령하시며 강조하십니다.

"너희는 스스로 삼가라 두렵건대 마음에 미혹하여 돌이켜 다른 신들을 섬기며 그것에게 절하므로 여호와께서 너희에게 진노하사 하늘을 닫아 비를 내리지 아니하여 땅이 소산을 내지 않게 하시므로 너희가 여호와께서 주신 아름다운 땅에서 속히 멸망할까 하노라"(신 11:16~17)

이후에 보면, 다윗의 길과 여로보암의 길이 있듯이 우리 인생의 길은 뚜렷합니다. 순종의 길과 불순종의 길이 있고, 넓은 길과 좁은 길이 있습니다.

예수님께서 말씀하십니다.

"내가 곧 길이요 진리요 생명이니 나로 말미암지 않고는 아버지께로 올 자가 없느니라"(요 14:6)

오직 우리 예수님만이 진정한 길이요, 진리요, 생명이십니다.

디저트 DESSERT

하나님께서는 만나세대들에게 약속의 땅 가나안에 들어가서 한 가지 퍼포먼스를 하게 하십니다. 퍼포먼스의 내용은 '축복과 저주의 선포'입니다(신 11:29). 하나님께서 명하신 퍼포먼스는 세겜의 그리심산에서 축복을, 그리고 에발산에서는 저주를 선포하라는 것입니다.

세겜은 아브라함이 가나안에 들어가서 처음으로 하나님께 제단을 쌓았던 곳입니다. 하나님께서 모세를 통해 축복을 선포하라고 말씀하신 그리심산(Mt. Gerizim)은 세겜 골짜기의 남쪽에 있고 예루살렘과 갈릴리를 연결하는 요충지에 있었습니다. 햇볕을 받아 숲이 울창한 산으로 축복과 어울리는 곳이었습니다.

하나님께서 모세를 통해 저주를 선포하라고 말씀하신 에발산(Mt. Ebal)은 그리심산과 마주보는 북쪽에 있고, 그리심산보다 조금 높았습니다. 민둥산이자 바위산으로 이곳에서 저주를 선포합니다. 하나님께서 "내가 오늘 너희 앞에 베푸는 모든 규례와 법도를 너희는 지켜 행하라."라고 다시 한번 강조하여 말씀하시기 위함입니다. 하나님의 말씀에 순종하는 길이 복을 받는 통로입니다.

63일

너무 멀면, 돈 주고 사라 (신 12~14장)

애피타이저 APPETIZER

〈신명기〉는 죽음을 두 달 앞둔 모세가 가나안 입성을 앞둔 만나세대들에게 하나님의 율법을 다시 알려주며 가나안에서의 삶의 방식을 구체적으로 가르치는 네 번의 역사 특강입니다.

계속해서 모세의 두 번째 역사 특강 중 신명기 12장에서 14장까지 내용을 살펴보겠습니다.

성경통독 BIBLETONGDOK

《일년일독 통독성경》 신명기 12~14장

통通으로 숲이야기 ; 통숲 TONG OBSERVATION

● 첫 번째 포인트

제사는 반드시 '하나님의 이름을 두려고 택하신 곳'에서 드려야 합니다.

하나님께서 주신 제사장 나라 법에서 '5대 제사'는 매우 중요합니다. 그런데 '5대 제사', 즉 번제, 소제, 화목제, 속죄제, 속건제는 반드시 '세 가지 방법'으로 제사를 드려야 하나님께서 기뻐 받으시는 제사가 됩니다. 이 내용은 너무 중요해서 모세가 또다시 만나세대들에게 이를 가르칩니다.

첫째, 하나님의 이름을 두려고 택하신 곳, 즉 성막이 머물고 있는 곳에서

둘째, 제사장의 도움을 받아

셋째, 예물을 가지고 하나님 앞에 나아와 제사드리는 것입니다.

여기에서 우리는 하나님께 제사드리는 장소인 '하나님의 이름을 두려고 택하신 곳', 즉 성막이 있는 곳의 중요성을 다시 생각해야 합니다. 하나님께서 이렇게 제사드리는 장소를 엄격하게 정해주신 이유는 '가나안의 문화'를 미리 염두에 두셨기 때문입니다. 당시 가나안은 전국 곳곳에 우상을 조각해놓았습니다. 이스라엘 백성들은 약속의 땅 가나안에 들어가 가나안 문화를 따르지 말고 제사장 나라의 법대로 제사를 드려야 합니다.

다섯 가지 제사를 드릴 때, 제사자는 반드시 예물을 가지고 제사장의 도움을 받아 '하나님의 이름을 두려고 택하신 곳'에서 제사를 드려야 제사장 나라의 합법적인 제사가 되는 것입니다. 이것이 바로 "법이요!"입니다. 그러므로 신명기 12장에서는 '하나님의 이름을 두려고 택하신 곳'에 대해 네 번이나 반복해서 강조합니다. 이렇게 강조하는 중요한 이유 중 하나는 바로 그곳에서 하나님 경외하기를 항상 '배워야' 하기 때문입니다.

이때 '배우다'는 히브리어로 '라마드(לָמַד)'입니다. '훈련받다', '길들이다', '익숙해지다'라는 뜻으로 가축을 길들이듯 가르치며 익숙해지도록 배운다는 의미입니다.

"에브라임은 마치 길들인 암소 같아서"(호 10:11)

"내가 그들에게 내 말을 들려주어 그들이 세상에 사는 날 동안 나를 경

외함을 배우게 하며 그 자녀에게 가르치게 하리라"(신 4:10)

한편, 제사장 나라 법에서 '하나님의 이름을 두려고 택하신 곳'은 십계명 돌판이 들어 있는 언약궤가 머무는 곳입니다.

그런데 이 언약궤는 레위 자손, 즉 고핫 자손이 어깨에 메어 옮기는 것이 법입니다. 따라서 언약궤는 시내산에서 만든 후 광야 40곳을 옮겨 다녔습니다. 그리고 이후 모세 때부터 다윗 때까지 '움직이는 성막 500년'을 지나 솔로몬 이후 본격적으로 '움직이지 않는 예루살렘 성전 1,000년' 시대가 됩니다.

이때 한 가지 사실은 예루살렘과 가까운 베들레헴이 양을 키우는 최적의 장소로 부각된다는 점입니다. 그 이유는 바로 예루살렘 성전이 '하나님의 이름을 두려고 택하신 곳'으로 정해지기 때문입니다. 예루살렘 성전에는 제사장들이 항상 상주하고 있으며 이곳으로 모이는 제사자들은 하나님께 드릴 예물로 양이 필요했고 그 양들을 예루살렘과 가까운 베들레헴에서 제공받았던 것입니다.

"그 지역에 목자들이 밤에 밖에서 자기 양 떼를 지키더니"(눅 2:8)

그래서 베들레헴 목동 이야기가 성경에 자주 나옵니다.

한편 하나님께서는 모세를 통해 제사드리는 장소를 강조하시면서 〈신명기〉를 통해 이스라엘 백성들에게 또 하나의 중요한

법을 주십니다. 그것은 바로 제사자가 하나님의 이름을 두려고 택하신 곳에서 '너무 멀리 살면' 제사 장소 근처에서 '제사 제물을 돈 주고 사라'는 법입니다.

"그러나 네 하나님 여호와께서 자기의 이름을 두려고 택하신 곳이 네게서 너무 멀고 행로가 어려워서 네 하나님 여호와께서 그 풍부히 주신 것을 가지고 갈 수 없거든 그것을 돈으로 바꾸어 그 돈을 싸 가지고 네 하나님 여호와께서 택하신 곳으로 가서 네 마음에 원하는 모든 것을 그 돈으로 사되 소나 양이나 포도주나 독주 등 네 마음에 원하는 모든 것을 구하고 거기 네 하나님 여호와 앞에서 너와 네 권속이 함께 먹고 즐거워할 것이며"(신 14:24~26)

이것은 제사자들을 위한 배려의 법이라고 볼 수 있습니다. 그런데 이후, 예수님 당시에 이 제도를 악용한 사람들로 인해 예수님의 성전 청결 사건이 일어납니다.

예루살렘 성전의 대제사장들은 당시 가난한 유대인들보다는 로마 전역에 흩어져 살고 있는 경제적으로 부유한 디아스포라 유대인들에게 주목했습니다. 그래서 예루살렘 성전의 대제사장들은 로마 전역에서 큰돈을 들고 성전을 찾아오는 디아스포라 유대인들이 편하게 환전도 하고 제물도 살 수 있도록 '이방인의 뜰'을 환전소와 제물 파는 곳으로 용도를 변경했던 것입니다.

"예수께서 성전에 들어가사 성전 안에서 매매하는 자들을 내쫓으시며 돈 바꾸는 자들의 상과 비둘기 파는 자들의 의자를 둘러 엎으시며 아무나 물건을 가지고 성전 안으로 지나다님을 허락하지 아니하시고 이에 가르쳐 이르시되 기록된 바 내 집은 만민이 기도하는 집이라 칭함을 받으리라고 하지 아니하였느냐 너희는 강도의 소굴을 만들었도다"(막 11:15~17)

예수님께서는 '모든 민족'이 '하나님의 이름을 두려고 택하신 곳'으로 찾아와 하나님께 기도하는 곳인 성전의 '이방인의 뜰'을 강도의 소굴로 바꾸어놓은 예루살렘 성전의 대제사장들의 악행을 보시고 그렇게 크게 분노하시며 화를 내셨던 것입니다.

● **두** 번째 포인트

B.C.8세기 북이스라엘의 멸망과 '하나님의 이름을 두려고 택하신 **곳'과**는 밀접한 관계가 있습니다.

'움직이는 성막 500년'이라는 말은 '하나님의 이름을 두려고 택하신 곳', 즉 하나님께 제사드리는 장소가 계속 바뀌었다는 것입니다. 그런데 '예루살렘 성전 1,000년'이라는 말은 '하나님의 이름을 두려고 택하신 곳'이 예루살렘으로 고정되었다는 것입니다. 그러므로 이스라엘 백성들은 '예루살렘 성전 1,000년' 동안에는 어느 곳에 살든지 심지어 나라가 '한 민족 두 국가'로 나뉘었음에도 불구하고 반드시 예루살렘 성전에 가서 하나님께 유월절, 칠칠절, 초막절 절기를 지켜야 했습니다.

하지만 솔로몬 사후, 북이스라엘을 세운 여로보암이 하나님의 제사장 나라 법에 정면으로 대항합니다.

"여로보암이 에브라임 산지에 세겜을 건축하고 거기서 살며 또 거기서 나가서 부느엘을 건축하고 그의 마음에 스스로 이르기를 나라가 이제 다윗의 집으로 돌아가리로다 만일 이 백성이 예루살렘에 있는 여호와의 성전에 제사를 드리고자 하여 올라가면 이 백성의 마음이 유다 왕 된 그들의 주 르호보암에게로 돌아가서 나를 죽이고 유다의 왕 르호보암에게로 돌아가리로다 하고 이에 계획하고 두 금송아지를 만들고 무리에게 말하기를 너희가 다시는 예루살렘에 올라갈 것이 없도다 이스라엘아 이는 너희를 애굽 땅에서 인도하여 올린 너희의 신들이라 하고 하나는 벧엘에 두고 하나는 단에 둔지라 이 일이 죄가 되었으니 이는 백성들이 단까지 가서 그 하나에게 경배함이더라"(왕상 12:25~30)

만약 여로보암이 하나님께서 주신 약속을 믿고 순종했더라면 그도 하나님께 큰 복을 받았을 것입니다.

"내가 너를 취하리니 너는 네 마음에 원하는 대로 다스려 이스라엘 위에 왕이 되되 네가 만일 내가 명령한 모든 일에 순종하고 내 길로 행하며 내 눈에 합당한 일을 하며 내 종 다윗이 행함 같이 내 율례와 명령을 지키면 내가 너와 함께 있어 내가 다윗을 위하여 세운 것 같이 너를 위하여 견고한 집을 세우고 이스라엘을 네게 주리라"(왕상 11:37~38)

그러나 안타깝게도 여로보암은 '하나님의 이름을 두려고 택하신 곳'에 대한 중요성을 간과하여 자기 마음대로 제사드리는 장소를 변경하고 더 나아가 제사장을 세우는 법과 절기까지도 변경하는 악행을 저질렀습니다. 결국 여로보암은 하나님께서 주신 말씀에 순종하지 않음으로 '다윗의 길'과 대비되는 '여로보암의 길'을 만든 악한 사람으로 성경에 기록되었습니다. 그러므로 제사장 나라의 제사 원칙을 저버리고 200년 동안 여로보암의 길로 향한 북이스라엘은 B.C.8세기에 앗수르를 통해 멸망했습니다.

● 세 번째 포인트

제사드리는 자는 혼자가 아닌, 가족과 종들과 레위인들과 함께 먹고, 함께 기뻐해야 합니다.

"너희와 너희의 자녀와 노비와 함께 너희의 하나님 여호와 앞에서 즐거워할 것이요 네 성중에 있는 레위인과도 그리할지니 레위인은 너희

중에 분깃이나 기업이 없음이니라"(신 12:12)

하나님께서 제사장 나라에 주신 법에 의하면 하나님께 예물을 가지고 나온 제사자는 다음의 세 가지 방법으로 하나님 앞에서 함께 먹고 기뻐해야 했습니다.

첫째, 제사자는 가족과 함께(신 12:7)

둘째, 제사자는 노비와 함께(신 12:12)

셋째, 제사자는 지파별로 흩어져 거주하는 레위인들과 함께(신 12:12) 먹고 기뻐해야 했습니다.

레위 지파 사람들에게는 땅의 분깃이 없었습니다. 대신 이스라엘 백성들이 하나님께 올려드리는 다섯 가지 제사는 반드시 레위 지파 사람들의 도움을 받아야 했기 때문에 제물의 일부는 제사자의 가족들과 노비는 물론 레위 지파 사람들과 함께 먹으라고 하나님께서 정해주신 것입니다.

더 나아가 제사장 나라 백성들은 하나님께 드리는 제사 음식은 물론 일반 음식에 대한 규례들도 레위인들에게 배워 정한 음식을 먹어야 했습니다. 광야 40년 동안은 이스라엘 백성들이 회막 문으로 가져와 짐승을 잡아야 했습니다.

"이스라엘 집의 모든 사람이 소나 어린 양이나 염소를 진영 안에서 잡든지 진영 밖에서 잡든지 먼저 회막 문으로 끌고 가서 여호와의 성막 앞에서 여호와께 예물로 드리지 아니하는 자는 피 흘린 자로 여길 것이라 그가 피를 흘렸은즉 자기 백성 중에서 끊어지리라"(레 17:3~4)

그러나 가나안에 들어가서는 짐승을 원하는 곳에서 잡고 원하는 대로 고기를 먹을 수 있었습니다. 그러므로 열두 지파 사람들은 음식에 대한 규례에 대해서 늘 레위인들에게 배워서 정한 음식과 부정한 음식을 구별해야 했던 것입니다.

"네 하나님 여호와께서 네게 주신 복을 따라 각 성에서 네 마음에 원하는 대로 가축을 잡아 그 고기를 먹을 수 있나니 곧 정한 자나 부정한 자를 막론하고 노루나 사슴을 먹는 것 같이 먹으려니와"(신 12:15)

그리고 고기를 그 생명 되는 피째 먹어서는 안 되었습니다(창 9:4).

● 네 번째 포인트

거짓 선지자들의 이적과 기사를 통한 유혹을 조심해야 합니다.

하나님께서는 모세를 통해 이스라엘 백성들이 가나안 땅에 들어가서 거짓 선지자들의 이적과 기사를 통한 유혹에 조심할 것을 미리 경고해주십니다.

"너희 중에 선지자나 꿈 꾸는 자가 일어나서 이적과 기사를 네게 보이고 그가 네게 말한 그 이적과 기사가 이루어지고 너희가 알지 못하던 다른 신들을 우리가 따라 섬기자고 말할지라도 너는 그 선지자나 꿈 꾸는 자의 말을 청종하지 말라 이는 너희의 하나님 여호와께서 너희가 마음을 다하고 뜻을 다하여 너희의 하나님 여호와를 사랑하는 여부를 알려 하사 너희를 시험하심이니라"(신 13:1~3)

하나님께서는 우상숭배의 유혹을 경계하라고 말씀하시며 가장 믿을 만한 대상으로부터 유혹이 올 것이지만 그때 단호히 끊어야 한다고 말씀해주십니다. 앞으로 거짓 선지자나 꿈꾸는 자가 이적과 기사를 보이며 유혹할 것입니다.

"내 이름으로 거짓을 예언하는 선지자들의 말에 내가 꿈을 꾸었다 꿈을 꾸었다고 말하는 것을 내가 들었노라 거짓을 예언하는 선지자들이 언제까지 이 마음을 품겠느냐 그들은 그 마음의 간교한 것을 예언하느니라 그들이 서로 꿈 꾼 것을 말하니 그 생각인즉 그들의 조상들이 바알로 말미암아 내 이름을 잊어버린 것 같이 내 백성으로 내 이름을 잊게 하려 함이로다"(렘 23:25~27)

"거짓 그리스도들과 거짓 선지자들이 일어나 큰 표적과 기사를 보여 할 수만 있으면 택하신 자들도 미혹하리라"(마 24:24)

또 형제, 자매, 배우자, 친구 등 가까운 사람들이 유혹할 것입니다.

"여자가 그 나무를 본즉 먹음직도 하고 보암직도 하고 지혜롭게 할 만큼 탐스럽기도 한 나무인지라 여자가 그 열매를 따먹고 자기와 함께 있는 남편에게도 주매 그도 먹은지라"(창 3:6)

"들릴라가 삼손에게 이르되 당신의 마음이 내게 있지 아니하면서 당신이 어찌 나를 사랑한다 하느냐 당신이 이로써 세 번이나 나를 희롱하고 당신의 큰 힘이 무엇으로 말미암아 생기는지를 내게 말하지 아니하였도다 하며 날마다 그 말로 그를 재촉하여 조르매 삼손의 마음이 번뇌하여 죽을 지경이라"(삿 16:15~16)

"아버지가 아들과, 아들이 아버지와, 어머니가 딸과, 딸이 어머니와, 시어머니가 며느리와, 며느리가 시어머니와 분쟁하리라 하시니라"(눅 12:53)

이러한 문제들에 대해 모세는 다음과 같이 가르칩니다.

"너는 그 선지자나 꿈 꾸는 자의 말을 청종하지 말라 이는 너희의 하나님 여호와께서 너희가 마음을 다하고 뜻을 다하여 너희의 하나님 여호와를 사랑하는 여부를 알려 하사 너희를 시험하심이니라"(신 13:3)

● **다섯 번째 포인트**

십일조는 범사에 복 받는 길입니다.

하나님께서 아브라함이 시작한 십일조를 이제 모세를 통해 제사장 나라 법으로 정해서 말씀해주십니다.

"너는 마땅히 매 년 토지 소산의 십일조를 드릴 것이며"(신 14:22)

"매 삼 년 끝에 그 해 소산의 십분의 일을 다 내어 네 성읍에 저축하여 너희 중에 분깃이나 기업이 없는 레위인과 네 성중에 거류하는 객과 및 고아와 과부들이 와서 먹고 배부르게 하라 그리하면 네 하나님 여호와께서 네 손으로 하는 범사에 네게 복을 주시리라"(신 14:28~29)

하나님께서 정해주신 십일조는 두 가지가 있습니다.

첫째, 제1십일조는 제사장과 레위인의 분깃입니다.

둘째, 제2십일조는 십일조를 한 이후 남은 것에서 십일조를 내어 보통은 감사 축제로 사용하고 매 3년마다 구제용으로 사용해야 합니다.

하나님께서 명령하신 대로 하나님께 십일조를 드리면 다음의 네 가지 복을 받습니다.

첫째, 하나님께서 손으로 하는 범사에 복을 주십니다(신 14:29).

둘째, 하나님께서 하늘의 복을 부어주십니다(말 3:10).

셋째, 하나님께서 흉년이 없도록 해주십니다(말 3:11).

넷째, 땅이 아름다워져서 모든 이방인이 복되다 할 것입니다(말 3:12).

십일조는 하나님께 복 받은 자녀가 하나님의 은혜를 알고 감사함으로 바치는 믿음의 행위입니다. 십일조를 바치는 믿음의 행위는 하나님을 기쁘시게 하는 길입니다.

디저트 DESSERT

〈신명기〉의 말씀들이 생각 이상으로 쉽고 이해가 잘되는 이유가 있습니다. 그것은 그동안 우리가 〈출애굽기〉와 〈레위기〉와 〈민수기〉를 통해 하나님의 말씀을 듣고 또 들어왔던 말씀들을 〈신명기〉를 통해 다시 듣고 있기 때문입니다. 반복과 집중은 이처럼 어떤 어려운 공부도 결국 쉽게 이해하게 해줍니다.

만나세대들은 40년 동안 모세를 통해 하나님의 율법을 공부했고 두 달에 걸쳐 집중적으로 율법을 총복습합니다. 그래서 그들이 자기 자녀들을 가르칠 실력을 갖추게 된 것입니다.

우리도 우리 자녀들에게 하나님의 말씀인 성경을 이야기로 가르치려면 만나세대들처럼 온 마음과 정성을 다해 하나님을 아는 지식을 키워야 합니다. 그러면 누구나 성경이 어려운 책이 아니라 '나의 사랑하는 책'이 되고 나의 자녀들에게 이야기로 전할 수 있는 책이 됩니다.

64일

종이 주인 되었을 때(신 15~17장)

애피타이저 APPETIZER

모세오경을 읽고 공부하면서, 특히 〈신명기〉를 통독하면서 왜 모세가 '만나세대'들에게 그토록 온 마음과 정성을 다해 하나님을 사랑하라고 강조했는지 고개가 끄덕여집니다. 그리고 왜 사도 요한이 〈요한복음〉을 통해 '복음 2세대'들에게 "하나님은 사랑이시다."라고 정의를 내렸는지 마음 깊은 곳으로부터 깨달아집니다.

성경을 통해 하나님을 알면 알수록 하나님의 사랑은 정말 하늘을 두루마리 삼고 바다를 먹물 삼아도 다 기록할 수 없다는 찬양이 우리의 고백이 됩니다.

하나님께서 이스라엘 백성들에게 약속의 땅 가나안에 들어가서 그 땅의 주인이 되면, 과거 애굽에서 종이었던 것을 잊지 말고 7년마다 돌아오는 '면제년'에 반드시 종들에게 자유를 주고 가난한 형제들의 빚도 탕감해주라고 말씀하십니다.

그리고 1년 세 차례, 유월절과 칠칠절(오순절)과 초막절에 하나님께 나아오라고 말씀하십니다. 이스라엘 백성들이 정기적인 신앙 훈련을 받게 하시기 위함이었습니다.

이제 사랑 가득 담아 만나세대들에게 하나님의 뜻을 전하는 하나님의 사람 모세를 만나보겠습니다.

성경통독 BIBLETONGDOK

《일년일독 통독성경》 신명기 15~17장

통通으로 숲이야기 ; 통숲 TONG OBSERVATION

● 첫 번째 포인트

애굽에서 종 되었던 자들이 출애굽 40년 만에 가나안에서는 '주인'이 됩니다.

요셉이 애굽의 총리로 있을 때에 야곱의 가족 70명이 입(入)애굽한 후 400여 년이 지나 요셉의 공로를 알지 못하는 세대로 애굽의 새로운 왕조들이 바뀌면서 이스라엘 백성들은 애굽의 노예로 고된 노동에 시달려야 했습니다.

"여러 해 후에 애굽 왕은 죽었고 이스라엘 자손은 고된 노동으로 말미암아 탄식하며 부르짖으니 그 고된 노동으로 말미암아 부르짖는 소리가 하나님께 상달된지라"(출 2:23)

이스라엘 백성들의 탄식과 부르짖음을 들으신 하나님께서는 그들을 출애굽시키시려고 모세를 바로의 궁정으로 들여보내십니다. 그러자 바로는 이스라엘 백성들을 전보다 더 괴롭히기 시작했습니다.

"바로가 그 날에 백성의 감독들과 기록원들에게 명령하여 이르되 너희는 백성에게 다시는 벽돌에 쓸 짚을 전과 같이 주지 말고 그들이 가서 스스로 짚을 줍게 하라 또 그들이 전에 만든 벽돌 수효대로 그들에게 만들게 하고 감하지 말라 그들이 게으르므로 소리 질러 이르기를 우리가 가서 우리 하나님께 제사를 드리자 하나니 그 사람들의 노동을 무겁게 함으로 수고롭게 하여 그들로 거짓말을 듣지 않게 하라"(출 5:6~7)

바로는 더 나아가 모세와 이스라엘 백성들 사이를 이간질까지 했습니다. 이에 이스라엘 백성들은 모세 때문에 자신들이 바로와 바로 신하들의 눈에 '미운 것'이 되었다고 모세를 원망했습니다(출 5:21).

이스라엘 자손들은 이렇게 애굽에서 힘들고 무거운 노동을 해야 하는 노예들이었습니다. 그런 그들을 하나님께서 모세를 통해 출애굽시켜주셨던 것입니다.

"나는 너를 애굽 땅, 종 되었던 집에서 인도하여 낸 네 하나님 여호와니라"(출 20:2)

이로써 애굽에서 노예였던 자들이 광야 생활 40년 만에 이제 약속의 땅 가나안에 들어가 그 땅의 '주인'이 됩니다.

'종'의 경험을 가진 바로 그 이스라엘 백성들에게 하나님께서는 '면제년'을 말씀하십니다. 면제년이란, 7년마다 돌아오는 안식년에 종으로 살던 사람들을 해방시켜주고 빚을 탕감해주는 제사장 나라 규례입니다. 애굽 땅 종 되었던 곳에서 하나님의 은혜로 속량되었음을 늘 기억하면서 삶의 형편상 종이 된 '이웃'을 잘 대하라는 것입니다.

"매 칠 년 끝에는 면제하라 면제의 규례는 이러하니라 그의 이웃에게 꾸어준 모든 채주는 그것을 면제하고 그의 이웃에게나 그 형제에게 독촉하지 말지니 이는 여호와를 위하여 면제를 선포하였음이라"(신 15:1~2)

"네 동족 히브리 남자나 히브리 여자가 네게 팔렸다 하자 만일 여섯 해 동안 너를 섬겼거든 일곱째 해에 너는 그를 놓아 자유롭게 할 것이요 그를 놓아 자유하게 할 때에는 빈 손으로 가게 하지 말고 네 양 무리 중에서와 타작 마당에서와 포도주 틀에서 그에게 후히 줄지니 곧 네 하나님 여호와께서 네게 복을 주신 대로 그에게 줄지니라 너는 애굽 땅에서 종 되었던 것과 네 하나님 여호와께서 너를 속량하셨음을 기억하라 그것으로 말미암아 내가 오늘 이같이 네게 명령하노라"(신 15:12~15)

또한 하나님께서는 빚에 관한 규정들까지도 다음과 같이 세밀하게 말씀해주십니다.

첫째, 안식년에는 히브리인의 빚을 면제해주고 독촉하지 말라고 말씀하십니다. 이는 안식년에는 소출을 거두지 않기 때문에 이때는 받을 빚을 면제해주라는 것입니다.

둘째, 가난한 형제가 빚을 요구하면 주라고 말씀하십니다.

셋째, 안식년이 가까이 왔다고 해서 외면하지 말라고 말씀하십니다.

넷째, 빚을 줄 때에는 넉넉히 주며 아끼는 마음을 품지 말라고 말씀하십니다.

이렇게 가난한 자들에게 면제년에 빚을 탕감해주면 하나님께서 범사에 복을 주 것이라고 약속해주십니다.

"네 하나님 여호와께서 네게 허락하신 대로 네게 복을 주시리니 네가 여러 나라에 꾸어 줄지라도 너는 꾸지 아니하겠고 네가 여러 나라를 통치할지라도 너는 통치를 당하지 아니하리라 네 하나님 여호와께서 네게 주신 땅 어느 성읍에서든지 가난한 형제가 너와 함께 거주하거든 그 가난한 형제에게 네 마음을 완악하게 하지 말며 네 손을 움켜 쥐지 말고"(신 15:6~7)

"그가 여섯 해 동안에 품꾼의 삯의 배나 받을 만큼 너를 섬겼은즉 너는 그를 놓아 자유하게 하기를 어렵게 여기지 말라 그리하면 네 하나님 여호와께서 네 범사에 네게 복을 주시리라"(신 15:18)

제사장 나라는 이처럼 여러 형편에 처한 이웃들과 함께 '자유를 꿈꾸는 나라'입니다.

"진리를 알지니 진리가 너희를 자유롭게 하리라"(요 8:32)

율법을 알지니 율법이 제사장 나라 백성을 자유롭게 합니다.

● 두 번째 포인트

1년 세 차례 모이면 치안 유지비와 국방비를 절감할 수 있습니다.

세상의 모든 나라는 '치안 유지비'와 '국방비'에 너무나 많은 국민 세금을 사용합니다. 그러나 제사장 나라는 국가 경영의 한 축인 '3대 명절'을 통해 복을 받는 나라입니다. 그 복은 다섯이 백을 이기고, 묵은 곡식을 먹다가 양식이 남아 있는 데도 새 곡식으로 묵은 곡식을 치우게 되는 것입니다.

즉, 국방비와 치안 유지비를 아주 많이 절감하게 될 것입니다. 그래서 그렇게 절감된 국가 비용으로 가난한 자들을 돌보며 풍요와 '거룩'이 넘치는 나라가 되는 것입니다.

하나님께서 제사장 나라 법으로 정해주신 이스라엘의 '3대 명절'은 유월절, 칠칠절(오순절), 초막절입니다. 이스라엘의 3대 명절 중 첫 번째 명절은 '유월절(무교절)'입니다. 애굽에서 처음 시작된 유월절은 각 가정 단위로 시행되었던 유월절이었습니다. 그런데 출애굽한 후 시내 광야에서 지킨 두 번째 유월절 이후부터는 가정 단위가 아닌 이스라엘 공동체가 함께 지키는 유월절이 됩니다.

> "유교병을 그것과 함께 먹지 말고 이레 동안은 무교병 곧 고난의 떡을 그것과 함께 먹으라 이는 네가 애굽 땅에서 급히 나왔음이니 이같이 행하여 네 평생에 항상 네가 애굽 땅에서 나온 날을 기억할 것이니라"(신 16:3)

이어지는 이스라엘의 3대 명절 중 두 번째 명절은 바로 '칠칠절(오순절)'입니다. 애굽에서 노예였을 때, 그들이 땅에서 하는 모든 수고의 수확은 애굽에서 다 가져갔습니다. 그러나 가나안에서는 수고의 수확이 그들의 것이 되는 기쁨을 누릴 것입니다. 그러므로 가나안에서 지키는 칠칠절은 이스라엘 백성들이 과거 애굽에서 그들이 '종 되었던 것을 기억하고' 종으로서는 누릴 수 없었던 '땅으로부터의 수확'의 기쁨을 하나님께 감사하는 날입니다.

그리고 이스라엘의 3대 명절 중 세 번째 명절은 '초막절'입니다. 초막절은 지난 첫 번째 출애굽의 유월절을 기억하고 또한 광야 40년을 기억하며 복 주시는 하나님을 믿고 의지하고 이웃과 함께 즐거워하는 날입니다. 또 주신 복을 따라 그 힘대로 힘껏 자원하며 기쁨을 함께 나누는 명절입니다.

> "절기를 지킬 때에는 너와 네 자녀와 노비와 네 성중에 거주하는 레위인과 객과 고아와 과부가 함께 즐거워하되 … 네 손으로 행한 모든 일에 복 주실 것이니 너는 온전히 즐거워할지니라"(신 16:14~15)

제사장 나라 이스라엘은 3대 명절을 통해 정기적인 신앙 훈련의 효과를 거둘 것입니다.

> "너의 가운데 모든 남자는 일 년에 세 번 곧 무교절과 칠칠절과 초막절에 네 하나님 여호와께서 택하신 곳에서 여호와를 뵈옵되 빈손으로 여호와를 뵈옵지 말고"(신 16:16)

> "일곱째 날에 네 하나님 여호와 앞에 성회로 모이고 일하지 말지니라"(신 16:8)

이후 사무엘 시대에 이 명절들을 지킴으로 효과가 극대화되는 것을 보게 됩니다. 각자 소견에 옳은 대로 살던 사사 시대가 끝나고 사무엘이 이스라엘의 지도자가 되어 성회를 열자 이스라엘이 서로 모입니다. 이로써 오해가 불식되고 내분이 없어지고 그렇게 이스라엘이 뭉치니 블레셋이 함부로 침략하려고 달려들지 않게 되어 이로써 외부 적까지 막아내게 된 것입니다.

> "사무엘이 돌을 취하여 미스바와 센 사이에 세워 이르되 여호와께서 여기까지 우리를 도우셨다 하고 그 이름을 에벤에셀이라 하니라 이에 블레셋 사람들이 굴복하여 다시는 이스라엘 지역 안에 들어오지 못하였으며 여호와의 손이 사무엘이 사는 날 동안에 블레셋 사람을 막으시매"(삼상 7:12~13)

제사장 나라 법과 복을 주시겠다는 하나님의 약속은 이처럼 단 한 말씀도 땅에 떨어지지 않고 모두 이루어집니다.

● 세 번째 포인트

하나님께서는 이스라엘 백성들과 함께 가난한 자를 돌보는 제사장 나라를 꿈꾸십니다.

하나님께서 말씀하십니다.

"땅에는 언제든지 가난한 자가 그치지 아니하겠으므로 내가 네게 명령하여 이르노니 너는 반드시 네 땅 안에 네 형제 중 곤란한 자와 궁핍한 자에게 네 손을 펼지니라"(신 15:11)

또한 하나님께서는 가난한 자들을 어떻게 대할지 꼼꼼하게 일러주십니다.

"네 하나님 여호와께서 네게 주신 땅 어느 성읍에서든지 가난한 형제가 너와 함께 거주하거든 그 가난한 형제에게 네 마음을 완악하게 하지 말며 네 손을 움켜 쥐지 말고 반드시 네 손을 그에게 펴서 그에게 필요한 대로 쓸 것을 넉넉히 꾸어주라 삼가 너는 마음에 악한 생각을 품지 말라 곧 이르기를 일곱째 해 면제년이 가까이 왔다 하고 네 궁핍한 형제를 악한 눈으로 바라보며 아무것도 주지 아니하면 그가 너를 여호와께 호소하리니 그것이 네게 죄가 되리라 너는 반드시 그에게 줄 것이요, 줄 때에는 아끼는 마음을 품지 말 것이니라 이로 말미암아 네 하나님 여호와께서 네가 하는 모든 일과 네 손이 닿는 모든 일에 네게 복을 주시리라"(신 15:7~10)

결국 하나님께서는 제사장 나라가 절기를 통해서 가난한 자들을 돌보는 부의 분배가 있기를 원하셨습니다.

"절기를 지킬 때에는 너와 네 자녀와 노비와 네 성중에 거주하는 레위인과 객과 고아와 과부가 함께 즐거워하되"(신 16:14)

하나님의 관심은 언제나 '모든 민족'과 '모든 백성'이었습니다. 그리고 하나님의 특별한 관심의 대상이 언제나 약자라는 사실을 잊지 말아야 할 것입니다.

● 네 번째 포인트

하나님의 공의와 하나님의 긍휼은 동전의 양면입니다.

공의로우신 하나님께서는 공의로운 재판을 기뻐하십니다. 그래서 하나님께서는 각 지파마다 세운 재판장과 지도자들에게 공의로 재판하라고 말씀하셨습니다.

"그들은 공의로 백성을 재판할 것이니라"(신 16:18)

그런데 하나님께서는 여기에서 한 걸음 더 나아가십니다. 재판은 하나님께 속한 것이라고 말씀하시며 공의와 함께 긍휼을 베풀기를 원하시는 것입니다.

"재판은 하나님께 속한 것인즉 너희는 재판할 때에 외모를 보지 말고 귀천을 차별 없이 듣고 사람의 낯을 두려워하지 말 것이며"(신 1:17)

하나님께서는 성읍 재판정에서 판결하기 어려운 경우에는 레위 지파의 제사장이 재판에 관여하라고 말씀하십니다. 이는 재판이 단지 처벌만이 아닌 용서를 기반으로 하기를 원하시는 것입니다.

하나님께서 재판에 제사장을 개입시키신 이유는 제사장이 '어떤 죄를 지은 사람이라도 제사를 통해 무슨 허물이든지 사함을 받는다'는 그 기본 전제를 아는 자이기 때문입니다.

> "제사장은 여호와 앞에서 그를 위하여 속죄한즉 그는 무슨 허물이든지 사함을 받으리라"(레 6:7)

> "네 성중에서 서로 피를 흘렸거나 다투었거나 구타하였거나 서로 간에 고소하여 네가 판결하기 어려운 일이 생기거든 너는 일어나 네 하나님 여호와께서 택하실 곳으로 올라가서 레위 사람 제사장과 당시 재판장에게 나아가서 물으라 그리하면 그들이 어떻게 판결할지를 네게 가르치리니"(신 17:8~9)

이후에 남유다 왕 여호사밧은 이 말씀을 살펴 재판 시스템을 만듭니다. 여호사밧 때의 재판 시스템을 살펴보면 각 성읍마다 재판관으로 레위인, 제사장, 대표 족장을 세워서 재판을 했습니다.

> "또 유다 온 나라의 견고한 성읍에 재판관을 세우되 성읍마다 있게 하고"(대하 19:5)

> "여호사밧이 또 예루살렘에서 레위 사람들과 제사장들과 이스라엘 족장들 중에서 사람을 세워 여호와께 속한 일과 예루살렘 주민의 모든 송사를 재판하게 하고"(대하 19:8)

재판은 당연히 공정하고 공의로워야 합니다. 그러나 제사장 나라의 재판에는 공의와 함께 하나님의 긍휼이 들어 있습니다. 공의의 하나님 앞에서 살 수 있는 사람은 이 세상에 아무도 없습니다. 그러나 죄짓고 숨은 아담을 찾아가셔서 가죽옷을 지어 입혀주신 그 하나님의 긍휼에 힘입어 우리까지도 살게 된 것입니다.

● 다섯 번째 포인트

만약 왕정이 시작된다면, 율법 법치 국가가 되어야 합니다.

하나님께서는 모세를 통해 약속의 땅 가나안에 들어가게 될 만나세대들에게 '만약'이라는 전제를 달고 왕정에 대해 말씀해 주십니다.

"네가 네 하나님 여호와께서 네게 주시는 땅에 이르러 그 땅을 차지하고 거주할 때에 만일 우리도 우리 주위의 모든 민족들 같이 우리 위에 왕을 세워야겠다는 생각이 나거든"(신 17:14)

사실 왕정의 특징은, 왕은 주인이 되고 백성들은 종이 되는 제도입니다.

"너는 그들에게 엄히 경고하고 그들을 다스릴 왕의 제도를 가르치라" (삼상 8:9)

"그가 또 너희의 노비와 가장 아름다운 소년과 나귀들을 끌어다가 자기 일을 시킬 것이며 너희의 양 떼의 십분의 일을 거두어 가리니 너희가 그의 종이 될 것이라"(삼상 8:16~17)

그러므로 하나님께서 미리 말씀해주신 왕정 제도의 주의 사항은 다음과 같습니다.

첫째, 하나님께서 택하신 자를 세워 기름 부을 것

둘째, 이스라엘 사람 중에서 세울 것

셋째, 병마를 많이 두지 말 것, 이는 군대를 의지하며 제국으로 갈 것을 염려하신 것입니다.

넷째, 아내를 많이 두지 말 것, 이는 미혹될 것을 염려하신 것입니다.

다섯째, 은금을 많이 쌓지 말 것, 이는 권력 남용으로 백성을 종으로 만들 것을 염려하신 것입니다.

여섯째, 율법서의 등사본을 제사장 앞에서 책에 기록해 평생 왕 옆에 둘 것

"네 하나님 여호와의 명령을 지켜 그 길로 행하여 그 법률과 계명과 율례와 증거를 모세의 율법에 기록된 대로 지키라 그리하면 네가 무엇을 하든지 어디로 가든지 형통할지라"(왕상 2:3)

모세를 통해 주신 이 말씀은 500년 후, 다윗이 잘 적용합니

다. 다윗은 하나님께서 미리 주신 왕정의 폐해가 있지 않도록 최선을 다한 왕이었습니다. 다윗이 그렇게 한 이유는 모세를 통해 바로 이 〈신명기〉의 말씀을 알고 지켜 행했기 때문입니다. 〈신명기〉의 말씀을 알고 지키고 고백한 다윗의 시편입니다.

"여호와의 율법은 완전하여 영혼을 소성시키며 여호와의 증거는 확실하여 우둔한 자를 지혜롭게 하며 여호와의 교훈은 정직하여 마음을 기쁘게 하고 여호와의 계명은 순결하여 눈을 밝게 하시도다 여호와를 경외하는 도는 정결하여 영원까지 이르고 여호와의 법도 진실하여 다 의로우니 금 곧 많은 순금보다 더 사모할 것이며 꿀과 송이꿀보다 더 달도다"(시 19:7~10)

다음은 다윗이 배우고 익힌 신명기 17장의 말씀입니다.

"그가 왕위에 오르거든 이 율법서의 등사본을 레위 사람 제사장 앞에서 책에 기록하여 평생에 자기 옆에 두고 읽어 그의 하나님 여호와 경외하기를 배우며 이 율법의 모든 말과 이 규례를 지켜 행할 것이라 그리하면 그의 마음이 그의 형제 위에 교만하지 아니하고 이 명령에서 떠나 좌로나 우로나 치우치지 아니하리니 이스라엘 중에서 그와 그의 자손이 왕위에 있는 날이 장구하리라"(신 17:18~20)

그러나 아쉽게도 다윗과 달리 왕정의 주의 사항들을 지키지 않은 솔로몬 왕정의 폐단은 다음과 같았습니다.

"솔로몬이 병거와 마병을 모으매 병거가 천사백 대요 마병이 만이천 명이라"(왕상 10:26)

"솔로몬 왕이 바로의 딸 외에 이방의 많은 여인을 사랑하였으니 곧 모압과 암몬과 에돔과 시돈과 헷 여인이라"(왕상 11:1)

"왕은 후궁이 칠백 명이요 첩이 삼백 명이라 그의 여인들이 왕의 마음을 돌아서게 하였더라"(왕상 11:3)

처음부터 끝까지 하나님의 말씀에 집중한 다윗과 중간에 마음이 변해 하나님의 말씀에 집중하지 않은 솔로몬의 삶은 이처럼 크게 다릅니다. 하나님께서는 하나님의 말씀에 끝내 집중하고, 끝내 순종한 다윗을 향해 사랑 가득 담아 '내 종 다윗'이라고 불러주셨습니다.

"내 종 모세, 내 종 갈렙, 내 종 다윗"

하나님께서 친히 그들에게 불러주신 우리가 사모할 가슴 설레는 호칭은 '내 종', '하나님의 종'입니다.

디저트 DESSERT

모세오경을 함께 읽고 공부하면서 '제국'과 '제사장 나라'를 비교하고 '출애굽세대'와 '만나세대'를 비교하며 하나님의 말씀

속으로 더 깊숙이 들어가고 있습니다.

'제국'과 '제사장 나라'를 비교해야 하나님께서 원하시는 나라가 어떤 나라인지 확실하게 알게 됩니다. 그리고 '출애굽세대'와 '만나세대'를 비교해야 누가 하나님 앞에 불순종하고 순종한 사람들인지 확실하게 알게 됩니다. 그래야 하나님의 뜻을 알게 되고 하나님께서 원하시는 곳으로 방향을 잡을 수 있습니다.

우리는 하나님의 뜻대로 살기를 꿈꿉니다. 그런데 하나님의 뜻은 이처럼 모두 살아 계신 하나님의 말씀인 성경에 기록되어 있습니다. 그래서 우리 삶의 모든 이야기는 성경 한 권으로 충분합니다.

65일

겁내는 자, 집으로 가라 (신 18~21장)

애피타이저 APPETIZER

〈신명기〉는 죽음을 두 달 앞둔 모세가 약속의 땅 가나안에 들어가게 될 사랑하는 만나세대들에게 지난 40년 동안 광야에서 가르쳐왔던 율법을 모압 평지에서 두 달 동안 네 번에 걸쳐 역사 특강으로 전해주는 말씀입니다.

모세의 첫 번째 특강은 신명기 1장에서 4장까지였습니다. 그리고 모세의 두 번째 특강은 신명기 5장에서 23장까지입니다. 지금 우리는 모세의 두 번째 특강을 공부하는 중입니다.

성경통독 BIBLETONGDOK

《일년일독 통독성경》 신명기 18~21장

통通으로 숲이야기 ; 통숲 TONG OBSERVATION

● 첫 번째 포인트

제사장 나라는 선지자 모세로부터 선지자 세례 요한까지입니다.

세상의 모든 직업은 시장에서 시작되었습니다. 그런데 오직 유일하게 시장이 아닌 하늘의 하나님으로부터 시작된 직업이 있는데 바로 '선지자'입니다.

선지자는 하나님의 말씀의 '대언자', 즉 하나님의 대변인입니다. 그리고 선지자는 이스라엘 백성들을 위한 '중보자'입니다.

"내 말을 그 입에 두리니"(신 18:18)

이는 선지자의 역할을 말하는 것입니다.

"그는 선지자라 그가 너를 위하여 기도하리니"(창 20:7)

이는 아비멜렉에게 아브라함을 선지자라고 소개하신 하나님의 말씀입니다. 또한 선지자는 하나님께 계시를 받은 자입니다.

"주 여호와께서는 자기의 비밀을 그 종 선지자들에게 보이지 아니하시

고는 결코 행하심이 없으시리라"(암 3:7)

하나님께서는 출애굽한 아브라함의 후손들과 제사장 나라 언약을 맺으신 이후 본격적으로 하나님의 말씀을 대언하는 선지자들을 계속 보내기 시작하셨습니다.

그러므로 제사장 나라는 선지자 모세로 시작해서 선지자 세례 요한으로 끝나는 나라입니다. 다음은 제사장 나라의 첫 번째 선지자 모세에 관한 하나님의 말씀입니다.

"네 하나님 여호와께서 너희 가운데 네 형제 중에서 너를 위하여 나와 같은 선지자 하나를 일으키시리니 너희는 그의 말을 들을지니라"(신 18:15)

"여호와께서 내게 이르시되 그들의 말이 옳도다 내가 그들의 형제 중에서 너와 같은 선지자 하나를 그들을 위하여 일으키고 내 말을 그 입에 두리니 내가 그에게 명령하는 것을 그가 무리에게 다 말하리라"(신 18:17~18)

"그 후에는 이스라엘에 모세와 같은 선지자가 일어나지 못하였나니 모세는 여호와께서 대면하여 아시던 자요"(신 34:10)

그리고 다음은 제사장 나라의 마지막 선지자 세례 요한에 관한 예수님의 말씀입니다.

"그러면 너희가 어찌하여 나갔더냐 선지자를 보기 위함이었더냐 옳다

내가 너희에게 이르노니 선지자보다 더 나은 자니라"(마 11:9)

"모든 선지자와 율법이 예언한 것은 요한까지니"(마 11:13)

이처럼 모세로부터 세례 요한까지 제사장 나라의 모든 선지자는 하나님의 말씀을 대언하는 '대언자'이자 하나님과 이스라엘 백성들 사이에서 '중보자'의 역할을 담당했습니다. 선지자가 하나님과 이스라엘 백성들 사이에서 중보자 역할을 담당하게 된 것은 출애굽한 이스라엘 백성들이 시내산에서 하나님의 음성을 직접 듣고 죽을까 하여 두려워했기 때문이었습니다.

이스라엘 백성들이 모세를 통해 하나님께 중보자를 요청하자 하나님께서 이스라엘 백성들의 요구를 들어주셔서 모세를 하나님과 이스라엘 백성들 사이의 선지자로 세우신 것입니다.

"이것이 곧 네가 총회의 날에 호렙 산에서 네 하나님 여호와께 구한 것이라 곧 네가 말하기를 내가 다시는 내 하나님 여호와의 음성을 듣지 않게 하시고 다시는 이 큰 불을 보지 않게 하소서 두렵건대 내가 죽을까 하나이다 하매 여호와께서 내게 이르시되 그들의 말이 옳도다"(신 18:16~17)

이는 이후 예수님께서 하나님과 우리 모든 인생 사이에 중보자 되심의 예표가 됩니다. 하나님께서는 모세를 통해 만나세대들에게 선지자에 대해 가르쳐주시며 동시에 거짓 선지자들에 대해서도 미리 경고의 말씀을 해주십니다.

거짓 선지자들에 관한 하나님의 말씀입니다.

"만일 어떤 선지자가 내가 전하라고 명령하지 아니한 말을 제 마음대로 내 이름으로 전하든지 다른 신들의 이름으로 말하면 그 선지자는 죽임을 당하리라 하셨느니라"(신 18:20)

"여호와께서 말씀하셨다고 하는 자들이 허탄한 것과 거짓된 점괘를 보며 사람들에게 그 말이 확실히 이루어지기를 바라게 하거니와 그들은 여호와가 보낸 자가 아니라"(겔 13:6)

"이들은 예루살렘에 대하여 예언하기를 평강이 없으나 평강의 묵시를 보았다고 하는 이스라엘의 선지자들이니라 주 여호와의 말씀이니라"(겔 13:16)

하나님의 경고대로 예레미야 선지자가 하나님의 말씀을 대언할 때에 거짓 선지자 하나냐가 나타나 거짓 예언으로 이스라엘 백성들을 미혹합니다.

"선지자 하나냐가 선지자 예레미야의 목에서 멍에를 빼앗아 꺾고 모든 백성 앞에서 하나냐가 말하여 이르되 여호와께서 이와 같이 말씀하시니라 내가 이 년 안에 모든 민족의 목에서 바벨론의 왕 느부갓네살의 멍에를 이와 같이 꺾어 버리리라 하셨느니라 하매 선지자 예레미야가 자기의 길을 가니라"(렘 28:10~11)

"선지자 예레미야가 선지자 하나냐에게 이르되 하나냐여 들으라 여호와께서 너를 보내지 아니하셨거늘 네가 이 백성에게 거짓을 믿게 하는도다"(렘 28:15)

이후에 우리 예수님께서는 율법과 선지자를 완전하게 하러 왔음을 말씀하십니다.

"내가 율법이나 선지자를 폐하러 온 줄로 생각하지 말라 폐하러 온 것이 아니요 완전하게 하려 함이라"(마 5:17)

예수님 당시의 사람들은 예수님을 하나님의 말씀을 대언하는 선지자로 알았고 예수님께서도 스스로를 선지자라고 말씀하신 적이 있습니다.

"빌립이 나다나엘을 찾아 이르되 모세가 율법에 기록하였고 여러 선지자가 기록한 그이를 우리가 만났으니 요셉의 아들 나사렛 예수니라"(요 1:45)

"예수께서 그들에게 이르시되 선지자가 자기 고향과 자기 친척과 자기 집 외에서는 존경을 받지 못함이 없느니라"(막 6:4)

"무리가 이르되 갈릴리 나사렛에서 나온 선지자 예수라 하니라"(마 21:11)

이렇게 성경에 나타나는 선지자 이야기는 모세로부터 세례 요한까지, 그리고 율법과 선지자의 완성은 우리 예수님에게서 마침내 이루어집니다.

● 두 번째 포인트
벌목하는 도중 도끼가 자루에서 빠져 이웃을 죽게 한 경우 도피성으로 피해야 합니다.

모세는 만나세대들에게 선지자 이야기를 다 말해주고 이어서 다시 도피성 이야기를 총정리해줍니다. 모세는 요단 동편 땅 분배 때에 이미 요단 동편에 있는 도피성 세 곳을 정해주었습니다.

"그 때에 모세가 요단 이쪽 해 돋는 쪽에서 세 성읍을 구별하였으니 이는 과거에 원한이 없이 부지중에 살인한 자가 그 곳으로 도피하게 하기 위함이며 그 중 한 성읍으로 도피한 자가 그의 생명을 보전하게 하기 위함이라 하나는 광야 평원에 있는 베셀이라 르우벤 지파를 위한 것이요 하나는 길르앗 라못이라 갓 지파를 위한 것이요 하나는 바산 골란이라 므낫세 지파를 위한 것이었더라"(신 4:41~43)

그리고 이제 요단을 건너가 요단 서편에서도 도피성 세 곳을 정해야 하기 때문에 모세가 또다시 도피성을 강조하는 것입니다.

"너희가 줄 성읍 중에 여섯을 도피성이 되게 하되 세 성읍은 요단 이쪽에 두고 세 성읍은 가나안 땅에 두어 도피성이 되게 하라 이 여섯 성읍은 이스라엘 자손과 타국인과 이스라엘 중에 거류하는 자의 도피성이 되리니 부지중에 살인한 모든 자가 그리로 도피할 수 있으리라 만일 철 연장으로 사람을 쳐죽이면 그는 살인자니 그 살인자를 반드시 죽일 것이요"(민 35:13~16)

모세는 도피성에 관한 규례를 설명하면서 한 예로 도끼가 자루에서 빠져 그의 이웃을 맞춰 죽게 한 경우를 말합니다.

"살인자가 그리로 도피하여 살 만한 경우는 이러하니 곧 누구든지 본래 원한이 없이 부지중에 그의 이웃을 죽인 일, 가령 사람이 그 이웃과 함께 벌목하러 삼림에 들어가서 손에 도끼를 들고 벌목하려고 찍을 때에 도끼가 자루에서 빠져 그의 이웃을 맞춰 그를 죽게 함과 같은 것이라 이런 사람은 그 성읍 중 하나로 도피하여 생명을 보존할 것이니라" (신 19:4~5)

도피성은 이처럼 고의가 아닌 부지중에 사고로 사람을 죽였을 경우 도피하여 생명을 건지는 곳이었습니다. 그러나 도피성에 고의적 살인자가 들어오면 성읍 장로들이 판단하여 그를 처벌해야 했습니다.

"만일 어떤 사람이 그의 이웃을 미워하여 엎드려 그를 기다리다가 일어나 상처를 입혀 죽게 하고 이 한 성읍으로 도피하면 그 본 성읍 장로들이 사람을 보내어 그를 거기서 잡아다가 보복자의 손에 넘겨 죽이게 할 것이라 네 눈이 그를 긍휼히 여기지 말고 무죄한 피를 흘린 죄를 이스라엘에서 제하라 그리하면 네게 복이 있으리라"(신 19:11~13)

하나님께서 제사장 나라에 주신 이러한 율법의 조항들은 너무나도 합리적이고 이성적으로 억울한 사람이 없도록 철저하게 배려해주신 참으로 아름다운 법입니다.

● 세 번째 포인트

재판 때 위증하는 자는 '눈에는 눈으로 이에는 이로' 처벌받습니다.

우리가 성경에서 오해하는 내용 가운데 하나가 바로 '눈에는 눈으로 이에는 이'라는 말씀입니다. 그런데 이 율법의 조항은 동형 보복을 목적으로 하는 것이 아니라 동형 예방을 목적으로 하는 법입니다.

내 눈이 소중한 만큼 남의 눈도 소중히 여기고 내 이가 소중한 만큼 남의 이도 소중히 여기라는 것입니다. 그런데 '눈에는 눈 이에는 이' 동형법으로 적용되는 사안은 바로 '위증의 죄'일 때에 그렇습니다. 모든 재판에서 증인의 역할은 진실을 밝히는 데 매우 중요합니다. 때문에 증인은 절대 위증해서는 안 됩니다.

제사장 나라의 율법은 사형을 확정할 때 반드시 두 명 이상의 증인이 있어야 합니다.

"사람의 모든 악에 관하여 또한 모든 죄에 관여하는 한 증인으로만 정할 것이 아니요 두 증인의 입으로나 또는 세 증인의 입으로 그 사건을 확정할 것이며 만일 위증하는 자가 있어 어떤 사람이 악을 행하였다고 말하면 그 논쟁하는 쌍방이 같이 하나님 앞에 나아가 그 당시의 제사장과 재판장 앞에 설 것이요"(신 19:15~17)

그리고 이를 다른 범죄에도 확대시킵니다.

"사람을 죽인 모든 자 곧 살인한 자는 증인들의 말을 따라서 죽일 것이나 한 증인의 증거만 따라서 죽이지 말 것이요"(민 35:30)

하나님께서는 전쟁도 하나님께 속해 있고 재판도 하나님께 속해 있다고 말씀하십니다. 때문에 하나님께서는 공정한 재판에 큰 관심을 가지고 계십니다. 하나님께서는 제사장 나라에서의 모든 재판은 반드시 공의로워야 함을 강조합니다. 그러므로 하나님께서는 제사장과 재판장이 재판의 내용을 자세히 살피라고 말씀하십니다.

"그 논쟁하는 쌍방이 같이 하나님 앞에 나아가 그 당시의 제사장과 재판장 앞에 설 것이요 재판장은 자세히 조사하여 그 증인이 거짓 증거하여 그 형제를 거짓으로 모함한 것이 판명되면 그가 그의 형제에게 행하려고 꾀한 그대로 그에게 행하여 너희 중에서 악을 제하라 그리하면 그 남은 자들이 듣고 두려워하여 다시는 그런 악을 너희 중에서 행하지 아니하리라 네 눈이 긍휼히 여기지 말라 생명에는 생명으로, 눈에는 눈으로, 이에는 이로, 손에는 손으로, 발에는 발로이니라"(신 19:17~21)

그런데 성경에는 생각 이상으로 불의한 재판 이야기가 많이 나옵니다. 크게 두 가지 예만 들어보면 다음과 같습니다.

첫 번째 예는 나봇의 포도원 재판에서 거짓 증인을 세운 이야기입니다.

"불량자 두 사람을 그의 앞에 마주 앉히고 그에게 대하여 증거하기를 네가 하나님과 왕을 저주하였다 하게 하고 곧 그를 끌고 나가서 돌로 쳐죽이라 하였더라"(왕상 21:10)

두 번째 예는 스데반 재판에서 거짓 증인을 세운 이야기입니다.

"사람들을 매수하여 말하게 하되 이 사람이 모세와 하나님을 모독하는 말을 하는 것을 우리가 들었노라 하게 하고 백성과 장로와 서기관들을 충동시켜 와서 잡아가지고 공회에 이르러 거짓 증인들을 세우니 이르되 이 사람이 이 거룩한 곳과 율법을 거슬러 말하기를 마지 아니하는도다"(행 6:11~13)

하나님께서는 이런 거짓 증인들을 경계하시며 그들에게는

반드시 '눈에는 눈으로 이에는 이로' 엄한 처벌을 내리라고 말씀하셨던 것입니다.

● 네 번째 포인트

마음에 겁내는 군인은 집으로 돌려보냅니다.

우리는 겁내는 군인을 집으로 돌려보내는 이야기하면 곧바로 기드온과 300용사 이야기가 떠오릅니다.

"이제 너는 백성의 귀에 외쳐 이르기를 누구든지 두려워 떠는 자는 길르앗 산을 떠나 돌아가라 하라 하시니 이에 돌아간 백성이 이만 이천 명이요 남은 자가 만 명이었더라"(삿 7:3)

그런데 이 이야기의 원조(?)는 사사 시대의 기드온 때가 아닙니다. 바로 모세와 만나세대들이 이 이야기의 시작입니다. 〈신명기〉의 기록을 보겠습니다.

"책임자들은 또 백성에게 말하여 이르기를 두려워서 마음이 허약한 자가 있느냐 그는 집으로 돌아갈지니 그의 형제들의 마음도 그의 마음과 같이 낙심될까 하노라 하고"(신 20:8)

전쟁에 임하는 군인은 하나님께서 함께하심을 믿고 겁내거나 두려워하지 말아야 합니다. 이스라엘 백성들은 출애굽할 때 홍해 길에서 하나님이 싸우신 것을 보았습니다.

"모세가 백성에게 이르되 너희는 두려워하지 말고 가만히 서서 여호와께서 오늘 너희를 위하여 행하시는 구원을 보라"(출 14:13)

'여호와의 군대' 이스라엘 군인들이 전쟁에 임하는 자세는 하나님께서 함께하심을 믿는 것입니다.

"이스라엘아 들으라 너희가 오늘 너희의 대적과 싸우려고 나아왔으니 마음에 겁내지 말며 두려워하지 말며 떨지 말며 그들로 말미암아 놀라지 말라 너희 하나님 여호와는 너희와 함께 행하시며 너희를 위하여 너희 적군과 싸우시고 구원하실 것이라"(신 20:3~4)

이스라엘은 군인들도 용감했지만 더 놀라운 사실은 전쟁의 선봉에 서는 '제사장들'이 용감했다는 것입니다. 군인들은 칼과 창과 방패로 무장한 사람들입니다. 그런데 제사장들은 어떤 무기도 손에 들지 않았음에도 전쟁에 나가야 하는 자들이었습니다.

미디안과의 전쟁 때에 모세가 제사장들에게 내린 명령은 다음과 같습니다.

"모세가 각 지파에 천 명씩 싸움에 보내되 제사장 엘르아살의 아들 비느하스에게 성소의 기구와 신호 나팔을 들려서 그들과 함께 전쟁에 보내매"(민 31:6)

모세의 뒤를 이른 여호수아가 이스라엘의 지도자가 되어 치른 여리고성 전쟁 때의 모습을 보십시오.

"제사장 일곱은 양각 나팔 일곱을 잡고 여호와의 궤 앞에서 계속 행진하며 나팔을 불고 무장한 자들은 그 앞에 행진하며 후군은 여호와의 궤 뒤를 따르고 제사장들은 나팔을 불며 행진하니라"(수 6:13)

모세는 전쟁을 두려워하여 형제들까지도 낙심하게 하는 자는 집으로 돌아가 전쟁에 참여하지 않게 했습니다. 반면, 전쟁을 참여하고자 하나 다음과 같은 형편에 처한 자들은 율법의 규례에 따라 전쟁에서 면제해주었습니다.

첫째, 새 집을 건축하고 낙성식을 행하지 못한 자(신 20:5)

둘째, 포도원을 만들고 그 과실을 먹지 못한 자(신 20:6)

셋째, 약혼하고 그와 결혼하지 못한 자(신 20:7)

넷째, 두려워서 마음이 허약한 자(신 20:8)

다섯째, 결혼하고 1년이 지나지 않은 자(신 24:5)

여섯째, 다른 임무를 맡은 레위 지파(민 1:49)

제사장 나라 율법의 규례들과 법률들은 참으로 크고 튼튼하면서도 이렇게 세심하고 배려 깊다는 것을 발견하게 됩니다.

● 다섯 번째 포인트

모세는 하나님의 눈빛이 어느 곳을 향하고 있는지 섬세하게 말합니다.

하나님의 관심은 전쟁, 부지불식간의 살인, 공정한 재판과 같은 일뿐 아니라 삶의 디테일(detail)한 부분까지도 있습니다.

> "공중의 새를 보라 심지도 않고 거두지도 않고 창고에 모아들이지도 아니하되 너희 하늘 아버지께서 기르시나니 너희는 이것들보다 귀하지 아니하냐"(마 6:26)
>
> "오늘 있다가 내일 아궁이에 던져지는 들풀도 하나님이 이렇게 입히시거든 하물며 너희일까보냐 믿음이 작은 자들아"(마 6:30)

이처럼 공중 나는 새들까지도 거두시는 하나님께서는 인간의 삶의 작은 부분들까지도 세심하게 챙기고 살펴주십니다. 가령, 어느 날 죽은 자를 발견했을 때 그의 신원이 파악되지 않은 경우의 규례는 다음과 같습니다(신 21:1~9).

첫째, 피살자 위치에서 가까운 성읍 장로들과 재판장이 이 사건을 담당합니다.

둘째, 멍에 메지 아니한 암송아지를 준비합니다.

셋째, 암송아지의 목을 물이 흐르고 씨 뿌린 일 없는 골짜기에서 꺾습니다.

넷째, 이때 제사장들이 참관합니다.

다섯째, 장로들은 목을 꺾은 암송아지 위에 손을 씻습니다.

여섯째, 이때 "우리의 눈이 이것을 보지도 못하였나이다"라고 말합니다.

일곱째, 무죄한 피가 이스라엘 중에 머물지 않기를 기도합니다.

또 하나, 두 아내를 둔 가정에서 일어난 일에 대해서는 다음과 같은 규례를 적용해야 합니다.

> "어떤 사람이 두 아내를 두었는데 하나는 사랑을 받고 하나는 미움을 받다가 그 사랑을 받는 자와 미움을 받는 자가 둘 다 아들을 낳았다 하자 그 미움을 받는 자의 아들이 장자이면 자기의 소유를 그의 아들들에게 기업으로 나누는 날에 그 사랑을 받는 자의 아들을 장자로 삼아 참 장자 곧 미움을 받는 자의 아들보다 앞세우지 말고 반드시 그 미움을 받는 자의 아들을 장자로 인정하여 자기의 소유에서 그에게는 두 몫을 줄 것이니 그는 자기의 기력의 시작이라 장자의 권리가 그에게 있음이니라"(신 21:15~17)

이처럼 하나님의 관심은 하나님의 형상을 닮은 우리 인간들의 삶의 모든 부분에 있습니다. 하나님께서는 우리 인생들이 이 세상을 사는 동안 어떻게 해서든지 작은 부분들까지도 서로 배려하며 품위 있게 살기를 바라십니다.

다윗이 왜 여호와의 율법을 그토록 찬양했는지 신명기의 모든 말씀들을 통해 고개가 끄덕여집니다.

"여호와의 율법은 완전하여 영혼을 소성시키며 여호와의 증거는 확실하여 우둔한 자를 지혜롭게 하며 여호와의 교훈은 정직하여 마음을 기쁘게 하고 여호와의 계명은 순결하여 눈을 밝게 하시도다 여호와를 경외하는 도는 정결하여 영원까지 이르고 여호와의 법도 진실하여 다 의로우니 금 곧 많은 순금보다 더 사모할 것이며 꿀과 송이꿀보다 더 달도다"(시 19:7~10)

모세의 인생이 참으로 복되고, 참으로 행복한 인생이었다는 생각이 듭니다. 하나님의 마음과 하나님의 눈길이 머무는 곳에 모세의 마음과 모세의 눈길이 머물렀으니 말입니다.

하나님의 말씀은 정말 세상에 없는 굿뉴스 중에 굿뉴스입니다.

66일

태형은 40대까지 (신 22~26장)

애피타이저 APPETIZER

모세는 두 번째 역사 특강을 마무리하면서 제사장 나라의 거룩한 시민들의 삶의 관계에 대해 가르칩니다. 예를 들어 모세는 제사장 나라 거룩한 시민은 형제의 가축이 길을 잃은 것을 보면 그것을 끌어다가 형제에게 돌려주는 일까지도 행하는 공동체라고 가르칩니다.

이렇게 모세는 자신이 없이 약속의 땅 가나안에 들어갈 만나 세대들의 세세한 일상의 삶까지도 교육하며 이스라엘 백성들이 제사장 나라 거룩한 시민으로 부족함이 없도록 정성을 다해 가르치고 있습니다.

성경통독 BIBLETONGDOK

《일년일독 통독성경》 신명기 22~26장

통通으로 숲이야기 ; 통숲 TONG OBSERVATION

● 첫 번째 포인트

제사장 나라의 거룩한 시민은 이웃의 소가 길에 넘어졌을 때 그 소가 일어나도록 함께 도와주어야 합니다.

모세는 만나세대들에게 제사장 나라 거룩한 시민의 이웃과의 관계에 대해 가르치며 다음과 같은 예를 들어주었습니다.

"네 형제의 소나 양이 길 잃은 것을 보거든 못 본 체하지 말고 너는 반드시 그것들을 끌어다가 네 형제에게 돌릴 것이요 네 형제가 네게서 멀거나 또는 네가 그를 알지 못하거든 그 짐승을 네 집으로 끌고 가서 네 형제가 찾기까지 네게 두었다가 그에게 돌려 줄지니 나귀라도 그리하고 의복이라도 그리하고 형제가 잃어버린 어떤 것이든지 네가 얻거든 다 그리하고 못 본 체하지 말 것이며 네 형제의 나귀나 소가 길에 넘어진

것을 보거든 못 본 체하지 말고 너는 반드시 형제를 도와 그것들을 일으킬지니라"(신 22:1~4)

이렇게 하나님께서는 모세를 통해 이스라엘 백성들이 가나안에 들어가 사는 가운데 제사장 나라 시민들 관계에서 일어나게 될 일상의 소소한 일들까지도 삶의 방법을 제시해주셨습니다.

하나님께서는 그것이 진정한 이웃 사랑이라고 가르쳐주셨습니다. 그리고 더 나아가 하나님께서 이웃과의 관계에 대해 세밀하게 정해주신 '포도와 이삭' 이야기는 참으로 구체적입니다. 배고픈 이웃에게 긍휼을 베푸는 규례로 나그네는 배가 고플 때 포도와 이삭을 그냥 따 먹어도 되게 하셨습니다. 단, 그릇에 포도를 담지는 못하게 하셨습니다.

"네 이웃의 포도원에 들어갈 때에는 마음대로 그 포도를 배불리 먹어도 되느니라 그러나 그릇에 담지는 말 것이요 네 이웃의 곡식밭에 들어갈 때에는 네가 손으로 그 이삭을 따도 되느니라 그러나 네 이웃의 곡식밭에 낫을 대지는 말지니라"(신 23:24~25)

● 두 번째 포인트

제사장 나라에서 '노예'는 소중하게 돌보아야 할 이웃입니다.

이는 사도 바울이 오네시모의 도피성이 된 이유이기도 합니다. 하나님께서는 모세를 통해 제사장 나라에서 '종에 관한 규례'들을 다음과 같이 말씀해주셨습니다.

"종이 그의 주인을 피하여 네게로 도망하거든 너는 그의 주인에게 돌려주지 말고 그가 네 성읍 중에서 원하는 곳을 택하는 대로 너와 함께 네 가운데에 거주하게 하고 그를 압제하지 말지니라"(신 23:15~16)

하나님께서는 도망 나온 종에 대한 규례로 도망 나온 종은 주인에게 돌려보내지 말고 자유를 주라고 말씀하셨습니다.

이는 이후 로마 제국의 '도망 나온 종을 주인이 죽이는 법'과 정면으로 배치되는 법이라 할 수 있습니다. 제사장 나라에서의 노예에 대한 관점이 다른 민족들과 확연히 다름을 보여줍니다.

"그들은 내가 애굽 땅에서 인도하여 낸 내 종들이니 종으로 팔지 말 것이라 너는 그를 엄하게 부리지 말고 네 하나님을 경외하라"(레 25:42~43)

더 나아가 도망 나온 종에 대한 제사장 나라의 규례는 도피성을 만든 개념과 같은 이치라 할 수 있습니다. 그런 의미에서 도망 나온 종 오네시모에게는 사도 바울이 자신의 도피성이었습니다. 바울이 오네시모의 주인 빌레몬에게 말합니다.

"그를 내게 머물러 있게 하여 내 복음을 위하여 갇힌 중에서 네 대신 나

를 섬기게 하고자 하나"(몬 1:13)

제사장 나라 헌법 제1조 1항을 "나는 너를 애굽 땅, 종 되었던 집에서 인도하여 낸 네 하나님 여호와니라"(출 20:2)라고 정해주신 하나님께서는 도망 나온 종에 대해서는 자유를 주라고 법으로 정해주시며 사람이 사람을 노예로 부리는 일에 대해 적극적으로 하지 못하게 하셨습니다.

● 세 번째 포인트

하나님께서는 고아의 아버지시며 과부의 재판장이십니다.

하나님께서는 모세를 통해 제사장 나라의 거룩한 시민들의 이웃과의 관계에 대한 규례들을 다음과 같이 다시 말씀해주십니다.

첫째, 품꾼을 학대하지 말 것

둘째, 품삯은 당일에 주고 미루지 말 것

셋째, 연대 처벌을 금지할 것

넷째, 객이나 고아의 송사를 억울하게 하지 말 것

다섯째, 과부의 옷을 전당 잡지 말 것

여섯째, 밭에서 곡식 벨 때나, 감람나무를 떨 때, 포도를 딸 때 나그네와 고아와 과부를 위해 남겨둘 것 하나님께서는 이스라엘 백성들에게 그들이 애굽 땅에서 종이었던 사실을 잊지 말고 늘 기억하라고 말씀하십니다. 그래서 약자들을 더욱 잘 지키고 보호해주라고 말씀하십니다.

"네가 밭에서 곡식을 벨 때에 그 한 뭇을 밭에 잊어버렸거든 다시 가서 가져오지 말고 나그네와 고아와 과부를 위하여 남겨두라 그리하면 네 하나님 여호와께서 네 손으로 하는 모든 일에 복을 내리시리라 네가 네 감람나무를 떤 후에 그 가지를 다시 살피지 말고 그 남은 것은 객과 고아와 과부를 위하여 남겨두며 네가 네 포도원의 포도를 딴 후에 그 남은 것을 다시 따지 말고 객과 고아와 과부를 위하여 남겨두라 너는 애굽 땅에서 종 되었던 것을 기억하라 이러므로 내가 네게 이 일을 행하라 명령하노라"(신 24:19~22)

하나님께서는 한 걸음 더 나아가 약자들에 대한 배려를 다음과 같이 말씀하십니다.

"그의 거룩한 처소에 계신 하나님은 고아의 아버지시며 과부의 재판장이시라"(시 68:5)

"너는 과부나 고아를 해롭게 하지 말라 네가 만일 그들을 해롭게 하므로 그들이 내게 부르짖으면 내가 반드시 그 부르짖음을 들으리라"(출 22:22~23)

또한 하나님께서는 가난한 자의 전당물로 겉옷을 받게 될 때에는 그날의 해를 넘기지 말라고 말씀하십니다. 그것은 그들의 생활필수품이기 때문입니다.

> "네가 만일 이웃의 옷을 전당 잡거든 해가 지기 전에 그에게 돌려보내라 그것이 유일한 옷이라 그것이 그의 알몸을 가릴 옷인즉 그가 무엇을 입고 자겠느냐 그가 내게 부르짖으면 내가 들으리니 나는 자비로운 자임이니라"(출 22:26~27)
>
> "해 질 때에 그 전당물을 반드시 그에게 돌려줄 것이라 그리하면 그가 그 옷을 입고 자며 너를 위하여 축복하리니 그 일이 네 하나님 여호와 앞에서 네 공의로움이 되리라"(신 24:13)

이처럼 제사장 나라의 율법을 통해 알 수 있는 것은 하나님의 관심이 언제나 약자들과 가난한 자들에게 있다는 것입니다.

● 네 번째 포인트

태형은 40대까지, 그래서 보통 40대에서 하나 감한 매를 때립니다.

하나님께서는 제사장 나라의 재판에 대해 재판장이 의인과 악인을 판결하고 악인에게 태형의 판결이 내려지면 재판장 앞에서 그를 40대까지만 때리라고 명령하셨습니다. 이는 처벌할 때, 처벌받는 형제가 경히 여김을 받지 않도록 존중하는 것이었습니다. 그리고 만약 죄인이라 할지라도 40대 그 이상을 때릴 경우에는 때린 사람이 처벌을 받아야 했습니다. 그래서 보통 39대까지만 때렸습니다.

"사람들 사이에 시비가 생겨 재판을 청하면 재판장은 그들을 재판하여 의인은 의롭다 하고 악인은 정죄할 것이며 악인에게 태형이 합당하면 재판장은 그를 엎드리게 하고 그 앞에서 그의 죄에 따라 수를 맞추어 때리게 하라 사십까지는 때리려니와 그것을 넘기지는 못할지니 만일 그것을 넘겨 매를 지나치게 때리면 네가 네 형제를 경히 여기는 것이 될까 하노라"(신 25:1~3)

이와 같은 이유로 사도 바울이 유대인들에게 '40에서 하나 감한 매'를 다섯 번 맞았다고 말합니다. 유대인들이 39대 매를 친 이유는 혹시 착오로 40대를 넘겨 매를 치지 않을까 하여 오히려 39대에서 멈추는 것이 그들의 관습이 되었기 때문입니다.

"유대인들에게 사십에서 하나 감한 매를 다섯 번 맞았으며"(고후 11:24)

어쨌든 유대인의 채찍은 사도 바울의 경우처럼 40대만 때리도록 율법으로 정해진 반면 예수님께서 십자가에 달리시기 전, 로마 군인들에게 맞으신 채찍은 유대의 채찍과 달랐습니다. 이는 로마 제국이 죄수들에게 최대한의 수치와 육체적 고통을 주기 위해 특별히 만든 '어마무시'한 채찍이었습니다.

로마 제국의 채찍은 가죽 채찍에 쇳조각이나 동물의 뼛조각을 붙여 죄수가 심각한 창상을 입도록 고안되었던 것입니다. 그래서 로마 제국의 채찍에 심하게 맞으면 살점이 떨어져 나오기도 하고 혈관이나 동맥이 절단되기도 했으며, 심지어 눈이 튀어나오기까지 했습니다.

예수님께서는 십자가를 지시기 전, 로마 제국의 극악무도한 죄인들이 맞는 그 무서운 채찍에 맞으셨던 것입니다.

● 다섯 번째 포인트

제사장 나라의 언약을 지키면, 하나님께서 '모든 민족' 위에 뛰어나게 하실 것입니다.

모세의 두 번째 역사 특강의 결론은 다음과 같습니다.

"오늘 네 하나님 여호와께서 이 규례와 법도를 행하라고 네게 명령하시나니 그런즉 너는 마음을 다하고 뜻을 다하여 지켜 행하라 네가 오늘 여호와를 네 하나님으로 인정하고 또 그 도를 행하고 그의 규례와 명령과 법도를 지키며 그의 소리를 들으리라 확언하였고 여호와께서도 네게 말씀하신 대로 오늘 너를 그의 보배로운 백성이 되게 하시고 그의 모든 명령을 지키라 확언하셨느니라 그런즉 여호와께서 너를 그 지으신 모든 민족 위에 뛰어나게 하사 찬송과 명예와 영광을 삼으시고 그가 말씀하신 대로 너를 네 하나님 여호와의 성민이 되게 하시리라"(신 26:16~19)

이같이 모세의 두 번째 역사 특강의 핵심은 마음을 다하고 뜻을 다하여 하나님의 규례와 명령과 법도를 지키면 놀랍게도 하나님께서 그들을 보배로운 백성이 되게 하신다는 것입니다.

한편, 하나님께서 명령하신 이스라엘과 다른 민족과의 관계는 다음과 같습니다.

첫째, '아말렉은 처벌하라'는 것입니다.

"너희는 애굽에서 나오는 길에 아말렉이 네게 행한 일을 기억하라 곧 그들이 너를 길에서 만나 네가 피곤할 때에 네 뒤에 떨어진 약한 자들을 쳤고 하나님을 두려워하지 아니하였느니라 그러므로 네 하나님 여호와께서 네게 기업으로 주어 차지하게 하시는 땅에서 네 하나님 여호와께서 사방에 있는 모든 적군으로부터 네게 안식을 주실 때에 너는 천하에서 아말렉에 대한 기억을 지워버리라 너는 잊지 말지니라"(신 25:17~19)

아말렉에 대한 하나님의 이 명령은 다윗 때에 실행됩니다.

"다윗과 그의 사람들이 올라가서 그술 사람과 기르스 사람과 아말렉 사람을 침노하였으니 그들은 옛적부터 술과 애굽 땅으로 지나가는 지방의 주민이라 다윗이 그 땅을 쳐서 남녀를 살려두지 아니하고 양과 소와 나귀와 낙타와 의복을 빼앗아 가지고 돌아와 아기스에게 이르매"(삼상 27:8~9)

그리고 또한 에스더 때 아말렉 자손 아각 사람 하만의 위협을 물리치고 아말렉은 완전히 진멸됩니다.

"아하수에로 왕의 각 지방에서 아달월 곧 십이월 십삼일 하루 동안에 하게 하였고 이 조서 초본을 각 지방에 전하고 각 민족에게 반포하고 유다인들에게 준비하였다가 그 날에 대적에게 원수를 갚게 한지라"(에 8:12~13)

둘째, '에돔과 애굽 사람을 미워하지 말라'는 것입니다.

"너는 에돔 사람을 미워하지 말라 그는 네 형제임이니라 애굽 사람을 미워하지 말라 네가 그의 땅에서 객이 되었음이니라 그들의 삼 대 후 자손은 여호와의 총회에 들어올 수 있느니라"(신 23:7~8)

하나님께서는 아말렉은 반드시 쳐서 멸하라고 말씀하시고 에돔과 애굽 사람은 할례를 받고 개종한 경우, 조상들의 죗값을 치른 대수 곧, 3대를 지나서 이스라엘의 총회에 들어오게 해주셨습니다.

모세의 두 번째 역사 특강이 끝이 났습니다. 주의 말씀이 정말 '꿀송이'보다 답니다. 건전한 공동체를 유지할 수 있는 힘은 결국 올바른 관계에서 나옵니다. 하나님께서 이스라엘에게 요구하시는 이웃 사랑의 수준은 참으로 놀랍습니다.

합당한 원칙이 지켜지는 사회, 이웃의 필요를 먼저 알고 채워 주는 공동체라면 하나님께서 원하시는 '거룩'의 수준에 미칠 수 있을 것입니다.

67일

언약에 따른 복과 저주 (신 27~28장)

애피타이저 APPETIZER

모세는 만나세대들에게 약속의 땅 가나안에 들어가서 가장 먼저 해야 할 일을 정해줍니다. 만나세대들은 요단강을 건너 가나안에 들어가자마자 그곳에서 큰 돌을 세우고 그 돌에 율법을 기록해야 합니다. 그리고 제단을 쌓고 하나님께 번제와 화목제를 드려야 합니다.

그 후에 만나세대들이 해야 할 일은 이스라엘의 열두 지파가 각각 여섯 지파씩 나누어 그리심산에서는 축복의 말씀에 화답을 하고 에발산에서는 저주의 말씀에 화답을 해야 했습니다. 이는 복과 저주의 갈림길이 하나님의 말씀이라는 기준을 확인하는 제사장 나라 이스라엘의 매우 중요한 퍼포먼스였습니다.

여기서 하나님께서 모세를 통해 신명기 27장과 28장 말씀을 주신 이유는 제사장 나라 이스라엘의 '곧 가까운 미래'와 '긴 미래'를 보여주시기 위함이었습니다.

성경통독 BIBLETONGDOK

《일년일독 통독성경》 신명기 27~28장

통通으로 숲이야기 ; 통숲 TONG OBSERVATION

● 첫 번째 포인트

이제 곧 가나안에 들어가서 가장 먼저 행할 일은 '에발산에서의 감사 제사'입니다.

만나세대들이 가나안에 들어가서 가장 먼저 해야 할 일은 에발산에서 하나님께 '감사 제사'를 드리는 일입니다. 에발산에서 하나님께 '감사 제사'를 드리는 방법은 첫째, 에발산에 큰 돌들을 세우고 석회를 바르고, 율법을 기록합니다.

"너희가 요단을 건너 네 하나님 여호와께서 네게 주시는 땅에 들어가는 날에 큰 돌들을 세우고 석회를 바르라 요단을 건넌 후에 이 율법의 모든 말씀을 그 위에 기록하라 그리하면 네 하나님 여호와께서 네게 주시는 땅 곧 젖과 꿀이 흐르는 땅에 네가 들어가기를 네 조상들의 하나님 여호와께서 네게 말씀하신 대로 하리라 너희가 요단을 건너거든 내가 오늘 너희에게 명령하는 이 돌들을 에발 산에 세우고 그 위에 석회를 바를 것이며"(신 27:2~4)

둘째, 돌단을 쌓아 하나님께 번제와 화목제를 드립니다. 하나님께 올려드리는 번제는 생명 헌신을 맹세하는 제사입니다.

"그 예물이 소의 번제이면 흠 없는 수컷으로 회막 문에서 여호와 앞에 기쁘게 받으시도록 드릴지니라 그는 번제물의 머리에 안수할지니 그를 위하여 기쁘게 받으심이 되어 그를 위하여 속죄가 될 것이라"(레 1:3~4)

그리고 하나님께 올려드리는 화목제는 이웃과의 나눔을 맹세하는 제사입니다.

"감사함으로 드리는 화목제물의 고기는 드리는 그 날에 먹을 것이요 조금이라도 이튿날 아침까지 두지 말 것이니라"(레 7:15)

모세를 통한 하나님의 이 말씀은 여호수아 8장에서 그대로 시행됩니다.

● 두 번째 포인트

이제 곧 가나안에 가서 행할 일은 '그리심산'에서 순종을, '에발산'에서 불순종하지 않을 것을 맹세하는 것입니다.

만나세대들은 요단강을 건너 약속의 땅 가나안에 들어가 '에발산에서의 감사 제사'를 드리고 난 후, '그리심산'에서는 순종을, '에발산'에서는 불순종하지 않을 것을 맹세해야 합니다.

하나님께서는 이스라엘의 열두 지파를 둘로 나누어 여섯 지파는 그리심산에서 축복을, 또 다른 여섯 지파는 에발산에서 저주의 경고 말씀을 선포하라고 하십니다. 그리고 이때 백성들은 '아멘'으로 화답하라고 말씀하십니다. 그리심산에서 축복의 말씀을 전할 지파는 시므온, 레위, 유다, 잇사갈, 요셉, 베냐민 지파입니다. 그리고 에발산에서 저주의 경고 말씀을 전할 여섯 지파는 르우벤, 갓, 아셀, 스불론, 단, 납달리 지파입니다(신 27:11~13).

이스라엘 모든 백성은 특히 열두 번의 저주의 말씀에 열두 번의 아멘으로 화답해야 했습니다. 이는 하나님의 말씀을 더 깊이 새기기 위함입니다. 여기에서 '아멘'은 '확실하다', 그리고 '진실로 그러하다'라는 뜻입니다. 이렇게 하나님께서 만나세대들에게 축복과 저주 경고의 퍼포먼스를 하게 하시고 아멘으로 화답하게 하신 이유는 축복의 말씀뿐 아니라 저주를 경고해주는 모든 말씀이 그들에게 은혜이고 강한 결심을 촉구하는 원동력이 되기 때문입니다.

● 세 번째 포인트

레위기 26장과 신명기 28장은 제사장 나라의 '긴 미래' 이야기입니다.

레위기 26장은 모세가 출애굽세대에게 시내산에서 제사장 나라에서 있을 긴 미래의 복과 저주에 대해 가르친 내용이었습니다.

첫째, "너희가 내 규례와 계명을 준행하면"(레 26:3) 하나님께서 복을 내려주십니다.

둘째, "그러나 너희가 내게 청종하지 아니하여 이 모든 명령을 준행하지 아니하며"(레 26:14), 언약을 지키지 아니하면 하나님께 처벌을 받습니다.

그리고 신명기 28장은 '출애굽세대'에게 주셨던 레위기 26장의 말씀을 40년 만에 다시 모압 평지에서 '만나세대'에게 같은 말씀을 주신 것입니다.

첫째, 하나님께서 주신 모든 명령을 지켜 행하면 다음과 같은 복을 받을 것입니다.

"네가 네 하나님 여호와의 말씀을 삼가 듣고 내가 오늘 네게 명령하는 그의 모든 명령을 지켜 행하면 네 하나님 여호와께서 너를 세계 모든 민족 위에 뛰어나게 하실 것이라"(신 28:1)

둘째, 그러나 만일 하나님께서 주신 명령을 순종하지 아니하면 다음과 같은 저주를 받을 것입니다.

"네가 만일 네 하나님 여호와의 말씀을 순종하지 아니하여 내가 오늘 네게 명령하는 그의 모든 명령과 규례를 지켜 행하지 아니하면 이 모든 저주가 네게 임하며 네게 이를 것이니"(신 28:15)

안타깝게도 출애굽세대는 하나님의 이 말씀을 듣고도 순종하지 않음으로 하나님께서 주시는 복을 받지 못했습니다. 이제 '만나세대'가 들은 축복과 저주는 그들의 순종과 불순종에 달려 있습니다.

● 네 번째 포인트

제사장 나라 긴 미래의 '순종의 복'은 하나님의 약속입니다.

하나님께서 40년 전 출애굽세대에게 율법의 모든 규례와 법도를 지켜 행했을 때 '개인적으로 주실 복'에 대해 말씀하신 내용이 레위기 26장에 기록되어 있습니다.

"너희는 오래 두었던 묵은 곡식을 먹다가 새 곡식으로 말미암아 묵은 곡식을 치우게 될 것이며"(레 26:10)

그런데 지금 하나님께서는 신명기 28장을 통해 만나세대에게 레위기 26장에서 말씀하신 복에, 더한 복을 주겠다고 약속해 주십니다.

"네가 네 하나님 여호와의 말씀을 청종하면 이 모든 복이 네게 임하며 네게 이르리니 성읍에서도 복을 받고 들에서도 복을 받을 것이며 네 몸의 자녀와 네 토지의 소산과 네 짐승의 새끼와 소와 양의 새끼가 복을 받을 것이며 네 광주리와 떡 반죽 그릇이 복을 받을 것이며 네가 들어와도 복을 받고 나가도 복을 받을 것이니라"(신 28:2~6)

또한 하나님께서 출애굽세대에게 율법의 모든 규례와 법도를 지켜 행했을 때 '민족적으로 주실 복'에 대해 레위기 26장에서 다음과 같이 말씀하셨습니다.

"너희의 원수들을 쫓으리니 그들이 너희 앞에서 칼에 엎드러질 것이라 또 너희 다섯이 백을 쫓고 너희 백이 만을 쫓으리니 너희 대적들이 너희 앞에서 칼에 엎드러질 것이며"(레 26:7~8)

그런데 하나님께서는 신명기 28장을 통해 만나세대에게 레위기 26장에 말씀하신 복에, 더 큰 복을 더해 이스라엘 민족에게 주겠다고 약속해주십니다.

"여호와께서 너를 대적하기 위해 일어난 적군들을 네 앞에서 패하게 하시리라 그들이 한 길로 너를 치러 들어왔으나 네 앞에서 일곱 길로 도망하리라 여호와께서 명령하사 네 창고와 네 손으로 하는 모든 일에 복을 내리시고 네 하나님 여호와께서 네게 주시는 땅에서 네게 복을 주실 것이며 여호와께서 네게 맹세하신 대로 너를 세워 자기의 성민이 되게 하시리니 이는 네가 네 하나님 여호와의 명령을 지켜 그 길로 행할 것임이니라 땅의 모든 백성이 여호와의 이름이 너를 위하여 불리는 것을 보고 너를 두려워하리라 여호와께서 네게 주리라고 네 조상들에게 맹세하신 땅에서 네게 복을 주사 네 몸의 소생과 가축의 새끼와 토지의 소산을 많게 하시며 여호와께서 너를 위하여 하늘의 아름다운 보고를 여시사 네 땅에 때를 따라 비를 내리시고 네 손으로 하는 모든 일에 복을 주시리니 네가 많은 민족에게 꾸어줄지라도 너는 꾸지 아니할 것이요 여호와께서 너를 머리가 되고 꼬리가 되지 않게 하시며 위에만 있고 아래에 있지 않게 하시리니 오직 너는 내가 오늘 네게 명령하는 네 하나님 여호와의 명령을 듣고 지켜 행하며 내가 오늘 너희에게 명령하는 그 말씀을 떠나 좌로나 우로나 치우치지 아니하고 다른 신을 따라 섬기지 아니하면 이와 같으리라"(신 28:7~14)

복의 근원이 되시는 하나님께서는 광야 40년 훈련을 받은 만나세대에게 그들이 모세를 통해 주신 율법의 모든 규례와 법도를 지켜 행하면 40년 전 그들의 부모 세대들인 출애굽세대에게 약속해주셨던 복에 더 큰 복을 내려주겠다고 약속해주고 계십니다.

우리 인생들이 하나님께 복을 받는 길은 오직 하나님의 말씀을 알고, 믿고, 순종하고, 체험하고, 하나님께 영광 돌리는 것입니다. 이런 하나님의 사람이 영성의 사람입니다.

● 다섯 번째 포인트

제사장 나라 긴 미래의 '불순종의 처벌'은 하나님의 말씀입니다.

하나님께서 40년 전 출애굽세대에게 율법의 모든 규례와 법도를 지켜 행하지 않고 불순종했을 때 '개인적'으로 다음과 같은 징계를 받게 될 것이라고 레위기 26장을 통해 말씀해주셨습니다.

"내가 이같이 너희에게 행하리니 곧 내가 너희에게 놀라운 재앙을 내려 폐병과 열병으로 눈이 어둡고 생명이 쇠약하게 할 것이요 너희가 파종한 것은 헛되리니 너희의 대적이 그것을 먹을 것임이며"(레 26:16)

그런데 이제 하나님께서는 만나세대에게 율법의 모든 규례와 법도를 지켜 행하지 않고 불순종하면 그들의 부모 세대인 출애굽세대가 '개인적'으로 받을 징계에 더한 징계를 받게 될 것이라고 신명기 28장을 통해 말씀해주십니다.

"네가 성읍에서도 저주를 받으며 들에서도 저주를 받을 것이요 또 네 광주리와 떡 반죽 그릇이 저주를 받을 것이요 네 몸의 소생과 네 토지의 소산과 네 소와 양의 새끼가 저주를 받을 것이며 네가 들어와도 저주를 받고 나가도 저주를 받으리라"(신 28:16~19)

또한 하나님께서는 출애굽세대에게 주신 율법의 모든 규례와 법도를 지켜 행하지 않고 불순종했을 때 '민족적'으로 받을 처벌에 대해서도 레위기 26장을 통해 말씀하셨습니다.

"내가 너희를 여러 민족 중에 흩을 것이요 내가 칼을 빼어 너희를 따르게 하리니 너희의 땅이 황무하며 너희의 성읍이 황폐하리라"(레 26:33)

그런데 이제 하나님께서는 '만나세대'에게 율법의 모든 규례와 법도를 지켜 행하지 않고 불순종하면, 그들의 부모 세대인 출애굽세대가 '민족적'으로 받을 징계에 더 큰 징계를 받을 것이라고 신명기 28장을 통해 말씀하고 계십니다.

"여호와께서 비 대신에 티끌과 모래를 네 땅에 내리시리니 그것들이 하늘에서 네 위에 내려 마침내 너를 멸하리라"(신 28:24)

율법의 모든 규례와 법도를 지켜 행하지 않고 불순종할 때 받게 될 민족적인 처벌에 대해 좀 더 자세히 살펴보면 다음과 같습니다.

첫째, 전쟁의 패배와 압제의 징계를 받게 될 것입니다. 즉, 적군 앞에서 일곱 길로 도망하게 될 것이며 새와 짐승의 밥이 되고 시체를 수습 못하는 비참한 죽음을 맞게 될 것입니다.

둘째, 자녀들이 포로로 잡혀가는 징계를 받게 될 것입니다.

셋째, 나라가 멸망하고 살던 곳에서 뽑혀 땅의 모든 나라로 흩어지는 징계를 받게 될 것입니다.

하나님께서는 모세를 통해 신명기 28장에서 먼 훗날 발생하게 될 안타까운 역사 현실까지 미리 예고하시고 경고해주십니다.

> "여호와께서 너와 네가 세울 네 임금을 너와 네 조상들이 알지 못하던 나라로 끌어 가시리니 네가 거기서 목석으로 만든 다른 신들을 섬길 것이며"(신 28:36)

> "곧 여호와께서 멀리 땅 끝에서 한 민족을 독수리가 날아오는 것 같이 너를 치러 오게 하시리니 이는 네가 그 언어를 알지 못하는 민족이요 그 용모가 흉악한 민족이라 노인을 보살피지 아니하며 유아를 불쌍히 여기지 아니하며 네 가축의 새끼와 네 토지의 소산을 먹어 마침내 너를 멸망시키며 또 곡식이나 포도주나 기름이나 소의 새끼나 양의 새끼를 너를 위하여 남기지 아니하고 마침내 너를 멸절시키리라"(신 28:49~51)

그리고 하나님께서는 가장 무겁고 아픈 멸망과 징계의 끝을 다음과 같이 미리 경고의 말씀으로 주십니다.

"네가 적군에게 에워싸이고 맹렬한 공격을 받아 곤란을 당하므로 네 하나님 여호와께서 네게 주신 자녀 곧 네 몸의 소생의 살을 먹을 것이라"(신 28:53)

하나님의 이 경고의 말씀은 이후에 북이스라엘과 남유다의 멸망 과정에서 모두 무서운 현실이 됩니다. 북이스라엘이 아람과의 전쟁 때 사마리아에서 일어난 일입니다.

"또 이르되 무슨 일이냐 하니 여인이 대답하되 이 여인이 내게 이르기를 네 아들을 내놓아라 우리가 오늘 먹고 내일은 내 아들을 먹자 하매"(왕하 6:28)

북이스라엘이 앗수르 제국에 멸망할 때 일입니다.

"호세아 제구년에 앗수르 왕이 사마리아를 점령하고 이스라엘 사람을 사로잡아 앗수르로 끌어다가 고산 강 가에 있는 할라와 하볼과 메대 사람의 여러 고을에 두었더라"(왕하 17:6)

이어서 남유다가 바벨론 제국에 멸망할 때 일입니다.

"여호와여 보시옵소서 주께서 누구에게 이같이 행하셨는지요 여인들이 어찌 자기 열매 곧 그들이 낳은 아이들을 먹으오며 제사장들과 선지자들이 어찌 주의 성소에서 죽임을 당하오리이까"(애 2:20)

"그들이 시드기야의 아들들을 그의 눈앞에서 죽이고 시드기야의 두 눈을 빼고 놋 사슬로 그를 결박하여 바벨론으로 끌고 갔더라"(왕하 25:7)

하나님께서 주신 축복의 말씀과 저주의 경고는 개인이, 그리고 민족이 하나님의 말씀에 순종하느냐 불순종하느냐에 달려 있습니다.

디저트 DESSERT

하나님께서 원하시는 것은 '모든 민족'이 하나님께 복을 받는 것입니다. 그 일을 위해 아브라함의 후손들이 제사장 나라 거룩한 시민으로 선택받았던 것입니다.

하나님께서는 그들에게 복을 주시기 위해 율법의 모든 규례와 법도를 주셨습니다. 제사장 나라 거룩한 시민이 된 이스라엘은 하나님께로부터 받은 율법의 모든 규례와 법도를 지켜, 먼저 그들이 복을 받고 '모든 민족'을 위한 복의 통로가 되어야 했습니다.

68일

율법? 쉽다! (신 29~30장)

애피타이저 APPETIZER

모세의 세 번째 역사 특강의 주제는 '율법은 어렵지 않고 쉽다'는 것입니다. 모세는 만나세대들에게 과거 그들의 부모 세대인 출애굽세대에게는 하지 않았던 '업그레이드(upgrade)'된 율법을 들려줍니다.

죽음을 목전에 둔 모세가 사랑하는 만나세대에게 유언과 같이 들려준 중요한 이야기는 바로 율법은 가까이 있고 쉽다는 것입니다. 40년 동안 매일, 하루도 빠뜨리지 않고 만나세대에게 율법을 가르쳐주었던 하늘 같은 스승 모세가 율법은 한마디로 가까이 있고 쉬운 것이라고 정의해준 것입니다. 그 순간, 만나세대들은 얼마나 가슴 벅차고 힘이 났을까요.

성경통독 BIBLETONGDOK

《일년일독 통독성경》 신명기 29~30장

통通으로 숲이야기 ; 통숲 TONG OBSERVATION

● 첫 번째 포인트

율법, 늘 새롭습니다.

만나세대에게 율법은 지난 40년 동안 '일용할 양식(daily bread)'처럼 일상적이고 매일의 삶 그 자체였습니다. 모세는 죽음을 앞두고 그동안 가르쳤던 율법을 다시 총정리해주면서 율법은 "오늘 우리 하나님 여호와 앞에서 우리와 함께 여기 서 있는 자와 오늘 우리와 함께 여기 있지 아니한 자에게까지"(신 29:15) 필요하다고 말합니다.

다시 말해, 율법은 오고 오는 모든 세대에게 늘 언제나 새로울 것이라고 가르쳐주고 있습니다. 하나님께서는 40년 전, 출애굽세대와 시내 광야에서 제사장 나라 언약을 체결하셨습니다. 이제 하나님께서는 만나세대와 모압 평지에서 시내산 언약을 갱신하십니다.

"호렙에서 이스라엘 자손과 세우신 언약 외에 여호와께서 모세에게 명령하여 모압 땅에서 그들과 세우신 언약의 말씀은 이러하니라"(신 29:1)

시내산 언약과 모압 평지 언약을 비교해보면 다음과 같습니다.

첫째, 언약을 받은 '시간'을 보면, 시내산 언약은 출애굽한 지 1년 3개월이 되던 때였고 모압 평지에서의 언약 갱신은 출애굽한 지 40년 11개월이 된 때였습니다.

둘째, 언약을 받은 '장소'를 보면, 시내산 언약은 시내산, 즉 호렙산이었고 모압 평지에서의 언약 갱신은 요단 동편 모압 평지 아라바 광야였습니다.

셋째, 언약을 받은 '대상'을 보면, 시내산 언약은 '출애굽세대'였고, 모압 평지에서의 언약 갱신은 '만나세대'였습니다.

넷째, 언약의 '내용'은 시내산 언약과 모압 평지 언약이 같습니다.

"세계가 다 내게 속하였나니 너희가 내 말을 잘 듣고 내 언약을 지키면 너희는 모든 민족 중에서 내 소유가 되겠고 너희가 내게 대하여 제사장 나라가 되며 거룩한 백성이 되리라"(출 19:5~6)

한편, 시내산 언약을 체결할 때를 보면 다음과 같습니다.

"셋째 날 아침에 우레와 번개와 빽빽한 구름이 산 위에 있고 나팔 소리가 매우 크게 들리니 진중에 있는 모든 백성이 다 떨더라 모세가 하나님을 맞으려고 백성을 거느리고 진에서 나오매 그들이 산 기슭에 서 있는데"(출 19:16~17)

큰 나팔 소리와 함께 하나님의 음성이 들리는 그러한 모습이었습니다. 그런데 40년 만에 모압 평지에서 시내산 언약을 갱신하는 모습은 만나세대와 그들의 구성원 모두가 참여한 형태로 훨씬 더 친근합니다.

"오늘 너희 곧 너희의 수령과 너희의 지파와 너희의 장로들과 너희의 지도자와 이스라엘 모든 남자와 너희의 유아들과 너희의 아내와 및 네 진중에 있는 객과 너를 위하여 나무를 패는 자로부터 물 긷는 자까지 다 너희의 하나님 여호와 앞에 서 있는 것은 네 하나님 여호와의 언약에 참여하며 또 네 하나님 여호와께서 오늘 네게 하시는 맹세에 참여하여 여호와께서 네게 말씀하신 대로 또 네 조상 아브라함과 이삭과 야곱에게 맹세하신 대로 오늘 너를 세워 자기 백성을 삼으시고 그는 친히 네 하나님이 되시려 함이니라"(신 29:10~13)

지금 모압 평지에서 시내산 언약 갱신에 참여한 자들은

첫째, 이스라엘의 모든 남자와 여자와 유아들

둘째, 이스라엘 백성들과 함께 있는 객과 종들

셋째, 앞으로 태어날 자들까지 다 포함합니다.

하나님께서는 이렇게 만나세대와 모압 평지에서 40년 전 출애굽세대와 맺은 '시내산 언약'을 다시 갱신하시면서 율법이 과거가 아닌 현재이자 미래라는 사실을 공포하십니다. 그러므로 율법은 오고 오는 모든 세대에게 언제나 늘 새롭다고 말씀하십니다.

● 두 번째 포인트

율법, 가까이 '입'에 있습니다.

하나님께서 모세를 통해 말씀하신 '제사장 나라 율법'은

첫째, 멀리 있는 것이 아닙니다.

둘째, 하늘에 있는 것도 아닙니다.

셋째, 바다를 건너야 하는 것도 아닙니다.

이렇게 율법은 접근 불가능한 먼 곳에 있지 않고 우리의 삶 속에 가까이 있다고 말씀하십니다.

"내가 오늘 네게 명령한 이 명령은 네게 어려운 것도 아니요 먼 것도 아니라 하늘에 있는 것이 아니니 네가 이르기를 누가 우리를 위하여 하늘

에 올라가 그의 명령을 우리에게로 가지고 와서 우리에게 들려 행하게 하랴 할 것이 아니요 이것이 바다 밖에 있는 것이 아니니 네가 이르기를 누가 우리를 위하여 바다를 건너가서 그의 명령을 우리에게로 가지고 와서 우리에게 들려 행하게 하랴 할 것도 아니라 오직 그 말씀이 네게 매우 가까워서 네 입에 있으며 네 마음에 있은즉 네가 이를 행할 수 있느니라"(신 30:11~14)

이후에 하나님께서는 모세를 통해 만나세대 모두에게 주신 바로 이 말씀을 가나안 입성을 앞둔 여호수아에게 동일에게 다시 말씀해주십니다.

"이 율법책을 네 입에서 떠나지 말게 하며 주야로 그것을 묵상하여 그 안에 기록된 대로 다 지켜 행하라 그리하면 네 길이 평탄하게 될 것이며 네가 형통하리라"(수 1:8)

그리고 오랜 세월이 지난 후, 사도 바울이 〈로마서〉에서 하나님의 이 말씀을 다음과 같이 인용합니다.

"그러면 무엇을 말하느냐 말씀이 네게 가까워 네 입에 있으며 네 마음에 있다 하였으니 곧 우리가 전파하는 믿음의 말씀이라 네가 만일 네 입으로 예수를 주로 시인하며 또 하나님께서 그를 죽은 자 가운데서 살리신 것을 네 마음에 믿으면 구원을 받으리라"(롬 10:8~9)

● 세 번째 포인트

율법, 어렵지 않습니다.

하나님께서는 모세를 통해 율법은 어려운 법이 아니라고 말씀하십니다. 율법이 어렵지 않다는 것은 다시 말해 '쉽다'는 것입니다. 세상 사람들은 '법' 하면 일단 어렵다고 생각합니다. 하지만 하나님께서 세우신 제사장 나라 율법은 기본 전제가 '하나님 사랑 이웃 사랑'입니다. 사랑이 전제인 바로 이 법은 세상 어디에도 없습니다. 그래서 율법은 사랑이고 사랑인 그 율법은 어렵지 않습니다.

"내가 오늘 네게 명령한 이 명령은 네게 어려운 것도 아니요"(신 30:11)

예수님께서는 율법이 '하나님 사랑 이웃 사랑'이라고 쉽게 풀어주십니다.

"예수께서 이르시되 네 마음을 다하고 목숨을 다하고 뜻을 다하여 주 너의 하나님을 사랑하라 하셨으니 이것이 크고 첫째 되는 계명이요 둘째도 그와 같으니 네 이웃을 네 자신 같이 사랑하라 하셨으니 이 두 계명이 온 율법과 선지자의 강령이니라"(마 22:37~40)

율법을 잘 지키는 방법은 '하나님을 사랑하는 것'입니다.

"보라 내가 오늘 생명과 복과 사망과 화를 네 앞에 두었나니 곧 내가 오늘 네게 명령하여 네 하나님 여호와를 사랑하고 그 모든 길로 행하며 그의 명령과 규례와 법도를 지키라 하는 것이라 그리하면 네가 생존하며 번성할 것이요 또 네 하나님 여호와께서 네가 가서 차지할 땅에서 네게 복을 주실 것임이니라"(신 30:15~16)

다윗은 하나님께서 주신 소중한 율법에 대해 다음과 같이 노래하기도 했습니다.

"여호와를 경외하는 도는 정결하여 영원까지 이르고 여호와의 법도 진실하여 다 의로우니 금 곧 많은 순금보다 더 사모할 것이며 꿀과 송이꿀보다 더 달도다"(시 19:9~10)

● 네 번째 포인트

율법, 새 언약을 예고합니다.

대체로 세상의 법은 죄에 대한 처벌을 목적으로 합니다. 그런데 하나님께서 제사장 나라에 주신 율법은 죄로 인해 처벌받는 그 자체보다 율법을 지켜 행함으로 하나님께 복을 받으라고 주신 법입니다. 더 놀라운 사실은 율법은 궁극적으로 '하나님의 긍휼과 사랑'을 담고 있다는 것입니다. 물론 하나님께서는 율법을 지키지 않는 죄에 대해 반드시 처벌하겠다고 말씀하십니다.

그러나 하나님께서는 그럼에도 불구하고 죄에서 돌이켜 다시 하나님의 말씀에 순종하면 전보다 더 귀히 여겨주겠다고 말씀하십니다.

"나는 악인이 죽는 것을 기뻐하지 아니하고 악인이 그의 길에서 돌이켜 떠나 사는 것을 기뻐하노라"(겔 33:11)

하나님께서는 악인이 죽는 것을 기뻐하지 않으시고 오히려 악인이 죄에서 돌이켜 하나님께 돌아오는 것을 기뻐하시는 분입니다. 이후에 남유다는 그들의 죄로 인해 하나님께 처벌을 받게 되는데 이는 그들이 바벨론 제국에 멸망하기 900년 전에 이미 〈레위기〉를 통해 하나님께서 경고해주신 말씀이었습니다.

이스라엘 백성들이 가나안에 들어가서 율법을 지키지 않을 때 받을 처벌입니다.

"내가 너희의 성읍을 황폐하게 하고 너희의 성소들을 황량하게 할 것이요 너희의 향기로운 냄새를 내가 흠향하지 아니하고 그 땅을 황무하게 하리니 거기 거주하는 너희의 원수들이 그것으로 말미암아 놀랄 것이며 내가 너희를 여러 민족 중에 흩을 것이요 내가 칼을 빼어 너희를 따르게 하리니 너희의 땅이 황무하며 너희의 성읍이 황례하리라"(레 26:31~33)

하나님께서는 처벌의 말씀만 주신 게 아닙니다. 곧바로 이어 잘못을 회개하는 자들에 대한 하나님의 사랑과 용서를 말씀해주셨습니다.

"그들이 나를 거스른 잘못으로 자기의 죄악과 그들의 조상의 죄악을 자복하고 또 그들이 내게 대항하므로 나도 그들에게 대항하여 내가 그들을 그들의 원수들의 땅으로 끌어 갔음을 깨닫고 그 할례 받지 아니한 그들의 마음이 낮아져서 그들의 죄악의 형벌을 기쁘게 받으면 내가 야곱과 맺은 내 언약과 이삭과 맺은 내 언약을 기억하며 아브라함과 맺은 내 언약을 기억하고 그 땅을 기억하리라"(레 26:40~42)

잘못을 회개하고 하나님 앞에 돌아서라는 이 말씀을 신명기 30장에서 모세는 또 한 번 강조합니다.

"내가 네게 진술한 모든 복과 저주가 네게 임하므로 네가 네 하나님 여호와로부터 쫓겨간 모든 나라 가운데서 이 일이 마음에서 기억이 나거든 너와 네 자손이 네 하나님 여호와께로 돌아와 내가 오늘 네게 명령한 것을 온전히 따라 마음을 다하고 뜻을 다하여 여호와의 말씀을 청종하면 네 하나님 여호와께서 마음을 돌이키시고 너를 긍휼히 여기사 포로에서 돌아오게 하시되 네 하나님 여호와께서 흩으신 그 모든 백성 중에서 너를 모으시리니 네 쫓겨간 자들이 하늘 가에 있을지라도 네 하나님 여호와께서 거기서 너를 모으실 것이며 거기서부터 너를 이끄실 것이라"(신 30:1~4)

그런데 우리도 알고 있듯이, 복 주기를 원하시는 하나님의 뜻과 멀어진 남유다는 율법을 지켜 행하지 않음으로 〈레위기〉와 〈신명기〉의 말씀을 통해 주신 모든 경고의 말씀이 현실이 되고 말았습니다.

"여호와의 말씀이니라 보라 날이 이르리니 내가 이스라엘 집과 유다 집에 새 언약을 맺으리라 이 언약은 내가 그들의 조상들의 손을 잡고 애굽 땅에서 인도하여 내던 날에 맺은 것과 같지 아니할 것은 내가 그들의 남편이 되었어도 그들이 내 언약을 깨뜨렸음이라 여호와의 말씀이니라 그러나 그 날 후에 내가 이스라엘 집과 맺을 언약은 이러하니 곧 내가 나의 법을 그들의 속에 두며 그들의 마음에 기록하여 나는 그들의 하나님이 되고 그들은 내 백성이 될 것이라 여호와의 말씀이니라"(렘 31:31~33)

이렇게 하나님께서 모세를 통해 주신 이 율법은 이후 예레미야 선지자를 통해 '새 언약 예고'로 이어집니다.

"여호와의 말씀이니라 보라 날이 이르리니 내가 이스라엘 집과 유다 집에 새 언약을 맺으리라"(렘 31:31)

● **다섯 번째 포인트**

율법, 영원한 언약 복음으로 향합니다.

율법은 시간과 공간을 초월합니다. 그러므로 율법은 모든 이에게 향합니다. 그리고 드디어 이 율법을 예수님께서 마침내 완전하게 하십니다.

"내가 율법이나 선지자를 폐하러 온 줄로 생각하지 말라 폐하러 온 것이 아니요 완전하게 하려 함이라 진실로 너희에게 이르노니 천지가 없어지기 전에는 율법의 일점 일획도 결코 없어지지 아니하고 다 이루리라 그러므로 누구든지 이 계명 중의 지극히 작은 것 하나라도 버리고 또 그같이 사람을 가르치는 자는 천국에서 지극히 작다 일컬음을 받을 것이요 누구든지 이를 행하며 가르치는 자는 천국에서 크다 일컬음을 받으리라"(마 5:17~19)

모든 율법을 다 지켜 행함으로 죄에서 자유로울 사람은 우리 예수님 외에는 아무도 없습니다. 그러므로 '율법 외에 하나님의 한 의(義)'이신 예수 그리스도로 말미암아 우리 모든 인생이 값없이 의롭다 하심을 얻게 됩니다.

"그러므로 율법의 행위로 그의 앞에 의롭다 하심을 얻을 육체가 없나니 율법으로는 죄를 깨달음이니라 이제는 율법 외에 하나님의 한 의가 나타났으니 율법과 선지자들에게 증거를 받은 것이라 곧 예수 그리스도를 믿음으로 말미암아 모든 믿는 자에게 미치는 하나님의 의니 차별이 없느니라 모든 사람이 죄를 범하였으매 하나님의 영광에 이르지 못하더니 그리스도 예수 안에 있는 속량으로 말미암아 하나님의 은혜로 값 없이 의롭다 하심을 얻은 자 되었느니라"(롬 3:20~24)

결국 율법은 모든 사람에게 죄를 알게 하는 통로가 된 것입니다. 율법으로 죄를 깨닫고 예수 그리스도를 믿는 자에게 베푸시는 하나님의 차별 없는 사랑에 대해 바울은 다음과 같이 노래합니다.

"내가 확신하노니 사망이나 생명이나 천사들이나 권세자들이나 현재 일이나 장래 일이나 능력이나 높음이나 깊음이나 다른 어떤 피조물이라도 우리를 우리 주 그리스도 예수 안에 있는 하나님의 사랑에서 끊을 수 없으리라"(롬 8:38~39)

궁극적으로 율법은 영원한 언약, 예수 그리스도의 복음으로 향하는 통로입니다.

디저트 DESSERT

모세의 세 번째 역사 특강을 통해 우리가 알게 된 것은 하나님께서 주신 제사장 나라 율법은 시내산에서나 모압 평지에서나 시대와 공간을 초월해 모든 인생에게 향한다는 것입니다. 이것이 하나님의 은혜이고 하나님의 공의이자 긍휼이며 궁극적으로 하나님의 사랑입니다.

69일

국민가요 (신 31~32장)

애피타이저 APPETIZER

지난 40년 동안 하나님과 이스라엘 백성들 사이를 오가며 하나님을 위한 존재로 그리고 동시에 이스라엘 백성들을 위한 존재로 살아왔던 모세의 직무가 거의 끝나고 있습니다. 그리고 모세의 뒤를 이을 지도자로 여호수아가 이미 세워진 상태입니다.

이럴 때 대부분의 사람들은 자신이 맡았던 자리에서 물러나면서 이후에도 계속해서 자신이 가장 멋진 리더로 기억에 남고 싶은 마음에 다음 리더를 위한 배려가 적어지는 경우가 일반적입니다.

하지만 모세는 자신의 뒤를 잇는 여호수아에게 자신과 함께 하신 하나님께서 여호수아에게도 동일하게 함께해주실 것이라며 진심을 다해 힘이 나게 격려해줍니다.

성경통독 BIBLETONGDOK

《일년일독 통독성경》 신명기 31~32장

통通으로 숲이야기 ; 통숲 TONG OBSERVATION

● 첫 번째 포인트

유언은 비전으로 이어집니다.

만나세대들에게 혼신의 힘을 다해 마지막 당부를 하는 모세의 네 번째 역사 특강을 통해 우리는 하나님의 사람들의 유언이 그들의 후손들에게 비전이 되는 것을 보게 됩니다.

성경 66권 전체를 통해, 즉 제사장 나라와 하나님 나라를 통(通)으로 볼 때에 조상의 유언이 이후 그들의 후손들에게 비전이 되는 것을 다음 이야기들로 볼 수 있습니다.

첫째, 야곱의 유언은 열두 지파가 되는 열두 아들의 축복이 되었고, 이후 그들의 후손들에게 약속의 땅 가나안을 향한 비전이 되었습니다.

"이스라엘이 죽을 날이 가까우매 그의 아들 요셉을 불러 그에게 이르되 이제 내가 네게 은혜를 입었거든 청하노니 네 손을 내 허벅지 아래에 넣고 인애와 성실함으로 내게 행하여 애굽에 나를 장사하지 아니하도록 하라 내가 조상들과 함께 눕거든 너는 나를 애굽에서 메어다가 조상의 묘지에 장사하라 요셉이 이르되 내가 아버지의 말씀대로 행하리이다"(창 47:29~30)

둘째, 요셉의 유언은 후손들에게 약속의 땅 가나안을 향한 비전이 되었습니다.

"요셉이 또 이스라엘 자손에게 맹세시켜 이르기를 하나님이 반드시 당신들을 돌보시리니 당신들은 여기서 내 해골을 메고 올라가겠다 하라 하였더라"(창 50:25)

셋째, 모세의 유언은 여호수아와 만나세대들에게 가나안에서의 삶의 비전이 되었습니다.

"모세가 여호수아를 불러 온 이스라엘의 목전에서 그에게 이르되 너는 강하고 담대하라 너는 이 백성을 거느리고 여호와께서 그들의 조상에게 주리라고 맹세하신 땅에 들어가서 그들에게 그 땅을 차지하게 하라"(신 31:7)

넷째, 다윗의 유언은 솔로몬에게 제사장 나라 세움의 비전이 되었습니다.

"다윗이 죽을 날이 임박하매 그의 아들 솔로몬에게 명령하여 이르되 내가 이제 세상 모든 사람이 가는 길로 가게 되었노니 너는 힘써 대장부가 되고 네 하나님 여호와의 명령을 지켜 그 길로 행하여 그 법률과 계명과 율례와 증거를 모세의 율법에 기록된 대로 지키라 그리하면 네가 무엇을 하든지 어디로 가든지 형통할지라"(왕상 2:1~3)

다섯째, 솔로몬의 유언은 이스라엘 모든 청년에게 창조주 하나님을 향하게 하는 비전이 되었습니다.

"일의 결국을 다 들었으니 하나님을 경외하고 그의 명령들을 지킬지어다 이것이 모든 사람의 본분이니라 하나님은 모든 행위와 모든 은밀한 일을 선악 간에 심판하시리라"(전 12:13~14)

여섯째, 예수님의 유언은 모든 그리스도인에게 세계 선교의 비전이 되었습니다.

"예수께서 나아와 말씀하여 이르시되 하늘과 땅의 모든 권세를 내게 주셨으니 그러므로 너희는 가서 모든 민족을 제자로 삼아 아버지와 아들과 성령의 이름으로 세례를 베풀고 내가 너희에게 분부한 모든 것을 가르쳐 지키게 하라 볼지어다 내가 세상 끝날까지 너희와 항상 함께 있으리라 하시니라"(마 28:18~20)

"오직 성령이 너희에게 임하시면 너희가 권능을 받고 예루살렘과 온 유대와 사마리아와 땅 끝까지 이르러 내 증인이 되리라 하시니라"(행 1:8)

일곱째, 바울의 유언은 디모데를 비롯한 복음 2세대들에게 고난 가운데에도 의의 면류관을 소망하는 비전이 되었습니다.

"전제와 같이 내가 벌써 부어지고 나의 떠날 시각이 가까웠도다 나는 선한 싸움을 싸우고 나의 달려갈 길을 마치고 믿음을 지켰으니 이제 후로는 나를 위하여 의의 면류관이 예비되었으므로 주 곧 의로우신 재판장이 그 날에 내게 주실 것이며 내게만 아니라 주의 나타나심을 사모하는 모든 자에게도니라"(딤후 4:6~8)

이처럼 아브라함으로부터 시작된 '모든 민족'이 복을 받게 되는 하나님의 꿈과 비전은 야곱과 요셉과 모세와 다윗과 솔로몬의 유언을 통해, 그리고 우리 예수님과 사도 바울의 유언을 통해 오고 오는 세대에 놀라운 꿈과 비전이 됩니다.

● 두 번째 포인트

레위 지파의 제사장들과 이스라엘 장로들은 율법을 낭독하여 모든 이스라엘 백성들에게 듣게 해야 합니다.

모세는 역사 특강을 마무리하면서 레위 지파의 제사장들과 이스라엘 장로들에게 아주 중요한, 특별한 당부를 합니다.

"또 모세가 이 율법을 써서 여호와의 언약궤를 메는 레위 자손 제사장들과 이스라엘 모든 장로에게 주고 모세가 그들에게 명령하여 이르기를 매 칠 년 끝 해 곧 면제년의 초막절에 온 이스라엘이 네 하나님 여호와 앞 그가 택하신 곳에 모일 때에 이 율법을 낭독하여 온 이스라엘에게 듣게 할지니"(신 31:9~11)

레위 지파의 제사장들과 이스라엘의 장로들은 매 칠 년 끝 해 면제년의 초막절에 모든 이스라엘 백성이 하나님의 이름을 두려고 택하신 곳에 모일 때 〈창세기, 출애굽기, 레위기, 민수기, 신명기〉 이 다섯 권의 책을 낭독하라는 것입니다. 그래서 모든 이스라엘 백성이 다 듣게 하라고 말합니다. 모세의 이 당부는 이후 이스라엘의 율법 교육의 현장으로 이어지게 됩니다.

성경 66권 전체를 통해, 즉 제사장 나라와 하나님 나라를 통(通)으로 볼 때에 모세의 당부가 율법 교육의 현장이 되는 모습은 대략 다음 다섯 번의 케이스로 볼 수 있습니다.

첫째, 여호수아 시대 율법 교육의 현장은 여호수아가 약속의 땅 가나안에 들어간 만나세대들에게 축복과 저주의 율법을 낭독함으로 그것이 율법 교육이 되었습니다.

"그 후에 여호수아가 율법책에 기록된 모든 것 대로 축복과 저주하는 율법의 모든 말씀을 낭독하였으니"(수 8:34)

둘째, 사무엘 시대 율법 교육의 현장은 사무엘이 해마다 벧엘, 길갈, 미스바로 순회하며 이스라엘 백성들을 가르침으로 그것이 율법 교육이 되었습니다.

"사무엘이 사는 날 동안에 이스라엘을 다스렸으되 해마다 벧엘과 길갈과 미스바로 순회하여 그 모든 곳에서 이스라엘을 다스렸고 라마로 돌아왔으니 이는 거기에 자기 집이 있음이니라 거기서도 이스라엘을 다스렸으며 또 거기에 여호와를 위하여 제단을 쌓았더라"(삼상 7:15~17)

셋째, 여호사밧 시대의 율법 교육은 여호사밧이 방백들과 레위인들과 제사장들을 전국으로 보내 이스라엘 백성들에게 율법을 가르치게 함으로 그것이 율법 교육이 되었습니다.

"그들이 여호와의 율법책을 가지고 유다에서 가르치되 그 모든 유다 성읍들로 두루 다니며 백성들을 가르쳤더라"(대하 17:9)

넷째, 요시야 시대 율법 교육은 요시야가 예루살렘 성전에서 율법책을 발견한 후, 남유다 온 백성을 예루살렘에 모으고 율법을 낭독함으로 그것이 율법 교육이 되었습니다.

"여호와의 전에 올라가매 유다 모든 사람과 예루살렘 주민들과 제사장들과 레위 사람들과 모든 백성이 노소를 막론하고 다 함께 한지라 왕이 여호와의 전 안에서 발견한 언약책의 모든 말씀을 읽어 무리의 귀에 들려 주고 왕이 자기 처소에 서서 여호와 앞에서 언약을 세우니 마음을 다하고 목숨을 다하여 여호와를 순종하고 그의 계명과 법도와 율례를 지켜 이 책에 기록된 언약의 말씀을 이루리라"(대하 34:30~31)

다섯째, 에스라와 느헤미야 시대 율법 교육은 재건 공동체가 예루살렘 성벽 낙성식을 할 때 레위인들과 에스라가 모든 유대인 앞에서 율법을 낭독함으로 그것이 율법 교육이 되었습니다.

"일곱째 달 초하루에 제사장 에스라가 율법책을 가지고 회중 앞 곧 남자나 여자나 알아들을 만한 모든 사람 앞에 이르러 수문 앞 광장에서 새벽부터 정오까지 남자나 여자나 알아들을 만한 모든 사람 앞에서 읽으매 뭇 백성이 그 율법책에 귀를 기울였는데"(느 8:2~3)

● 세 번째 포인트

120세 모세가 이스라엘의 국민가요를 만들어 선창합니다.

모압 평지에서 두 달 동안 계속되었던 모세의 역사 특강이 거의 마무리되어 갑니다. 모세는 특강을 끝맺으면서 60만 만나세대의 입에 노래를 담아줍니다.

모세가 가르친 이 노래는 하나님께서 이스라엘 모든 백성에게 부르게 하신 노래입니다.

"그러므로 이제 너희는 이 노래를 써서 이스라엘 자손들에게 가르쳐 그들의 입으로 부르게 하여 이 노래로 나를 위하여 이스라엘 자손들에게 증거가 되게 하라 그러므로 모세가 그 날 이 노래를 써서 이스라엘 자손들에게 가르쳤더라"(신 31:19,22)

모세는 이스라엘 백성들에게 하나님의 뜻을 기억하는 효과적인 방법으로 노래를 가르칩니다. 120세의 모세가 이스라엘 백성들에게 가르친 노래는 이스라엘 백성들이 영원히 기억해야 할 '국민가요'였습니다.

출애굽기 15장과 신명기 32장, 그리고 시편 90편에 나오는 "하늘이여 귀를 기울이라."로 시작하는 모세의 노랫말을 들어보십시오.

"하늘이여 귀를 기울이라 내가 말하리라 땅은 내 입의 말을 들을지어다 내 교훈은 비처럼 내리고 내 말은 이슬처럼 맺히나니 연한 풀 위의 가는 비 같고 채소 위의 단비 같도다"(신 32:1~2)

"옛날을 기억하라 역대의 연대를 생각하라 네 아버지에게 물으라 그가 네게 설명할 것이요 네 어른들에게 물으라 그들이 네게 말하리로다"(신 32:7)

"지극히 높으신 자가 민족들에게 기업을 주실 때에, 인종을 나누실 때에 이스라엘 자손의 수효대로 백성들의 경계를 정하셨도다 여호와의 분깃은 자기 백성이라 야곱은 그가 택하신 기업이로다"(신 32:8~9)

"그들이 실족할 그 때에 내가 보복하리라 그들의 환난날이 가까우니 그들에게 닥칠 그 일이 속히 오리로다"(신 32:35)

"이제는 나 곧 내가 그인 줄 알라 나 외에는 신이 없도다 나는 죽이기도 하며 살리기도 하며 상하게도 하며 낫게도 하나니 내 손에서 능히 빼앗을 자가 없도다"(신 32:39)

● 네 번째 포인트

모세의 노래는 다윗의 노래, 예레미야의 노래로 이어집니다.

모세가 이스라엘 백성들에게 가르쳐준 노래는 하나님을 찬양하는 찬송입니다. 하나님께서는 찬송의 이유를 이사야를 통해 우리에게 가르쳐주셨습니다.

"나는 여호와이니 이는 내 이름이라 나는 내 영광을 다른 자에게, 내 찬송을 우상에게 주지 아니하리라"(사 42:8)

"이 백성은 내가 나를 위하여 지었나니 나를 찬송하게 하려 함이니라"(사 43:21)

하나님의 백성인 모세, 다윗, 예레미야 등 이들은 하나님께서 그때마다 행하신 일들을 바라보며 하나님께 영광과 소망의 찬송을 노래했습니다.

먼저 70여 편의 아름다운 찬양 중, 다윗의 한 노래입니다.

"여호와는 나의 힘과 나의 방패이시니 내 마음이 그를 의지하여 도움을 얻었도다 그러므로 내 마음이 크게 기뻐하며 내 노래로 그를 찬송하리로다"(시 28:7)

다음은 절망 속에서 희망을 노래한 예레미야의 노래, 〈예레미야애가〉입니다.

"내 고초와 재난 곧 쑥과 담즙을 기억하소서 내 마음이 그것을 기억하고 내가 낙심이 되오나 이것을 내가 내 마음에 담아 두었더니 그것이 오히려 나의 소망이 되었사옴은 여호와의 인자와 긍휼이 무궁하시므로 우리가 진멸되지 아니함이니이다 이것들이 아침마다 새로우니 주의 성실하심이 크시도소이다"(애 3:19~23)

그리고 이후에 우리 예수님께서도 하나님을 찬양하십니다. 예수님께서 십자가를 지시기 전, 1,500년 된 유월절을 첫 번째 성찬식으로 바꾸신 후 겟세마네 동산으로 기도하러 가실 때 제자들과 함께 찬양하십니다.

"이에 그들이 찬미하고 감람산으로 나아가니라"(마 26:30)

● 다섯 번째 포인트
은혜를 깊이 새겨야 교만하지 않습니다.

모세는 만나세대들에게 창조주 하나님이 '너희의 아버지'라고 가르쳐줍니다. 하나님께서 최초의 사람 아담을 만드시고 그 코에 생기를 넣어주심으로 생명이 왔습니다. 모세는 만나세대들에게 하나님의 말씀을 지켜 행하는 것이 그들의 생명이라고 가르칩니다. 창조주 하나님을 기억하는 삶, 그분의 말씀에 순종하는 인생, 그 인생이 바로 생명력 넘치는 인생이기 때문입니다.

"어리석고 지혜 없는 백성아 여호와께 이같이 보답하느냐 그는 네 아버지시요 너를 지으신 이가 아니시냐 그가 너를 만드시고 너를 세우셨도다 옛날을 기억하라 역대의 연대를 생각하라 네 아버지에게 물으라 그가 네게 설명할 것이요 네 어른들에게 물으라 그들이 네게 말하리로다 지극히 높으신 자가 민족들에게 기업을 주실 때에, 인종을 나누실 때에 이스라엘 자손의 수효대로 백성들의 경계를 정하셨도다 여호와의 분깃은 자기 백성이라 야곱은 그가 택하신 기업이로다"(신 32:6~9)

이어서 모세는 만나세대들에게 겸손을 다시금 강조합니다. 사람이 자신의 수고와 노력으로 무엇인가를 이루었다고 생각하면 그때부터 교만해지기 쉽습니다.

모세는 이스라엘 백성들에게 가나안 땅에 들어가게 되었을 때 교만하지 말아야 한다고 계속해서 경고합니다. 그들이 차지하게 될 땅은 하나님께서 그들에게 은혜로 주신 것이지 그들의 능력으로 얻은 것이 아니기 때문입니다. 마음속에 은혜를 깊이 새겨야 교만하지 않을 수 있습니다.

디저트 DESSERT

모세의 노래는 지금까지의 이스라엘 역사를 요약합니다. 하나님께서는 이브라함의 후손들을 "마치 독수리가 자기의 보금자리를 어지럽게 하며 자기의 새끼 위에 너풀거리며 그의 날개를 펴서 새끼를 받으며 그의 날개 위에 그것을 업는 것 같이"(신 32:11) 보호하며 훈련시켜주셨다는 것입니다. 이것이 모세의 간증이요, 모세의 찬송입니다. 그리고 이것이 이스라엘의 국민가요입니다.

하나님을 찬양하는 노래가 우리 입술에 가득하기를 소망합니다.

70일

모세의 리더십 (신 33~34장, 시 90편)

애피타이저 APPETIZER

약속의 땅 가나안 입성을 앞두고 모압 평지에서 두 달 동안 계속되었던 모세의 역사 특강이 모두 끝나고 드디어 만나세대가 요단강을 건너 요단 서편 가나안 땅으로 들어가기 바로 직전입니다. 이제 모세는 정말로 만나세대와 헤어져야 할 때가 되었습니다. 모세는 이때 그의 마지막 노래를 부릅니다. 이 세상에서 부르는 모세의 마지막 노래가 바로 시편 90편입니다. 그래서 '역사순 1년 1독' 순서에 따라 신명기 33장에서 34장을 통독하고 이어서 시편 90편을 통독합니다.

성경을 역사순으로 읽으면 각 부분이 성경의 전체에서 어떤 흐름 가운데 있는가 생각할 수 있습니다. 그래서 모세의 마지막 사역이 담겨 있는 신명기 34장과 시편 90편을 함께 통독하면 더욱 좋습니다.

신명기 33장과 34장은 모세가 가나안 정복을 실제로 이끌 지도자로 여호수아를 세우고, 가나안에 정착하게 될 이스라엘 공동체가 더욱 튼튼하게 세워질 수 있도록 사역 마무리에 최선을 다하는 모습이 담겨 있습니다. 그렇게 생의 마지막까지 하나님의 신실한 종으로 살았던 모세에 대해 하나님께서는 "그 후에는 이스라엘에 모세와 같은 선지자가 일어나지 못하였나니"(신 34:10)라는 최고의 평가를 내려주십니다.

성경통독 BIBLETONGDOK

《일년일독 통독성경》 신명기 33~34장, 시편 90편

통通으로 숲이야기 ; 통숲 TONG OBSERVATION

● 첫 번째 포인트

야곱은 열두 아들에게, 그리고 모세는 열두 지파에게 축복합니다.

입(入)애굽의 지도자 야곱은 애굽에서 죽기 전 이스라엘 열두 지파의 뿌리가 되는 그의 열두 아들에게 유언과 함께 축복을 해 주었습니다.

"야곱이 그 아들들을 불러 이르되 너희는 모이라 너희가 후일에 당할 일을 내가 너희에게 이르리라"(창 49:1)

그리고 출(出)애굽의 지도자 모세 또한 모압 평지에서 죽기 전 야곱처럼 이스라엘의 열두 지파에게 유언과 축복을 해줍니다.

"하나님의 사람 모세가 죽기 전에 이스라엘 자손을 위하여 축복함이 이러하니라"(신 33:1)

입애굽의 지도자 야곱의 유언과 축복이 이후 이스라엘 백성들에게 출애굽의 비전이 되었다면 출애굽의 지도자 모세의 유언과 축복은 이제 가나안에 살게 될 이스라엘 열두 지파의 지침과 비전이 됩니다.

이스라엘 열두 지파를 향한 모세의 유언과 축복의 말은 다음과 같습니다.

르우벤 지파에게는 종족 보존의 축복을 해줍니다. 유다 지파에게는 전쟁의 승리와 통치권을 축복해줍니다. 레위 지파에게는 둠밈과 우림, 곧 영적 지도자의 축복을 해줍니다. 베냐민 지파에게는 안전과 보호의 축복을 해줍니다. 에브라임과 므낫세가 속한 요셉 지파에게는 풍성한 물질의 축복을 해줍니다. 에브라임 지파에게는 만만의 자손 축복을, 므낫세 지파에게는 천천의 자손 축복을 해줍니다. 스불론 지파에게는 무역의 축복과 복음 전파의 축복을 해줍니다. 잇사갈 지파에게는 목축과 농경 생활의 축복과 복음 전파의 축복을 해줍니다. 갓 지파에게는 선봉에 서는 용맹함으로 넓은 땅을 갖는 축복을 해줍니다. 단 지파에게는 용맹의 축복을 해줍니다. 납달리 지파에게는 풍요로운 땅의 축복을 해줍니다. 아셀 지파에게는 자녀와 기름진 땅의 축복을 해줍니다. 그런데 시므온 지파에 대한 축복은 생략되어 있습니다. 아마도 생략된 이유로 추정되는 내용은 다음의 두 가지입니다.

첫째, 시므온의 분깃은 유다의 분깃에 포함되어 있기 때문으로 추정됩니다.

"시므온 곧 시므온 자손의 지파를 위하여 그들의 가족대로 제비를 뽑았으니 그들의 기업은 유다 자손의 기업 중에서라"(수 19:1)

둘째, 야곱의 저주 이후 시므온 지파의 계속된 범죄로 시므온 지파에 대한 축복이 삭제된 것으로도 추정됩니다.

"그 노여움이 혹독하니 저주를 받을 것이요 분기가 맹렬하니 저주를 받을 것이라"(창 49:7)

"이스라엘이 바알브올에게 가담한지라 여호와께서 이스라엘에게 진

노하시니라"(민 25:3)

이렇게 열두 지파에게 마지막 유언과 축복의 말을 남긴 모세는 지난 40년 동안 그들의 아버지였고, 스승이었고, 지도자였습니다.

● 두 번째 포인트

〈창세기〉는 야곱의 죽음으로, 〈신명기〉는 모세의 죽음으로 끝이 납니다.

입애굽의 지도자였던 야곱이 죽을 때에는 입애굽의 선발대였던 요셉에게로 그 리더십이 이어졌습니다.

"당신들은 두려워하지 마소서 내가 당신들과 당신들의 자녀를 기르리이다 하고 그들을 간곡한 말로 위로하였더라 요셉이 그의 아버지의 가족과 함께 애굽에 거주하여 백십 세를 살며"(창 50:21~22)

그런데 모압 평지에서 출애굽의 지도자였던 모세가 죽을 때에는 모세의 수종자였던 여호수아에게 그 리더십이 이어집니다.

"이에 여호와의 종 모세가 여호와의 말씀대로 모압 땅에서 죽어 벳브올 맞은편 모압 땅에 있는 골짜기에 장사되었고 오늘까지 그의 묻힌 곳을 아는 자가 없느니라 모세가 죽을 때 나이 백이십 세였으나 그의 눈

이 흐리지 아니하였고 기력이 쇠하지 아니하였더라"(신 34:5~7)

40년 동안 이스라엘 백성들을 이끌었던 불세출의 지도자 모세는 약속의 땅 가나안에는 끝내 들어가지 못했지만 그는 이 세상에서 가장 행복한 삶을 살았던 하나님의 사람이었습니다.

왜냐하면 모세는 단지 광야 40년뿐 아니라 120년 평생을 하나님과 동행했고, 가나안 정복 전쟁을 믿고 맡길 만한 든든한 여호수아와 월등한 만나세대를 길러냈기 때문입니다.

● 세 번째 포인트

성경 속 하나님의 사람들은 나이가 들수록 총명해졌습니다.

대부분 인생들은 나이가 들면 힘도 약해지고 기억력도 감퇴되고 의지도 약해지며 게다가 '꼰대'(?)가 되기도 합니다. 그런데 성경 속 하나님의 사람들은 나이가 들면 들수록 지혜로워지며, 너그러워지며, 겸손해지며, 무엇보다 나날이 머리가 좋아지고 총명해지는 것을 보게 됩니다.

먼저, 하나님의 사람 아브라함은 나이가 들수록 더욱 믿음이 견고해져서 노년에 이르러서는 모리아산 번제를 통해서 하나님을 감동시키기까지 하는 멋진 삶을 살았습니다.

"아브라함이 아침에 일찍이 일어나 나귀에 안장을 지우고 두 종과 그의 아들 이삭을 데리고 번제에 쓸 나무를 쪼개어 가지고 떠나 하나님이 자기에게 일러 주신 곳으로 가더니"(창 22:3)

두 번째, 하나님의 사람 모세는 죽기 바로 직전까지 만나세대에게 제사장 나라의 율법을 강의하고 120세에 '모세오경'을 집필하는 멋진 삶을 살았습니다.

"모세가 죽을 때 나이 백이십 세였으나 그의 눈이 흐리지 아니하였고 기력이 쇠하지 아니하였더라"(신 34:7)

세 번째, 하나님의 사람 갈렙은 85세의 나이에도 강건한 힘과 마음으로 헤브론 점령을 계획하고 실현시킨 멋진 삶을 살았습니다.

"모세가 나를 보내던 날과 같이 오늘도 내가 여전히 강건하니 내 힘이 그 때나 지금이나 같아서 싸움에나 출입에 감당할 수 있으니 그 날에 여호와께서 말씀하신 이 산지를 지금 내게 주소서 당신도 그 날에 들으셨거니와 그 곳에는 아낙 사람이 있고 그 성읍들은 크고 견고할지라도 여호와께서 나와 함께 하시면 내가 여호와께서 말씀하신 대로 그들을 쫓아내리이다"(수 14:11~12)

네 번째, 하나님의 사람 다니엘은 바벨론 제국의 고위직 행정가로 그리고 노년에는 페르시아 제국의 총리로 그 역할을 수행하면서 매일 더 열심히 더 깊이 기도하여 하나님께서 주시는 놀라운 지혜와 계시를 받는 영성과 사회성의 모범을 보여준 멋진 삶을 살았습니다.

"다니엘이 이 조서에 왕의 도장이 찍힌 것을 알고도 자기 집에 돌아가서는 윗방에 올라가 예루살렘으로 향한 창문을 열고 전에 하던 대로 하루 세 번씩 무릎을 꿇고 기도하며 그의 하나님께 감사하였더라"(단 6:10)

다섯 번째, 하나님의 사람 사도 요한은 나이 들어 노년에 복음 2세대들의 든든한 버팀목이 되었으며 〈요한복음〉, 〈요한일 · 이 · 삼서〉, 〈요한계시록〉, 이렇게 다섯 권의 책을 집필하는 멋진 삶을 살았습니다.

"요한은 하나님의 말씀과 예수 그리스도의 증거 곧 자기가 본 것을 다 증언하였느니라"(계 1:2)

성경 속 하나님의 사람들은 이처럼 나이가 들수록 젊은 날보다 더 원숙하고 멋있어졌으며 젊은이들에게 사랑과 존경을 받았고 지혜롭고 아름다운 노년의 삶을 살다가 하나님께로 갔습니다.

이렇게 노년에 더 멋졌던 모세의 생이 마감되면서 이스라엘 역사에 전무후무했던 광야 시대가 대단원의 막을 내립니다. 그러면서 여호수아 시대가 개막됩니다.

● 네 번째 포인트

장례위원장은 모세의 중요한 직업 중 하나였습니다.

이 세상에 모세만큼 장례식에 많이 참석하고 장례위원장을 많이 한 사람도 없을 것입니다. 모세는 광야 40년 동안 출애굽세대 120만여 명의 장례에 참여했습니다. 그러니 모세에게 장례위원장은 중요한 직업 중 하나였다고 할 수 있습니다.

모세는 수많은 사람이 광야에서 죽어 묻히는 것을 보았습니다. 그 모든 경험을 담은 내용이 바로 모세의 시편 90편입니다.

"누가 하나님의 진노를 알까?"

"인생은 아침에 돋았다 저녁에 시드는 풀과 같다."

모세는 광야 40년 동안 하나님께서 이스라엘을 어떻게 인도하셨는지 알기 때문에 더욱 하나님 앞에 선 인생들의 연약함을 철저히 깨달았습니다. 모세는 인생을 시간과 연결 지어 말합니다. 인생은 '티끌'이요, '한순간의 꿈'이요, '아침에 돋는 한 포기의 풀'이라고 말합니다. 이렇게 인생의 시간은 하나님의 영원에 비할 수 없습니다.

하나님의 하루는 인생에게 천 년과도 같기 때문입니다(벧후 3:8). 인생은 이 세상에 왔다가 티끌로 돌아가게끔 되어 있습니다. 그래서 모세는 시편에서 "여호와여 돌아오소서 언제까지니이까 주의 종들을 불쌍히 여기소서"(시 90:13), "우리를 기쁘게 하소서"(시 90:15), "하나님의 은총을 우리에게 내리게 하사"(시 90:17)라고 기도했습니다.

시간에 갇혀 죽음으로 가는 존재인 인생은 하나님의 영원에 기대어 살 때에만 만족할 수 있습니다. 하나님께만 안정과 행복이 있기 때문입니다. 이것을 믿고 받아들이는 자에게 죽음은 슬픔이 아니라 기쁨이 됩니다. 그러므로 모세에게 죽음은 끝이 아니라 영원하신 하나님 품에 안겨 사는 새로운 출발이었습니다.

● 다섯 번째 포인트

모세의 리더십은 크게 다섯 가지로 정리할 수 있습니다.

모세는 불세출의 지도자로 불립니다. 그러한 모세의 리더십은 크게 다음의 다섯 가지로 정리할 수 있습니다.

첫째, 모세의 리더십은 '온유함'입니다. 모세의 온유함은 지면의 어느 누구보다 더했습니다. 이러한 모세는 하나님 앞에, 그리고 자신을 돌로 치려는 이스라엘 백성들 앞에 늘 엎드림으로 빛이 났습니다.

둘째, 모세의 리더십은 '협상'입니다. 모세는 애굽 왕 바로와 6개월 동안 10차에 걸쳐 협상을 했습니다. 그리고 모세는 심지어 하나님과도 협상을 했습니다. 금송아지 우상을 만든 이스라엘 백성들에게 진멸을 결정하신 하나님의 뜻을 돌이키고자 모세는 자신의 생명을 내어놓기까지 하며 하나님과 협상을 했던 것입니다.

셋째, 모세의 리더십은 '믿음'입니다. 모세는 애굽 왕 바로에게 들어가라는 하나님의 명령도, 그리고 홍해를 건너라는 하나님의 명령도 믿음으로 기꺼이 순종했습니다. 홍해를 건너면 생존을 위한 물과 양식은 없고, 오히려 광야에 불뱀과 전갈이 있을 뿐이지만 모세는 하나님을 믿는 믿음으로 순종했습니다.

넷째, 모세의 리더십은 '교육'입니다. 모세는 광야에서 40년간 출애굽세대의 자녀들을 교육했습니다. 그래서 결국 역사의 새 장을 여는 만나세대의 탄생을 가능하게 했습니다.

다섯째, 모세의 리더십은 '계승'입니다. 하나님께서는 모세의 삶이 존귀했다고 평가하셨습니다. 모세는 바로 그 존귀를 여호수아에게 고스란히 계승했습니다.

구약성경 39권은 제사장 나라 이야기이며, 제사장 나라는 율법과 선지자들의 이야기입니다. 그런데 여기에서 '선지자'는 하나님 말씀의 '대언자'이고, '율법'이라 함은 모세가 쓴 다섯 권의 책인 〈창세기, 출애굽기, 레위기, 민수기, 신명기〉를 일컫습니다. 즉, 모세오경이 제사장 나라의 율법입니다. 이 제사장 나라의 율법을 통해 하나님의 놀라운 사랑과 믿음을 배우게 되었습니다.

이제 남은 구약성경은 모두 어렵지 않습니다. 힘들었지만 기초를 튼튼하게 했기 때문입니다. 기초 공사가 끝나면 건물이 올라갑니다. 더욱 힘내서 모래 위가 아닌 반석 위에 집을 짓는 멋진 그리스도인을 꿈꿉니다.

71일

500년 만의 성취 (수 1~2장)

애피타이저 APPETIZER

'모세오경'이 끝나면서 눈에 띄는 가장 큰 변화는 이스라엘의 지도자가 모세에서 여호수아로 바뀌었다는 것입니다. 지난 40년 동안 여호수아는 모세를 믿고 모세의 말만 따르면 되었습니다. 그런데 그렇게 든든한 울타리였던 모세가 더 이상 없습니다. 그러자 약속의 땅 가나안 입성을 바로 앞두고 여호수아는 두려웠습니다.

모세 없는 전쟁이 이제 여호수아에게는 실전이 되었으며, 그의 책임이 된 것입니다. 그때 하나님께서 두려워 떠는 여호수아에게 용기를 주십니다. 그리고 만나세대들도 여호수아에게 용기를 줍니다. 이렇게 하나님의 위로와 백성들의 격려를 함께 받은 여호수아는 자신에게 맡겨진 사명을 당당히 수행하게 됩니다. 이 광경을 보시는 하나님의 마음이 얼마나 흡족하셨을까 짐작해 봅니다.

애굽에서 노예였던 여호수아는 이후에 모세처럼 책을 쓰게 됩니다. 그리고 어부였던 사도 요한도 노년에 사도 바울처럼 책을 쓰게 됩니다. 와우!

성경통독 BIBLETONGDOK

《일년일독 통독성경》 여호수아 1~2장

통通으로 숲이야기 ; 통숲 TONG OBSERVATION

● 첫 번째 포인트

하나님께서 아브라함에게 주신 땅에 대한 약속은 500년 만에 여호수아 때에 성취됩니다.

하나님께서는 아브라함에게 '보여줄 땅'으로 가게 하시고 마침내 가나안에 이르게 하신 후에 자손과 땅에 대한 약속을 주셨습니다.

"여호와께서 아브람에게 이르시되 너는 너의 고향과 친척과 아버지의 집을 떠나 내가 네게 보여 줄 땅으로 가라"(창 12:1)

"여호와께서 아브람에게 나타나 이르시되 내가 이 땅을 네 자손에게 주리라 하신지라"(창 12:7)

"그 날에 여호와께서 아브람과 더불어 언약을 세워 이르시되 내가 이 땅을 애굽 강에서부터 그 큰 강 유브라데까지 네 자손에게 주노니 곧 겐 족속과 그니스 족속과 갓몬 족속과 헷 족속과 브리스 족속과 르바 족속과 아모리 족속과 가나안 족속과 기르가스 족속과 여부스 족속의 땅이니라 하셨더라"(창 15:18~21)

이 약속이 성취된 시점을 보면 다음과 같습니다.

첫째, 자손에 대한 약속은 출애굽기 1장에서 성취되었습니다.

"이스라엘 자손은 생육하고 불어나 번성하고 매우 강하여 온 땅에 가득하게 되었더라"(출 1:7)

둘째, 땅에 대한 약속은 여호수아 1장에서 성취되기 시작합니다.

"내가 모세에게 말한 바와 같이 너희 발바닥으로 밟는 곳은 모두 내가 너희에게 주었노니 곧 광야와 이 레바논에서부터 큰 강 곧 유브라데 강

까지 헷 족속의 온 땅과 또 해 지는 쪽 대해까지 너희의 영토가 되리라" (수 1:3~4)

이처럼 하나님의 약속은 하나님의 때에 반드시 성취됩니다.

● 두 번째 포인트

여호수아가 책을 쓴 이유는 세 가지입니다.

책을 쓴다는 것은 책의 처음부터 끝까지 일치 완결성을 갖추었다는 것입니다. 사실, 모세가 다섯 권의 책을 썼다는 것은 그렇게 놀라운 일은 아닙니다. 모세는 당대 최고의 지식인이었고 40년 동안 율법을 강의한 교수였기 때문입니다.

그런데 여호수아가 자신의 이름으로 〈여호수아〉라는 책을 썼다는 것은 말 그대로 경천동지(驚天動地)할 일입니다. 여호수아의 글쓰기가 어떤 단계를 거쳐 역작이 나왔는지 다섯 단계로 보겠습니다.

첫째, 여호수아는 40세까지 애굽에서 노예로 살면서 노동을 위한 도구만 손에 들고 살았습니다.

둘째, 여호수아는 출애굽 후 아말렉과의 전쟁에서 손에 칼을 처음 잡았습니다.

셋째, 여호수아는 시내산에서 제사장 나라 거룩한 시민 언약 이후 40년 동안 만나세대들과 함께 공부하며 처음으로 손에 붓을 잡기 시작했습니다.

넷째, 여호수아는 가나안 정복 전쟁 5년 동안 낮에는 칼을, 밤에는 '모세오경' 다섯 권을 손에 잡았습니다.

다섯째, 결국 여호수아는 책을 썼습니다.

이렇게 여호수아가 책을 쓴 이유는 다음 세 가지를 남기고 싶어서였습니다.

첫째, 여호수아는 "모세가 위대하다."라는 것을 쓰고 싶었습니다.

여호수아는 1장에서 자신의 부족함과 모세의 위대함을 비교합니다. 모세는 믿음으로 혼자 애굽에 들어갔다는 것입니다. 그런데 자신은 만나세대 60만 명과 함께 가나안에 들어가면서도 떨고 있다는 것입니다. 그리고 지난 40년 동안 모세가 교육시킨 만나세대 60만 명과 그들 중에 세운 선봉대의 수준이 참으로 놀랍다고 말합니다. 그리고 그것이 다 스승 모세가 남긴 참으로 위대한 성과라는 것입니다.

둘째, 여호수아는 "내 친구 갈렙이 짱이다."라는 것을 쓰고 싶었습니다.

갈렙에 대해서는 이후에 자세히 살펴보겠지만, 여호수아는 갈렙의 위대한 어록을 그의 책에 남기고 싶었습니다.

"모세가 나를 보내던 날과 같이 오늘도 내가 여전히 강건하니 내 힘이 그 때나 지금이나 같아서 싸움에나 출입에 감당할 수 있으니 그 날에 여호와께서 말씀하신 이 산지를 내게 주소서 당신도 그 날에 들으셨거니와 그 곳에는 아낙 사람이 있고 그 성읍들은 크고 견고할지라도 여호와께서 나와 함께 하시면 내가 여호와께서 말씀하신 대로 그들을 쫓아내리이다"(수 14:11~12)

셋째, 여호수아는 "오직 나와 내 가족은 왕이 되지 않고 제사장 나라 거룩한 시민이 되겠다."는 선언을 남기고 싶었습니다.

"만일 여호와를 섬기는 것이 너희에게 좋지 않게 보이거든 너희 조상들이 강 저쪽에서 섬기던 신들이든지 또는 너희가 거주하는 땅에 있는 아모리 족속의 신들이든지 너희가 섬길 자를 오늘 택하라 오직 나와 내 집은 여호와를 섬기겠노라"(수 24:15)

여호수아, 그리고 이후에 사도 요한도 젊은 날 책과는 거리가 먼 삶을 살았습니다. 그들의 글쓰기는 오히려 나이 들어 배운 것입니다. 그런데 그들은 정말 하나님의 감동으로 놀라운 책을 써서 이렇게 성경의 저자가 되는 영광을 얻었습니다.

● 세 번째 포인트

여호수아, "나 떨고 있다."라고 말합니다.

하나님께서 여호수아에게 "두려워하지 말고 강하고 담대하라."라고 말씀하십니다. 여호수아가 두려워하지도 않고 떨지도 않았다면 하나님께서 그렇게 말씀하셨을 리가 없습니다. 여호수아가 모세 없이 가나안 정복 전쟁을 앞두고 정말 두려워하며 떨고 있었던 것입니다.

"강하고 담대하라 너는 내가 그들의 조상에게 맹세하여 그들에게 주리라 한 땅을 이 백성에게 차지하게 하리라 오직 강하고 극히 담대하여 나의 종 모세가 네게 명령한 그 율법을 다 지켜 행하고 우로나 좌로나 치우치지 말라 그리하면 어디로 가든지 형통하리니 이 율법책을 네 입에서 떠나지 말게 하며 주야로 그것을 묵상하여 그 안에 기록된 대로 다 지켜 행하라 그리하면 네 길이 평탄하게 될 것이며 네가 형통하리라 내가 네게 명령한 것이 아니냐 강하고 담대하라 두려워하지 말며 놀라지 말라 네가 어디로 가든지 네 하나님 여호와가 너와 함께 하느니라 하시니라"(수 1:6~9)

사실 가나안 정복 전쟁을 앞둔 여호수아가 두렵고 떨리는 것은 당연합니다. 전쟁은 매일 죽음을 생각해야 하는 실전이기 때문입니다.

그런데 40년 전 모세를 생각해본다면 모세는 여호수아보다 훨씬 더 두렵고 떨리는 애굽과의 전쟁을 혼자, 그것도 지팡이 하나 들고 들어갔습니다. 그리고 마침내 이스라엘 백성들 모두를 머리카락 하나 상하지 않게 구출해 나왔습니다.

그때 모세가 혼자 지팡이 하나 들고 있었다면, 지금 여호수아는 '하나님의 언약궤'와 모세가 써서 여호수아의 손에 들려준 '창, 출, 레, 민, 신' 다섯 권의 책이 있고 더 놀라운 사실은 지난 40년 동안 모세에게 훈련받은 용감한 60만 만나세대가 함께 있습니다. 그러니 두렵고 떨 것이 아니라 하나님께서 주신 용기에 힘입어 앞으로 나아가면 되는 것이었습니다. 드디어 여호수아가 힘과 용기를 냅니다. 그리고 3일 후에 출전할 것을 선포합니다.

또한 여호수아는 르우벤, 갓, 므낫세 반 지파에게 선봉대에 설 준비를 하라고 명령합니다.

> "너희의 처자와 가축은 모세가 너희에게 준 요단 이쪽 땅에 머무려니와 너희 모든 용사들은 무장하고 너희의 형제보다 앞서 건너가서 그들을 돕되"(수 1:14)

출애굽세대들은 모세에게 늘 불평을 했었지만, 훈련받은 만나세대는 이 중요한 시점에 여호수아에게 용기를 줍니다. 여호수아, 정말 대박입니다. 출애굽세대들의 특기였던 원망을 추억(?)하며 그들의 이야기를 들어보십시오.

"이스라엘 자손이 다 모세와 아론을 원망하며 온 회중이 그들에게 이르되 우리가 애굽 땅에서 죽었거나 이 광야에서 죽었으면 좋았을 것을 어찌하여 여호와가 우리를 그 땅으로 인도하여 칼에 쓰러지게 하려 하는가 우리 처자가 사로잡히리니 애굽으로 돌아가는 것이 낫지 아니하랴"(민 14:2~3)

그런데 출애굽세대들이 가나안에 '사로잡혀 노예가 될 것'이라고 말했던 바로 그 자녀들이 모세에게 40년 동안 훈련받은 후 멋진 만나세대로 성장한 모습을 보십시오.

"우리는 범사에 모세에게 순종한 것 같이 당신에게 순종하려니와 오직 당신의 하나님 여호와께서 모세와 함께 계시던 것 같이 당신과 함께 계시기를 원하나이다 누구든지 당신의 명령을 거역하며 당신의 말씀을 순종하지 아니하는 자는 죽임을 당하리니 오직 강하고 담대하소서"(수 1:17~18)

여호수아는 그의 책에서 만나세대들, 특히 전쟁 선봉대들이 떨고 있었던 자신을 이렇게 위로하고 격려해주었다고 솔직하게 쓰고 있습니다.

하나님께서는 이렇게 여호수아에게 선봉대를 통해서도 용기

를 주시며 가나안 정복 전쟁에 이길 수 있는 길을 제시해주십니다. 하나님께서 여호수아에게 주신 용기는

첫째, "모세와 함께한 것처럼 너와 함께하리라."는 말씀입니다.

둘째, "율법 책을 주야로 묵상하면 네 길이 평탄하리라."는 말씀입니다.

그래서 여호수아는 그 바쁜 전쟁 중에도 끝내 〈모세오경〉을 그의 손에서 놓지 않았습니다. 하나님께서는 여호수아에게 모세오경을 읽고 "우로나 좌로나 치우치지 말라"(수 1:7)고 말씀하십니다. 이는 율법의 정도를 걷고, 인간적인 생각을 좇지 말라는 것입니다. 그리고 그 율법을 "주야로 그것을 묵상"(수 1:8)하라고 말씀하십니다.

'묵상하다'는 히브리어로 '하가(הָגָה)'인데 이는 온 마음을 집중해서 읊조리며 신중히 생각하는 모습을 일컫습니다. 하나님의 말씀을 주야로 묵상한다는 것은 곧 말씀을 마음속에 새겨 생활에까지 실천하는 모습을 말합니다.

여호수아에게 주신 이 말씀을 이후에 다윗이 귀하게 받아 자신의 삶에 실천하는 모습을 보게 됩니다.

"나의 반석이시요 나의 구속자이신 여호와여 내 입의 말과 마음의 묵

상이 주님 앞에 열납되기를 원하나이다"(시 19:14)

"내가 옛날을 기억하고 주의 모든 행하신 것을 읊조리며 주의 손이 행하는 일을 생각하고"(시 143:5)

두려워 떨고 있었던 여호수아에게 하나님께서는 "강하고 담대하라 두려워하지 말며 놀라지 말라"(수 1:9)는 말씀으로 용기를 주셨습니다. 그리고 하나님께서는 "너와 함께 있을 것임이니라, 너와 함께 하느니라"(수 1:5,9)는 말씀으로 가나안 정복 전쟁을 앞둔 여호수아에게 임마누엘의 약속, 즉 최고의 강력한 보호를 약속해주셨습니다.

● 네 번째 포인트

가나안은 40년 전에도, 그리고 지금도 똑같이 떨고 있습니다.

여리고성 라합의 고백을 들어보면 40년 전 가데스 바네아에서의 열 명의 정탐꾼들이 얼마나 잘못된 판단으로 보고를 했었는지 알 수 있습니다.

"또 그들이 눕기 전에 라합이 지붕에 올라가서 그들에게 이르러 말하되 여호와께서 이 땅을 너희에게 주신 줄을 내가 아노라 우리가 너희를 심히 두려워하고 이 땅 주민들이 다 너희 앞에서 간담이 녹나니 이는 너희가 애굽에서 나올 때에 여호와께서 너희 앞에서 홍해 물을 마르게 하신 일과 너희가 요단 저쪽에 있는 아모리 사람의 두 왕 시혼과 옥에게 행한 일 곧 그들을 전멸시킨 일을 우리가 들었음이니라 우리가 듣자 곧 마음이 녹았고 너희로 말미암아 사람이 정신을 잃었나니 너희의 하나님 여호와는 위로는 하늘에서도 아래로는 땅에서도 하나님이시니라 그러므로 이제 청하노니 내가 너희를 선대하였은즉 너희도 내 아버지의 집을 선대하도록 여호와로 내게 맹세하고 내게 증표를 내라 그리고 나의 부모와 나의 남녀 형제와 그들에게 속한 모든 사람을 살려 주어 우리 목숨을 죽음에서 건져내라"(수 2:8~13)

라합의 말의 요지는

첫째, 40년 전 출애굽 때 애굽을 이기고 나온 것과 홍해 물을 마르게 하신 일과 그리고 40년 후 아모리 왕 시혼과 바산 왕 옥의 멸망을 들어 알고 있다는 것입니다.

둘째, 그러므로 그들이 이스라엘을 두려워하고 있고 가나안 주민들의 간담이 다 녹고 있다는 것입니다.

셋째, 자신은 상천하지(上天下地)의 하나님을 믿고 고백한다는 것입니다.

가나안에 살고 있던 가나안 일곱 족속은 이스라엘 백성들이 애굽을 이기고 출애굽한 것과 홍해의 기적 이야기를 통해 이미 이스라엘에 대해 두려워 떨고 있었습니다. 그리고 40년 후 이스라엘이 요단 동편 전쟁에서도 크게 승리한 이야기까지 다 듣고 그들이 정신을 잃을 정도로 두려워 떨고 있다는 것입니다. 그런데 가데스 바네아에서 열 명의 정탐꾼들은 오히려 자기들이 쫄아서(?) 가나안의 분위기를 제대로 파악하지 못했던 것입니다.

하나님께서 하신 모든 일에 대해 '듣고' 하나님을 '알게'된 라합은 들음으로 하나님을 '믿게 되었고', 두 명의 정탐꾼들을 통해 알게 된 하나님의 뜻에 '순종'하게 되었습니다. 이제 하나님께서 하시는 일까지 '체험'하게 된 라합은 결국 상천하지의 하나님을 '고백'하게 됩니다. 그래서 라합은 여리고성의 정탐꾼 두 명을 살려주면서 여리고성이 멸망할 때에 자신과 자신의 가정을 구원해 달라고 부탁합니다.

"나의 부모와 나의 남녀 형제와 그들에게 속한 모든 사람을 살려 주어 우리 목숨을 죽음에서 건져내라"(수 2:13)

결국 라합의 이 믿음으로 라합의 가정이 구원을 얻게 됩니다.

성경에는 라합의 가정처럼 개인을 넘어 가정이 구원을 받는 일들이 기록되어 있습니다. 예를 들어, 노아 가정의 구원 이야기입니다.

"믿음으로 노아는 아직 보이지 않는 일에 경고하심을 받아 경외함으로

방주를 준비하여 그 집을 구원하였으니"(히 11:7)

그리고 빌립보 감옥의 간수 가정의 구원 이야기입니다.

"이르되 주 예수를 믿으라 그리하면 너와 네 집이 구원을 받으리라 하고 주의 말씀을 그 사람과 그 집에 있는 모든 사람에게 전하더라 그 밤 그 시각에 간수가 그들을 데려다가 그 맞은 자리를 씻어 주고 자기와 그 온 가족이 다 세례를 받은 후 그들을 데리고 자기 집에 올라가서 음식을 차려 주고 그와 온 집안이 하나님을 믿으므로 크게 기뻐하니라" (행 16:31~34)

이처럼 성경은 개인과 가정과 나라 이야기를 모두 포함하고 있습니다.

● 다섯 번째 포인트
정탐은 믿음 있는 두 사람이면 충분합니다.

전쟁사에서는 '정보'가 전쟁 승패의 갈림길이라고 말합니다. 그러나 제사장 나라에서의 전쟁은 정보나 전술이나 전략보다 더 중요한 것이 있습니다. 그것은 '전쟁은 하나님께 속해 있다'는 대전제입니다. 때문에 출애굽한 이스라엘 백성들의 전쟁사에서는 가데스 바네아에서의 출애굽세대들의 정탐 보고가 가장 뼈아픈 역사라고 할 수 있습니다. 40일 동안 가나안 땅을 정탐했던 열 명의 정탐 보고는 이스라엘 백성 전체를 낙담하게 만든 사건이 되었기 때문입니다.

열 명의 정탐 보고는 다음과 같았습니다.

"거기서 네피림 후손인 아낙 자손의 거인들을 보았나니 우리는 스스로 보기에도 메뚜기 같으니 그들이 보기에도 그와 같았을 것이니라"(민 13:33)

그러나 같은 기간, 같은 가나안을 정탐했던 정탐꾼 여호수아와 갈렙의 보고는 열 명과는 확연히 달랐습니다.

"여호와께서 우리를 기뻐하시면 우리를 그 땅으로 인도하여 들이시고 그 땅을 우리에게 주시리라 이는 과연 젖과 꿀이 흐르는 땅이니라 다만 여호와를 거역하지는 말라 또 그 땅 백성을 두려워하지 말라 그들은 우리의 먹이라 그들의 보호자는 그들에게서 떠났고 여호와는 우리와 함께 하시느니라 그들을 두려워하지 말라"(민 14:8~9)

40년 전 가데스 바네아에서 열두 명의 정탐꾼에 속했었고 그 가운데 믿음 있는 보고를 했었던 여호수아는 이제 자신의 경험을 바탕으로 여리고성 정탐은 믿음 있고 신실한 두 사람을 보냈습니다. 그랬더니 역시 그들은 이스라엘 백성들에게 용기를 주는 정탐 보고를 합니다.

여리고성을 정탐하고 돌아온 정탐꾼 두 명의 보고 내용입니다.

"여호수아에게 이르되 진실로 여호와께서 그 온 땅을 우리 손에 주셨으므로 그 땅의 모든 주민이 우리 앞에서 간담이 녹더이다"(수 2:24)

정탐은 믿음 있는 사람 두 명이면 충분합니다. 전쟁은 하나님께 속하기 때문입니다.

디저트 DESSERT

성경 속 하나님의 사람들의 특징은 하나님께서 주시는 명령에 어떤 어려움과 장애물이 앞에 있을지라도 인간의 한계를 뛰어넘고 하나님께서 주시는 기적을 체험하며 끝내 그 명령을 수행했다는 것입니다.

하나님께서 하나님의 사람들에게 주신 명령은 바로 '사명'입니다. 사명은 두려움을 느낄 정도로 힘든 일입니다. 그렇게까지 힘든 일이 아니면 사실 사명이 아닙니다. 하나님의 일을 맡은 사람들은 하나님께서 주시는 믿음으로 먼저 사명을 위해 용기를 내고 함께하는 이들의 사기를 높이는 자들입니다.

우리도 우리에게 주어진 사명을 위해 두려움을 이기고 더 멋지게 승리하기를 기도합니다.

72일

할레와 유월절(수 3~5장)

애피타이저 APPETIZER

이제 여호수아와 만나세대는 요단강을 건너 요단 서편 약속의 땅 가나안으로 들어갑니다. 두렵고 설레며 만감이 교차합니다. 드디어 이스라엘의 새로운 지도자 여호수아가 요단강 도하를 명령합니다.

"백성에게 명령하여 이르되 너희는 레위 사람 제사장들이 너희 하나님 여호와의 언약궤 메는 것을 보거든 너희가 있는 곳을 떠나 그 뒤를 따르라 그러나 너희와 그 사이 거리가 이천 규빗쯤 되게 하고 그것에 가까이 하지는 말라 그리하면 너희가 행할 길을 알리니 너희가 이전에 이 길을 지나보지 못하였음이니라 하니라 여호수아가 또 백성에게 이르되 너희는 자신을 성결하게 하라 여호와께서 내일 너희 가운데에 기이한 일들을 행하시리라"(수 3:3~5)

여호수아의 요단강 도하의 최종 명령은 "3일 후 언약궤를 따르라."입니다. 그리고 "너희와 언약궤 사이 거리를 이천 규빗쯤 되게 하라."입니다. 언약궤와 백성들 사이의 거리, '이천 규빗'은 약 900m를 말합니다. 이스라엘 백성들은 앞서 나아가는 언약궤를 약 900m 뒤쪽에서 따라오라는 것입니다.

성경통독 BIBLETONGDOK

《일년일독 통독성경》 여호수아 3~5장

통通으로 숲이야기 ; 통숲 TONG OBSERVATION

● 첫 번째 포인트

홍해의 기적은 모세의 지팡이로, 요단강의 기적은 언약궤로 시작합니다.

40년 전 출애굽한 이스라엘 백성들이 홍해를 건널 때에는 오직 모세 한 사람만의 믿음과 순종으로, 그리고 모세의 지팡이로 홍해를 건넜습니다.

"지팡이를 들고 손을 바다 위로 내밀어 그것이 갈라지게 하라 이스라엘 자손이 바다 가운데서 마른 땅으로 행하리라"(출 14:16)

모세 한 사람의 믿음과 순종이 하나님의 기적을 만들었고 그 기적으로 이스라엘 백성들은 홍해를 마른 땅 같이 건널 수 있었습니다(출 14:21).

이제 40년 만에 이스라엘 백성들은 요단강 앞에 서 있습니다. 그런데 이번에는 모세 한 사람만의 믿음과 순종이 아닌 언약궤를 어깨에 멘 제사장들과 만나세대들 60만 명이 믿음과 순종으로 나아갑니다.

"너는 언약궤를 멘 제사장들에게 명령하여 이르기를 너희가 요단 물 가에 이르거든 요단에 들어서라 하라"(수 3:8)

그랬더니 이번에는 다음과 같은 기적이 일어났습니다.

"요단이 곡식 거두는 시기에는 항상 언덕에 넘치더라 궤를 멘 자들이 요단에 이르며 궤를 멘 제사장들의 발이 물 가에 잠기자 곧 위에서부터 흘러내리던 물이 그쳐서 사르단에 가까운 매우 멀리 있는 아담 성읍 변두리에 일어나 한 곳에 쌓이고 아라바의 바다 염해로 향하여 흘러가는 물은 온전히 끊어지매 백성이 여리고 앞으로 바로 건널새 여호와의 언약궤를 멘 제사장들은 요단 가운데 마른 땅에 굳게 섰고 그 모든 백성이 요단을 건너기를 마칠 때까지 모든 이스라엘은 그 마른 땅으로 건너갔더라"(수 3:15~17)

하나님께서는 이스라엘 백성들의 지난 40년간의 놀라운 성장에 무척 기뻐셨을 것입니다. 40년 전 홍해 앞에서 출애굽세대들의 모습은 다음과 같았기 때문입니다.

"바로가 가까이 올 때에 이스라엘 자손이 눈을 들어 본즉 애굽 사람들이 자기들 뒤에 이른지라 이스라엘 자손이 심히 두려워하여 여호와께 부르짖고 그들이 또 모세에게 이르되 애굽에 매장지가 없어서 당신이 우리를 이끌어 내어 이 광야에서 죽게 하느냐 어찌하여 당신이 우리를 애굽에서 이끌어 내어 우리에게 이같이 하느냐 우리가 애굽에서 당신에게 이른 말이 이것이 아니냐 이르기를 우리를 내버려 두라 우리가 애굽 사람을 섬길 것이라 하지 아니하더냐 애굽 사람을 섬기는 것이 광야에서 죽는 것보다 낫겠노라"(출 14:10~12)

그런데 모세에게 지난 40년 동안 교육받고 훈련받은 만나세대의 모습은 요단강 앞에서 이렇게까지 달라졌습니다.

"백성이 요단을 건너려고 자기들의 장막을 떠날 때에 제사장들은 언약궤를 메고 백성 앞에서 나아가니라"(수 3:14)

만나세대들은 이렇게 주저 없이 제사장들과 함께 요단강을 건넙니다. 한편 요단강에서의 기적은 홍해에서의 기적과 다른 점이 있습니다.

홍해에서는 바다가 먼저 갈라지고 이스라엘 백성들이 마른 땅을 건넜던 반면(출 14장), 요단강에서는 언약궤를 멘 제사장들의 발이 물속에 잠기자 길이 열리는 모습을 보게 됩니다. 요단강은 홍해보다 수량이 많지는 않지만 그때는 물이 넘치는 시기였다는 정황으로 볼 때 제사장들이 믿음으로 무장되어 있었다는 것을 알 수 있습니다. 자신을 성결하게 하고 하나님을 믿는 믿음으로 담대히 전진했던 이스라엘 백성들에게 가나안은 더 이상 불가능이 아니라 확실한 하나님의 선물이었던 것입니다.

● 두 번째 포인트

하나님께서는 홍해를 통해서 모세를, 요단강을 통해서 여호수아를 높이십니다.

하나님께서는 모세와 여호수아를 이스라엘 백성들 앞에서 높여주시는데 모세와 여호수아의 수고나 노력이 아닌 그들의 믿음을 통해 그들을 높이십니다.

40년 전 하나님께서는 홍해 앞에서 하나님에 대한 믿음과 순종으로 이스라엘 백성들을 인도한 모세를 높이셨습니다.

"무릇 높이는 일이 동쪽에서나 서쪽에서 말미암지 아니하며 남쪽에서도 말미암지 아니하고 오직 재판장이신 하나님이 이를 낮추시고 저를 높이시느니라"(시 75:6~7)

"이스라엘 자손은 바다 가운데를 육지로 행하였고 물이 좌우에 벽이 되었더라 그 날에 여호와께서 이같이 이스라엘을 애굽 사람의 손에서 구원하시매 이스라엘이 바닷가에서 애굽 사람들이 죽어 있는 것을 보았더라 이스라엘이 여호와께서 애굽 사람들에게 행하신 그 큰 능력을 보았으므로 백성이 여호와를 경외하며 여호와와 그의 종 모세를 믿었더라"(출 14:29~31)

홍해를 건넌 후 온 백성이 그 위기를 극복한 모세를 바라보며 깜짝 놀라게 됩니다. 이는 하나님께서 홍해를 통해 백성들 앞에서 모세를 높이신 것입니다. 그리고 이제 하나님께서는 홍해 앞에서와 똑같이 지금 요단강 앞에서 하나님에 대한 믿음과 순종으로 이스라엘 백성들을 인도한 여호수아를 높이고 계십니다.

"또 여호와께서 여호수아에게 명령하사 백성에게 말하게 하신 일 곧 모세가 여호수아에게 명령한 일이 다 마치기까지 궤를 멘 제사장들이 요단 가운데에 서 있고 백성은 속히 건넜으며 모든 백성이 건너기를 마친 후에 여호와의 궤와 제사장들이 백성의 목전에서 건넜으며 르우벤 자손과 갓 자손과 므낫세 반 지파는 모세가 그들에게 이른 것 같이 무장하고 이스라엘 자손들보다 앞서 건너갔으니 무장한 사만 명 가량이 여호와 앞에서 건너가 싸우려고 여리고 평지에 이르니라 그 날에 여호와께서 모든 이스라엘의 목전에서 여호수아를 크게 하시매 그가 생존한 날 동안에 백성이 그를 두려워하기를 모세를 두려워하던 것 같이 하였더라"(수 4:10~14)

가나안 정복을 눈앞에 둔 이때 하나님께서는 모세 때와 같이 여호수아의 지도력을 높여주십니다. 요단강이 갈라지고 마른 땅을 걷게 된 만나세대들은 출애굽 당시의 세대들이 홍해의 기적을 체험한 후 모세를 따랐던 것과 같이 여호수아를 따르게 됩니다.

이것은 여호수아가 노력해서 얻은 지도력이 아닙니다. 하나님께서 여호수아에게 믿음의 선물로 주신 지도력이었습니다. 이 일을 통해 이스라엘 백성들이 여호수아의 지도력을 인정하고 모두 그를 믿고 따랐기에 이후 가나안 정복이 하나님의 뜻대로 순조롭게 이루어질 수 있었습니다.

이렇게 하나님께서 베푸신 기적을 체험하며 여호수아와 만나세대가 이루어낸 요단강 도하의 특징은 다음과 같습니다.

첫째, 언약궤를 멘 제사장들은 이스라엘 백성들이 요단강을 모두 건널 때까지 요단 가운데 서 있었습니다.

둘째, 이스라엘 백성들이 모두 요단강을 건넌 후 언약궤를 멘 제사장들이 건너자 다시 요단강이 흐르기 시작했습니다.

셋째, 르우벤, 갓, 므낫세 반 지파 선봉대 약 4만 명은 가장 먼저 요단강을 건너가서 여리고 평지에서 전투를 준비했습니다.

넷째, 하나님께서 여호수아를 모세와 같이 크게 해주심으로 여호수아의 지도력을 인정받게 해주셨습니다.

● 세 번째 포인트

만나세대의 가나안 시대 첫 출발은 500년 전 아브라함이 시작한 할례와 40년 전 애굽에서 시작한 유월절 실행으로 시작됩니다.

요단강을 건너 마침내 약속의 땅 가나안에 들어간 이스라엘 백성들은 본격적인 가나안 정복 전쟁을 시작하기 전, 하나님의 명령에 따라 적진인 길갈에서 500년 전 아브라함이 시작한 '할례'와 40년 전 애굽에서 시작한 '유월절'을 실행합니다.

가나안 정복 전쟁을 코앞에 두고 있음에도 불구하고 하나님께서 이스라엘 백성들에게 할례를 시행하게 하신 이유는 가나안 정복이 하나님께서 오래전부터 이스라엘에게 주신 언약의 성취였기 때문입니다. 그리고 할례를 행한 후 하나님께서는 "애굽의 수

치를 너희에게서 떠나가게 하였다."라고 말씀하셨습니다(수 5:9).

가나안의 방식도 애굽의 방식도 아닌 하나님의 방식을 따를 때 이스라엘 백성들은 가나안을 정복할 수 있었습니다. 하나님의 명령에 순종하는 것이 바로 가나안 땅에 들어갈 수 있는 방법이기 때문입니다. 그리고 사실 지난 40년 동안 이스라엘 백성들은 광야에서 생활하느라 할례를 시행할 수가 없었습니다. 그런데 이제 그들은 광야를 벗어났기 때문에 할례를 시행할 수 있게 된 것입니다.

이렇게 길갈에서 이스라엘 백성들이 할례를 시행한 후 상처 부위가 낫기를 기다렸습니다. 그리고 길갈에서 할례에 이어 이스라엘의 세 번째 유월절을 시행했습니다.

첫 번째 유월절은 애굽에서, 두 번째 유월절은 출애굽한 지 1년 만에 시내 광야에서, 그리고 가나안 정복 전쟁을 앞두고 길갈에서 세 번째 유월절을 드리게 된 것입니다.

지난 광야 40년 동안 이스라엘 백성들이 유월절을 지키지 못한 이유는 세 가지 때문이었습니다.

첫째, 광야 생활 중이어서 희생 제사와 소제를 드릴 수 없었기 때문입니다.

둘째, 만나를 먹고 있었기 때문입니다. 광야에서는 무교병을 만들 재료가 없었습니다.

셋째, 광야 생활 중에는 할례를 시행할 수 없었고, 무할례자는 유월절에 참여할 수 없었기 때문입니다.

"너희와 함께 거류하는 타국인이 여호와의 유월절을 지키고자 하거든 그 모든 남자는 할례를 받은 후에야 가까이 하여 지킬지니 곧 그는 본토인과 같이 될 것이나 할례 받지 못한 자는 먹지 못할 것이니라"(출 12:48)

그런데 과거 시내 광야에서 두 번째 유월절을 지켰던 것은 하나님의 특별 명령 때문이었습니다.

"모세가 이스라엘 자손에게 명령하여 유월절을 지키라 하매 그들이 첫째 달 열넷째 날 해 질 때에 시내 광야에서 유월절을 지켰으되 이스라엘 자손이 여호와께서 모세에게 명령하신 것을 다 따라 행하였더라"(민 9:4~5)

이스라엘 백성들은 이렇게 약속의 땅 가나안에 들어가자마자 500년 전 아브라함이 시작한 할례와 40년 전 애굽에서 시작한 유월절을 실행하면서 가나안 시대를 본격적으로 열기 시작했습니다.

● 네 번째 포인트

만나세대에게 지난 40년 동안 매일의 양식이었던 만나는 이제 언약궤 안 항아리에만 있습니다.

이스라엘 백성들이 요단강을 건너 약속의 땅 가나안에 들어가 하나님의 명령에 따라 할례와 유월절을 지키고, 유월절 이튿날 그 땅의 소산을 먹게 되자 만나가 더 이상 내리지 않았습니다.

"또 이스라엘 자손들이 길갈에 진 쳤고 그 달 십사일 저녁에는 여리고 평지에서 유월절을 지켰으며 유월절 이튿날에 그 땅의 소산물을 먹되 그 날에 무교병과 볶은 곡식을 먹었더라 또 그 땅의 소산물을 먹은 다음 날에 만나가 그쳤으니 이스라엘 사람들이 다시는 만나를 얻지 못하였고 그 해에 가나안 땅의 소출을 먹었더라"(수 5:10~12)

만나가 그치고 이제 이스라엘 백성들은 약속의 땅 가나안에서 수고와 땀의 대가로 얻게 될 소출이 그들의 일용할 양식이 될 것입니다. 바로 그 소출을 가지고 하나님께 올려드리는 다섯 가지 제사, 번제, 소제, 화목제, 속죄제, 속건제를 드디어 드릴 수 있게 된 것입니다.

이제 땀 흘림의 수고 끝에 그 땅에서 곡식을 거두어 소제를 드리게 될 때 그 기쁨은 말로 다 할 수 없을 것입니다. 만나세대에게 지난 40년 동안 매일의 양식이었던 정겨운 만나는 이제 언약궤 안 항아리에만 있습니다.

● 다섯 번째 포인트

모세도, 여호수아도 거룩한 곳에서 신을 벗습니다.

하나님께서는 모세를 부르실 때에 그 땅은 거룩한 곳이니 신을 벗으라고 말씀하셨습니다.

"여호와의 사자가 떨기나무 가운데로부터 나오는 불꽃 안에서 그에게 나타나시니라 그가 보니 떨기나무에 불이 붙었으나 그 떨기나무가 사라지지 아니하는지라 이에 모세가 이르되 내가 돌이켜 가서 이 큰 광경을 보리라 떨기나무가 어찌하여 타지 아니하는고 하니 그 때에 여호와께서 그가 보려고 돌이켜 오는 것을 보신지라 하나님이 떨기나무 가운데서 그를 불러 이르시되 모세야 모세야 하시매 그가 이르되 내가 여기 있나이다 하나님이 이르시되 이리로 가까이 오지 말라 네가 선 곳은 거룩한 땅이니 네 발에서 신을 벗으라"(출 3:2~5)

그때 하나님께서는 모세에게 사명을 주셨고 모세는 하나님의 명령대로 애굽으로 가서 이스라엘 백성들을 출애굽시켰습니다. 그런데 이제 하나님께서는 과거 모세에게 말씀하셨던 것처럼 여호수아에게도 신을 벗으라고 말씀하십니다.

"여호수아가 여리고에 가까이 이르렀을 때에 눈을 들어 본즉 한 사람이 칼을 빼어 손에 들고 마주 서 있는지라 여호수아가 나아가서 그에게 묻되 너는 우리를 위하느냐 우리의 적들을 위하느냐 하니 그가 이르되 니라 나는 여호와의 군대 대장으로 지금 왔느니라 하는지라 여호수아가 얼굴을 땅에 대고 엎드려 절하고 그에게 이르되 내 주여 종에게 무슨 말씀을 하려 하시나이까 여호와의 군대 대장이 여호수아에게 이르되 네 발에서 신을 벗으라 네가 선 곳은 거룩하니라 하니 여호수아가 그대로 행하니라"(수 5:13~15)

하나님께서 40년 전 모세에게 신을 벗으라고 말씀하신 후 모세를 애굽으로 보내 이스라엘 백성들을 출애굽시키셨던 것처럼 여호수아에게 신을 벗으라고 말씀하신 후에 여리고성 전쟁 수행 방식을 말씀해주십니다.

이제 여호수아도 모세처럼 하나님의 기적을 힘입어 놀라운 승리를 이끌어낼 것입니다.

디저트 DESSERT

40년 전 출애굽세대가 경험한 홍해의 기적과 만나세대의 요단강의 기적을 비교해보면 다음과 같습니다.

첫째, '행로'를 비교해보면 출애굽세대는 홍해를 건너 광야로 들어갔고 만나세대는 요단강을 건너 가나안으로 들어갔습니다.

둘째, '백성들의 믿음'을 비교해보면 출애굽세대 때에는 모세 한 사람만 하나님을 믿었고 만나세대들은 60만 명 모두 하나님을 믿고 하나님의 말씀에 순종했습니다.

셋째, '결과'를 보면 출애굽세대들이 홍해를 건널 때에는 마른 땅으로 모두 건너갔고 뒤쫓아오던 애굽 군대는 모두 수장됐습니다. 그리고 만나세대들이 요단강을 건널 때에는 제사장들이 언약궤를 메고 요단 가운데 서 있고 마른 땅을 백성들이 모두 건넌 후 제사장들이 건너갔습니다.

40년 교육이 그들의 부모 세대와 이렇게 큰 차이를 만들었습니다. 교육이 힘입니다. 우리 자녀들을 올바르게 키우는 길도 만나세대들처럼 하나님의 말씀인 성경으로 양육하는 것입니다.

73일

'음성' 파워 (수 6~8장)

애피타이저 APPETIZER

전쟁의 연속입니다. 여호수아와 이스라엘 백성들은 이제 5년간 가나안 정복 전쟁 전면전을 치르게 됩니다. 사사 시대와 다윗 시대, 그리고 그 이후에도 많은 전쟁이 있었지만 가나안 입성을 위한 이 전쟁이야말로 손에 꼽히는 가장 큰 전쟁 기록이라 할 수 있습니다.

이 기간 동안 '전쟁의 승패는 사람에게 달린 것이 아니요 하나님께 속한다'는 믿음의 대원칙이 세워집니다.

성경통독 BIBLETONGDOK

《일년일독 통독성경》 여호수아 6~8장

통通으로 숲이야기 ; 통숲 TONG OBSERVATION

● 첫 번째 포인트

가나안 정복 전쟁의 첫 전투는 제사장 7명이, 7개의 나팔을 들고, 7일 동안 앞장섭니다.

하나님께서 여호수아에게 여리고성 공성전 전투 방법을 직접 말씀해주십니다.

"여호와께서 여호수아에게 이르시되 보라 내가 여리고와 그 왕과 용사들을 네 손에 넘겨 주었으니 너희 모든 군사는 그 성을 둘러 성 주위를 매일 한 번씩 돌되 엿새 동안을 그리하라 제사장 일곱은 일곱 양각 나팔을 잡고 언약궤 앞에서 나아갈 것이요 일곱째 날에는 그 성을 일곱 번 돌며 그 제사장들은 나팔을 불 것이며"(수 6:2~4)

하나님께서는 약속의 땅 가나안에서의 첫 번째 전쟁인 여리고성 공성전의 전략과 전술을 직접 주시는데 이는 전쟁사에서 유래를 찾을 수 없는, 이후에 어느 누구도 흉내조차 낼 수 없는 말도 안 되는(?) 전술을 주십니다. 바로 제사장 7명이, 7개 나팔을 들고, 7일 동안 앞장서서 여리고성을 돌라는 것입니다.

하나님께서 여리고성을 7일 동안 돌게 하신 이유는 하나님의 천지창조 7일을 기억하게 하신 것이라 할 수 있습니다. 하나님께서는 이를 통해 모든 것이 '하나님의 소유'임을 보여주십니다.

> "하나님이 그가 하시던 일을 일곱째 날에 마치시니 그가 하시던 모든 일을 그치고 일곱째 날에 안식하시니라 하나님이 그 일곱째 날을 복되게 하사 거룩하게 하셨으니 이는 하나님이 그 창조하시며 만드시던 모든 일을 마치시고 그 날에 안식하셨음이니라"(창 2:2~3)

또한 하나님께서 제사장 7명이, 7개 나팔을 들게 하신 것은 이후 〈요한계시록〉의 종말론 이야기로 이어집니다.

하나님께서는 이후에 사도 요한을 통해 〈요한계시록〉에서 새 하늘과 새 땅을 위한 7개 나팔과 7개 대접을 말씀하시며 만물을 새롭게 하는 분도 하나님이시며 만물의 주인이 하나님이심을 드러내십니다.

> "일곱 나팔을 가진 일곱 천사가 나팔 불기를 준비하더라"(계 8:6)

> "또 내가 들으니 성전에서 큰 음성이 나서 일곱 천사에게 말하되 너희는 가서 하나님의 진노의 일곱 대접을 땅에 쏟으라 하더라 첫째 천사가 가서 그 대접을 땅에 쏟으매 짐승의 표를 받은 사람들과 그 우상에게

경배하는 자들에게 악하고 독한 종기가 나더라"(계 16:1~2)

한편 여호수아가 가나안에서의 첫 번째 전쟁으로 여리고성 공성전을 택한 이유는 여리고성은 요단 계곡에 위치한 성읍으로 세계에서 가장 오래된 성읍이었고, 가나안 중심으로 들어가는 입구에 위치한 성읍으로 가나안 정복을 위한 제1지점이었기 때문입니다.

다시 말해, 여리고성은 당시 교통과 무역과 군사 활동의 중심지였습니다. 이후에 여리고성은 베냐민 지파에게 분배되는데 그 때에는 '종려나무 성읍'으로 불리게 됩니다. 또한 여리고성은 신약 시대에 헤롯이 이곳보다 조금 위쪽에 여리고성을 재건하고 겨울궁을 건축하게 됩니다.

어쨌든 하나님께서 여호수아에게 주신 이 '말도 안 되고, 믿을 수도 없는' 놀라운 여리고성 공성전 전투 전략은 다음과 같습니다.

첫째, 제사장 7명이 7개 양각 나팔을 불고 언약궤 앞에 서고, 무장한 군인들과 함께 6일 동안 매일 여리고성을 한 바퀴씩 돕니다.

둘째, 7일째는 여리고성을 7바퀴 돈 후 양각 나팔을 불 때 이스라엘 모든 백성은 큰 소리로 외칩니다.

● 두 번째 포인트

칼과 창이 아닌 '소리'로 여리고성을 무너뜨립니다.

하나님께서 여호수아에게 직접 주신 여리고성 공성전의 전략과 전술은 다음과 같습니다.

"제사장 일곱은 일곱 양각 나팔을 잡고 언약궤 앞에서 나아갈 것이요 일곱째 날에는 그 성을 일곱 번 돌며 그 제사장들은 나팔을 불 것이며 제사장들이 양각 나팔을 길게 불어 그 나팔 소리가 너희에게 들릴 때에는 백성은 다 큰 소리로 외쳐 부를 것이라 그리하면 그 성벽이 무너져 내리리니 백성은 각기 앞으로 올라갈지니라"(수 6:4~5)

공성전(攻城戰, siege warfare)이란, 다른 사람들이 이미 살고 있는 성이나 요새를 빼앗기 위한 전쟁으로 전쟁 가운데 가장 어려운 전쟁이 바로 공성전입니다.

공성전은 성을 지키는 수성전을 치르는 쪽보다 세 배 이상 더 많은 물량과 준비가 필요한 전쟁입니다. 그러므로 공성전을 치를 수 있는 충족 요건으로는

첫째, 국가 내부 단속이 완료된 상태여야 합니다.

둘째, 공성전에 나갈 전쟁 비용을 감당할 막대한 경제력이 확보되어야 합니다.

셋째, 아군의 피해를 각오해야 하며 피해의 최소화 방안이 고려되어야 합니다.

더욱이 여리고성 공성전은 다른 공성전보다 더욱 쉽지 않았습니다. 왜냐하면 여리고성은 "굳게 닫혔고, 출입하는 자가" 없는(수 6:1), 철통 경계를 한 상태였기 때문입니다. 그런데 그 여리고성이 나팔 소리와 사람들의 '소리'로 무너진 것입니다. 여기에서 잠깐, 소리의 힘, 즉 '사운드 파워(sound power)'를 살펴보겠습니다. 여리고성을 무너뜨린 소리의 힘은 7개 나팔과 이스라엘 백성들의 외침이었습니다.

소리의 힘 즉, 심한 공명으로도 실제 다리가 무너지거나 건물이 흔들릴 위험에 처할 수 있습니다. 이 '공명(共鳴, resonance)'은 특정의 고유 진동수를 지닌 물체가 그와 같은 진동수를 가진 힘을 주기적으로 받을 경우 진폭과 에너지가 크게 증가하는 현상입니다. 이 현상으로 1850년 프랑스 앙제 다리가 붕괴되었고, 1940년 미국 워싱턴의 타코마 대교도 붕괴되었습니다.

그러므로 여리고성 전투에서 나팔 소리와 60만 이스라엘 백성들의 소리, 그리고 거기에 하나님의 도우심으로 성이 무너진 것은 오히려 너무나 당연한 결과라고 할 수 있습니다. 이렇게 무너진 여리고성의 전투 결과는 다음 네 가지로 정리할 수 있습니다.

첫째, 7일째에 모든 이스라엘 백성이 큰 소리로 외칠 때에 여리고성이 무너졌습니다.

둘째, 여리고성의 모든 전리품을 하나님께 바치고, 성안의 남녀노소와 소와 양과 나귀는 칼로 멸했습니다.

셋째, 여리고성 안에 있었던 은금과 동철 기구들을 구별하여 여호와의 집 곳간에 드렸습니다.

넷째, 라합과의 약속을 지켜 라합과 그의 가정을 살려주었습니다.

이렇게 여호수아와 이스라엘 백성들은 가나안에서의 첫 번째 전쟁이었던 여리고성 공성전을 승리로 이끈 후 라합과의 약속을 지키고 여리고성 재건을 금지시킵니다. 그런데 이후 북이스라엘의 아합 왕 때, 히엘이 명령을 어김으로 처벌을 받게 됩니다.

"그 시대에 벧엘 사람 히엘이 여리고를 건축하였는데 그가 그 터를 쌓을 때에 맏아들 아비람을 잃었고 그 성문을 세울 때에 막내 아들 스굽을 잃었으니 여호와께서 눈의 아들 여호수아를 통하여 하신 말씀과 같이 되었더라"(왕상 16:34)

● 세 번째 포인트

아담과 아간은 소탐대실(小貪大失)의 닮은꼴입니다.

먼저 아담의 소탐대실은 다음과 같습니다.

"여자가 그 나무를 본즉 먹음직도 하고 보암직도 하고 지혜롭게 할 만큼 탐스럽기도 한 나무인지라 여자가 그 열매를 따먹고 자기와 함께 있는 남편에게도 주매 그도 먹은지라"(창 3:6)

결국 아담은 이 일로 말미암아 그 좋은 에덴 동산에서 쫓겨나고 말았습니다. 그리고 아간의 소탐대실의 사건은 다음과 같습니다.

"여호수아에게로 돌아와 그에게 이르되 백성을 다 올라가게 하지 말고 이삼천 명만 올라가서 아이를 치게 하소서 그들은 소수이니 모든 백성을 그리로 보내어 수고롭게 하지 마소서 하므로 백성 중 삼천 명쯤 그리로 올라갔다가 아이 사람 앞에서 도망하니 아이 사람이 그들을 삼십육 명쯤 쳐죽이고 성문 앞에서부터 스바림까지 쫓아가 내려가는 비탈에서 쳤으므로 백성의 마음이 녹아 물 같이 된지라 여호수아가 옷을 찢고 이스라엘 장로들과 함께 여호와의 궤 앞에서 땅에 엎드려 머리에 티끌을 뒤집어쓰고 저물도록 있다가"(수 7:3~6)

그런데 아이성 공성전의 패배의 원인을 자세히 찾아보니 안일한 정탐꾼의 보고와 아간의 범죄 때문인 것으로 밝혀집니다.

"아간이 여호수아에게 대답하여 이르되 참으로 나는 이스라엘의 하나님 여호와께 범죄하여 이러이러하게 행하였나이다 내가 노략한 물건 중에 시날 산의 아름다운 외투 한 벌과 은 이백 세겔과 그 무게가 오십 세겔 되는 금덩이 하나를 보고 탐내어 가졌나이다 보소서 이제 그 물건들을 내 장막 가운데 땅 속에 감추었는데 은은 그 밑에 있나이다 하더라"(수 7:20~21)

아간은 여리고성에서 하나님의 말씀에 불순종하여 외투 한 벌과 은 200세겔과 50세겔 되는 금덩이 하나를 훔치고 감춘 바람에 이스라엘로 하여금 아이성 전투에서 패배하게 했고 결국 제비뽑기로 뽑혀 죽임을 당했습니다.

"이에 여호수아가 아침 일찍이 일어나서 이스라엘을 그의 지파대로 가까이 나아오게 하였더니 유다 지파가 뽑혔고 유다 족속을 가까이 나아오게 하였더니 세라 족속이 뽑혔고 세라 족속의 각 남자를 가까이 나아오게 하였더니 삽디가 뽑혔고 삽디의 가족 각 남자를 가까이 나아오게 하였더니 유다 지파 세라의 증손이요 삽디의 손자요 갈미의 아들인 아간이 뽑혔더라"(수 7:16~18)

이 일로 말미암아 아간은 약속의 땅 가나안에 들어가서 곧 제비뽑기로 소유하게 될 땅을 갖지 못하고 오히려 제비뽑기로 죽임을 당하고 말았던 것입니다. 참으로 안타까운 아간의 소탐대실이 아닐 수 없습니다.

● 네 번째 포인트

두 번째 아이성 공성전의 전투 방식은 세 가지입니다.

첫 번째 아이성 공성전에서 패배한 여호수아와 이스라엘 군대는 다시, 두 번째 아이성 공성전을 펼치면서 다음의 세 가지 전략과 전술을 펼칩니다.

첫째, '매복' 전술입니다.

"이에 여호수아가 일어나서 군사와 함께 아이로 올라가려 하여 용사 삼만 명을 뽑아 밤에 보내며 그들에게 명령하여 이르되 너희는 성읍 뒤로 가서 성읍을 향하여 매복하되 그 성읍에서 너무 멀리 하지 말고 다 스스로 준비하라"(수 8:3~4)

둘째, '유인' 전술입니다.

"그들이 나와서 우리를 추격하며 이르기를 그들이 처음과 같이 우리 앞에서 도망한다 하고 우리의 유인을 받아 그 성읍에서 멀리 떠날 것이라 우리가 그들 앞에서 도망하거든"(수 8:6)

셋째, '협공' 전술입니다.

"너희는 매복한 곳에서 일어나 그 성읍을 점령하라 너희 하나님 여호와께서 그 성읍을 너희 손에 주시리라"(수 8:7)

처음에 여호수아가 계획했던 여리고성 공성전의 전략과 전술도 아마 이러했을 것입니다. 그런데 여리고성 공성전은 하나님께서 주신 전략과 전술, 하나님의 기적으로 싸워 승리하게 하셨습니다. 그리고 아이성 공성전도 승리로 끝이 납니다.

그러자 이번에는 여리고성 공성전과는 달리 모든 이스라엘 백성에게 전리품을 나누어줍니다. 아간과 관련하여 참으로 안타까운 것은 조금만 더 참았더라면 그도 이때 더 좋은 것을 가질 수 있었을 텐데 말입니다.

"아이 주민들을 진멸하여 바치기까지 여호수아가 단창을 잡아 든 손을 거두지 아니하였고 오직 그 성읍의 가축과 노략한 것은 여호와께서 여호수아에게 명령하신 대로 이스라엘이 탈취하였더라"(수 8:26~27)

여호수아와 이스라엘 군대는 가나안에서의 첫 번째 전쟁이었던 여리고성 공성전에 이어 아이성 공성전에서도 마침내 큰 승리를 거두었습니다. 이제 이스라엘 군대의 사기는 하늘을 찌를 듯 충만합니다.

● 다섯 번째 포인트

시내산에서는 하나님께서, 모압 평지에서는 모세가, 그리심산과 에발산에서는 여호수아가 율법을 낭독합니다.

시내산에서 하나님께서는 출애굽한 이스라엘 백성들과 제사장 나라 언약을 체결하시면서 모든 백성 앞에서 모세가 말하면 '하나님께서는 음성으로 대답'하셨습니다. 즉, 하나님께서 음성으로 율법을 주셨던 것입니다.

"셋째 날 아침에 우레와 번개와 빽빽한 구름이 산 위에 있고 나팔 소리가 매우 크게 들리니 진중에 있는 모든 백성이 다 떨더라 모세가 하나님을 맞으려고 백성을 거느리고 진에서 나오매 그들이 산 기슭에 서 있는데 시내 산에 연기가 자욱하니 여호와께서 불 가운데서 거기 강림하심이라 그 연기가 옹기 가마 연기 같이 떠오르고 온 산이 크게 진동하며 나팔 소리가 점점 커질 때에 모세가 말한즉 하나님이 음성으로 대답하시더라"(출 19:16~19)

그 후 40년이 지나 모세가 모압 평지에서 이스라엘 모든 백성 앞에서 율법을 낭독합니다.

"모세가 요단 저쪽 모압 땅에서 이 율법을 설명하기 시작하였더라"(신 1:5)

그리고 이제는 여호수아가 모세를 통해 주신 하나님의 율법을 모든 이스라엘의 남자들뿐 아니라 여자들과 아이들과 이스라엘 백성들과 동행하는 거류민들 앞에서 낭독합니다.

> "그 후에 여호수아가 율법책에 기록된 모든 것 대로 축복과 저주하는 율법의 모든 말씀을 낭독하였으니 모세가 명령한 것은 여호수아가 이스라엘 온 회중과 여자들과 아이와 그들 중에 동행하는 거류민들 앞에서 낭독하지 아니한 말이 하나도 없었더라"(수 8:34~35)

이렇게 하나님의 율법은 처음에는 하나님께서 직접 음성으로 말씀하시고 그 후에는 모세가 낭독했고, 이제는 여호수아가 낭독합니다. 때문에 하나님의 말씀인 성경은 이렇게 소리 내서 읽을 만한 유일한 책인 것입니다.

디저트 DESSERT

〈신명기〉를 통해 모세가 모압 평지에서 만나세대들에게 당부했던 말입니다.

> "모세가 그 날 백성에게 명령하여 이르되 너희가 요단을 건넌 후에 시므온과 레위와 유다와 잇사갈과 요셉과 베냐민은 백성을 축복하기 위하여 그리심 산에 서고 르우벤과 갓과 아셀과 스불론과 단과 납달리는

저주하기 위하여 에발 산에 서고"(신 27:11~13)

모세의 이 당부를 여호수아가 약속의 땅 가나안에 도착해서 그대로 실행합니다.

"온 이스라엘과 그 장로들과 관리들과 재판장들과 본토인뿐 아니라 이방인까지 여호와의 언약궤를 멘 레위 사람 제사장들 앞에서 궤의 좌우에 서되 절반은 그리심 산 앞에, 절반은 에발 산 앞에 섰으니 이는 전에 여호와의 종 모세가 이스라엘 백성에게 축복하라고 명령한 대로 함이라"(수 8:33)

모세의 당부가 여호수아에게서 실행된 것처럼 하늘의 하나님의 뜻과 하나님의 말씀이 우리를 통해 이 땅에서 실현된다면 얼마나 기쁘고 감격스럽겠습니까. 하나님의 말씀에 순종한 모세와 여호수아, 그리고 만나세대처럼 우리도 하나님의 말씀에 순종함으로 하나님께서 성경에 기록해주신 놀라운 복을 받게 되기를 기도합니다.

74일

5년간의 전쟁, 두려움에서 용기로 (수 9~12장)

애피타이저 APPETIZER

여호수아 9장에서 12장까지는 여호수아와 만나세대들이 약속의 땅 요단 서편 가나안에서 5년간 31번의 공성전에서 승리함으로 31개의 성을 모두 빼앗고 그 빼앗은 땅을 그들의 영토로 삼는 이야기입니다. 5년간의 긴 가나안 정복 전쟁 기록은 고대로부터 오늘날까지 인류의 전쟁사를 통틀어 전무후무한 '상승장군(常勝將軍)' 여호수아의 기록입니다.

세상의 어떤 장군도 여호수아의 이 기록을 넘을 수는 없을 것입니다. 31번의 공성전을 모두 승리로 이끈 장군은 인류 역사상 오직 여호수아 한 사람뿐이기 때문입니다.

사실 여호수아는 모세 없이 치러야 하는 가나안 정복 전쟁을 앞두고 너무나 많이 떨고 두려워했었습니다. 그래서 죽음을 앞두었던 모세도, 심지어 요단 동편을 먼저 분배받은 두 지파 반 사람들까지도 여호수아에게 두려워하지 말고 힘내라고 했을 정도였습니다.

그런데 그랬던 여호수아가 하나님께서 주시는 용기와 하나님께서 모세를 통해 주신 모세오경을 가지고 이렇게 전무후무한 승전사를 쓴 인류 최고의 장군이 된 것입니다.

성경통독 BIBLETONGDOK

《일년일독 통독성경》 여호수아 9~12장

통通으로 숲이야기 ; 통숲 TONG OBSERVATION

● 첫 번째 포인트

모세는 애굽에서 바로와 6개월 동안 '협상 전쟁'을 했고 여호수아는 가나안에서 31명의 왕들과 5년 동안 '공성전'을 했습니다.

출애굽의 지도자 모세의 전쟁은 애굽에서 바로와 치렀던 6개월 동안의 '협상 전쟁'이었습니다. 그리고 모세의 전략과 전술은 한마디로 '중심 치고 빼내오기'였습니다.

"모세가 바로에게 이르되 여호와께서 이와 같이 말씀하시기를 밤중에 내가 애굽 가운데로 들어가리니 애굽 땅에 있는 모든 처음 난 것은 왕위에 앉아 있는 바로의 장자로부터 맷돌 뒤에 있는 몸종의 장자와 모든 가축의 처음 난 것까지 죽으리니 애굽 온 땅에 전무후무한 큰 부르짖음이 있으리라 그러나 이스라엘 자손에게는 사람에게나 짐승에게나 개 한 마리도 그 혀를 움직이지 아니하리니 여호와께서 애굽 사람과 이스라엘 사이를 구별하는 줄을 너희가 알리라 하셨나니 왕의 이 모든 신하가 내게 내려와 내게 절하며 이르기를 너와 너를 따르는 온 백성은 나가라 한 후에야 내가 나가리라 하고 심히 노하여 바로에게서 나오니라"(출 11:4~8)

출애굽은 모세가 혈혈단신으로 애굽에 들어가 이스라엘 민족 전체를 구출해 나온 인류 역사상 가장 스펙터클(spectacle)한 아군 포로 구출 작전이었습니다. 한편 가나안 정복 전쟁은 여호수아가 훈련된 60만 명의 만나세대를 이끌고 가나안으로 돌진해 들어가 영토를 차지하는 '공성전' 전쟁이었습니다.

앞서 설명했듯이 '공성전(攻城戰)'은 적들이 이미 살고 있는 성이나 요새를 성 밖에서 공격해 빼앗아 차지하는 전쟁으로, 가장 어렵고 힘든 전쟁입니다.

여호수아와 만나세대들의 가나안 정복 전쟁에서의 전략과 전술은 먼저 요단 서편 가나안 땅의 허리에 해당되는 여리고성을 쳐서 가나안을 남북으로 갈라놓고, 가나안 내에서 남쪽 지역과 북쪽 지역이 연합 전선을 펼칠 수 없게 해놓은 상태에서 그 후에 차례대로 성들을 점령해가는 것이었습니다. 여호수아의 이 전략과 전술을 이후 많은 전쟁에서 참고하게 됩니다.

여호수아와 만나세대들은 이렇게 요단 서편 가나안 땅에서의 첫 전쟁인 여리고성 공성전에서 큰 승리를 거둔 후, 여리고성 남쪽 지역을 쳐서 또한 큰 승리를 거두고 곧바로 여리고성 북쪽 지역까지 쳐서 큰 영토를 차지하게 됩니다. 여리고성 공성전과 아이성 공성전에 이은 여호수아와 만나세대들의 가나안 남쪽 지역의 정복 전쟁은 아모리 족속 다섯 개 나라 연합군들과의 전쟁이었습니다.

"아모리 족속의 다섯 왕들 곧 예루살렘 왕과 헤브론 왕과 야르뭇 왕과 라기스 왕과 에글론 왕이 함께 모여 자기들의 모든 군대를 거느리고 올라와 기브온에 대진하고 싸우니라"(수 10:5)

"이와 같이 여호수아가 그 온 땅 곧 산지와 네겝과 평지와 경사지와 그 모든 왕을 쳐서 하나도 남기지 아니하고 호흡이 있는 모든 자는 다 진멸하여 바쳤으니 이스라엘의 하나님 여호와께서 명령하신 것과 같았더라"(수 10:40)

그리고 여호수아와 만나세대들의 가나안 북쪽 지역의 정복 전쟁은 하솔 왕 야빈 중심의 동맹국들과의 전쟁이었습니다.

"이 왕들이 모두 모여 나아와서 이스라엘과 싸우려고 메롬 물가에 함께 진 쳤더라"(수 11:5)

"하솔은 본래 그 모든 나라의 머리였더니 그 때에 여호수아가 돌아와서 하솔을 취하고 그 왕을 칼날로 쳐죽이고 그 가운데 모든 사람을 칼날로 쳐서 진멸하여 호흡이 있는 자는 하나도 남기지 아니하였고 또 하솔을 불로 살랐고 여호수아가 그 왕들의 모든 성읍과 그 모든 왕을 붙잡아 칼날로 쳐서 진멸하여 바쳤으니 여호와의 종 모세가 명령한 것과 같이 하였으되"(수 11:10~12)

이렇게 여호수아는 가나안 31명의 왕들과의 전쟁을 승리로 이끕니다.

● 두 번째 포인트

만나세대의 5년간의 전쟁은 하나님의 500년 약속 성취입니다.

하나님께서 500년 전 아브라함에게 다음과 같은 약속을 해주셨습니다.

"그 날에 여호와께서 아브람과 더불어 언약을 세워 이르시되 내가 이 땅을 애굽 강에서부터 그 큰 강 유브라데까지 네 자손에게 주노니 곧 겐 족속과 그니스 족속과 갓몬 족속과 헷 족속과 브리스 족속과 르바 족속과 아모리 족속과 가나안 족속과 기르가스 족속과 여부스 족속의 땅이니라 하셨더라"(창 15:18~21)

하나님께서 아브라함에게 약속을 주신 지 500년 만에 아브라함의 후손들인 모세와 만나세대들은 1단계로 요단 동편에서 아모리와 바산 두 개의 성을 빼앗아 그들의 땅이 되게 했습니다.

그리고 여호수아와 만나세대들은 요단 서편으로 건너가 그곳에서 2단계로 여리고, 아이, 예루살렘, 헤브론, 야르뭇, 라기스, 에글론, 게셀, 드빌, 게델, 호르마, 아랏, 립나, 아둘람, 막게다, 벧엘, 답부아, 헤벨, 아벡, 랏사론, 마돈, 하솔, 시므론, 악삽, 다아낙, 므깃도, 게데스, 갈멜, 돌, 길갈, 디르사 등 31개의 성을 빼앗아 그들의 땅이 되게 했습니다.

"이와 같이 여호수아가 여호와께서 모세에게 말씀하신 대로 그 온 땅을 점령하여 이스라엘 지파의 구분에 따라 기업으로 주매 그 땅에 전쟁이 그쳤더라"(수 11:23)

아브라함의 후손들은 가데스 바네아에서의 정탐 사건 이후 40년의 준비와 5년 동안의 가나안 정복 전쟁을 통해 약속의 땅 가나안에서 33개 성읍을 점령하는 놀라운 승리를 얻게 되었습니다.

● 세 번째 포인트
라합과 기브온 주민들의 고백은 같은 내용입니다.

먼저 여호수아가 요단 동편에서 요단 서편 여리고성으로 보냈던 두 정탐꾼을 만난 여리고성 라합의 고백을 들어보십시오.

"또 그들이 눕기 전에 라합이 지붕에 올라가서 그들에게 이르러 말하되 여호와께서 이 땅을 너희에게 주신 줄을 내가 아노라 우리가 너희를 심히 두려워하고 이 땅 주민들이 다 너희 앞에서 간담이 녹나니 이는 너희가 애굽에서 나올 때에 여호와께서 너희 앞에서 홍해 물을 마르게 하신 일과 너희가 요단 저쪽에 있는 아모리 사람의 두 왕 시혼과 옥에게 행한 일 곧 그들을 전멸시킨 일을 우리가 들었음이니라 우리가 듣자 곧 마음이 녹았고 너희로 말미암아 사람이 정신을 잃었나니 너희의 하나님 여호와는 위로는 하늘에서도 아래로는 땅에서도 하나님이시니라 그러므로 이제 청하노니 내가 너희를 선대하였은즉 너희도 내 아버지의 집을 선대하도록 여호와로 내게 맹세하고 내게 증표를 내라 그리고 나의 부모와 나의 남녀 형제와 그들에게 속한 모든 사람을 살려 주어 우리 목숨을 죽음에서 건져내라"(수 2:8~13)

라합의 이 고백을 염두에 두고 이제 요단 서편 가나안 땅 기브온 주민들이 여호수아에게 한 고백을 보십시오. 사실 이들의 고백은 요단 동편 두 개의 성에 이어 요단 서편 여리고성과 아이성이 이미 이스라엘에게 넘어간 것을 본 이후에 자신들이 살기 위해 꾀를 내어 여호수아와 이스라엘 족장들 앞에 신분을 속이고 나타나서 했던 말이긴 합니다.

"그들이 여호수아에게 이르되 우리는 당신의 종들이니이다 하매 여호수아가 그들에게 묻되 니희는 누구며 어디서 왔느냐 하니 그들이 여호수아에게 대답하되 종들은 당신의 하나님 여호와의 이름으로 말미암아 심히 먼 나라에서 왔사오니 이는 우리가 그의 소문과 그가 애굽에서 행하신 모든 일을 들으며 또 그가 요단 동쪽에 있는 아모리 사람의 두 왕들 곧 헤스본 왕 시혼과 아스다롯에 있는 바산 왕 옥에게 행하신 모든 일을 들었음이니이다"(수 9:8~10)

놀랍게도 여리고성의 라합과 기브온 주민들의 말은 거의 같습니다. 특히 두 가지 내용이 그렇습니다.

첫째, 40년 전 애굽에서 하나님께서 행하신 모든 일을 들어 알고 있다는 것입니다.

둘째, 40년 후 요단 동편에서 모세와 만나세대들이 아모리와 바산 두 왕을 죽인 일을 알고 놀라며 두려워하고 있다는 것입니다.

이렇게 가나안 주민들은 40년 전이나 후나 이스라엘 백성들을 두려워하고 있었던 것입니다. 어쨌든 살기 위해 자신들의 신분을 속이고 여호수아와 이스라엘 족장들을 찾아온 기브온 주민들의 요청으로 본의 아니게 화친을 맺게 됩니다.

기브온(Gibeon)은 예루살렘 북서쪽으로 약 8㎞ 지점에 위치한 성읍으로 아이성에 인접한 성읍이었습니다. 그곳은 히위 족속의 땅으로 본래 아이성보다 크고 강력한 힘을 가진 도시국가였습니다. 그런데 그들이 이스라엘의 상승세에 기가 눌려 가나안 동맹보다는 이스라엘에 굴복하는 것이 자신들이 살길이라고 판단해 화친조약을 맺기 위해 전략을 나름 완벽하게 세우고 이스라엘 진영으로 찾아들어 왔던 것입니다. 기브온 주민들은 이스라엘과의 화친을 위해 다음과 같은 전략으로 임했습니다.

첫째, 이스라엘과 조약을 맺기 위해 먼 나라에서 온 사신으로 위장했습니다.

둘째, 위장을 위해서 해어진 전대, 해어지고 찢어져서 기운 가죽 포도주 부대, 낡아서 기운 신, 낡은 옷, 마르고 곰팡이가 난 떡 등을 준비했습니다.

기브온 주민들이 이렇게 해서라도 화친조약을 원했던 이유는 애굽에서 이스라엘의 출애굽 이야기와 홍해를 건넌 이야기, 그리고 요단 동편에서의 승전 이야기들을 듣고 기브온의 장로들과 국민들이 모두 협의하여 이스라엘의 종이 되기 위해 조약을 원했던 것입니다.

어쨌든 이처럼 주도면밀한 기브온 주민들에게 속아 여호수아와 이스라엘의 족장들은 그들과 화친조약을 맺습니다. 그리고 기브온 주민들을 이스라엘의 종으로 삼았습니다. 그런데 곧바로 이 일의 실체가 밝혀지면서 이스라엘 지도자들의 경솔한 행동에 대해 백성들의 원망을 사게 됩니다(수 9:18). 이는 아간의 잘못으로 인해 아이성 패배를 기억하는 이스라엘 백성들에게 당연한 일이었습니다. 그러자 여호수아와 이스라엘의 족장들이 곧바로 자신들의 잘못을 인정하고 이후 기브온과의 관계를 다시 결정합니다.

첫째, 일단 기브온과의 화친조약을 지켜 기브온 족속을 살려 둡니다.

둘째, 기브온 주민들로 하여금 여호와의 택하신 곳에서 나무를 패고 물 긷는 종으로 섬기게 합니다. 이는 기브온의 우상숭배나 악한 가나안 풍속이 행여 이스라엘로 침투하지 못하도록 성막에서 일하게 한 것으로 보입니다.

● 네 번째 포인트

아브라함과 여호수아는 누군가를 돕기 위해 먼 길을 행군한 적이 있습니다.

이스라엘과 화친을 맺은 기브온 주민들이 위기에 처했습니다. 이스라엘에게 항복하고 종이 된 기브온 주민들을 응징하겠다는 이유로 아모리 족속의 다섯 왕이 동맹을 맺고 기브온을 공격하기로 한 것입니다. 그러자 기브온 주민들은 여호수아에게 도움을 요청합니다.

이때, 기브온을 구하기 위해 여호수아는 2만여 명의 군인을 이끌고 길갈에서 기브온까지 약 38㎞를 밤새도록 행군하여 새벽에 도착했습니다. 그 거리는 평상시에는 3일 동안 이동할 거리였습니다.

오래전, 아브라함은 조카 롯을 살리기 위해 318명과 함께 행군한 일이 있었습니다. 아브라함의 행군은 마므레에서 단까지 약 190㎞, 그리고 단에서 다메섹까지, 또 다메섹에서 호바까지

약 160㎞ 이렇게 아브라함은 318명과 함께 대략 350㎞ 정도를 행군했었습니다.

"아브람이 그의 조카가 사로잡혔음을 듣고 집에서 길리고 훈련된 자 삼백십팔 명을 거느리고 단까지 쫓아가서 그와 그의 가신들이 나뉘어 밤에 그들을 쳐부수고 다메섹 왼편 호바까지 쫓아가 모든 빼앗겼던 재물과 자기의 조카 롯과 그의 재물과 또 부녀와 친척을 다 찾아왔더라" (창 14:14~16)

여호수아와 2만여 명의 군인들은 기브온을 위해 아모리 족속 5개 동맹국, 즉 예루살렘, 헤브론, 야르뭇, 라기스, 에글론의 동맹국과 전쟁하게 됩니다. 이른 새벽에 전쟁터에 도착한 여호수아와 2만여 명의 군인들은 기습적으로 아모리 족속 5개 동맹국을 공격했습니다. 그러자 갑작스런 기습에 놀란 아모리 족속 5개 동맹국은 이른 새벽에 정신을 차리지도 못한 상태에서 이스라엘과 전쟁을 시작해야만 했습니다.

여기에서 "갑자기 그들에게 이르니"라는 말이 나옵니다. 이는 이스라엘이 '갑자기' 기습을 했다는 것인데 '갑자기'라는 말은 히브리어로 '피트옴(פִּתְאֹם)'입니다. 이는 '페타(פֶּתַע)', 즉 '눈을 깜박거릴 정도로 재빨리'라는 뜻에서 유래된 말로 곧장, 즉각적으로, 이스라엘 군대가 눈 깜짝할 사이에 적진으로 쳐들어갔다는 것입니다.

2만여 명의 이스라엘 군인들이 새벽에 기습으로 아모리 족속 5개 동맹국을 공격하자 그들은 싸울 정신도 없이 일단 도망하기에 급급합니다. 그러자 이스라엘은 도망하는 적군들을 추격했고 이때 하나님께서 하늘에서 큰 우박을 내려주심으로 수많은 적이 죽게 됩니다. 여호수아와 이스라엘 군인들은 동이 트자마자 해를 등지고 싸우기 시작했습니다. 그런데 아직 싸움이 채 끝나지 않은 상황에서 해가 지기 시작한 것입니다.

고대의 전쟁은 오늘날과 달리 해가 지면 모두 각자 자기 진영으로 돌아가고 다음 날 다시 해가 뜨면 또 싸우는 그런 형태의 전쟁이었습니다. 그런데 그렇게 되면 아모리 족속 5개 동맹국은 밤새 전열을 가다듬어 다음 날 전세를 바꿀 수도 있었습니다. 이때 여호수아는 하나님께 기도했습니다.

> "여호와께서 아모리 사람을 이스라엘 자손에게 넘겨 주시던 날에 여호수아가 여호와께 아뢰어 이스라엘의 목전에서 이르되 태양아 너는 기브온 위에 머무르라 달아 너도 아얄론 골짜기에서 그리할지어다" (수 10:12)

그러자 태양이 지지 않고 여호수아의 군대가 이길 때까지 멈추는 기적이 일어납니다. 참으로 놀라운 일이 아닐 수 없었습니다.

"여호와께서 사람의 목소리를 들으신 이같은 날은 전에도 없었고 후에도 없었나니 이는 여호와께서 이스라엘을 위하여 싸우셨음이니라"(수 10:14)

결국 이 전쟁으로 인해 아모리 족속 5개 동맹국은 완전히 진멸됩니다.

"여호수아와 이스라엘 자손이 그들을 크게 살륙하여 거의 멸하였고 그 남은 몇 사람은 견고한 성들로 들어간 고로 모든 백성이 평안히 막게다 진영으로 돌아와 여호수아에게 이르렀더니 혀를 놀려 이스라엘 자손을 대적하는 자가 없었더라"(수 10:20~21)

이렇게 여호수아는 여리고성 공성전에 이어 또 한 번의 기적과 같은 방법으로 전쟁에서 승리를 거두는 놀라운 전쟁사의 한 페이지를 역사에 남겼습니다.

● 다섯 번째 포인트

두려움이 없으면 용기도 없습니다.

메뚜기(?)의 후손들이 아낙 자손들을 이깁니다. 이것이 무슨 말인가 하면 바로 40년 전 가데스 바네아에서 열 명의 정탐꾼이

했던 말을 되뇌는 것입니다.

"거기서 네피림 후손인 아낙 자손의 거인들을 보았나니 우리는 스스로 보기에도 메뚜기 같으니 그들이 보기에도 그와 같았을 것이니라"(민 13:33)

40년 전 자신들이 메뚜기 같다고 말한 출애굽세대들의 후손인 만나세대들이 40년 만에 아낙 자손들을 그 땅에서 점령합니다.

"그 때에 여호수아가 가서 산지와 헤브론과 드빌과 아납과 유다 온 산지와 이스라엘의 온 산지에서 아낙 사람들을 멸절하고 그가 또 그들의 성읍들을 진멸하여 바쳤으므로 이스라엘 자손의 땅에는 아낙 사람들이 하나도 남지 아니하였고 가사와 가드와 아스돗에만 남았더라"(수 11:21~22)

만나세대들은 아낙 자손에 대한 두려움을 하나님을 믿는 믿음으로 이겨내고 용기를 내서 나가 싸워 마침내 이긴 것입니다. 두려움 앞에서 더 비굴해져서 떨 수도 있고 오히려 믿음으로 용기를 내어 이길 수도 있습니다. 이후에 보면 블레셋의 거인 골리앗과의 싸움 앞에 이스라엘 모두가 두려워합니다(삼상 17:11). 그때 다윗이 말합니다.

"다윗이 사울에게 말하되 그로 말미암아 사람이 낙담하지 말 것이라

주의 종이 가서 저 블레셋 사람과 싸우리이다"(삼상 17:32)

"또 여호와의 구원하심이 칼과 창에 있지 아니함을 이 무리에게 알게 하리라 전쟁은 여호와께 속한 것인즉 그가 너희를 우리 손에 넘기시리라"(삼상 17:47)

여호수아도, 다윗도 두려움을 이기고 하나님께서 주시는 용기로 모든 전쟁에서 승리했습니다. 이처럼 두려움이 없으면 용기도 없습니다.

디저트 DESSERT

만나세대들은 '전쟁은 하나님께 속한 것'이라는 믿음과 순종으로 끝내 그 온 땅을 차지했습니다. 이처럼 믿음이 이깁니다. 믿음이 온 세상을 이깁니다. 하나님을 믿는 믿음이 결국 세상을 이기는 힘입니다.

75일

갈렙, 여호수아의 자랑 (수 13~17장)

애피타이저 APPETIZER

여호수아 13장에서 17장까지의 주인공은 바로 하나님께서 친히 '내 종 갈렙'이라고 불러주신 하나님의 사람 갈렙입니다. 갈렙은 여호수아와 함께 출애굽 이후 단 한 번도 하나님에 대한 믿음과 모세에 대한 충성이 변한 적이 없었던 사람입니다. 갈렙은 여호수아와 함께 〈민수기〉에서 살펴본 대로 두 번의 인구조사에 다 계수되었습니다.

첫 번째 인구조사의 대상이었던 60만 명의 출애굽세대는 광야 40년 동안 모두 자연사했으나 갈렙은 여호수아와 두 번째 인구조사의 대상이었던 만나세대와 함께 모세도 들어가지 못한 약속의 땅 가나안에 들어갔습니다. 가나안에 들어가서도 끝까지 여호수아를 힘나게 했고 만나세대들에게 귀감이 되어 여호수아의 책에 기록되는 정말 최고의 삶을 살았습니다.

특별히 여호수아의 자랑스러운 친구, 그리고 하나님의 신실한 종 갈렙을 자세히 만나보겠습니다.

성경통독 BIBLETONGDOK

《일년일독 통독성경》 여호수아 13~17장

통通으로 숲이야기 ; 통숲 TONG OBSERVATION

● 첫 번째 포인트

여호수아, 갈렙의 도움으로 땅 분배에 성공합니다.

전쟁보다 어려운 것이 바로 분배입니다. 5년 전 요단 동편 점령 후, 르우벤 지파와 갓 지파에게 모세가 처음에 그토록 화를 냈던 이유도 그들이 다른 지파들에 앞서 분배를 먼저 요구했기 때문입니다. 그만큼 분배 문제는 어렵고 민감한 문제인 것입니다.

"또 이르되 우리가 만일 당신에게 은혜를 입었으면 이 땅을 당신의 종들에게 그들의 소유로 주시고 우리에게 요단 강을 건너지 않게 하소서 모세가 갓 자손과 르우벤 자손에게 이르되 너희 형제들은 싸우러 가거늘 너희는 여기 앉아 있고자 하느냐 너희가 어찌하여 이스라엘 자손에게 낙심하게 하여서 여호와께서 그들에게 주신 땅으로 건너갈 수 없게 하려 하느냐"(민 32:5~7)

이렇게 민감했던 '분배'를 여호수아와 만나세대들은 요단강을 건너 약속의 땅 가나안에 들어온 지 5년 만에 요단 동편에서 땅을 이미 분배받은 두 지파와 반 지파를 제외한 아홉 지파 반에게 시작합니다. 이 일은 아홉 지파 반 사람들, 어느 한 사람도 예외 없이 민감한 상황이었습니다. 게다가 바로 이 시점에 40년 전 모세를 통해 하나님으로부터 백지수표를 받았던 갈렙이 땅 분배에 앞서 핵폭탄을 터트릴 가능성도 있었습니다.

"오직 여분네의 아들 갈렙은 온전히 여호와께 순종하였은즉 그는 그것을 볼 것이요 그가 밟은 땅을 내가 그와 그의 자손에게 주리라"(신 1:36)

이미 땅 분배 선택권이 확실했던 갈렙이 지금 어떠한 결정을 할지 초미의 관심이었을 것입니다. 그런데 땅 분배에 앞서 선택권을 이미 확보한 갈렙이 어느 누구도 상상하지 못한 놀라운 선택을 하고 나옵니다.

갈렙이 지난 5년 동안 목숨을 걸고 전쟁에서 싸워 많은 땅을 확보했음에도 불구하고 정복한 땅이 아닌, 아직 정복하지 않은 헤브론 땅을 선택하겠다고 나선 것입니다.

"그 날에 모세가 맹세하여 이르되 네가 내 하나님 여호와께 충성하였은즉 네 발로 밟는 땅은 영원히 너와 네 자손의 기업이 되리라 하였나이다 이제 보소서 여호와께서 이 말씀을 모세에게 이르신 때로부터 이스라엘이 광야에서 방황한 이 사십오 년 동안을 여호와께서 말씀하신 대로 나를 생존하게 하셨나이다 오늘 내가 팔십오 세로되 모세가 나를 보내던 날과 같이 오늘도 내가 여전히 강건하니 내 힘이 그 때나 지금이나 같아서 싸움에나 출입에 감당할 수 있으니 그 날에 여호와께서 말씀하신 이 산지를 지금 내게 주소서"(수 14:9~12)

갈렙은 이스라엘 모든 백성에게 땅 분배의 긴장보다는 감사와 양보 분위기를 만들어줍니다.

성경에는 이렇게 가나안 땅 분배를 앞두고 여호수아에게 힘을 주었던 갈렙처럼 CEO(최고 경영자, chief executive officer)들의 보물 같은 친구들의 이야기가 참 많이 나옵니다. 짧게 예를 들면, 아브라함의 마음을 헤아린 아브라함의 종 다메섹 엘리에셀, 요셉을 감동시킨 형 유다, 여호수아에게 용기를 준 가나안 선봉대 두 지파 반 사람들, 여호수아의 든든한 친구 갈렙, 다윗을 생명처럼 사랑한 왕자 요나단, 에스더의 믿음의 후원자 모르드개, 예수님의 들러리를 기뻐한 세례 요한, 바울을 CEO 되게 해준 바나바, 바울에게 산소 같은 사람 두기고, 그리고 사도 요한에게 칭찬받은 가이오 등입니다.

● 두 번째 포인트

제사장 나라의 가나안 땅 분배 방식은 4단계로 진행됩니다.

1단계는 인구조사 후 '숫자대로'입니다.

"여호와께서 모세에게 말씀하여 이르시되 이 명수대로 땅을 나눠 주어 기업을 삼게 하라 수가 많은 자에게는 기업을 많이 줄 것이요 수가 적은 자에게는 기업을 적게 줄 것이니 그들이 계수된 수대로 각기 기업을 주되"(민 26:52~54)

2단계는 '책임자'를 세우는 것입니다. 땅 분배를 위한 책임자를 아무나 혹은 여호수아의 측근들로 세운 것이 아니었습니다.

"너희에게 땅을 기업으로 나눌 자의 이름은 이러하니 제사장 엘르아살과 눈의 아들 여호수아니라 너희는 또 기업의 땅을 나누기 위하여 각 지파에 한 지휘관씩 택하라 … 이들이 여호와께서 명령하사 가나안 땅에서 이스라엘 자손에게 기업을 받게 하신 자들이니라"(민 34:17~29)

3단계는 '제비뽑기'입니다.

"오직 그 땅을 제비 뽑아 나누어 그들의 조상 지파의 이름을 따라 얻게 할지니라 그 다소를 막론하고 그들의 기업을 제비 뽑아 나눌지니라"(민 26:55~56)

4단계는 '아직 정복하지 않은 땅'을 남겨놓은 것입니다. 1차 가나안 정복 전쟁은 완료했으나 아직 정복하지 않은 땅이 남아 있습니다. 그럼에도 불구하고 분배할 때에는 정복한 땅과 아직 정복하지 않은 땅까지 모두 각 지파에 분배했습니다. 아직 정복하지 않은 땅이 있음에도 서둘러 분배를 시작한 이유는 먼저 여호수아의 나이가 많았기 때문이었을 것입니다. 그리고 또 하나는 하나님께서 주신 다음 말씀 때문이었습니다.

"그러나 그 땅이 황폐하게 됨으로 들짐승이 번성하여 너희를 해할까 하여 일 년 안에는 그들을 네 앞에서 쫓아내지 아니하고 네가 번성하여 그 땅을 기업으로 얻을 때까지 내가 그들을 네 앞에서 조금씩 쫓아내리라"(출 23:29~30)

여호수아는 요단 서편의 땅을 분배하면서 모든 이스라엘 백성 앞에서 요단 동편 땅의 분배지와 레위 지파의 기업 없음을 다시 확인해줍니다.

이렇게 요단 동편의 땅 분배를 재확인해준 것은 르우벤, 갓 지파와 므낫세 반 지파가 지난 모세와의 선봉대 약속을 가나안 정복 전쟁이 끝날 때까지 잘 이행했기 때문입니다. 그리고 레위 지파에게는 땅의 분배가 없지만 하나님께 드린 제물이 레위 지파의 기업임을 다시 한번 재확인해준 것이었습니다.

● 세 번째 포인트

갈렙, 40세에 목숨과 맞바꿔 얻은 특권을 85세에 하나님께 선물로 드렸습니다.

45년 전 가데스 바네아에서 열두 명의 정탐꾼들이 40일 동안 가나안을 정탐하고 돌아와 정탐 보고를 할 때, 갈렙은 여호수아와 함께 열 명의 정탐꾼과 다른 보고를 했습니다. 그때 백성들 앞에서 믿음으로 가나안을 점령하러 가자고 말했다가 돌에 맞아 죽을 뻔했습니다.

"온 회중이 그들을 돌로 치려 하는데 그 때에 여호와의 영광이 회막에서 이스라엘 모든 자손에게 나타나시니라"(민 14:10)

이때 갈렙이 하나님께 받은 특권은 바로 제비뽑기가 아닌 오직 갈렙만 발로 밟고 선택한 땅을 얻게 될 것이라는 약속이었습니다. 그런데 갈렙은 가데스 바네아 때로부터 45년 후, 바로 그

특권을 하나님께 다시 선물로 바친 것입니다.

갈렙의 '용기 있는 선택들'을 살펴보면 다음과 같습니다.

첫째, 40세의 갈렙의 용기입니다.

"갈렙이 모세 앞에서 백성을 조용하게 하고 이르되 우리가 곧 올라가서 그 땅을 취하자 능히 이기리라"(민 13:30)

"다만 여호와를 거역하지는 말라 또 그 땅 백성을 두려워하지 말라 그들은 우리의 먹이라"(민 14:9)

이렇게 40세 때에 갈렙의 이 용기 있는 행동으로 인해 기업의 분배 약속을 미리 받게 된 것입니다.

"내 종 갈렙은 그 마음이 그들과 달라서 나를 온전히 따랐은즉 그가 갔던 땅으로 내가 그를 인도하여 들이리니 그의 자손이 그 땅을 차지하리라"(민 14:24)

둘째, 가데스 바네아 때로부터 45년 후, 85세 때의 갈렙의 용기입니다.

"모세가 나를 보내던 날과 같이 오늘도 내가 여전히 강건하니 내 힘이 그 때나 지금이나 같아서 싸움에나 출입에 감당할 수 있으니 그 날에 여호와께서 말씀하신 이 산지를 지금 내게 주소서 당신도 그 날에 들으셨거니와 그 곳에는 아낙 사람이 있고 그 성읍들은 크고 견고할지라도 여호와께서 나와 함께 하시면 내가 여호와께서 말씀하신 대로 그들을

쫓아내리이다"(수 14:11~12)

갈렙의 이 용기 있는 믿음의 선택은 가나안 땅 분배의 기본 정신이 되어 평화롭고 합리적으로 땅을 분배할 수 있는 분위기를 만들어주었습니다. 그래서 여호수아를 비롯한 이스라엘 모든 백성에게 큰 힘이 되었습니다.

● 네 번째 포인트

헤브론은 아브라함의 땅에서 갈렙의 땅으로, 그리고 마침내 다윗의 땅이 됩니다.

아브라함이 가나안에서 얻게 된 땅은 아브라함과 사라가 묻힌 '막벨라굴'이었습니다.

"아브라함이 에브론의 말을 따라 에브론이 헷 족속이 듣는 데서 말한 대로 상인이 통용하는 은 사백 세겔을 달아 에브론에게 주었더니"(창 23:16)

"그 후에 아브라함이 그 아내 사라를 가나안 땅 마므레 앞 막벨라 밭 굴에 장사하였더라 (마므레는 곧 헤브론이라)"(창 23:19)

그런데 그 후 500년이 지나 갈렙이 그의 선택권으로 요구한 땅이 바로 이 산지, 헤브론이었습니다.

"여호수아가 여분네의 아들 갈렙을 위하여 축복하고 헤브론을 그에게 주어 기업을 삼게 하매 헤브론이 그니스 사람 여분네의 아들 갈렙의 기업이 되어 오늘까지 이르렀으니 이는 그가 이스라엘의 하나님 여호와를 온전히 좇았음이라 헤브론의 옛 이름은 기럇 아르바라 아르바는 아낙 사람 가운데에서 가장 큰 사람이었더라 그리고 그 땅에 전쟁이 그쳤더라"(수 14:13~15)

그리고 그때로부터 500여 년이 지나, 그 땅에서 다윗이 유다 지파로부터 왕으로 세움을 받게 됩니다.

"그 후에 다윗이 여호와께 여쭈어 아뢰되 내가 유다 한 성읍으로 올라가리이까 여호와께서 이르시되 올라가라 다윗이 아뢰되 어디로 가리이까 이르시되 헤브론으로 갈지니라"(삼하 2:1)

"다윗이 헤브론에서 유다 족속의 왕이 된 날 수는 칠 년 육 개월이더라"(삼하 2:11)

갈렙이 믿음으로 선택한 "이 산지를 내게 주소서!"의 바로 그 땅, 헤브론을 점령하는 과정은 다음과 같습니다.

갈렙은 헤브론을 점령하는 중에 드빌(기럇 세벨)을 점령하는 자에게 딸 악사를 아내로 줄 것이라고 약속합니다. 그때 드빌을 점령한 옷니엘에게 갈렙이 그의 딸을 줍니다. 옷니엘은 이후 이스라엘의 사사로 활약하게 됩니다.

"이스라엘 자손이 여호와께 부르짖으매 여호와께서 이스라엘 자손을 위하여 한 구원자를 세워 그들을 구원하게 하시니 그는 곧 갈렙의 아우 그나스의 아들 옷니엘이라"(삿 3:9)

이렇게 갈렙이 헤브론 산지를 선택한 이후 열두 지파 가운데 유다 지파가 가장 먼저 땅을 분배받습니다. 이는 야곱의 축복대로 유다 지파가 실질적인 장자 지파가 되어 엄청난 복을 누리게 된 것입니다.

"유다야 너는 네 형제의 찬송이 될지라 네 손이 네 원수의 목을 잡을 것이요 네 아버지의 아들들이 네 앞에 절하리로다 유다는 사자 새끼로다 내 아들아 너는 움킨 것을 찢고 올라갔도다 그가 엎드리고 웅크림이 수사자 같고 암사자 같으니 누가 그를 범할 수 있으랴 규가 유다를 떠나지 아니하며 통치자의 지팡이가 그 발 사이에서 떠나지 아니하기를 실로가 오시기까지 이르리니 그에게 모든 백성이 복종하리로다"(창 49:8~10)

유다 지파는 넓은 땅을 차지하고 나서 그 땅 중에 일부 지역을 베냐민 지파와 시므온 지파에게 나누어줍니다. 그런데 유다 지파가 분배받은 땅의 일부인 예루살렘을 오랫동안 차지하지 못하다가 결국 다윗이 여부스 족속을 예루살렘에서 완전히 쫓아내면서 땅 분배를 완성하게 됩니다.

"예루살렘 주민 여부스 족속을 유다 자손이 쫓아내지 못하였으므로 여부스 족속이 오늘까지 유다 자손과 함께 예루살렘에 거주하니라"(수 15:63)

"다윗이 온 이스라엘과 더불어 예루살렘 곧 여부스에 이르니 여부스 땅의 주민들이 거기에 거주하였더라 여부스 원주민이 다윗에게 이르기를 네가 이리로 들어오지 못하리라 하나 다윗이 시온 산 성을 빼앗았으니 이는 다윗 성이더라"(대상 11:4~5)

이렇게 유다를 향한 야곱의 축복은 갈렙을 지나 다윗 때에 완전하게 성취됩니다.

● 다섯 번째 포인트

여호수아는 자신의 지파인 에브라임 지파에게 갈렙의 케이스(case)를 따라 하게 합니다.

순조롭게 땅을 분배하는 과정에서 에브라임 지파와 므낫세 지파, 즉 요셉의 후손들은 분배받은 땅이 좁다고 여호수아에게 불만을 토로합니다. 그러자 여호수아가 그들의 말이 옳다고 수납하며 대안을 제시해줍니다.

여호수아가 요셉의 후손들에게 제시한 대안은 에브라임 산지가 좁으니 브리스 족속과 르바임 족속의 땅을 차지해 개척하라는 것이었습니다.

"요셉 자손이 여호수아에게 말하여 이르되 여호와께서 지금까지 내게 복을 주시므로 내가 큰 민족이 되었거늘 당신이 나의 기업을 위하여 한 제비, 한 분깃으로만 내게 주심은 어찌함이니이까 하니 여호수아가 그들에게 이르되 네가 큰 민족이 되므로 에브라임 산지가 네게 너무 좁을진대 브리스 족속과 르바임 족속의 땅 삼림에 올라가서 스스로 개척하라 하니라"(수 17:14~15)

그러자 요셉의 후손들인 에브라임 지파와 므낫세 지파 사람들은 철 병거를 소유한 가나안 족속의 힘이 너무 세서 자신들이 싸우기에는 힘들다고 말합니다. 땅 분배가 잠시 난관에 봉착하게 되었습니다. 이때 여호수아가 그들에게 다음과 같은 말로 그들을 설득합니다.

"여호수아가 다시 요셉의 족속 곧 에브라임과 므낫세에게 말하여 이르되 너는 큰 민족이요 큰 권능이 있은즉 한 분깃만 가질 것이 아니라 그 산지도 네 것이 되리니 비록 삼림이라도 네가 개척하라 그 끝까지 네 것이 되리라 가나안 족속이 비록 철 병거를 가졌고 강할지라도 네가 능히 그를 쫓아내리라 하였더라"(수 17:17~18)

이는 갈렙의 선택이 있었기에 가능한 말이었습니다. 그리고 여호수아는 자신의 지파인 에브라임 지파에게 이익을 더 주는 행위를 하지 않습니다. 여호수아는 에브라임 지파 사람들에게도 갈렙과 같은 믿음의 선택을 하라고 말했던 것입니다. 갈렙의 선택이 땅 분배에 있어 멋진 기준이 되었습니다.

디저트 DESSERT

여호수아는 갈렙의 도움으로 그리고 하나님께서 주시는 지혜로 그 어려운 땅 분배를 성공적으로 완수합니다. 모세에 이어 여호수아 또한 지도자로서의 기득권보다는 제사장 나라의 지도자답게 모범을 보이며 사익을 추구하지 않고, 정말 멋지게 공동체를 이끌어갔습니다.

삶의 터전 확보, 이것은 하나님의 크신 은혜요, 만나세대들의 순종이 만든 결과입니다. 그들이 지금까지 하나님의 약속을 따라 한 발 한 발 순종하며 좇아왔기 때문에 꿈을 이룰 수 있었습니다. 하나님의 은혜와 만나세대들의 순종이 묶여졌을 때 이렇게 놀라운 복이 뒤를 잇습니다. 하나님의 마음을 품은 선택은 결국 우리 인생들을 행복으로 이끕니다.

76일

땅 이름 수백 개(수 18~19장)

애피타이저 APPETIZER

가나안 정복을 위한 5년 동안의 길고 길었던 전쟁 1단계가 끝났습니다. 그러자 이스라엘 백성들은 지난 5년간의 피로를 이유로 아직 정복하지 않은 땅을 점령해야 하는 중차대한 일을 미루며 지체합니다(수 18:3). 바로 이때 여호수아가 다시 용기를 내서 일어납니다. 그리고 이스라엘 백성들에게 아직 완수하지 못한 그들의 과업을 향해 매진하자고 설득합니다.

성경통독 BIBLETONGDOK

《일년일독 통독성경》 여호수아 18~19장

통通으로 숲이야기 ; 통숲 TONG OBSERVATION

● 첫 번째 포인트

하나님께서는 인간들에게 에덴 동산, 약속의 땅, 그리고 새 하늘과 새 땅을 주십니다.

땅(공간)은 하늘에 계신 우리 아버지의 뜻을 인간이 땀 흘려 이루어드리는 곳입니다. 성경 속 공간은 '보여줄 땅'에서부터 '땅 끝까지' 1,500여 곳에 이릅니다. 그리고 시간, 인간은 하나님의 뜻을 이루기 위한 아주 중요한 요소들입니다.

하나님께서는 인간들에게 에덴 동산과 약속의 땅을 주셨습니다. 그리고 또한 새 하늘과 새 땅을 주겠다고 약속해주셨습니다. 그 땅 이야기들을 살펴보면 다음과 같습니다.

첫째는, 하나님께서 아담에게 주신 '에덴 동산'입니다.

"여호와 하나님이 동방의 에덴에 동산을 창설하시고 그 지으신 사람을 거기 두시니라"(창 2:8)

둘째는, 하나님과 제사장 나라 거룩한 시민 언약을 맺은 이스라엘 백성들을 위해 주신 '약속의 땅 가나안'입니다.

"여호와께서 너희의 조상들에게 맹세하여 그들과 그들의 후손에게 주리라고 하신 땅 곧 젖과 꿀이 흐르는 땅에서 너희의 날이 장구하리라 네가 들어가 차지하려 하는 땅은 네가 나온 애굽 땅과 같지 아니하니 거기에서는 너희가 파종한 후에 발로 물 대기를 채소밭에 댐과 같이 하였거니와 너희가 건너가서 차지할 땅은 산과 골짜기가 있어서 하늘에서 내리는 비를 흡수하는 땅이요 네 하나님 여호와께서 돌보아 주시는 땅이라 연초부터 연말까지 네 하나님 여호와의 눈이 항상 그 위에 있느니라"(신 11:9~12)

"내가 또 너희가 수고하지 아니한 땅과 너희가 건설하지 아니한 성읍들을 너희에게 주었더니 너희가 그 가운데에 거주하며 너희는 또 너희가 심지 아니한 포도원과 감람원의 열매를 먹는다 하셨느니라"(수 24:13)

셋째는, 하나님께서 그리스도인들에게 주실 '영원한 새 하늘과 새 땅'입니다.

"보라 내가 새 하늘과 새 땅을 창조하나니 이전 것은 기억되거나 마음에 생각나지 아니할 것이라 너희는 내가 창조하는 것으로 말미암아 영원히 기뻐하며 즐거워할지니라"(사 65:17~18)

"또 내가 새 하늘과 새 땅을 보니 처음 하늘과 처음 땅이 없어졌고 바다도 다시 있지 않더라"(계 21:1)

사실 인간들은 하늘보다는 땅에 관심이 많습니다. 그리고 인간들에게 땅은 곧바로 소유로 이어집니다. 그러나 땅의 근본적인 존재 이유는 하늘에 계신 하나님의 뜻이 인간의 순종을 통해 땅에서 이루어지는 데 있습니다. 바로 그 땅에서 하나님의 뜻을 이루기 위해 사명을 감당하는 것입니다.

성경에서 공간, 즉 지명이 가장 많이 기록된 책이 바로 〈여호수아〉입니다. 여호수아 18장과 19장에도 수많은 지명이 있습니다. 이스라엘의 모든 지파는 각각 그들의 땅을 분배받았고 이제 그 땅의 소출을 가지고 제사장 나라 거룩한 시민 생활을 시작할 것입니다. 그러므로 〈여호수아〉에 나오는 수많은 지명은 하나님의 뜻을 이루어갈 소중한 땅의 이름들입니다.

● 두 번째 포인트

여호수아가 실로에 세운 회막(성막)은 사무엘 시대까지 이어집니다.

회막(성막)은 '여호와의 이름을 두려고 택하신 곳'으로 하나님께서 제사장 나라 거룩한 시민인 이스라엘 백성들과 만나는 곳입니다. 그러므로 이스라엘 백성들은 여호와의 절기 때마다 반드시 회막이 있는 곳에 모여 하나님께 제사를 드려야 했습니다.

"너는 삼가서 네게 보이는 아무 곳에서나 번제를 드리지 말고 오직 너희의 한 지파 중에 여호와께서 택하실 그 곳에서 번제를 드리고 또 내가 네게 명령하는 모든 것을 거기서 행할지니라"(신 12:13~14)

"너의 가운데 모든 남자는 일 년에 세 번 곧 무교절과 칠칠절과 초막절에 네 하나님 여호와께서 택하신 곳에서 여호와를 뵈옵되 빈손으로 여호와를 뵈옵지 말고"(신 16:16)

이스라엘 백성들은 시내산에서 하나님께서 주신 설계도대로 회막을 제작하고 광야 40년 동안 회막과 함께 이동하고 진 치며 생활했습니다. 그러다가 가나안 땅 입성을 위해 제사장들이 언약궤를 메고 요단강을 건넜습니다. 그렇게 가나안 땅에 입성해 처음으로 진을 친 길갈에서 열두 돌을 세워 기념하고 곧이어 가나안의 중심인 여리고성 점령을 했습니다. 여리고성 점령을 시작으로 이스라엘 백성들은 5년간 31개의 성을 빼앗으며 마침내 가나안을 정복하고 정착하게 됩니다.

그러면서 그때부터 언약궤는 꽤 오랜 세월 동안 '실로'에 머물게 되는데 여기서 머문 기간은 가나안 정복 전쟁이 끝난 시점에서부터 사무엘 시대까지 계속됩니다.

그 후 언약궤는 실로에서 기럇여아림과 벧세메스를 거쳐 다시 기럇여아림으로 돌아오게 되고, 아비나답의 집에 20년 동안 머물다가 오벧에돔의 집을 거쳐 마침내 예루살렘으로 오게 됩니다.

언약궤가 예루살렘으로 오기 전까지 회막은 '움직이는 성막 500년' 시대를 보내게 됩니다. 그리고 그 후 언약궤는 예루살렘에 머물게 되고 예루살렘 성전이 건축된 이후 '예루살렘 성전 1,000년' 시대를 보내게 됩니다. 그러므로 가나안 정복 전쟁이 끝난 시점부터 사무엘 시대까지 언약궤가 머물고 있었던 실로는 바로 '여호와의 이름을 두려고 택하신 곳'이었습니다.

"이스라엘 자손의 온 회중이 실로에 모여서 거기에 회막을 세웠으며 그 땅은 그들 앞에서 돌아와 정복되었더라"(수 18:1)

"여호와께서 실로에서 다시 나타나시되 여호와께서 실로에서 여호와의 말씀으로 사무엘에게 자기를 나타내시니라"(삼상 3:21)

바로 그 실로에서 여호수아와 대제사장 엘르아살, 그리고 각 지파에서 뽑힌 족장들이 함께 모여 회막을 세우고 제비를 뽑아 가나안 땅 분배를 실행합니다.

"여호수아가 그들을 위하여 실로의 여호와 앞에서 제비를 뽑고 그가 거기서 이스라엘 자손의 분파대로 그 땅을 분배하였더라"(수 18:10)

"이것은 이스라엘 자손이 가나안 땅에서 받은 기업 곧 제사장 엘르아살과 눈의 아들 여호수아와 이스라엘 자손 지파의 족장들이 분배한 것이니라 여호와께서 모세에게 명령하신 대로 그들의 기업을 제비 뽑아 아홉 지파와 반 지파에게 주었으니"(수 14:1~2)

"제사장 엘르아살과 눈의 아들 여호수아와 이스라엘 자손의 지파의 족장들이 실로에 있는 회막 문 여호와 앞에서 제비 뽑아 나눈 기업이 이러하니라 이에 땅 나누는 일을마쳤더라"(수 19:51)

실로는 가나안의 중심 지역으로 전국 어디에서나 사람들이 모여들기 편한 장점이 있었습니다. 그리고 또 하나, 실로는 여호수아가 속한 에브라임 지파가 분배받은 땅에 있었기 때문에 회막을 세워 제사 장소로 사용하기에 매우 적합했습니다.

● 세 번째 포인트

제비뽑기는 하나님의 판단과 선택의 공정함을 강조하며 주도권을 하나님께 모두 돌려드리는 것입니다.

여호수아와 만나세대들은 약속의 땅 가나안에 들어가 5년 동안의 가나안 정복 전쟁을 승리로 이끌어내고 마침내 약속의 땅을 분배받게 됩니다. 그런데 땅의 분배 과정에서 가장 중요한 것은 '제비뽑기'였습니다. 제비뽑기를 통한 땅의 분배는 3단계로 실행되었습니다.

첫째, 1차 분배는 요단 동편 땅의 분배였는데 그때에는 모세의 주도하에 르우벤 지파, 갓 지파, 므낫세 반 지파가 제비뽑기로 땅을 분배받았습니다.

둘째, 2차 분배는 요단 서편 땅에서의 첫 번째 분배였는데 이는 길갈에서의 분배로 유다 지파, 에브라임 지파, 그리고 므낫세 반 지파가 제비뽑기로 땅을 분배받았습니다.

셋째, 3차 분배는 요단 서편 땅에서의 두 번째 분배였는데 이는 실로에서 행해진 분배였습니다. 실로에서의 분배는 대부분 아직 정복하지 않은 땅을 나머지 일곱 지파가 제비 뽑아 나누는 것이었습니다.

이렇게 이스라엘 열두 지파는 세 차례에 걸쳐 '제비뽑기'를 통해 땅을 분배받았습니다. 그런데 실로에서 일곱 지파에게 제비 뽑아 나누어준 땅, 즉 아직 정복하지 않은 땅을 분배할 때 여호수아가 다음 세 가지 방식으로 지혜롭게 실행합니다.

첫째, 일곱 지파의 땅 분배를 위해 일곱 지파에서 세 사람씩 각각 선정하게 합니다.

둘째, 아직 정복하지 않은 땅에 두루 다니며 땅의 지도를 그려서 돌아오게 합니다.

셋째, 지도를 통해 일곱 부분으로 나누어 그린 후 언약궤가 있는 실로에서 여호수아가 제비뽑기를 통해 나누어줍니다.

"여호수아가 이스라엘 자손에게 이르되 너희가 너희 조상의 하나님 여호와께서 너희에게 주신 땅을 점령하러 가기를 어느 때까지 지체하겠느냐 너희는 각 지파에 세 사람씩 선정하라 내가 그들을 보내리니 그들은 일어나서 그 땅에 두루 다니며 그들의 기업에 따라 그 땅을 그려 가지고 내게로 돌아올 것이라 그들이 그 땅을 일곱 부분으로 나누되 유다는 남쪽 자기 지역에 있고 요셉의 족속은 북쪽에 있는 그들의 지역에 있으니 그 땅을 일곱 부분으로 그려서 이 곳 내게로 가져오라 그러면 내가 여기서 너희를 위하여 우리 하나님 여호와 앞에서 제비를 뽑으리라"(수 18:3~6)

여호수아의 이 지혜로운 대안으로 인해 일곱 지파 사람들은 그들에게 분배된 땅을 차지하기 위해 다시 힘을 내어 출정하게 됩니다. 그리고 이어서 여호수아는 레위 지파의 성읍도 분배해 줍니다. 하지만 레위 지파는 다른 열두 지파처럼 땅을 통해 소출을 거두기 위한 분배가 아닌 거주 목적을 위한 땅으로, 열두 지파 사람들이 자신들의 땅에서 48개의 성읍과 목초지를 레위 지파에게 주게 합니다. 이렇게 실제적으로 레위 지파를 위한 땅의 분배까지 끝나자 이제 여호수아는 가나안 전역에 6개의 도피성(모세 때 3개, 여호수아 때 3개)을 설치합니다.

이처럼 여호수아와 만나세대들이 모든 땅의 분배를 제비뽑기를 통해 실행한 것은 하나님의 판단과 선택의 공정함을 강조하고 모든 주도권을 하나님께 돌리기 위함이었습니다.

> "제비는 사람이 뽑으나 모든 일을 작정하기는 여호와께 있느니라"(잠 16:33)

여호수아가 모든 주도권을 하나님께 돌리기 위해 "여호와 앞에서 제비를 뽑으리라"(수 18:6,8,10; 19:51)라는 말을 그렇게 반복해서 자주자주 사용했던 것입니다. 이후 하나님께서는 에스겔 선지자에게 환상을 통해 메시아 왕국에서 '제비뽑기'를 통해 이스라엘 모든 지파에게 주실 땅을 다음과 같이 말씀하십니다.

> "이것은 너희가 제비 뽑아 이스라엘 지파에게 나누어 주어 기업이 되게 할 땅이요 또 이것들은 그들의 몫이니라 주 여호와의 말씀이니라"(겔 48:29)

이처럼 '제비뽑기'는 하나님의 판단과 선택의 공정함을 강조하고, 주도권을 모두 하나님께 돌려드리는 것입니다.

● 네 번째 포인트
시므온에 대한 야곱의 축복은 가나안 땅 분배 때 현실이 됩니다.

앞서 살펴보았듯이, 열두 지파 가운데 시므온 지파는 그들만의 기업을 받지 못하고 유다 지파의 기업 가운데 일부를 받았습니다. 이는 첫째, 창세기 49장의 시므온을 향한 야곱의 유언이 현실이 된 것이었습니다. 야곱이 열두 아들 가운데 유독 시므온에게 그와 같은 유언을 한 이유는 시므온과 레위가 세겜에서 할례를 이용해 세겜 남자들을 죽인 잘못 때문이었습니다.

"시므온과 레위는 형제요 그들의 칼은 폭력의 도구로다 내 혼아 그들의 모의에 상관하지 말지어다 내 영광아 그들의 집회에 참여하지 말지어다 그들이 그들의 분노대로 사람을 죽이고 그들의 혈기대로 소의 발목 힘줄을 끊었음이로다 그 노여움이 혹독하니 저주를 받을 것이요 분기가 맹렬하니 저주를 받을 것이라 내가 그들을 야곱 중에서 나누며 이스라엘 중에서 흩으리로다"(창 49:5~7)

둘째, 시므온 지파는 광야 40년 끝날 무렵 바알브올 사건의 주축이 되었었습니다. 그 일로 인해 시므온 지파 사람들은 그때 염병으로 많은 수가 죽었고 그로 인해 다른 지파에 비해 시므온 지파는 22,200명으로 사실 숫자가 매우 적었습니다. 때문에 지파별로 땅을 분배받기에는 시므온 지파는 너무 적은 숫자였던 것입니다.

"그 염병으로 죽은 자가 이만 사천 명이었더라"(민 25:9)

셋째, 유다 지파는 그들의 총계인 76,000명에 비해 분배받은 땅이 많은 것과 관련이 있습니다.

"시므온 자손의 이 기업은 유다 자손의 기업 중에서 취하였으니 이는 유다 자손의 분깃이 자기들에게 너무 많으므로 시므온 자손이 자기의 기업을 그들의 기업 중에서 받음이었더라"(수 19:9)

● 다섯 번째 포인트

모세가 바라만 본 그 땅의 일부를 여호수아가 분배받습니다.

모세가 요단 동편에서 바라본 약속의 땅 가나안의 모습은 다음과 같았습니다.

"모세가 모압 평지에서 느보 산에 올라가 여리고 맞은편 비스가 산꼭대기에 이르매 여호와께서 길르앗 온 땅을 단까지 보이시고 또 온 납달리와 에브라임과 므낫세의 땅과 서해까지의 유다 온 땅과 네겝과 종려나무의 성읍 여리고 골짜기 평지를 소알까지 보이시고 여호와께서 그에게 이르시되 이는 내가 아브라함과 이삭과 야곱에게 맹세하여 그의 후손에게 주리라 한 땅이라 내가 네 눈으로 보게 하였거니와 너는 그리로 건너가지 못하리라"(신 34:1~4)

모세는 그렇게 눈으로만 보고 들어가지 못한 약속의 땅 가나안에 여호수아는 들어가게 되었고 그 약속의 땅의 일부까지 분배받았습니다. 그런데 여호수아의 땅 분배는 열두 지파의 땅 분배가 모두 마무리된 이후 가장 마지막에 실행됩니다.

"이스라엘 자손이 그들의 경계를 따라서 기업의 땅 나누기를 마치고 자기들 중에서 눈의 아들 여호수아에게 기업을 주었으니 곧 여호와의 명령대로 여호수아가 요구한 성읍 에브라임 산지 딤낫 세라를 주매 여호수아가 그 성읍을 건설하고 거기 거주하였더라 제사장 엘르아살과 눈의 아들 여호수아와 이스라엘 자손의 지파의 족장들이 실로에 있는 회막 문 여호와 앞에서 제비 뽑아 나눈 기업이 이러하니라 이에 땅 나누는 일을 마쳤더라"(수 19:49~51)

여호수아는 가나안 정복과 분배의 모든 과정을 책임지고 있었습니다. 그래서 자신이 원한다면 얼마든지 다른 사람들보다 먼저 좋은 땅을 차지할 수도 있었지만 여호수아는 그렇게 하지 않았습니다. 대신 이스라엘의 모든 지파 사람들이 하루빨리 가나안 땅에 정착할 수 있도록 최선을 다했던 여호수아는 오히려 가장 늦게 기업을 분배받음으로써 몸으로 실천하는 기득권 사용

(?)의 '모범'을 보여주었습니다.

디저트 DESSERT

이제 출애굽 45년 만에 이스라엘 백성들에게 가나안은 약속의 땅을 넘어 실제 그들의 땅이 되었습니다. 이제부터 그들은 하늘의 하나님의 뜻을 그 땅에서 실현시켜드리는 거룩한 시민의 삶을 살면 되는 것입니다. 그 땅에서 난 소출을 가지고 하나님께 제사드리는 그 거룩한 사명을 위해 이제까지 모세도 그리고 여호수아도 갈렙도 그렇게 땀 흘렸던 것입니다.

77일

48개 관공서, 레위인 성읍(수 20~22장)

애피타이저 APPETIZER

르우벤 지파, 갓 지파, 그리고 므낫세 반 지파는 모세와의 협상을 통해 요단 동편에서 이미 그들의 땅을 분배받았습니다. 남은 아홉 지파와 므낫세 반 지파에 비해 그들은 이미 기득권을 소유했다고도 볼 수 있습니다. 그런데 그들은 모세와 처음 맺은 약속대로 그리고 이후 여호수아와 맺은 약속대로 요단 서편 가나안 정복 전쟁의 선봉에 섰고 지난 5년 동안 모든 전쟁마다 가장 용감하게 싸웠습니다. 그리고 그들은 마침내 자신들의 소임을 완수하고 요단 동편으로 돌아갑니다.

책임을 완수하고 5년 만에 가족들이 있는 요단 동편으로 당당하게 돌아가는 르우벤 지파, 갓 지파, 그리고 므낫세 반 지파의 뒷모습은 참으로 아름답습니다. 그들의 당당하고 아름다운 뒷모습을 살펴보겠습니다.

성경통독 BIBLETONGDOK

《일년일독 통독성경》 여호수아 20~22장

통通으로 숲이야기 ; 통숲 TONG OBSERVATION

● 첫 번째 포인트

여호수아의 가나안 정복 전쟁 5년 마무리는 세 가지입니다.

모세 뒤를 이어 이스라엘의 지도자가 된 여호수아가 5년 동안의 가나안 정복 전쟁을 마치고 땅 분배까지 마무리를 지었습니다. 그리고 여호수아가 마지막으로 남은 세 가지 일을 정리합니다.

첫째, 여호수아는 모세가 요단 동편에 3개의 도피성을 세운 것처럼 요단 서편에도 3개의 도피성을 세워 이스라엘에 6개의 도피성 설치를 마무리합니다.

둘째, 여호수아는 레위 지파에게 48개의 성읍을 분배해줍니다.

셋째, 여호수아는 지난 5년 동안 가나안 정복 전쟁의 선봉대였던 르우벤, 갓, 므낫세 반 지파를 축복해주며 그들을 요단 동편으로 돌려보냅니다.

● 두 번째 포인트

도피성으로 피하는 자는 재판을 두 번 받아야 합니다.

도피성은 이스라엘 공동체를 건강하고 바람직하게 유지하는데 필요한 중요한 사회적 안전 장치였습니다. 도피성은 제사장 나라가 생명을 귀히 여기는 사회이기 때문에 세워진 장소입니다.

"너희를 위하여 성읍을 도피성으로 정하여 부지중에 살인한 자가 그리로 피하게 하라 이는 너희가 복수할 자에게서 도피하는 성을 삼아 살인자가 회중 앞에 서서 판결을 받기까지 죽지 않게 하기 위함이니라"(민 35:11~12)

도피성이 중요했던 또 한 가지 이유는 도피성이 바로 이후 예수 그리스도의 예표로 이어지기 때문입니다.

"아버지께서 내게 주시는 자는 다 내게로 올 것이요 내게 오는 자는 내가 결코 내쫓지 아니하리라"(요 6:37)

"내가 그들에게 영생을 주노니 영원히 멸망하지 아니할 것이요 또 그들을 내 손에서 빼앗을 자가 없느니라"(요 10:28)

요단 동편과 서편에 각각 3개씩 세워진 도피성으로 피할 수 있는 자는 이스라엘 모든 자손과 그들 중에 거류하는 거류민 모두였습니다. 이스라엘에 거주하는 누구나, 그리고 심지어 외국인까지도 도피성 법에 적용을 받을 수 있었던 것입니다.

모세에 의해 요단 동편에 세워진 3개의 도피성은 베셀(르우벤 지파), 길르앗 라못(갓 지파), 바산 골란(므낫세 반 지파)입니다.

"너희가 줄 성읍 중에 여섯을 도피성이 되게 하되 세 성읍은 요단 이쪽에 두고 세 성읍은 가나안 땅에 두어 도피성이 되게 하라 이 여섯 성읍은 이스라엘 자손과 타국인과 이스라엘 중에 거류하는 자의 도피성이 되리니 부지중에 살인한 모든 자가 그리로 도피할 수 있으리라"(민 35:13~15)

여호수아에 의해 요단 서편에 세워진 3개의 도피성은 갈릴리 게데스(납달리 지파), 세겜(에브라임 지파), 기럇 아르바 곧 헤브론(유다 지파)입니다.

"네 하나님 여호와께서 네게 기업으로 주신 땅 가운데에서 세 성읍을 너를 위하여 구별하고 네 하나님 여호와께서 네게 기업으로 주시는 땅 전체를 세 구역으로 나누어 길을 닦고 모든 살인자를 그 성읍으로 도피하게 하라"(신 19:2~3)

그런데 그렇게 세워진 6개의 도피성으로 피하는 자는 두 번의 재판을 받아야 했습니다.

첫 번째는 성읍 문 어귀에서 성읍 장로들이 판단합니다. 여기서 만약 도피자가 고의적 살인이라 판정이 나면 그는 죽임을 당했습니다.

"그 본 성읍 장로들이 사람을 보내어 그를 거기서 잡아다가 보복자의 손에 넘겨 죽이게 할 것이라"(신 19:12)

두 번째는 회중 앞에 서서 재판을 받아야 합니다. 이렇게 도피성으로 피한 자는 회중 앞에 설 때까지, 즉 재판을 받을 때까지 보호받을 권리가 있었습니다.

"이는 곧 이스라엘 모든 자손과 그들 중에 거류하는 거류민을 위하여 선정된 성읍들로서 누구든지 부지중에 살인한 자가 그리로 도망하여 그가 회중 앞에 설 때까지 피의 보복자의 손에 죽지 아니하게 하기 위함이라"(수 20:9)

그리고 마침내 도피성에 피할 수 있는 자라고 최종 판정이 나면 그는 현직 대제사장이 죽기까지 그 도피성에서 보호를 받을 수 있었습니다.

"그 살인자는 회중 앞에 서서 재판을 받기까지 또는 그 당시 대제사장이 죽기까지 그 성읍에 거주하다가 그 후에 그 살인자는 그 성읍 곧 자기가 도망하여 나온 자기 성읍 자기 집으로 돌아갈지니라"(수 20:6)

그러나 도피성으로 피한 자가 만일 현직 대제사장이 죽지 않았음에도 도피성을 벗어났다면 그는 어떠한 보호도 받을 수 없었습니다. 하나님께서 이 도피성 제도를 이렇게까지 세밀하게 정해주신 이유는 생명을 귀히 여기기를 바라시는 하나님의 마음 때문입니다.

하나님께서는 이스라엘 백성만을 위한 도피성이 아닌 그 땅에 있는 모든 인생, 거류민의 생명까지도 귀히 여김을 받을 수 있는 도피성을 만드셨습니다. 그리고 하나님께서는 마침내 모든 인류를 위해 골고다 위에서 십자가에 달리셨던 하나님의 아들, 예수 그리스도라는 진정한 도피성을 우리에게 주셨습니다.

● 세 번째 포인트

제사장 나라는 1개의 중앙 성소와 48개의 관공서로 운영됩니다.

여호수아는 이스라엘 모든 지파에게 땅을 분배했습니다. 이

때 레위 지파 사람들이 하나님의 약속에 근거하여 그들의 기업 분배를 요구합니다.

"그 때에 레위 사람의 족장들이 제사장 엘르아살과 눈의 아들 여호수아와 이스라엘 자손의 지파 족장들에게 나아와 가나안 땅 실로에서 그들에게 말하여 이르되 여호와께서 모세에게 명령하사 우리가 거주할 성읍들과 우리 가축을 위해 그 목초지들을 우리에게 주라 하셨나이다" (수 21:1~2)

그러자 모든 이스라엘 백성이 하나님의 말씀에 순종하여 자신의 기업 가운데에서 레위 지파의 몫을 떼어줍니다.

"이스라엘 자손이 여호와의 명령을 따라 자기의 기업에서 이 성읍들과 그 목초지들을 레위 사람에게 주니라"(수 21:3)

여호수아는 이제 그 땅에서 제사장 나라 시스템을 정착시킵니다. 이 시스템의 핵심은 바로 5대 제사와 3대 명절을 위한 하나의 중앙 성소와 도피성 6곳을 포함한 48개의 지역 관공서입니다. 48개의 레위인 성읍은 제사장 나라의 '학교'이자, '도피성 관리' 그리고 '공중 보건소'의 역할을 감당했습니다.

첫 번째, 제사장 나라 '학교'에 해당하는 규정은 다음과 같습니다.

"또 여호와 앞에 구별되어서 온 이스라엘을 가르치는 레위 사람에게 이르되 거룩한 궤를 이스라엘 왕 다윗의 아들 솔로몬이 건축한 전 가운데 두고 다시는 너희 어깨에 메지 말고 마땅히 너희의 하나님 여호와와 그의 백성 이스라엘을 섬길 것이라"(대하 35:3)

두 번째, 제사장 나라에서 레위인의 '도피성 관리' 규정은 다음과 같습니다.

"너희가 레위인에게 줄 성읍은 살인자들이 피하게 할 도피성으로 여섯 성읍이요 그 외에 사십이 성읍이라"(민 35:6)

세 번째, 제사장 나라의 '공중 보건소'에 해당하는 규정은 다음과 같습니다.

"너는 나병에 대하여 삼가서 레위 사람 제사장들이 너희에게 가르치는 대로 네가 힘써 다 지켜 행하되 너희는 내가 그들에게 명령한 대로 지켜 행하라"(신 24:8)

제사장들은 나병에 관해서 직접 진단을 하고 백성들에게 가르쳐야 했습니다. 이렇게 여호수아가 약속의 땅 가나안에서 제사장 나라의 시스템을 모두 정착시킵니다. 레위 지파는 하나님의 명령대로 사명을 감당하기 위해 이스라엘 각 지파 중에 흩어져 일해야 했습니다. 그래서 레위 지파 사람들은 6개의 도피성을 포함하여 총 48개의 성읍과 목초지를 받게 되었습니다.

레위 지파가 받게 된 성읍과 목초지는 다음과 같습니다.

첫째, 그핫 자손 중 아론 자손은 유다, 시므온, 베냐민 지파의 기업 중에서 13개 성읍

둘째, 남은 그핫 자손은 에브라임, 단, 므낫세 반 지파의 기업 중에서 10개 성읍

셋째, 게르손 자손은 므낫세 반, 잇사갈, 아셀, 납달리 지파의 기업 중에서 13개 성읍

넷째, 므라리 자손은 스불론, 르우벤, 갓 지파의 기업 중에서 12개 성읍이었습니다.

마침내 레위 지파에게도 땅이 분배되고 이스라엘은 하나님께서 약속하신 온 땅을 기업으로 받게 됩니다. 이렇게 분배된 48개 성읍은 바로 하나님께서 당신께 바쳐진 레위 자손들을 책임지시기 위함입니다. 땅을 분배받은 레위 자손은 야곱의 유언(창 49장)과 하나님께서 모세를 통해 명하셨던 것처럼(민 35장) 이스라엘 각 지파 중에 흩어져 살게 됩니다.

모든 지파가 그렇듯이 레위 지파가 성읍과 그들의 기업으로 받은 것은 사명을 위한 것이었습니다. 제사장 나라 거룩한 시민으로서의 사명을 위해 이스라엘은 가나안 땅에 정착했고 그 중심에는 열두 지파 속으로 모두 흩어진 하나님께 헌신된 레위인들이 있었습니다.

● 네 번째 포인트

여호수아는 모세와의 선봉대 약속을 5년 동안 지킨 두 지파 반에게 책임을 다했음을 선포합니다.

르우벤 지파, 갓 지파, 그리고 므낫세 반 지파가 요단 동편에서 모세에게 했던 약속은 다음과 같았습니다.

"이 땅의 원주민이 있으므로 우리 어린 아이들을 그 견고한 성읍에 거주하게 한 후에 우리는 무장하고 이스라엘 자손을 그 곳으로 인도하기까지 그들의 앞에서 가고 이스라엘 자손이 각기 기업을 받기까지 우리 집으로 돌아오지 아니하겠사오며 우리는 요단 이쪽 곧 동쪽에서 기업을 받았사오니 그들과 함께 요단 저쪽에서는 기업을 받지 아니하겠나이다"(민 32:17~19)

그리고 그들은 지난 5년 동안 약속을 성실히 이행했습니다. 그러자 여호수아가 르우벤, 갓, 므낫세 반 지파를 불러 그들이 맡은 바 책임을 다했음을 공식적으로 선포합니다.

"그 때에 여호수아가 르우벤 사람과 갓 사람과 므낫세 반 지파를 불러서 그들에게 이르되 여호와의 종 모세가 너희에게 명령한 것을 너희가 다 지키며 또 내가 너희에게 명령한 모든 일에 너희가 내 말을 순종하여 오늘까지 날이 오래도록 너희가 너희 형제를 떠나지 아니하고 오직

너희의 하나님 여호와께서 명령하신 그 책임을 지키도다"(수 22:1~3)

이 선포 후에 여호수아는 그들로 하여금 기쁘게 요단 동편으로 귀환할 것을 지시합니다.

"이제는 너희의 하나님 여호와께서 이미 말씀하신 대로 너희 형제에게 안식을 주셨으니 그런즉 이제 너희는 여호와의 종 모세가 요단 저쪽에서 너희에게 준 소유지로 가서 너희의 장막으로 돌아가되"(수 22:4)

그리고 여호수아는 그들을 요단 동편으로 돌려보내며 다음과 같은 말로 따뜻하게 그들을 권고합니다. 여호수아의 권고는 그들이 하나님을 사랑하고, 하나님의 계명을 지키며 하나님만을 섬기라는 것이었습니다.

"오직 여호와의 종 모세가 너희에게 명령한 명령과 율법을 반드시 행하여 너희의 하나님 여호와를 사랑하고 그의 모든 길로 행하며 그의 계명을 지켜 그에게 친근히 하고 너희의 마음을 다하며 성품을 다하여 그를 섬길지니라"(수 22:5)

그리고 나서 여호수아가 마지막으로 그들을 크게 축복하고 지난 5년간의 노고를 치하하며 그들의 손에 풍성한 전리품을 들려 보냅니다.

"너희는 많은 재산과 심히 많은 가축과 은과 금과 구리와 쇠와 심히 많은 의복을 가지고 너희의 장막으로 돌아가서 너희의 원수들에게서 탈

취한 것을 너희의 형제와 나눌지니라 하매 르우벤 자손과 갓 자손과 므낫세 반 지파가 가나안 땅 실로에서 이스라엘 자손을 떠나 여호와께서 모세에게 명령하신 대로 받은 땅 곧 그들의 소유지 길르앗으로 가니라"(수 22:8~9)

● 다섯 번째 포인트

만나세대들의 오해를 푸는 솜씨는 전쟁 능력만큼이나 뛰어납니다.

르우벤 지파, 갓 지파, 므낫세 반 지파는 멋진 작별 인사를 하고 요단 동편으로 기다리던 가족들을 향하여 발걸음을 재촉하던 중 그들이 요단 강가에 세운 단으로 인해 오해가 발생합니다. 이는 자칫 내전의 위험으로까지 번질 수 있던 상황이었습니다. 이 일 때문에 결국 제사장 엘르아살의 아들 비느하스를 중심으로 요단 서편 각 지파의 지도자인 천부장들이 길르앗 땅까지 가서 사건의 진상을 파악하게 됩니다(수 22:13~14).

먼저 비느하스와 요단 서편의 천부장들은 과거 광야 생활 중에 일어났던 바알브올의 죄악과 아이성에서의 아간의 범죄를 언급하며 요단 강가에 세운 제단이 우상을 숭배하기 위함이 아닌지를 따져 물었습니다.

"여호와의 온 회중이 말하기를 너희가 어찌하여 이스라엘 하나님께 범죄하여 오늘 여호와를 따르는 데서 돌아서서 너희를 위하여 제단을 쌓아 너희가 오늘 여호와께 거역하고자 하느냐 브올의 죄악으로 말미암아 여호와의 회중에 재앙이 내렸으나 오늘까지 우리가 그 죄에서 정결함을 받지 못하였거늘 그 죄악이 우리에게 부족하여서 오늘 너희가 돌이켜 여호와를 따르지 아니하려고 하느냐 너희가 오늘 여호와를 배역하면 내일은 그가 이스라엘 온 회중에게 진노하시리라"(수 22:16~18)

그러자 르우벤 지파, 갓 지파, 므낫세 반 지파는 그것이 오해라는 것을 서둘러 밝힙니다. 그들이 그곳에 단을 쌓은 이유는 후일에 그들 민족의 하나 됨과 하나님을 향한 신앙 정통성을 입증하기 위해 만든 것이라고 말합니다.

"우리가 목적이 있어서 주의하고 이같이 하였노라 곧 생각하기를 후일에 너희의 자손이 우리 자손에게 말하여 이르기를 너희가 이스라엘 하나님 여호와와 무슨 상관이 있느냐 너희 르우벤 자손 갓 자손아 여호와께서 우리와 너희 사이에 요단으로 경계를 삼으셨나니 너희는 여호와께 받을 분깃이 없느니라 하여 너희의 자손이 우리 자손에게 여호와 경외하기를 그치게 할까 하여 우리가 말하기를 우리가 이제 한 제단 쌓기를 준비하자 하였노니 이는 번제를 위함도 아니요 다른 제사를 위함도 아니라"(수 22:24~26)

요단 동편 사람들은 후손들의 신앙 교육과 함께 후일에 요단 서편 지파들이 자신들을 공동체의 일원이 아니라고 할까봐 염려했던 것입니다. 그러자 이들에 대한 모든 오해가 풀리고 열두 지파가 요단강을 사이에 두고 나뉘어 살기는 하지만 그들은 하나의 공동체임을 다시 한번 확인하고 오히려 함께 기뻐합니다.

그들은 이 사건을 두고 하나님을 찬송하며 세운 단을 '엣'이라 부르며 그 증거로 삼습니다.

'엣(עֵד)'이라는 히브리어는 '증거' 혹은 '증인'이라는 뜻을 가지고 있습니다.

"르우벤 자손과 갓 자손이 그 제단을 엣이라 불렀으니 우리 사이에 이 제단은 여호와께서 하나님이 되시는 증거라 함이었더라"(수 22:34)

만나세대들은 이처럼 오해를 푸는 솜씨도 전쟁 능력만큼이나 뛰어났습니다.

디저트 DESSERT

약속의 땅을 얻기 위해 달려온 수많은 시간! 그 시간은 생존과 약속을 쟁취하기 위해 싸움이 끊이지 않던 세월들이었습니다. 그러나 40년의 광야 생활을 통해 훈련받은 만나세대들은 하나님의 명령을 좇아 충실하게 달려왔고 그 결과 하나님께서 주시는 안식을 얻게 됩니다. 하나님께서 그들의 조상에게 주셨던 약속이 성취됨으로 이스라엘을 향해 가졌던 꿈을 이루기 위한 준비가 끝난 것입니다.

이렇게 하나님의 꿈을 이 땅에 실현하는 수많은 성경의 이야기들을 읽고 듣는 것은 참으로 행복한 일입니다.

78일

여호수아의 유언(수 23~24장)

애피타이저 APPETIZER

전무후무한 전쟁사를 남긴 상승장군(常勝將軍) 여호수아도 이제 마지막 사명을 향해 달려가고 있습니다. 여호수아는 모세의 뒤를 잇는 이스라엘의 지도자로서 민족이 하나가 될 수 있도록 공정하고 공평하게 모든 지파에게 땅을 분배했으며 자신의 다음 세대가 더욱더 '하나님을 사랑하기'를 당부하며 아름다운 퇴장을 준비합니다.

칼과 책으로 두려움을 이기며 가장 용기 있는 믿음의 삶을 살았던 이스라엘의 지도자 여호수아의 모습에서 이전에 보았던 모세의 뒷모습이 느껴집니다.

성경통독 BIBLETONGDOK

《일년일독 통독성경》 여호수아 23~24장

통通으로 숲이야기 ; 통숲 TONG OBSERVATION

● 첫 번째 포인트

모세와 여호수아의 아름다운 퇴장은 닮은꼴입니다.

모세가 출애굽과 광야 40년을 이끈 이스라엘의 지도자였다면 여호수아는 모세의 뒤를 이어 20년 동안 5년간의 가나안 정복 전쟁과 땅 분배, 그리고 약속의 땅 가나안에서 제사장 나라 시스템을 정비한 이스라엘의 지도자였습니다.

여호수아가 지난 20여 년을 뒤돌아봅니다. 그는 모세가 하나님의 마음으로 남긴 유언들을 어느 것 하나 소홀함 없이 다 성실하게 실행했습니다. 그리고 모세가 귀감이 되는 모습으로 아름답게 퇴장했듯이 이제 여호수아 자신도 이스라엘 지도자의 자리에서 아름다운 퇴장을 하기 위해 준비합니다.

20여 년 전 여호수아가 본 모세의 퇴장 장면은 다음과 같습니다.

"또 모세가 가서 온 이스라엘에게 이 말씀을 전하여 그들에게 이르되 이제 내 나이 백이십 세라 내가 더 이상 출입하지 못하겠고 여호와께서도 내게 이르시기를 너는 이 요단을 건너지 못하리라 하셨느니라"(신 31:1~2)

이제 여호수아가 모세와 마찬가지로 그의 사명을 완수하고 퇴장할 때가 되었습니다. 아마도 여호수아는 20년 전 모세의 아름다운 퇴장 뒷모습을 바라보며 자신도 모세처럼 아름다운 퇴장을 꿈꾸었을 것입니다.

"여호와께서 주위의 모든 원수들로부터 이스라엘을 쉬게 하신 지 오랜 후에 여호수아가 나이 많아 늙은지라"(수 23:1)

"이 일 후에 여호와의 종 눈의 아들 여호수아가 백십 세에 죽으매"(수 24:29)

모세가 120세에 그의 삶을 마감했듯이 여호수아도 110세에 그의 삶을 마감합니다. 모세와 여호수아의 아름다운 퇴장 모습은 이처럼 아주 꼭 닮은꼴입니다.

● 두 번째 포인트

여호수아는 그의 유언을 역사적인 땅 세겜에서 합니다.

죽음을 두 달 앞두고 있었던 모세는 모압 평지에서 만나세대들에게 유언과 같은 역사 특강을 했습니다.

"마흔째 해 열한째 달 그 달 첫째 날에 모세가 이스라엘 자손에게 여호와께서 그들을 위하여 자기에게 주신 명령을 다 알렸으니"(신 1:3)

모세와 마찬가지로 이제 여호수아도 죽음을 앞두고 세겜에서 만나세대들에게 유언과 같은 퇴임 연설을 합니다.

"여호수아가 이스라엘 모든 지파를 세겜에 모으고 이스라엘 장로들과 그들의 수령들과 재판장들과 관리들을 부르매 그들이 하나님 앞에 나와 선지라"(수 24:1)

여호수아가 퇴임 연설 장소를 세겜으로 정한 이유는 다음과 같습니다.

첫째, 세겜은 아브라함이 하나님으로부터 언약을 받은 후 가나안 땅에 들어와 처음으로 단을 쌓은 곳이었습니다.

"여호와께서 아브람에게 나타나 이르시되 내가 이 땅을 네 자손에게 주리라 하신지라 자기에게 나타나신 여호와께 그가 그 곳에서 제단을 쌓고"(창 12:7)

둘째, 세겜은 야곱이 가나안으로 돌아와 정착한 곳이며 이방 신상들을 묻으며 새 출발을 다짐한 곳이었습니다.

"그들이 자기 손에 있는 모든 이방 신상들과 자기 귀에 있는 귀고리들을 야곱에게 주는지라 야곱이 그것들을 세겜 근처 상수리나무 아래에 묻고"(창 35:4)

셋째, 세겜은 요셉의 유언대로 땅 분배와 여호수아의 죽음 후 요셉의 뼈를 묻게 되는 곳이었습니다.

● 세 번째 포인트

죽음을 앞둔 모세는 120세에 지난 40년을, 여호수아는 110세에 지난 20년을 회고하며 당부합니다.

모세는 120세에 모압 평지에서 유언과 같은 그의 역사 특강에서 지난 광야 40년을 회고하며 만나세대들에게 다음과 같은 회고와 당부를 했습니다.

먼저 모세의 회고입니다.

"네가 있기 전 하나님이 사람을 세상에 창조하신 날부터 지금까지 지나간 날을 상고하여 보라 하늘 이 끝에서 저 끝까지 이런 큰 일이 있었느냐 이런 일을 들은 적이 있었느냐 어떤 국민이 불 가운데에서 말씀하시는 하나님의 음성을 너처럼 듣고 생존하였느냐 어떤 신이 와서 시험과 이적과 기사와 전쟁과 강한 손과 편 팔과 크게 두려운 일로 한 민족을 다른 민족에게서 인도하여 낸 일이 있느냐 이는 다 너희의 하나님 여호와께서 애굽에서 너희를 위하여 너희의 목전에서 행하신 일이라 이것을 네게 나타내심은 여호와는 하나님이시요 그 외에는 다른 신이 없음을 네게 알게 하려 하심이니라"(신 4:32~35)

바로 그때 그 자리에서 만나세대에게 말한 모세의 당부입니다.

"내가 오늘 너희에게 명하는 내 명령을 너희가 만일 청종하고 너희의 하나님 여호와를 사랑하여 마음을 다하고 뜻을 다하여 섬기면 여호와께서 너희의 땅에 이른 비, 늦은 비를 적당한 때에 내리시리니 너희가 곡식과 포도주와 기름을 얻을 것이요"(신 11:13~14)

"그리하면 여호와께서 너희 조상들에게 주리라고 맹세하신 땅에서 너희의 날과 너희의 자녀의 날이 많아서 하늘이 땅을 덮는 날과 같으리라"(신 11:21)

여호수아도 110세에 세겜에서 유언과 같은 그의 '세겜 퇴임사'에서 지난 가나안 20년을 회고하며 만나세대들에게 당부의 말을 남깁니다. 여호수아의 역사 회고는 족장 시대와 출애굽 시대로 시작해서 가나안 정복 시대를 회고합니다.

"여호수아가 모든 백성에게 이르되 이스라엘의 하나님 여호와께서 이

같이 말씀하시기를 옛적에 너희의 조상들 곧 아브라함의 아버지, 나홀의 아버지 데라가 강 저쪽에 거주하여 다른 신들을 섬겼으나"(수 24:2)

"너희의 조상들이 나 여호와께 부르짖기로 내가 너희와 애굽 사람들 사이에 흑암을 두고 바다를 이끌어 그들을 덮었나니 내가 애굽에서 행한 일을 너희의 눈이 보았으며 또 너희가 많은 날을 광야에서 거주하였느니라"(수 24:7)

"내가 또 너희가 수고하지 아니한 땅과 너희가 건설하지 아니한 성읍들을 너희에게 주었더니 너희가 그 가운데에 거주하며 너희는 또 너희가 심지 아니한 포도원과 감람원의 열매를 먹는다 하셨느니라"(수 24:13)

그러고 나서 여호수아는 만나세대들에게 결단을 촉구하며 다음과 같은 약속을 받아냅니다.

먼저, 여호수아는 자신의 결심을 밝힙니다.

"너희가 섬길 자를 오늘 택하라 오직 나와 내 집은 여호와를 섬기겠노라"(수 24:15)

이는 '왕이 되지 않은 전쟁 영웅' 여호수아의 선언이었습니다. 여호수아는 모세에 이어 자신은 '제사장 나라 거룩한 시민 2호'라고 밝혔습니다. 그리고 여호수아는 이스라엘 백성들의 신앙 결단을 요구합니다.

"백성이 대답하여 이르되 우리가 결단코 여호와를 버리고 다른 신들을 섬기기를 하지 아니하오리니 이는 우리 하나님 여호와께서 친히 우리와 우리 조상들을 인도하여 애굽 땅 종 되었던 집에서 올라오게 하시고 우리 목전에서 그 큰 이적들을 행하시고 우리가 행한 모든 길과 우리가 지나온 모든 백성들 중에서 우리를 보호하셨음이며 여호와께서 또 모든 백성들과 이 땅에 거주하던 아모리 족속을 우리 앞에서 쫓아내셨음이라"(수 24:16~18)

또 여호수아는 이스라엘 백성들에게 다음과 같은 경고의 메시지를 들려줍니다.

"만일 너희가 여호와를 버리고 이방 신들을 섬기면 너희에게 복을 내리신 후에라도 돌이켜 너희에게 재앙을 내리시고 너희를 멸하시리라" (수 24:20)

여호수아는 이스라엘 백성들의 신앙 결단을 이제 재확인합니다.

"백성이 여호수아에게 말하되 우리 하나님 여호와를 우리가 섬기고 그의 목소리를 우리가 청종하리이다"(수 24:24)

그리고 여호수아는 이스라엘 백성들과 언약을 체결합니다.

"그 날에 여호수아가 세겜에서 백성과 더불어 언약을 맺고 그들을 위하여 율례와 법도를 제정하였더라"(수 24:25)

마지막으로 여호수아는 언약을 율법책에 기록하고 기념비를 건립하여 그 증거로 삼습니다.

"여호수아가 이 모든 말씀을 하나님의 율법책에 기록하고 큰 돌을 가져다가 거기 여호와의 성소 곁에 있는 상수리나무 아래에 세우고 모든 백성에게 이르되 보라 이 돌이 우리에게 증거가 되리니 이는 여호와께서 우리에게 하신 모든 말씀을 이 돌이 들었음이니라"(수 24:26~27)

● 네 번째 포인트

창세기 50장의 요셉의 유언은 여호수아 24장에서 이루어집니다.

여호수아는 맡은 바 소임을 철저하게 완수하고 마지막으로 출애굽 때 가지고 나온 요셉의 뼈를 세겜에 묻으라는 모세의 당부를 실천합니다.

먼저 요셉의 유언입니다.

"요셉이 또 이스라엘 자손에게 맹세시켜 이르기를 하나님이 반드시 당신들을 돌보시리니 당신들은 여기서 내 해골을 메고 올라가겠다 하라 하였더라"(창 50:25)

이제 요셉의 유언에 관한 모세의 당부입니다.

"모세가 요셉의 유골을 가졌으니 이는 요셉이 이스라엘 자손으로 단단히 맹세하게 하여 이르기를 하나님이 반드시 너희를 찾아오시리니 너희는 내 유골을 여기서 가지고 나가라 하였음이더라"(출 13:19)

요셉의 유언과 모세의 당부대로 여호수아가 죽은 후 요셉의 유골을 세겜에 묻습니다.

"또 이스라엘 자손이 애굽에서 가져 온 요셉의 뼈를 세겜에 장사하였으니 이곳은 야곱이 백 크시타를 주고 세겜의 아버지 하몰의 자손들에게서 산 밭이라 그것이 요셉 자손의 기업이 되었더라"(수 24:32)

이렇게 요셉의 유골은 〈창세기〉에서부터 〈출애굽기〉, 〈레위기〉, 〈민수기〉, 〈신명기〉를 거쳐 〈여호수아〉 끝까지 중요했습니다. 입애굽의 선발대이자 입애굽의 지도자였던 요셉은 정말 진정한 출애굽의 '위너(승리자, winner)'입니다.

● 다섯 번째 포인트

여호수아의 마지막 노래도 모세처럼 '하나님을 사랑하라'입니다.

지난 20년 동안 여호수아의 귓전에 생생했던 모세의 마지막 노래 구절입니다.

"너는 마음을 다하고 뜻을 다하고 힘을 다하여 네 하나님 여호와를 사랑하라"(신 6:5)

"그런즉 너희 하나님 여호와께서 너희에게 명령하신 대로 너희는 삼가 행하여 좌로나 우로나 치우치지 말고 너희 하나님 여호와께서 너희에게 명령하신 모든 도를 행하라 그리하면 너희가 살 것이요 복이 너희에게 있을 것이며 너희가 차지한 땅에서 너희의 날이 길리라"(신 5:32~33)

여호수아도 모세처럼 만나세대들에게 그의 마지막 노래로 '하나님을 사랑하라'고 당부하며 좌로나 우로나 치우치지 말고 모세의 율법책에 '기록된 것을' 다 지켜 행하라고 당부합니다.

"그러므로 너희는 크게 힘써 모세의 율법 책에 기록된 것을 다 지켜 행하라 그것을 떠나 우로나 좌로나 치우치지 말라"(수 23:6)

이후 수백 년이 지난 후 남유다의 멸망을 다니엘이 회개하며 기도한 적이 있습니다. 그 내용인즉 온 이스라엘이 모세 율법을 범하여 '치우쳐' 갔기 때문이라고 고백합니다.

"온 이스라엘이 주의 율법을 범하고 치우쳐 가서 주의 목소리를 듣지 아니하였으므로 이 저주가 우리에게 내렸으되 곧 하나님의 종 모세의 율법에 기록된 맹세대로 되었사오니 이는 우리가 주께 범죄하였음이니이다"(단 9:11)

모세의 율법책에 기록된 것을 다 지키고 치우치지 말라고 당부한 여호수아는 이제 지난 20년 동안, 한 사람이 천 명을 이기며 이스라엘이 오늘에 이른 것은 자신의 지도력이나 만나세대의 능력 때문이 아니라고 솔직히 고백합니다. 이는 오직 하나님께서 행하신 일임을 확실히 증거합니다. 그러므로 바로 그 하나님을 사랑할 것을 당부한 것입니다.

> "이는 여호와께서 강대한 나라들을 너희의 앞에서 쫓아내셨으므로 오늘까지 너희에게 맞선 자가 하나도 없었느니라 너희 중 한 사람이 천 명을 쫓으리니 이는 너희의 하나님 여호와 그가 너희에게 말씀하신 것 같이 너희를 위하여 싸우심이라 그러므로 스스로 조심하여 너희의 하나님 여호와를 사랑하라"(수 23:9~11)

여호수아의 '다섯이 백을 이김을 넘어 하나가 천을 이기고, 둘이 만을 이기는' 이 놀라운 제사장 나라의 복을 이미 모세가 노래했던 것입니다.

> "그들의 반석이 그들을 팔지 아니하였고 여호와께서 그들을 내주지 아니하셨더라면 어찌 하나가 천을 쫓으며 둘이 만을 도망하게 하였으리요"(신 32:30)

제사장 나라 거룩한 시민 1호 모세!

제사장 나라 거룩한 시민 2호 여호수아!

그들 참 멋있습니다. 정말 엄지 척입니다.

전쟁 영웅 여호수아는 왕이 되지 않겠다고 선언합니다.

"오직 나와 내 집은 여호와를 섬기겠노라"(수 24:15)

여호수아도 모세처럼 제사장 나라 '거룩한 시민'을 꿈꾸었습니다. 제사장 나라 거룩한 시민의 자리는 그 어떤 나라의 왕 자리와도 바꿀 수 없는 자리인 것입니다.

제사장 나라 제1시민은 모세였습니다. 이제 제2시민의 자리를 자랑스러워하는 여호수아입니다. 여호수아는 모든 만나세대들에게 '제3, 제4, 제100의 제사장 나라 거룩한 시민'을 꿈꾸기를 바라며 아름답게 퇴장했습니다.

우리도 하나님 나라의 '그리스도인'이어서 정말 자랑스럽습니다.

79일

만나세대의 세 번째 울음 (삿 1장~2:10)

애피타이저 APPETIZER

〈사사기〉는 이스라엘 백성들이 가나안에 정착한 후 하나님께서 세우신 사사들에 의해 다스림을 받던 350여 년 동안의 이야기입니다. 당시 이스라엘 공동체에는 아직 정복하지 못한 땅을 정복해야 하는 과제가 남아 있었습니다.

성경통독 BIBLETONGDOK

《일년일독 통독성경》 사사기 1장~2:10

● 첫 번째 포인트

제사장 나라 1,500년 역사에서 사사 시대 350여 년은 제사장 나라의 틀이 유지된 시대였습니다.

사사 시대 350여 년은 성경 전체에서 보면 '암흑기'라고 말하지만 그럼에도 불구하고 사사 시대는 기본적으로 '제사장 나라의 틀'이 유지된 기간입니다. 왜냐하면 제사장 나라는 시내산에서 공식적으로 시작되어 우리 예수님께서 "모든 선지자와 율법이 예언한 것은 요한까지니"(마 11:13)라고 말씀하시며 "내가 율법이나 선지자를 폐하러 온 줄로 생각하지 말라 폐하러 온 것이 아니요 완전하게 하려 함이라"(마 5:17)고 하실 때까지, 1,500년 동안 유지되었고, 그 사이에 사사 시대도 포함되기 때문입니다.

사사 시대 350여 년을 포함하여 이스라엘 역사의 지배 구조 틀을 크게 정리하면 다음과 같습니다.

첫째, 히브리 민족은 애굽에서 바로의 통치를 받으며 노예로 살았습니다.

둘째, 그 후 그들은 모세의 인도하에 출애굽하여 시내산에서 하나님과 제사장 나라 언약을 맺고 광야 40년 세월을 보내게 됩니다.

셋째, 이스라엘은 새로운 지도자 여호수아와 함께 약속의 땅 가나안에 들어가 그때부터 제사장 나라 통치를 시작합니다.

넷째, 그 후 사사 시대 350여 년간은 제사장 나라 틀을 유지합니다.

다섯째, 이스라엘 왕정 500년 동안은 제사장 나라 틀과 왕정 통치를 병행합니다.

여섯째, 그러다가 북이스라엘이 앗수르 제국에 의해 멸망하고 혼혈족 사마리아인이 됩니다. 그 이후 남유다는 홀로 150년을 더 유지하다가 결국 바벨론으로 끌려가 70년 동안 바벨론 제국의 통치를 받습니다.

일곱째, 포로 귀환 후, 페르시아 제국의 200년 통치를 받으며 유대인의 이름으로 다시 시작합니다.

여덟째, 그 후 헬라 제국의 통치를 받습니다.

아홉째, 헬라 제국으로부터 독립하여 세운 하스몬 왕조는 80년 동안 대제사장직을 겸한 왕의 통치가 유지됩니다.

열 번째, 그러다가 다시 로마 제국의 지배를 받게 되어 로마 황제의 통치하에 놓이게 됐을 때 우리 예수님께서 이 땅에 오십니다.

● 두 번째 포인트

이제 만나세대는 모세와 여호수아 없이 가나안에서 제사장 나라의 과제를 수행합니다.

여호수아가 죽고 이제 만나세대들은 여호수아가 남긴 유언을 가지고 가나안에서 제사장 나라의 두 가지 과제를 실행합니다.

첫째, 가나안에서 제사장 나라의 삶의 방식을 정착하는 것입니다. 그들은 먼저 중앙 성소인 '실로'를 중심으로 1년 세 차례 유월절, 칠칠절(오순절), 초막절에 모이기를 실천합니다. 그리고 그들은 48개 레위인의 성읍을 중심으로 제사장 나라의 시스템을 세 가지로 실전합니다. 그 세 가지 시스템은 바로 율법 학교 교육, 도피성 운영, 그리고 지역 보건소 운영이었습니다(제77일).

둘째, 각 지파별로 아직 점령하지 못한 땅을 믿음으로 싸워 점령해야 했습니다. 이미 점령한 땅과 아직 점령하지 못한 땅을 포함해서 그들의 기업으로 분배받았기 때문입니다.

● 세 번째 포인트

유다 지파와 시므온 지파가 연합 전선을 펼쳐 싸웁니다.

여호수아가 죽고 만나세대들은 그들이 여호수아와 약속한

대로 가나안 완전 정복을 위한 전쟁을 다시 시작해야 했습니다. 그런데 이 전쟁은 여호수아 때의 전면전과는 다른 양상의 전쟁이었습니다. 이 전쟁은 하나님의 명령에 따라 열두 지파 가운데 가장 강한 유다 지파가 앞장섭니다.

"여호수아가 죽은 후에 이스라엘 자손이 여호와께 여쭈어 이르되 우리 가운데 누가 먼저 올라가서 가나안 족속과 싸우리이까 여호와께서 이르시되 유다가 올라갈지니라 보라 내가 이 땅을 그의 손에 넘겨 주었노라 하시니라"(삿 1:1~2)

이때 유다 지파는 전쟁 선봉에 서기로 하고 시므온 지파에게도 연합 전선을 제시하여 함께 싸움에 나아갑니다.

"유다가 그의 형제 시므온에게 이르되 내가 제비 뽑아 얻은 땅에 나와 함께 올라가서 가나안 족속과 싸우자 그리하면 나도 네가 제비 뽑아 얻은 땅에 함께 가리라 하니 이에 시므온이 그와 함께 가니라"(삿 1:3)

이는 유다 지파의 전쟁으로 이때에도 여전히 갈렙이 앞장을 섭니다. 이때 이 전쟁에서 큰 성과를 거둡니다.

"유다가 올라가매 여호와께서 가나안 족속과 브리스 족속을 그들의 손에 넘겨 주시니 그들이 베섹에서 만 명을 죽이고 또 베섹에서 아도니 베섹을 만나 그와 싸워서 가나안 족속과 브리스 족속을 죽이니"(삿 1:4~5)

"그 후에 유다 자손이 내려가서 산지와 남방과 평지에 거주하는 가나안 족속과 싸웠고 유다가 또 가서 헤브론에 거주하는 가나안 족속을 쳐서 세새와 아히만과 달매를 죽였더라 헤브론의 본 이름은 기럇 아르바였더라"(삿 1:9~10)

갈렙은 계속 이어지는 드빌 주민과의 전쟁에서 포상을 내걸어 용기를 북돋우고 용감한 사위도 얻고자 했습니다. 이때 나선 옷니엘이 갈렙의 사위가 됩니다. 옷니엘은 이후 사사 시대의 첫 번째 사사가 됩니다. 고대 사회는 이렇게 전쟁 승리의 대가로 아내를 얻게 되는 경우가 다수 있었습니다. 다윗의 경우도 이에 해당됩니다.

"다윗이 일어나서 그의 부하들과 함께 가서 블레셋 사람 이백 명을 죽이고 그들의 포피를 가져다가 수대로 왕께 드려 왕의 사위가 되고자 하니 사울이 그의 딸 미갈을 다윗에게 아내로 주었더라"(삼상 18:27)

이렇게 옷니엘과 다윗은 전쟁을 통해 용기를 보여주었고 또 전쟁에 승리하게 되면서 아내를 얻게 된 사람들입니다.

● 네 번째 포인트

가나안은 철 병거를 이끌고 골짜기로 들어가 저항합니다.

당시 이스라엘은 청동기 문명을 이루고 있었던 반면 가나안 지역의 원주민들은 이미 철기 문명으로 넘어가 철 병거를 가지고 이스라엘에 대항했습니다.

"골짜기 땅에 거주하는 모든 가나안 족속에게는 벧 스안과 그 마을들에 거주하는 자이든지 이스르엘 골짜기에 거주하는 자이든지 다 철 병거가 있나이다"(수 17:16)

"야빈 왕은 철 병거 구백 대가 있어 이십 년 동안 이스라엘 자손을 심히 학대했으므로 이스라엘 자손이 여호와께 부르짖었더라"(삿 4:3)

가나안의 철 병거는 만나세대들에게 큰 두려움을 주었으며 이로 인해 가나안 정복은 계속 지연되었습니다. 어렵게 용기를 내 전쟁에 승리한 유다 지파도 결국 철기 무기로 대항하는 가나안 족속을 완전히 정복하지는 못했습니다. 가나안 산지의 주민들까지는 내쫓았으나 골짜기 주민들은 철 병거로 끝까지 저항하므로 그들을 가나안 땅에서 쫓아내지 못했던 것입니다.

"여호와께서 유다와 함께 계셨으므로 그가 산지 주민을 쫓아내었으나 골짜기의 주민들은 철 병거가 있으므로 그들을 쫓아내지 못하였으며"(삿 1:19)

사사 시대 350여 년 동안 이스라엘은 계속 청동기 문명 가운데 살았습니다. 그 후 이스라엘은 왕정이 시작되고도 사울 왕과 요나단 정도만 칼을 소유할 정도였습니다.

"싸우는 날에 사울과 요나단과 함께 한 백성의 손에는 칼이나 창이 없고 오직 사울과 그의 아들 요나단에게만 있었더라"(삼상 13:22)

그러다가 이스라엘은 다윗 시대에 이르러서야 본격적인 철기 문명에 들어갑니다.

"그 때에 이스라엘 온 땅에 철공이 없었으니 이는 블레셋 사람들이 말하기를 히브리 사람이 칼이나 창을 만들까 두렵다 하였음이라 온 이스라엘 사람들이 각기 보습이나 삽이나 도끼나 괭이를 벼리려면 블레셋 사람들에게로 내려갔었는데"(삼상 13:19~20)

결국 만나세대들은 철 병거를 가진 가나안족들을 완전히 다 쫓아내지 못했고 므낫세, 에브라임, 스불론, 아셀, 납달리, 단 지파도 가나안의 완전 정복은 실패합니다.

● 다섯 번째 포인트

만나세대는 세 번 소리 높여 울었습니다.

출애굽세대들은 가데스 바네아에서 정탐 보고를 듣고 밤새 소리 내서 운 적이 있었습니다.

"온 회중이 소리를 높여 부르짖으며 백성이 밤새도록 통곡하였더라 이스라엘 자손이 다 모세와 아론을 원망하며 온 회중이 그들에게 이르되 우리가 애굽 땅에서 죽었거나 이 광야에서 죽었으면 좋았을 것을 어찌 하여 여호와가 우리를 그 땅으로 인도하여 칼에 쓰러지게 하려 하는가 우리 처자가 사로잡히리니 애굽으로 돌아가는 것이 낫지 아니하랴"(민 14:1~3)

그런데 만나세대들은 출애굽세대와는 다른 차원으로 세 번 울었다고 성경은 기록하고 있습니다.

첫 번째는 모압 평지에서 모세의 죽음을 슬퍼하며 울었습니다.

"이스라엘 자손이 모압 평지에서 모세를 위하여 애곡하는 기간이 끝나도록 모세를 위하여 삼십 일을 애곡하니라"(신 34:8)

두 번째는 세겜에서 여호수아의 죽음을 슬퍼하며 울었습니다.

"이 일 후에 여호와의 종 눈의 아들 여호수아가 백십 세에 죽으매 그들이 그를 그의 기업의 경내 딤낫 세라에 장사하였으니"(수 24:29~30)

그리고 세 번째는 보김에서 소리 내어 울었습니다.

"여호와의 사자가 길갈에서부터 보김으로 올라와 말하되 내가 너희를 애굽에서 올라오게 하여 내가 너희의 조상들에게 맹세한 땅으로 들어가게 하였으며 또 내가 이르기를 내가 너희와 함께 한 언약을 영원히 어기지 아니하리니 너희는 이 땅의 주민과 언약을 맺지 말며 그들의 제단들을 헐라 하였거늘 너희가 내 목소리를 듣지 아니하였으니 어찌하여 그리하였느냐 그러므로 내가 또 말하기를 내가 그들을 너희 앞에서 쫓아내지 아니하리니 그들이 너희 옆구리에 가시가 될 것이며 그들의 신들이 너희에게 올무가 되리라 하였노라 여호와의 사자가 이스라엘 모든 자손에게 이 말씀을 이르매 백성이 소리를 높여 운지라"(삿 2:1~4)

한마디로 출애굽세대들은 그들의 무지로 인해 말도 안 되는 일로 밤새 울고불고했던 것입니다. 그러나 만나세대들은 모세의 죽음과 여호수아의 죽음을 슬퍼하였고, 그들의 잘못을 꾸짖는 하나님의 사자의 말을 듣고 부끄러워 울었습니다.

디저트 DESSERT

"백성이 여호수아가 사는 날 동안과 여호수아 뒤에 생존한 장로들 곧 여호와께서 이스라엘을 위하여 행하신 모든 큰 일을 본 자들이 사는 날 동안에 여호와를 섬겼더라"(삿 2:7)

광야 40년 동안 만나를 먹으며 율법을 배운 만나세대는 가나안 정복 전쟁에서 하나님의 큰일을 보았고 그 하나님을 섬겼습니다. '하나님의 큰일'을 본 자는 '듣는 자'를 만들어야 합니다. 믿음은 들음에서 나기 때문입니다.

물이 바다를 덮음 같이 여호와를 아는 지식이 온 세상에 충만하기를 소망합니다.

80일

출애굽·만나·제3세대 (삿 2:11~5장)

애피타이저 APPETIZER

안타깝게도 시대가 점차 어두운 터널로 들어가기 시작합니다. 만나세대는 모세와 여호수아의 당부를 잊어버리고 약속의 땅 가나안에서 그들의 자녀들에게 농사짓는 법, 고기 잡는 법, 장사하는 법은 교육시키면서 정작 가장 중요한 제사장 나라 교육은 소홀히 했습니다. 그러자 만나세대 자녀들은 가나안의 문화를 따라 우상숭배의 길로 빠져들기 시작합니다.

모세와 여호수아의 당부였던 '마음과 뜻과 힘을 다하여 여호와 하나님을 사랑하라'는 것과 '네 자녀에게 가르치라'는 말이 공중에 흩어진 안타까운 사사 시대입니다.

성경통독 BIBLETONGDOK

《일년일독 통독성경》 사사기 2:11~5장

통通으로 숲이야기 ; 통숲 TONG OBSERVATION

● 첫 번째 포인트

'만나세대'는 하나님을 알았으나 '그 후에 일어난 다른 세대'는 하나님을 몰랐습니다.

안타깝게도 약속의 땅 가나안에서 모세의 염려가 그대로 현실이 되고 맙니다.

"내가 오늘 네게 명하는 여호와의 명령과 법도와 규례를 지키지 아니하고 네 하나님 여호와를 잊어버리지 않도록 삼갈지어다 네가 먹어서 배부르고 아름다운 집을 짓고 거주하게 되며 또 네 소와 양이 번성하며 네 은금이 증식되며 네 소유가 다 풍부하게 될 때에 네 마음이 교만하여 네 하나님 여호와를 잊어버릴까 염려하노라"(신 8:11~14)

〈사사기〉에 보면 다음과 같은 안타까운 일이 일어납니다.

"그 세대의 사람도 다 그 조상들에게로 돌아갔고 그 후에 일어난 다른 세대는 여호와를 알지 못하며 여호와께서 이스라엘을 위하여 행하신 일도 알지 못하였더라"(삿 2:10)

이런 문제들이 발생한 이유는 너무나 명백합니다. 만나세대들이 가장 중요한 것을 잊었기 때문입니다. 모세가 그들에게 그토록 강조했던 '쉐마(들으라!)' 교육을 잊어버렸기 때문입니다.

만나세대들은 자녀들에게 제사장 나라 교육을 소홀히 한 채 약속의 땅 가나안에서 모두 죽었고 이제 하나님을 알지 못하는 그 자녀 세대들이 가나안 문화에 그대로 노출된 것입니다. 만나세대들의 제사장 나라 자녀 교육 실패가 결국 사사 시대의 어두운 그림자가 되어 그들 후손들의 불행을 초래합니다.

만나세대 '그 후에 일어난 다른 세대들'은 그들 가운데 남아 있는 가나안 주민들의 문화를 따라 점차 우상숭배의 길로 빠져들었고, 이런 이스라엘을 보시는 하나님의 안타까움은 점점 더 커져만 가고 있었습니다.

● 두 번째 포인트

만나세대의 자녀 세대들은 안타깝게도 '제사장 나라 문화는 약화' 시키고 오히려 '가나안 문화'를 따르기 시작합니다.

만나세대들은 약속의 땅 가나안에 들어가 그들의 자녀 세대들에게 직업 교육은 월등하게 성공시켰습니다. 그래서 그들은 가나안 땅에서 아름다운 집도 짓고, 소와 양도 번성시키고, 소유까지 풍성하게 했습니다. 그런데 만나세대들은 모세가 그렇게 신신당부했던 자녀 신앙 교육은 소홀히 했습니다.

모세가 당부했던 자녀 신앙 교육을 다음과 같이 철저하게 했어야 합니다.

"네 자녀에게 부지런히 가르치며 집에 앉았을 때에든지 길을 갈 때에든지 누워 있을 때에든지 일어날 때에든지 이 말씀을 강론할 것이며" (신 6:7)

모세가 이렇게 만나세대들에게 자녀들의 신앙 교육에 힘쓰라고 강조했던 것은 결국 그들의 자녀들의 날을 많게 하기 위함이었습니다.

"또 그것을 너희의 자녀에게 가르치며 집에 앉아 있을 때에든지, 길을 갈 때에든지, 누워 있을 때에든지, 일어날 때에든지 이 말씀을 강론하고 또 네 집 문설주와 바깥 문에 기록하라 그리하면 여호와께서 너희 조상들에게 주리라고 맹세하신 땅에서 너희의 날과 너희의 자녀의 날이 많아서 하늘이 땅을 덮는 날과 같으리라 너희가 만일 내가 너희에게 명하는 이 모든 명령을 잘 지켜 행하여 너희의 하나님 여호와를 사랑하고 그의 모든 도를 행하여 그에게 의지하면 여호와께서 그 모든 나라 백성을 너희 앞에서 다 쫓아내실 것이라 너희가 너희보다 강대한 나라들을 차지할 것인즉 너희의 발바닥으로 밟는 곳은 다 너희의 소유가 되리니 너희의 경계는 곧 광야에서부터 레바논까지와 유브라데 강에서부터 서해까지라"(신 11:19~24)

또한 하나님께서 가나안 족속들을 다 쫓아내지 않고 그 땅에 남겨두신 이유는 만나세대들의 자녀 세대들을 시험하시기 위함이었습니다.

"여호와께서 가나안의 모든 전쟁들을 알지 못한 이스라엘을 시험하려 하시며 이스라엘 자손의 세대 중에 아직 전쟁을 알지 못하는 자들에게 그것을 가르쳐 알게 하려 하사 남겨 두신 이방 민족들은 블레셋의 다섯 군주들과 모든 가나안 족속과 시돈 족속과 바알 헤르몬 산에서부터 하맛 입구까지 레바논 산에 거주하는 히위 족속이라 남겨 두신 이 이방 민족들로 이스라엘을 시험하사 여호와께서 모세를 통하여 그들의 조상들에게 이르신 명령들을 순종하는지 알고자 하셨더라"(삿 3:1~4)

그런데 만나세대들의 자녀 세대들은 하나님의 이 시험을 통과하지 못했습니다. 하나님께서는 과거 광야에서도 만나세대들을 시험하신 적이 있었습니다. 그때 만나세대들은 모세의 지도하에 그 어려운 시험을 멋지게 통과해서 하나님을 기쁘게 해드렸습니다. 하나님의 시험은 언제나 인생들에게 마침내 복을 주시기 위함입니다.

"네 조상들도 알지 못하던 만나를 광야에서 네게 먹이셨나니 이는 다 너를 낮추시며 너를 시험하사 마침 네게 복을 주려 하심이었느니라"(신 8:16)

그런데 안타깝게도 만나세대의 자녀 세대들은 그들의 부모들에게 신앙 교육을 받지 못함으로 하나님을 알지 못하고 더 나아가 엉뚱하게 가나안 문화에 휩쓸리기까지 했습니다.

"이스라엘 자손이 여호와의 목전에 악을 행하여 바알들을 섬기며 애굽 땅에서 그들을 인도하여 내신 그들의 조상들의 하나님 여호와를 버리고 다른 신들 곧 그들의 주위에 있는 백성의 신들을 따라 그들에게 절하여 여호와를 진노하시게 하였으되 곧 그들이 여호와를 버리고 바알과 아스다롯을 섬겼으므로"(삿 2:11~13)

"그들의 딸들을 맞아 아내로 삼으며 자기 딸들을 그들의 아들들에게 주고 또 그들의 신들을 섬겼더라"(삿 3:6)

하나님께서는 모세를 통해 만나세대들에게 가나안의 문화를 완벽하게 척결하라고 이미 여러 번 말씀하셨습니다.

"너희가 쫓아낼 민족들이 그들의 신들을 섬기는 곳은 높은 산이든지 작은 산이든지 푸른 나무 아래든지를 막론하고 그 모든 곳을 너희가 마땅히 파멸하며 그 제단을 헐며 주상을 깨뜨리며 아세라 상을 불사르고 또 그 조각한 신상들을 찍어 그 이름을 그 곳에서 멸하라"(신 12:2~3)

"또 그들과 혼인하지도 말지니 네 딸을 그들의 아들에게 주지 말 것이요 그들의 딸도 네 며느리로 삼지 말 것은 그가 네 아들을 유혹하여 그가 여호와를 떠나고 다른 신들을 섬기게 하므로 여호와께서 너희에게 진노하사 갑자기 너희를 멸하실 것임이니라"(신 7:3~4)

만나세대들이 자녀 신앙 교육에 실패한 까닭에 만나세대의 자녀 세대들은 그 아름다운 젖과 꿀이 흐르는 가나안 땅에서 제사장 나라의 율법을 어기고 맙니다.

● 세 번째 포인트

사사 시대 350여 년 동안 제사장 나라 법에 따라 징계 1단계, 2단계가 반복됩니다.

제사장 나라의 율법을 어긴 만나세대들의 자녀 세대들은 결국 제사장 나라 법에 의해 복이 아닌 처벌을 받아야만 했습니다.

"네가 만일 네 하나님 여호와의 말씀을 순종하지 아니하여 내가 오늘 네게 명령하는 그의 모든 명령과 규례를 지켜 행하지 아니하면 이 모든 저주가 네게 임하며 네게 이를 것이니"(신 28:15)

만나세대들의 자녀 세대들은 그들의 죄로 말미암아 레위기 26장의 복과 저주의 말씀 가운데 안타깝게도 저주를 받게 됩니다. 그들이 받을 저주는 1단계 징계인 흉년과 2단계 징계인 수탈입니다.

레위기 26장에 이미 예고되었던 1단계 '흉년'의 징계는 다음과 같습니다.

"너희의 수고가 헛될지라 땅은 그 산물을 내지 아니하고 땅의 나무는 그 열매를 맺지 아니하리라"(레 26:20)

그리고 레위기 26장에 이미 예고되었던 2단계 '수탈'의 징계는 다음과 같습니다.

"내가 너희를 치리니 너희가 너희의 대적에게 패할 것이요 너희를 미워하는 자가 너희를 다스릴 것이며 너희는 쫓는 자가 없어도 도망하리라"(레 26:17)

만나세대들의 자녀 세대들은 〈레위기〉에 이미 예언된 모든 징계를 다 받게 됩니다.

"여호와께서 이스라엘에게 진노하사 노략하는 자의 손에 넘겨 주사 그들이 노략을 당하게 하시며 또 주위에 있는 모든 대적의 손에 팔아 넘기시매 그들이 다시는 대적을 당하지 못하였으며"(삿 2:14)

"여호와께서 이스라엘에게 진노하사 그들을 메소보다미아 왕 구산 리

사다임의 손에 파셨으므로 이스라엘 자손이 구산 리사다임을 팔 년 동안 섬겼더니"(삿 3:8)

"에글론이 암몬과 아말렉 자손들을 모아 가지고 와서 이스라엘을 쳐서 종려나무 성읍을 점령한지라"(삿 3:13)

"이스라엘이 파종한 때면 미디안과 아말렉과 동방 사람들이 치러 올라와서 진을 치고 가사에 이르도록 토지 소산을 멸하여 이스라엘 가운데에 먹을 것을 남겨 두지 아니하며 양이나 소나 나귀도 남기지 아니하니"(삿 6:3~4)

하나님께서는 그들이 약속의 땅 가나안에 들어가 제사장 나라 거룩한 시민으로 하나님과 맺은 언약을 다 지켜 행함으로 하나님께서 약속해주신 레위기 26장의 복과 저주의 말씀 가운데 복을 받을 수 있는 삶을 살기를 원하셨습니다.

그런데 그들은 모세와 여호수아가 그토록 염려했던 바로 그 최악의 상태를 만들어 복의 근원이신 하나님께 복을 받지 못하고 징계를 받는 안타까운 현실을 만들었습니다.

● 네 번째 포인트

'사사'는 하나님의 긍휼을 베푸는 통로입니다.

이스라엘 백성들이 그들의 죄로 인해 징계를 받고 고통 속에서 슬피 부르짖으면 하나님께서는 결국 이스라엘을 끝까지 포기하지 않으시고 사사들을 보내 긍휼을 베풀어주셨습니다.

"여호와께서 그들을 위하여 사사들을 세우실 때에는 그 사사와 함께 하셨고 그 사사가 사는 날 동안에는 여호와께서 그들을 대적의 손에서 구원하셨으니 이는 그들이 대적에게 압박과 괴롭게 함을 받아 슬피 부르짖으므로 여호와께서 뜻을 돌이키셨음이거늘"(삿 2:18)

사사들의 활약상을 살펴보면 다음과 같습니다.

사사 '옷니엘'은 유다 지파 갈렙의 사위로 이스라엘의 첫 번째 사사였습니다. 옷니엘은 이스라엘을 메소보다미아의 8년 지배에서 건져내고 40년 동안 이스라엘에 평안을 가져오게 했습니다.

"여호와의 영이 그에게 임하셨으므로 그가 이스라엘의 사사가 되어 나가서 싸울 때에 여호와께서 메소보다미아 왕 구산 리사다임을 그의 손에 넘겨 주시매 옷니엘의 손이 구산 리사다임을 이기니라"(삿 3:10)

옷니엘에 이어 '에훗'은 이스라엘의 두 번째 사사가 됩니다. 그는 베냐민 지파 출신으로 모압 왕 에글론을 죽이고 나팔을 불며 이스라엘 자손을 모아 함께 모압을 쳐서 18년 동안의 모압 지배를 끝냈습니다. 이로부터 80년간 이스라엘은 평안을 누렸습니다.

"그가 이르러 에브라임 산지에서 나팔을 불매 이스라엘 자손이 산지에서 그를 따라 내려오니 에훗이 앞서 가며 그들에게 이르되 나를 따르라 여호와께서 너희의 원수들인 모압을 너희의 손에 넘겨 주셨느니라 하매 무리가 에훗을 따라 내려가 모압 맞은편 요단 강 나루를 장악하여 한 사람도 건너지 못하게 하였고 그 때에 모압 사람 약 만 명을 죽였으니 모두 장사요 모두 용사라 한 사람도 도망하지 못하였더라"(삿 3:27~29)

그 이후 사사 '삼갈'은 블레셋으로부터 이스라엘을 구합니다.

"에훗 후에는 아낫의 아들 삼갈이 있어 소 모든 막대기로 블레셋 사람 육백 명을 죽였고 그도 이스라엘을 구원하였더라"(삿 3:31)

그리고 사사 '드보라'는 바락의 도움을 받아 하솔 왕의 20년의 압제에서 이스라엘을 구해 40년 동안 평안한 시기를 누렸습니다.

"드보라가 바락에게 이르되 일어나라 이는 여호와께서 시스라를 네 손에 넘겨 주신 날이라 여호와께서 너에 앞서 나가지 아니하시느냐 하는지라 이에 바락이 만 명을 거느리고 다볼 산에서 내려가니 여호와께서 바락 앞에서 시스라와 그의 모든 병거와 그의 온 군대를 칼날로 혼란에 빠지기 하시매 시스라가 병거에서 내려 걸어서 도망한지라"(삿 4:14~15)

● 다섯 번째 포인트

드보라의 찬양은 40년 한 세대의 평화를 만들었습니다.

드보라는 〈사사기〉에 등장하는 12명의 사사 가운데 유일한 여성 사사입니다. 사사 드보라는 철 병거 900대의 위용을 자랑하며 이스라엘을 심히 괴롭힌 하솔의 야빈 왕을 굴복시키고 40년 한 세대의 평화를 만들었습니다. 그리고 드보라는 하나님을 찬양합니다.

"너희 왕들아 들으라 통치자들아 귀를 기울이라 나 곧 내가 여호와를 노래할 것이요 이스라엘의 하나님 여호와를 찬송하리로다… 깰지어다 깰지어다 드보라여 깰지어다 깰지어다 너는 노래할지어다 일어날지어다 바락이여 아비노암의 아들이여 네가 사로잡은 자를 끌고 갈지어다" (삿 5:3~12)

일찍이 모세도 홍해를 건넌 후 온 이스라엘과 함께 하나님을 찬양했었습니다.

"이 때에 모세와 이스라엘 자손이 이 노래로 여호와께 노래하니 일렀으되 내가 여호와를 찬송하리니 그는 높고 영화로우심이요 말과 그 탄 자를 바다에 던지셨음이로다 여호와는 나의 힘이요 노래시며 나의 구원이시로다 그는 나의 하나님이시니 내가 그를 찬송할 것이요 내 아버

지의 하나님이시니 내가 그를 높이리로다"(출 15:1~2)

드보라는 사사들 가운데 하나님을 찬양한 사사로 기록되고 있습니다.

디저트 DESSERT

하나님께서는 어두운 사사 시대 가운데에서도 새로운 희망을 찾기 위해 이스라엘 백성 중에서 하나님의 일을 감당할 사람들을 택하셨습니다. 옷니엘, 에훗, 삼갈, 드보라 ⋯.

계속되는 사사들의 등장은 하나님과 제사장 나라의 언약을 맺은 이스라엘을 끝까지 포기하지 않으시는 하나님의 긍휼 때문입니다.

"너는 여호와 네 하나님의 성민이라 네 하나님 여호와께서 지상 만민 중에서 너를 자기 기업의 백성으로 택하셨나니 여호와께서 너희를 기뻐하시고 너희를 택하심은 너희가 다른 민족보다 수효가 많기 때문이 아니니라 너희는 오히려 모든 민족 중에 가장 적으니라 여호와께서 다만 너희를 사랑하심으로 말미암아, 또는 너희의 조상들에게 하신 맹세를 지키려 하심으로 말미암아 자기의 권능의 손으로 너희를 인도하여 내시되 너희를 그 종 되었던 집에서 애굽 왕 바로의 손에서 속량하셨나니 그런즉 너는 알라 오직 네 하나님 여호와는 하나님이시요 신실하신 하나님이시라 그를 사랑하고 그의 계명을 지키는 자에게는 천 대까지 그의 언약을 이행하시며 인애를 베푸시되 그를 미워하는 자에게는 당장에 보응하여 멸하시나니 여호와는 자기를 미워하는 자에게 지체하지 아니하시고 당장에 그에게 보응하시느니라 그런즉 너는 오늘 내가 네게 명하는 명령과 규례와 법도를 지켜 행할지니라"(신 7:6~11)

신실하신 하나님을 알고, 믿고, 순종하고, 체험하고, 영광 돌리는 멋진 그리스도인이 되기를 소망합니다.

81일

전쟁이 300용사를 만든다! (삿 6~7장)

애피타이저 APPETIZER

하나님께서 미디안과의 전쟁을 위해 기드온을 사사로 부르셨고 기드온에게 믿음 있고 용기 있는 300명의 용사를 붙여주십니다. 이 300명의 용사들은 전부 생환해서 제사장 나라를 증언했다는 면에서 스파르타의 '레오니다스와 300'보다도 더 유명한 용사, '기드온과 300용사'가 등장하게 된 것입니다.

《일년일독 통독성경》 사사기 6~7장

통通으로 숲이야기 ; 통숲 TONG OBSERVATION

● 첫 번째 포인트

미디안(Midian)과의 전쟁을 통해 '기드온과 300용사'가 탄생됩니다.

기드온 당시 이스라엘은 7년째 계속해서 추수 때마다 미디안이 쳐들어와 모든 농가의 토지소산을 탈취해가고 무자비하게 공격함으로 이스라엘 백성들은 목숨을 부지하기 위해 산에 굴을 뚫고 피신해 있어야 했습니다.

"이스라엘 자손이 또 여호와의 목전에 악을 행하였으므로 여호와께서 칠 년 동안 그들을 미디안의 손에 넘겨 주시니 미디안의 손이 이스라엘을 이긴지라 이스라엘 자손이 미디안으로 말미암아 산에서 웅덩이와 굴과 산성을 자기들을 위하여 만들었으며 이스라엘이 파종한 때면 아말렉과 동방 사람들이 치러 올라와서 진을 치고 가사에 이르도록 토지소산을 멸하여 이스라엘 가운데에 먹을 것을 남겨 두지 아니하며 양이

나 소나 나귀도 남기지 아니하니"(삿 6:1~4)

유목민들인 미디안은 이스라엘 백성들이 파종한 밭을 초지로 삼아 진을 친 후 오히려 그곳에서 자신들의 가축을 방목하며 이스라엘의 토지소산을 빼앗았습니다. 그러니 이스라엘은 양이나 소나 나귀를 키울 수 없게 된 것입니다. 메뚜기 떼 같이 많은 미디안의 사람들과 가축들로 인해 이스라엘은 황폐해져 가고 결국 미디안을 피해 산으로 들어가 굴을 만들어 생활했던 것입니다.

이스라엘이 이렇게 어려움에 처한 이유는 그들이 제사장 나라 율법을 어기고 가나안의 우상을 섬기며 하나님으로부터 멀어져 갔기 때문입니다. 그래서 그들은 레위기 26장에서 이미 경고하신 하나님의 처벌을 받는 것이었습니다.

"내가 이같이 너희에게 행하리니 곧 내가 너희에게 놀라운 재앙을 내려 폐병과 열병으로 눈이 어둡고 생명이 쇠약하게 할 것이요 너희가 파종한 것은 헛되리니 너희의 대적이 그것을 먹을 것임이며"(레 26:16)

그럼에도 불구하고 하나님께서는 미디안에게 고통당하는 이스라엘을 불쌍히 여기십니다. 그래서 그때 하나님께 선택된 사사가 바로 기드온이었습니다. 하나님께서는 기드온에게 "내가 반드시 너와 함께 하리니 네가 미디안 사람 치기를 한 사람을 치듯 하리라"(삿 6:16)라고 말씀하시며 용기를 주십니다. 그리고 하나님께서 기드온에게 우상을 제거하라고 명하시자 기드온은 아무도 보지 않는 밤에 우상들을 제거합니다.

사실 그 당시 기드온을 비롯한 이스라엘 백성들의 두려움은 메뚜기 떼처럼 많은 미디안과 아말렉 연합군의 '군인 숫자'였습니다.

"미디안과 아말렉과 동방의 모든 사람들이 골짜기에 누웠는데 메뚜기의 많은 수와 같고 그들의 낙타의 수가 많아 해변의 모래가 많음 같은지라"(삿 7:12)

그러나 하나님께서는 기드온에게 미디안과의 전투에 동참하기 위해 이스라엘 백성들 가운데 모여든 자 3만 2천 명 가운데 오직 300명만을 남겨두고 모두 돌려보내게 하십니다.

기드온과 300용사는 하나님께서 보여주신 확실한 증거를 믿고 횃불과 나팔로 싸우라는 하나님의 말씀에 순종합니다. 그래서 기드온과 300용사들은 미디안과 아말렉의 연합군과 그들의 두 왕 세바와 살문나까지 죽이며 전쟁에서 대승을 거두게 됩니다.

● 두 번째 포인트

2만 2천 명은 3만 2천 명도 적다고 떨었습니다.

미디안 군대는 잘 훈련된 135,000명의 군대였습니다. 그런데 기드온과 함께 미디안을 치겠다고 모인 이스라엘의 군인의 수는 겨우 32,000명이었습니다. 그런데 하나님께서 기드온을 통해 "두려워 떠는 자는 가라!"라고 말씀하십니다. 그러자 그 말을 듣고 22,000명이 돌아갑니다.

> "이제 너는 백성의 귀에 외쳐 이르기를 누구든지 두려워 떠는 자는 길르앗 산을 떠나 돌아가라 하라 하시니 이에 돌아간 백성이 이만 이천 명이요 남은 자가 만 명이었더라"(삿 7:3)

그런데 하나님께서는 두려워하지 않는 자들 10,000명을 보시고 이 남아 있던 수에서 "내 손이 나를 구원하였다!"라고 자랑할 자 9,700명까지도 돌려보내십니다.

> "여호와께서 기드온에게 이르시되 너를 따르는 백성이 너무 많은즉 내가 그들의 손에 미디안 사람을 넘겨 주지 아니하리니 이는 이스라엘이 나를 거슬러 스스로 자랑하기를 내 손이 나를 구원하였다 할까 함이니라"(삿 7:2)

하나님께서는 그렇게 하나님의 영광을 드러낼 300명만 남기십니다. 물을 마실 때도 창을 놓지 않았던 기드온과 300용사들은 하나님의 말씀에 순종하여 그 창을 내려놓고 대신 나팔과 횃불과 항아리를 손에 듭니다. 그리고 야습과 기습으로 미디안 적진에 들어가 대승을 거둡니다.

"이 때에 세바와 살문나가 갈골에 있는데 동방 사람의 모든 군대 중에 칼 든 자 십이만 명이 죽었고 그 남은 만 오천 명 가량은 그들을 따라와서 거기에 있더라"(삿 8:10)

이렇게 미디안 군대 135,000명 가운데 120,000명이 한꺼번에 모두 전사하고 15,000명만 겨우 살아서 도망갔습니다.

● 세 번째 포인트

하나님께서 최종 '300용사'를 선택하신 이유는 세 가지입니다.

첫째, 10,000명 가운데 9,700명은 전쟁이 끝난 후 자신들의 용맹과 지혜를 과장하여 자랑할 가능성이 높았습니다. 다시 말해 제사장 나라 충성도를 높이는 고백보다는 '자기 스스로를 높이는' 해석이 나올 사람들이었기 때문입니다.

"이는 이스라엘이 나를 거슬러 스스로 자랑하기를 내 손이 나를 구원하였다 할까 함이니라"(삿 7:2)

둘째, 창을 들고 물을 마신 사람들, 끝내 물을 마시면서도 창을 놓지 않았던 '신중한 300명'만 선택하셨습니다.

"이에 백성을 인도하여 물 가에 내려가매 여호와께서 기드온에게 이르시되 누구든지 개가 핥는 것 같이 혀로 물을 핥는 자들을 너는 따로 세우고 또 누구든지 무릎을 꿇고 마시는 자들도 그와 같이 하라 하시더니 손으로 움켜 입에 대고 핥는 자의 수는 삼백 명이요 그 외의 백성은 다 무릎을 꿇고 물을 마신지라"(삿 7:5~6)

셋째, 300명은 창 대신 횃불과 나팔, 항아리를 들라는 하나님의 전략에 순종하는 사람들이었습니다.

"삼백 명을 세 대로 나누어 각 손에 나팔과 빈 항아리를 들리고 항아리 안에는 횃불을 감추게 하고 그들에게 이르되 너희는 나만 보고 내가 하는 대로 하되"(삿 7:16~17)

이것이 바로 하나님께서 원하신 '기드온과 300용사'의 조건이었습니다.

● 네 번째 포인트

고대 전쟁 중 야습은 고도로 훈련된 병사를 통해서만 가능했습니다.

야습의 역사 기록을 살펴보면 야습은 고대 전쟁사에서 드물게 나타나는 전쟁 형태로 고도로 훈련된 병사들을 통해서만 가능한 전쟁이었습니다.

성경에 기록된 야습의 예를 살펴보면 다음 두 번의 기록이 있습니다.

첫째, B.C.21세기 아브라함과 318명의 병사들이 함께한 '롯 구출 작전'입니다.

"아브람이 그의 조카가 사로잡혔음을 듣고 집에서 길리고 훈련된 자 삼백십팔 명을 거느리고 단까지 쫓아가서 그와 그의 가신들이 나뉘어 밤에 그들을 쳐부수고 다메섹 왼편 호바까지 쫓아가 모든 빼앗겼던 재물과 자기의 조카 롯과 그의 재물과 또 부녀와 친척을 다 찾아왔더라" (창 14:14~16)

둘째, B.C.11세기 기드온이 이끈 이스라엘과 '미디안의 전쟁'입니다.

"기드온과 그와 함께 한 백 명이 이경 초에 진영 근처에 이른즉 바로 파수꾼들을 교대한 때라 그들이 나팔을 불며 손에 가졌던 항아리를 부수니라 세 대가 나팔을 불며 항아리를 부수고 왼손에 횃불을 들고 오른손에 나팔을 들어 불며 외쳐 이르되 여호와와 기드온의 칼이다 하고"(삿 7:19~20)

이후 세계 역사에서는 B.C.331년에 처음으로 '야습 전쟁 기록'이 등장합니다. 바로 헬라 제국의 알렉산더와 페르시아 제국의 다레이오스 3세의 '가우가멜라 전투'입니다. 그런데 이 야습 또한 제대로 된 야습은 아니었습니다.

헬라 제국의 알렉산더가 야습을 감행할 것이라는 거짓 정보를 흘린 뒤 실제 야습은 하지 않고 새벽이 되어서야 페르시아의 다레이오스 3세의 군대를 공격했던 전쟁이기 때문입니다.

● 다섯 번째 포인트
전쟁에서 생환한 300용사는 '제사장 나라를 간증'합니다.

기드온과 300용사들은 그들의 숫자나 무기로 미디안 대군을 물리친 것이 아니었습니다. 그들이 전쟁에 승리한 이유는 제사장 나라 거룩한 시민에게 주시는 하나님의 복으로 가능한 승리였습니다.

"또 너희 다섯이 백을 쫓고 너희 백이 만을 쫓으리니 너희 대적들이 너희 앞에서 칼에 엎드러질 것이며"(레 26:8)

"그들의 반석이 그들을 팔지 아니하였고 여호와께서 그들을 내주지 아니하셨더라면 어찌 하나가 천을 쫓으며 둘이 만을 도망하게 하였으리요"(신 32:30)

"너희 중 한 사람이 천 명을 쫓으리니 이는 너희의 하나님 여호와 그가 너희에게 말씀하신 것 같이 너희를 위하여 싸우심이라"(수 23:10)

기드온과 300용사들은 하나님의 말씀이 실제 실현되는 것을 체험했고, 기드온과 300용사의 이 이야기는 이후 이스라엘이 기억하는 역사가 되었습니다.

〈시편〉의 노래로 전해지는 기드온과 300용사의 이야기입니다.

"주는 미디안인에게 행하신 것 같이, 기손 시내에서 시스라와 야빈에게 행하신 것 같이 그들에게도 행하소서"(시 83:9)

이사야가 노래하는 기드온과 300용사의 이야기입니다.

"주께서 이 나라를 창성하게 하시며 그 즐거움을 더하게 하셨으므로 추수하는 즐거움과 탈취물을 나눌 때의 즐거움 같이 그들이 주 앞에서 즐거워하오니 이는 그들이 무겁게 멘 멍에와 그들의 어깨의 채찍과 그 압제자의 막대기를 주께서 꺾으시되 미디안의 날과 같이 하셨음이니이다"(사 9:3~4)

"만군의 여호와께서 채찍을 들어 그를 치시되 오렙 바위에서 미디안을 쳐죽이신 것 같이 하실 것이며 막대기를 드시되 바다를 향하여 애굽에서 하신 것 같이 하실 것이라"(사 10:26)

이렇게 기드온과 300용사의 이야기는 이스라엘 역사에서 두고두고 회자되는 마치 우리나라의 한산도대첩과 같은 놀라운 '전쟁 이야기'가 됩니다.

♬ 복의 근원 강림하사 찬송하게 하소서.

한량없이 자비하심 측량할 길 없도다.

천사들의 찬송가로 나를 가르치소서.

구속하신 그 사랑을 항상 찬송합니다.

하나님께서는 이 찬송의 노랫말처럼 복의 근원이십니다. 하나님께서 아브라함을 부르신 이유는 바로 '모든 민족'을 복 주시기 위함이었습니다. 그런데 하나님과 '모든 민족' 사이에서 그 사명을 감당해야 할 아브라함의 후손들인 제사장 나라 이스라엘이 약속의 땅 가나안에 들어가 제사장 나라 법을 제대로 지키지 않았던 것입니다.

그래서 그들이 처벌을 받는 중에 생긴 전쟁이 이스라엘과 미디안의 전쟁이었고, 그로 인해 기드온과 300용사가 성경에 등장하게 된 것입니다.

기드온과 300용사 이야기를 통해 하나님께서는 다섯이 백을 쫓게 하시고 백이 만을 쫓게 하시는 분임을 알 수 있습니다. 또한 하나님께서는 하나가 천을 쫓게 하시며 둘이 만을 도망하게 하시는 분임도 알 수 있습니다. 그래서 모세가 그토록 하나님을 믿고 그 하나님의 말씀에 순종하라고 강조하고 또 강조했던 것입니다.

성경에 기록된 하나님의 모든 말씀을 믿고 순종하는 길이 가장 복 받는 길입니다. 꿈도, 지혜도, 노래도, 용기도, 하나 됨도, 온유도, 겸손도 다 성경에서 시작됩니다.

82일

아버지의 성공과 아들의 실패(삿 8~9장)

애피타이저 APPETIZER

사사 시대가 암흑기인 이유는 자녀 신앙 교육의 실패 때문입니다. 그런데 기드온마저도 제사장 나라 자녀 신앙 교육에 실패하고 맙니다. 참으로 안타깝기 그지없습니다. 〈사사기〉를 통해 모세가 왜 그토록 제사장 나라에서 자녀 교육을 강조하고 또 강조했었는지 다시 한번 깊이 생각해보아야 할 것입니다.

"또 그것을 너희의 자녀에게 가르치며 집에 앉아 있을 때에든지, 길을 갈 때에든지, 누워 있을 때에든지, 일어날 때에든지 이 말씀을 강론하고 또 네 집 문설주와 바깥문에 기록하라 그리하면 여호와께서 너희 조상들에게 주리라고 맹세하신 땅에서 너희의 날과 너희의 자녀의 날이 많아서 하늘이 땅을 덮는 날과 같으리라"(신 11:19~21)

성경통독 BIBLETONGDOK

《일년일독 통독성경》 사사기 8~9장

통通으로 숲이야기 ; 통숲 TONG OBSERVATION

● 첫 번째 포인트

기드온은 성공했으나 기드온의 아들 아비멜렉은 실패합니다.

사사기 8~9장의 전반적인 이야기를 살펴보면 미디안 군대를 크게 무찌른 기드온에게 에브라임 지파 사람들이 찾아와 왜 자기들을 전쟁에 참가시키지 않았느냐며 시비를 건 이야기가 나옵니다. 이 일로 큰 다툼이 일어날 수도 있었지만 기드온은 이 문제를 지혜롭고 겸손하게 대응하여 큰 비극을 피해 갑니다.

한편 이스라엘 백성들은 미디안과의 전쟁에서 하나님의 도우심으로 크게 승리한 기드온에게 왕이 되어 자신들을 다스려 달라고 청합니다. 하지만 기드온은 오직 하나님께서 이스라엘을 다스리실 것이라고 대답합니다.

이후 사사 기드온이 나이가 많아 죽습니다. 그런데 이스라엘 백성들은 또다시 그들의 부르짖음을 듣고 구원해주시는 하나님의 은혜를 잊고 바알을 섬기기 시작합니다. 그리고 자신들을 미디안의 압제에서 건져낸 기드온의 행적을 기억하지 않으며 기드온의 집을 후대하지도 않습니다. 이러한 중에 사사기 9장에서는 스스로 왕이 되려 하는 기드온의 아들 아비멜렉의 어리석음이 드러납니다.

아비멜렉은 기드온의 막내아들인 요담을 제외한 자신의 형제 70명을 모두 죽이고 스스로 이스라엘 왕이 되었습니다. 이와 같이 아비멜렉의 권력욕과 이스라엘 백성들의 어리석음으로 사사 시대의 불행의 골은 더욱 깊어갑니다. 이런 안타까움은 일단 뒤로하고 여기에서 우리는 기드온의 성공 요인 세 가지를 정리해보겠습니다.

기드온의 성공은 첫째, 믿음과 순종으로 미디안과의 전쟁에서 승리한 것입니다.

둘째, 에브라임 지파와의 내분 발생을 지혜롭게 차단한 것입니다.

셋째, 왕이 되라는 요구를 거절한 것입니다.

● 두 번째 포인트

기드온은 '다섯으로 백을 이겨' 제사장 나라 통치 40년을 이끌었습니다.

앞서 살펴보았듯이 기드온은 300용사와 함께 미디안과의 전쟁을 승리로 이끌었습니다.

"삼백 명이 나팔을 불 때에 여호와께서 그 온 진영에서 친구끼리 칼로 치게 하시므로 적군이 도망하여 스레라의 벧 싯다에 이르고 또 답밧에 가까운 아벨므홀라의 경계에 이르렀으며 이스라엘 사람들은 납달리와 아셀과 온 므낫세에서부터 부름을 받고 미디안을 추격하였더라"(삿 7:22~23)

그러므로 이스라엘은 40년 동안 제사장 나라의 안보를 지킬 수 있었습니다.

"미디안이 이스라엘 자손 앞에 복종하여 다시는 그 머리를 들지 못하였으므로 기드온이 사는 사십 년 동안 그 땅이 평온하였더라"(삿 8:28)

이렇게 사사들이 활동하던 시기는 잠깐씩이나마 이스라엘에 평화가 있었습니다. 그런데 사실 그 평화는 하나님으로부터 제사장 나라의 복을 받는 그런 완전한 평화가 아닌 잠깐의 위기 극복 정도의 평화일 뿐이었습니다.

● 세 번째 포인트

기드온은 지혜롭고 겸손한 자세로 에브라임 지파와의 내분을 피하는 데 성공합니다.

기드온이 목숨을 걸고 싸워 이긴 미디안과의 전쟁 승리를 위해 이스라엘 전체가 축하연을 베풀어주어도 시원치 않을 판에 에브라임 지파 사람들이 기드온에게 시비를 겁니다.

"에브라임 사람들이 기드온에게 이르되 네가 미디안과 싸우러 갈 때에 우리를 부르지 아니하였으니 우리를 이같이 대접함은 어찌 됨이냐 하고 그와 크게 다투는지라"(삿 8:1)

사실 미디안 연합군과의 전쟁을 앞두고 기드온은 므낫세, 아셀, 납달리, 스불론 지파만 먼저 소집했습니다.

"기드온이 또 사자들을 온 므낫세에 두루 보내매 그들도 모여서 그를 따르고 또 사자들을 아셀과 스불론과 납달리에 보내매 그 무리도 올라와 그를 영접하더라"(삿 6:35)

이때 이 일에 주도권을 행사하지 못한 에브라임 지파가 불만을 표출한 것입니다. 에브라임 지파는 여호수아가 속한 지파이자, 요셉 지파의 실질적 장자 지파로서 우월감을 갖고 있었습니다. 그런데 이번에 므낫세 지파인 기드온이 미디안과의 전쟁에서 큰 공을 세우자 이를 시기한 것입니다.

기드온이 에브라임 지파 사람들 앞에 겸손하게 엎드립니다.

"기드온이 그들에게 이르되 내가 이제 행한 일이 너희가 한 것에 비교되겠느냐 에브라임의 끝물 포도가 아비에셀의 맏물 포도보다 낫지 아니하냐 하나님이 미디안의 방백 오렙과 스엡을 너희 손에 넘겨 주셨으니 내가 한 일이 어찌 능히 너희가 한 것에 비교되겠느냐 하니라 기드온이 이 말을 하매 그 때에 그들의 노여움이 풀리니라"(삿 8:2~3)

기드온은 자신의 전쟁의 승리보다 에브라임 지파가 전쟁 마무리에 참여하여 세운 공적이 더 컸다는 것을 언급합니다. 그렇게 겸손하게 형제를 높여 에브라임 지파가 걸어온 수준 낮은 싸움을 피합니다.

기드온의 이러한 지혜로운 행동 덕분에 자칫 지파 간에 일어날 뻔한 비극을 피할 수 있게 되었습니다. 기드온의 이 겸손한 태도를 통해 형제 사이의 지혜로운 관계를 다시금 배우게 됩니다.

"노엽게 한 형제와 화목하기가 견고한 성을 취하기보다 어려운즉 이러한 다툼은 산성 문빗장 같으니라"(잠 18:19)

"유순한 대답은 분노를 쉬게 하여도 과격한 말은 노를 격동하느니라"(잠 15:1)

"노하기를 더디하는 자는 용사보다 낫고 자기의 마음을 다스리는 자는 성을 빼앗는 자보다 나으니라"(잠 16:32)

"교만에서는 다툼만 일어날 뿐이라 권면을 듣는 자는 지혜가 있느니라"(잠 13:10)

므낫세 지파의 기드온이 에브라임 지파에게 행한 지혜로운 대처는 하나님과 이스라엘 백성들 앞에 엎드렸던 모세의 겸손을 생각나게 합니다.

● 네 번째 포인트

기드온은 자신을 왕으로 추대하려는 자들에게 여호수아의 말을 인용하며 거절합니다.

기드온은 300용사와 함께 세 번에 걸쳐 대승을 거두었습니다.

첫째, 135,000명의 미디안 연합군과의 전쟁을 나팔 전쟁으로 승리했습니다. 이때 미디안 군인 120,000명이 죽습니다.

둘째, 미디안 전쟁에서 대승을 거둔 후 도망하는 미디안의 두 왕 세바와 살문나와 그 잔당들 15,000명을 추격하여 마지막까지 완벽하게 큰 승리를 거두었습니다.

"적군이 안심하고 있는 중에 기드온이 노바와 욕브하 동쪽 장막에 거주하는 자의 길로 올라가서 그 적진을 치니 세바와 살문나가 도망하는 지라 기드온이 그들의 뒤를 추격하여 미디안의 두 왕 세바와 살문나를 사로잡고 그 온 진영을 격파하니라"(삿 8:11~12)

셋째, 미디안과의 전쟁 마무리 때 도움 요청을 거절한 숙곳과 브누엘 사람들과의 싸움에서도 승리합니다.

"숙곳 사람 중 한 소년을 잡아 그를 심문하매 그가 숙곳의 방백들과 장로들 칠십칠 명을 그에게 적어 준지라 기드온이 숙곳 사람들에게 이르러 말하되 너희가 전에 나를 희롱하여 이르기를 세바와 살문나의 손이 지금 네 손 안에 있다는거냐 어찌 우리가 네 피곤한 사람들에게 떡을 주겠느냐 한 그 세바와 살문나를 보라 하고 그 성읍의 장로들을 붙잡아 들가시와 찔레로 숙곳 사람들을 징벌하고 브누엘 망대를 헐며 그 성읍 사람들을 죽이니라"(삿 8:14~17)

이처럼 기드온이 300용사를 이끌고 세 번에 걸쳐 대승을 거두자 이스라엘 백성들이 기드온을 왕으로 추대합니다.

"그 때에 이스라엘 사람들이 기드온에게 이르되 당신이 우리를 미디안의 손에서 구원하셨으니 당신과 당신의 아들과 당신의 손자가 우리를 다스리소서 하는지라"(삿 8:22)

그러자 기드온은 전쟁 영웅 여호수아의 고백을 따라 말합니다. 먼저 여호수아의 고백을 기억해보십시오.

"만일 여호와를 섬기는 것이 너희에게 좋지 않게 보이거든 너희 조상들이 강 저쪽에서 섬기던 신들이든지 또는 너희가 거주하는 땅에 있는 아모리 족속의 신들이든지 너희가 섬길 자를 오늘 택하라 오직 나와 내 집은 여호와를 섬기겠노라"(수 24:15)

이제 기드온의 고백을 들어보십시오.

"기드온이 그들에게 이르되 내가 너희를 다스리지 아니하겠고 나의 아들도 너희를 다스리지 아니할 것이요 여호와께서 너희를 다스리시리라 하니라"(삿 8:23)

기드온도 모세와 여호수아처럼 제사장 나라 거룩한 시민이 되고자 했습니다.

● 다섯 번째 포인트

아비멜렉은 기드온 집안과 세겜을 풍비박산(風飛雹散)되게 만들고 맙니다.

용감하고 겸손하고 지혜로웠던 기드온이 자녀 신앙 교육에는 실패했습니다. 먼저 기드온이 잘못한 일은 에봇을 만든 것과 여러 명의 아내와 첩을 두어 아들이 무려 70명에 이르렀다는 것, 그리고 무엇보다 자녀 신앙 교육에 실패했다는 것입니다.

기드온의 자녀 신앙 교육 실패의 결과는 기드온이 죽은 이후 곧바로 찾아옵니다. 기드온이 세겜의 한 첩에게서 낳은 아들 아비멜렉이 세겜 사람들을 충동하여 지지 기반을 만든 후 자신의 형제 70명을 모두 죽이고 스스로 왕이 된 것입니다.

"바알브릿 신전에서 은 칠십 개를 내어 그에게 주매 아비멜렉이 그것으로 방탕하고 경박한 사람들을 사서 자기를 따르게 하고 오브라에 있는 그의 아버지의 집으로 가서 여룹바알의 아들 곧 자기 형제 칠십 명을 한 바위 위에서 죽였으되 다만 여룹바알의 막내 아들 요담은 스스로 숨었으므로 남으니라 세겜의 모든 사람과 밀로 모든 족속이 모여서 세겜에 있는 상수리나무 기둥 곁에서 아비멜렉을 왕으로 삼으니라"(삿 9:4~6)

하나님의 동의와 이스라엘 백성들의 응답도 없이 자신의 욕심으로 스스로 왕이 된 아비멜렉의 소행으로 사사 시대의 암흑은 한층 더 깊어갔습니다. 이렇게 깊어만 가는 시대의 어둠 속에서 제사장 나라 거룩한 시민으로서의 이스라엘 정체성은 희미해 갑니다.

아비멜렉이 세겜 사람들을 부추겨 자기 형제들을 죽이고 왕이 된 지 3년 만에 세겜에서 내분이 일어나고 맙니다.

"아비멜렉이 이스라엘을 다스린 지 삼 년에 하나님이 아비멜렉과 세겜 사람들 사이에 악한 영을 보내시매 세겜 사람들이 아비멜렉을 배반하였으니 이는 여룹바알의 아들 칠십 명에게 저지른 포학한 일을 갚되 그들을 죽여 피 흘린 죄를 그들의 형제 아비멜렉과 아비멜렉의 손을 도와 그의 형제들을 죽이게 한 세겜 사람들에게로 돌아가게 하심이라"(삿 9:22~24)

세겜의 내분은 점입가경(漸入佳境) 상태로 치닫다가 결국 파국으로 끝이 납니다. 기드온의 아들 아비멜렉은 세겜 남녀들 약 천 명을 죽여(삿 9:49) 승기를 잡는 듯했으나 한 여인이 던진 맷돌에 맞아 처참한 죽음을 맞이하게 됩니다.

"아비멜렉이 망대 앞에 이르러 공격하며 망대의 문에 가까이 나아가서 그것을 불사르려 하더니 한 여인이 맷돌 위짝을 아비멜렉의 머리 위에 내려 던져 그의 두개골을 깨뜨리니 아비멜렉이 자기의 무기를 든 청년을 급히 불러 그에게 이르되 너는 칼을 빼어 나를 죽이라 사람들이 나를 가리켜 이르기를 여자가 그를 죽였다 할까 하노라 하니 그 청년이 그를 찌르매 그가 죽인지라"(삿 9:52~54)

이렇게 기드온의 아들 아비멜렉은 아버지 가문과 세겜을 풍비박산되게 하고 처참한 죽음으로 끝을 맺습니다.

모세가 만나세대들에게 마지막까지 최선을 다해 전한 말은 약속의 땅 가나안에 들어가 무엇보다도 그들의 자녀들에게 하나님의 말씀을 가르치라는 당부였습니다. 이는 자녀들에게 제사장 나라를 가르쳐야 자녀들이 하나님께 복을 받고 장수하는 복을 누릴 수 있기 때문입니다.

모세의 당부를 오늘도 다시 되새겨봅니다.

"또 그것을 너희의 자녀에게 가르치며 집에 앉아 있을 때에든지, 길을 갈 때에든지, 누워 있을 때에든지, 일어날 때에든지 이 말씀을 강론하고 또 네 집 문설주와 바깥 문에 기록하라 그리하면 여호와께서 너희 조상들에게 주리라고 맹세하신 땅에서 너희의 날과 너희의 자녀의 날이 많아서 하늘이 땅을 덮는 날과 같으리라"(신 11:19~21)

물이 바다를 덮음 같이 여호와를 아는 지식이 온 땅에 충만하기를 꿈꿉니다.

83일

'쉽'과 '십' (삿 10~12장)

애피타이저 APPETIZER

우리는 〈사사기〉를 반면교사로 삼아야 합니다. 사사 시대에 세워진 지도자들은 하나님의 율법으로 시대를 개혁하는 일을 소홀히 하여 결국 하나님의 기대에 미치지 못함을 보여주었습니다. 그래서 더욱 모세와 여호수아를 통한 하나님의 말씀이 얼마나 소중하고 제사장 나라의 '기준'에서 치우치지 않을 수 있는 길인지 다시 깨닫게 됩니다. 안타까워하시는 하나님의 마음으로 사사 시대를 살펴봅니다.

성경통독 BIBLETONGDOK

《일년일독 통독성경》 사사기 10~12장

통通으로 숲이야기 ; 통숲 TONG OBSERVATION

● 첫 번째 포인트

제사장 나라 지도자들의 이력은 수준 차이가 납니다.

제사장 나라의 첫 번째 지도자 모세의 이력은 다음과 같습니다. 고라, 다단, 아비람의 반역 사건 때 모세 스스로의 이력을 하나님께 말한 내용입니다.

"모세가 심히 노하여 여호와께 여짜오되 주는 그들의 헌물을 돌아보지 마옵소서 나는 그들의 나귀 한 마리도 빼앗지 아니하였고 그들 중의 한 사람도 해하지 아니하였나이다"(민 16:15)

제사장 나라 공직을 이용해 '나귀 한 마리'의 사익도 취하지 않았다는 것입니다. 그러나 사사 시대에 야일이라는 사사의 이력은 다음과 같습니다.

"그에게 아들 삼십 명이 있어 어린 나귀 삼십을 탔고 성읍 삼십을 가졌는데"(삿 10:4)

야일의 이력은 모세의 이력과 비교했을 때, 이스라엘 백성을 이끌어야 할 지도자로서의 이력으로는 참으로 실망스럽기 그지 없습니다.

그런가 하면, 또 다른 사사 입다는 길르앗 출신으로 '큰 용사'로 인정받는 사람이었습니다. 그는 이스라엘 민족이 광야 생활을 끝내고 가나안으로 들어올 때 있었던 역사적 사실들을 구체적으로 거론하며 암몬 왕의 잘못을 지적할 만큼 역사적인 통찰력을 갖추고 있었습니다. 그리고 하나님의 능력을 힘입었던 입다는 이스라엘 백성을 암몬 자손의 손에서 구해낼 수 있었습니다. 하지만 전쟁을 잘 치르는 능력만으로는 죄악에 빠진 이스라엘을 하나님 앞으로 인도해낼 수 없었습니다.

게다가 사사 입다는 전쟁에서 승리하기 위해 엉뚱한 서원을 하고 맙니다.

> "내가 암몬 자손에게서 평안히 돌아올 때에 누구든지 내 집 문에서 나와서 나를 영접하는 그는 여호와께 돌릴 것이니 내가 그를 번제물로 드리겠나이다"(삿 11:31)

입다는 이 경솔한 서원 때문에 결국 하나밖에 없는 딸을 죽음으로 이끄는 어이없는 상황에 처하게 됩니다.

● 두 번째 포인트

입다가 롯의 후손 암몬 자손의 잘못된 역사관을 바로잡습니다.

사사 시대에 요단 동편에 위치한 암몬은 국경 인접 지대인 길르앗에서 분쟁을 일으킵니다. 이스라엘과 암몬 사이에 분쟁이 일어나게 된 길르앗(Gilead)은 요단 동편 땅으로 북쪽 야르뭇강, 남쪽 아르논강, 서쪽 요단 계곡 사이의 지역으로 목축업을 하기에 풍요롭고 비옥한 땅이었습니다. 이곳에 자리한 도시는 길르앗 라못, 길르앗 야베스, 마하나임, 미스바, 숙곳 등이었습니다.

이때 이 분쟁은 암몬 왕의 잘못된 역사관에서 비롯된 전쟁이었습니다.

"입다가 암몬 자손의 왕에게 사자들을 보내 이르되 네가 나와 무슨 상관이 있기에 내 땅을 치러 내게 왔느냐 하니 암몬 자손의 왕이 입다의 사자들에게 대답하되 이스라엘이 애굽에서 올라올 때에 아르논에서부터 얍복과 요단까지 내 땅을 점령했기 때문이니 이제 그것을 평화롭게 돌려 달라 하니라"(삿 11:12~13)

이는 수백 년 전에 모세 때의 사건에 대해 암몬이 잘못 해석한 것입니다. 암몬이 당시 이스라엘의 르우벤, 갓, 므낫세 반 지파가 소유하고 있는 요단 동편 땅이 본래 자신들의 땅이라고 주장하면서 땅의 반환을 요구한 것입니다. 이에 대해 입다가 역사적 사실 관계를 바로잡기 위해 일단 에돔 이야기로 풀어가며 설득을 시도했습니다.

입다는 "모세가 가데스에서 에돔 왕에게 사신을 보내며 이르되 당신의 형제 이스라엘의 말에 우리가 당한 모든 고난을 당신도 아시거니와"(민 20:14)라는 말로 시작하여 암몬 땅에 대한 이야기까지 지난 역사를 인용하며 암몬 왕의 잘못된 역사관을 지적합니다.

> "입다가 암몬 자손의 왕에게 다시 사자들을 보내 그에게 이르되 입다가 이같이 말하노라 이스라엘이 모압 땅과 암몬 자손의 땅을 점령하지 아니하였느니라 이스라엘이 애굽에서 올라올 때에 광야로 행하여 홍해에 이르고 가데스에 이르러서는 이스라엘이 사자들을 에돔 왕에게 보내어 이르기를 청하건대 나를 네 땅 가운데로 지나게 하라 하였으나 에돔 왕이 이를 듣지 아니하였고 또 그와 같이 사람을 모압 왕에게도 보냈으나 그도 허락하지 아니하므로 이스라엘이 가데스에 머물렀더니 그 후에 광야를 지나 에돔 땅과 모압 땅을 돌아서 모압 땅의 해 뜨는 쪽으로 들어가 아르논 저쪽에 진 쳤고 아르논은 모압의 경계이므로 모압 지역 안에는 들어가지 아니하였으며"(삿 11:14~18)

입다는 이스라엘이 모압과 암몬의 땅을 침략한 적이 없음을 이렇게 분명하게 밝힙니다. 그것은 하나님께서 이스라엘에게 모압과 암몬 땅을 주시지 않았기 때문이라고 말합니다.

"여호와께서 내게 이르시되 모압을 괴롭히지 말라 그와 싸우지도 말라 그 땅을 내가 네게 기업으로 주지 아니하리니 이는 내가 롯 자손에게 아르를 기업으로 주었음이라"(신 2:9)

"암몬 족속에게 가까이 이르거든 그들을 괴롭히지 말고 그들과 다투지도 말라 암몬 족속의 땅은 내가 네게 기업으로 주지 아니하리니 이는 내가 그것을 롯 자손에게 기업으로 주었음이라"(신 2:19)

그러나 이스라엘이 요단 동편 아모리 족속의 왕과 싸워 정복한 것은 그들이 이스라엘을 대적하였고, 그 땅은 하나님께서 이스라엘에게 주셨음이 명확했기 때문입니다(삿 11:19~24).

암몬 왕이 끝내 입다의 말을 듣지 않습니다. 그러자 입다는 결국 전쟁을 통해 그들을 항복시킵니다.

"이에 입다가 암몬 자손에게 이르러 그들과 싸우더니 여호와께서 그들을 그의 손에 넘겨 주시매 아로엘에서부터 민닛에 이르기까지 이십 성읍을 치고 또 아벨 그라밈까지 매우 크게 무찌르니 이에 암몬 자손이 이스라엘 자손 앞에 항복하였더라"(삿 11:32~33)

이후에 역사적으로 보면 사울 왕 때 다시 한번 길르앗 지역에 전쟁이 발생합니다.

"암몬 사람 나하스가 올라와서 길르앗 야베스에 맞서 진 치매 야베스 모든 사람들이 나하스에게 이르되 우리와 언약하자 그리하면 우리가 너를 섬기리라 하니 암몬 사람 나하스가 그들에게 이르되 내가 너희 오른 눈을 다 빼야 너희와 언약하리라 내가 온 이스라엘을 이같이 모욕하리라 야베스 장로들이 그에게 이르되 우리에게 이레 동안 말미를 주어 우리가 이스라엘 온 지역에 전령들을 보내게 하라 만일 우리를 구원할 자가 없으면 네게 나아가리라 하니라"(삼상 11:1~3)

또한 길르앗은 압살롬 반역 때 다윗이 피신했던 곳으로 다윗은 길르앗 바르실래의 도움을 받은 적이 있습니다(삼하 17:26~29).

● 세 번째 포인트

제사장 나라 3대 명절인 유월절, 칠칠절, 초막절을 지키지 않으면 사소한 내부 오해로 큰 피해를 입게 됩니다.

암몬과의 전쟁에서 길르앗을 구한 입다에게 에브라임 지파가 또다시 시비를 겁니다. 이는 지난번 기드온 때에 이어 벌써 두 번째입니다. 처음 에브라임 지파가 기드온에게 시비를 걸었던 기록은 다음과 같습니다.

"에브라임 사람들이 기드온에게 이르되 네가 미디안과 싸우러 갈 때에

우리를 부르지 아니하였으니 우리를 이같이 대접함은 어찌 됨이냐 하고 그와 크게 다투는지라"(삿 8:1)

두 번째 에브라임 지파가 입다에게 시비를 건 기록은 다음과 같습니다.

"에브라임 사람들이 모여 북쪽으로 가서 입다에게 이르되 네가 암몬 자손과 싸우러 건너갈 때에 어찌하여 우리를 불러 너와 함께 가게 하지 아니하였느냐 우리가 반드시 너와 네 집을 불사르리라 하니 입다가 그들에게 이르되 나와 내 백성이 암몬 자손과 크게 싸울 때에 내가 너희를 부르되 너희가 나를 그들의 손에서 구원하지 아니한 고로 나는 너희가 도와 주지 아니하는 것을 보고 내 목숨을 돌보지 아니하고 건너가서 암몬 자손을 쳤더니 여호와께서 그들을 내 손에 넘겨 주셨거늘 너희가 어찌하여 오늘 내게 올라와서 나와 더불어 싸우고자 하느냐 하니라 입다가 길르앗 사람을 다 모으고 에브라임과 싸웠으며 길르앗 사람들이 에브라임을 쳐서 무찔렀으니 이는 에브라임의 말이 너희 길르앗 사람은 본래 에브라임에서 도망한 자로서 에브라임과 므낫세 중에 있다 하였음이라"(삿 12:1~4)

기드온 때와 달리 입다는 에브라임 지파와의 갈등을 해결하지 못하고 결국 내부 싸움으로 번져 이 싸움은 암몬과의 전쟁보다 더 큰 싸움이 되었고 이스라엘 동족 간에 아픈 상처를 남기게 되었습니다. 만약 열두 지파가 1년에 세 차례 하나님의 말씀대로 하나님의 이름을 두려고 택하신 곳에 모두 모였다면 그때마다 사소한 오해들을 풀어가며 한마음으로 하나님의 뜻을 이루며 살았을 것입니다.

"네 하나님 여호와께서 택하신 곳에서 너는 이레 동안 네 하나님 여호와 앞에서 절기를 지키고 네 하나님 여호와께서 네 모든 소출과 네 손으로 행한 모든 일에 복 주실 것이니 너는 온전히 즐거워할지니라 너의 가운데 모든 남자는 일 년에 세 번 곧 무교절과 칠칠절과 초막절에 네 하나님 여호와께서 택하신 곳에서 여호와를 뵈옵되 빈손으로 여호와를 뵈옵지 말고 각 사람이 네 하나님 여호와께서 주신 복을 따라 그 힘대로 드릴지니라"(신 16:15~17)

이 말씀대로 이스라엘 백성들이 1년 세 차례 여호와 앞에 모였다면 이런 사소한 오해로 인한 동족 간의 피해는 결코 발생하지 않았을 것입니다.

● 네 번째 포인트

제사장 나라의 율법은 매우 가까이, 즉 입술과 마음에 있습니다.

에브라임 지파가 입다에게 시비를 걸어왔을 때에 입다는

처음에 그들의 시비가 부당함을 설명하며 설득했었습니다(삿 12:2~3). 그러나 입다와 에브라임 지파 사람들은 끝내 화해하지 못하고, 에브라임 사람들이 입다가 살고 있는 지역인 길르앗까지 모욕하자 참지 못한 입다가 길르앗 사람들을 모아 에브라임 지파 사람들과 싸웁니다.

이때 에브라임 지파 사람들이 도망하자 입다와 길르앗 사람들은 요단 나루턱에서 도망가는 에브라임 지파 사람들을 '쉽볼렛', '십볼렛'의 발음 구분을 통해 찾아내 에브라임 지파 사람들 42,000명을 죽입니다.

"길르앗 사람이 에브라임 사람보다 앞서 요단 강 나루턱을 장악하고 에브라임 사람의 도망하는 자가 말하기를 청하건대 나를 건너가게 하라 하면 길르앗 사람이 그에게 묻기를 네가 에브라임 사람이냐 하여 그가 만일 아니라 하면 그에게 이르기를 쉽볼렛이라 발음하라 하여 에브라임 사람이 그렇게 바로 말하지 못하고 십볼렛이라 발음하면 길르앗 사람이 곧 그를 잡아서 요단 강 나루턱에서 죽였더라 그 때에 에브라임 사람의 죽은 자가 사만 이천 명이었더라"(삿 12:5~6)

역사적으로 보면 여호수아 때 두 지파 반과 아홉 지파 사이에 오해가 발생한 적이 있었습니다.

"르우벤 자손과 갓 자손과 므낫세 반 지파가 가나안 땅 요단 언덕 가에 이르자 거기서 요단 가에 제단을 쌓았는데 보기에 큰 제단이었더라 이스라엘 자손이 들은즉 이르기를 르우벤 자손과 갓 자손과 므낫세 반 지파가 가나안 땅의 맨 앞쪽 요단 언덕 가 이스라엘 자손에게 속한 쪽에 제단을 쌓았다 하는지라 이스라엘 자손이 이를 듣자 곧 이스라엘 자손의 온 회중이 실로에 모여서 그들과 싸우러 가려 하니라"(수 22:10~12)

"우리가 번제나 소제나 다른 제사를 위하여 우리 하나님 여호와의 성막 앞에 있는 제단 외에 제단을 쌓음으로 여호와를 거역하고 오늘 여호와를 따르는 데에서 돌아서려는 것은 결단코 아니라 하리라 제사장 비느하스와 그와 함께 한 회중의 지도자들 곧 이스라엘 천천의 수령들이 르우벤 자손과 갓 자손과 므낫세 자손의 말을 듣고 좋게 여긴지라"(수 22:29~30)

"그 일이 이스라엘 자손을 즐겁게 한지라 이스라엘 자손이 하나님을 찬송하고 르우벤 자손과 갓 자손이 거주하는 땅에 가서 싸워 그것을 멸하자 하는 말을 다시는 하지 아니하였더라"(수 22:33)

그런데 아쉽게도 입다는 여기에 많이 못 미쳤습니다. 입다와 길르앗 사람들은 에브라임 지파 사람들이 할 수 없는 발음을 가지고 그들을 잡아내 42,000명을 죽이는 어처구니없는 일을 벌였습니다.

발음의 '쉽'과 '십'이 문제가 아닙니다. 이 사건의 근본 원인은 이스라엘 가운데 제사장 나라의 꿈과 사명이 약해졌다는 데 있습니다.

사사 시대 사람들이 모세의 당부를 그들의 마음에 새겼더라면 이런 말도 안 되는 불상사는 일어나지 않았을 것입니다. 만나 세대를 향한 모세의 당부는 다음과 같습니다.

> "내가 오늘 네게 명령한 이 명령은 네게 어려운 것도 아니요 먼 것도 아니라 하늘에 있는 것이 아니니 네가 이르기를 누가 우리를 위하여 하늘에 올라가 그의 명령을 우리에게로 가지고 와서 우리에게 들려 행하게 하랴 할 것이 아니요"(신 30:11~12)
>
> "오직 그 말씀이 네게 매우 가까워서 네 입에 있으며 네 마음에 있은즉 네가 이를 행할 수 있느니라"(신 30:14)

모세의 이 당부가 우리 귀전에는 생생한데 안타깝게도 사사 시대 사람들에게는 희미한 옛 기억일 뿐이었던 것 같습니다.

● 다섯 번째 포인트

베들레헴의 사사 입산 또한 부끄러운 이력의 소유자였습니다.

입다에 이어 입산이 이스라엘의 사사가 됩니다.

"그 뒤를 이어 베들레헴의 입산이 이스라엘의 사사가 되었더라 그가 아들 삼십 명과 딸 삼십 명을 두었더니 그가 딸들을 밖으로 시집 보냈고 아들들을 위하여는 밖에서 여자 삼십 명을 데려왔더라 그가 이스라엘의 사사가 된 지 칠 년이라"(삿 12:8~9)

사사 시대의 지도자들은 이처럼 제사장 나라 율법으로 시대를 개혁하는 일을 소홀히 하여 하나님의 기대에 미치지 못했으며 겨우 이 정도의 이력을 역사에 남기는 부끄러운 지도자들이었습니다.

디저트 DESSERT

하나님께 택함을 입은 제사장 나라 거룩한 시민 이스라엘 민족에게는 특권과 함께 그에 걸맞은 사명이 요구되었습니다. 더 나아가 그러한 민족의 지도자라고 한다면 이스라엘 백성 전체를 '제사장 나라 거룩한 시민'의 사명으로 이끌 수 있는 시대정신을 만들고 추진해야 하는 막중한 책임이 있어야 합니다.

그런데 사사 시대의 지도자들은 모세와 여호수아에 비해 제사장 나라 율법 지식과 자녀 신앙 교육에 있어 턱없이 부족한 실력을 가졌습니다. 그래서 그들은 그 시대의 이스라엘 백성들을 제사장 나라 거룩한 시민으로 바로 이끌지 못했습니다.

지도자의 수준이 그 시대의 수준입니다. 그리고 사명과 기회를 주실 때 이에 순종하는 것이 지혜입니다.

84일

나실인 삼손(삿 13~16장)

애피타이저 APPETIZER

사사 시대에 매우 독특한 이력의 소유자인 나실인이자 사사였던 삼손을 만나볼 것입니다. 삼손은 '다윗과 골리앗'처럼 세상 사람들에게까지 '삼손과 들릴라'로 유명한 사람입니다. 그만큼 삼손의 이야기는 흥미진진하고, 삼손은 많은 사람에게 매력 있는 존재입니다. 그러나 우리가 이미 잘 알고 있듯이 삼손은 하나님께서 특별히 나실인으로 태어나게 하시고 다른 사람들보다 월등한 힘을 주셨음에도 불구하고 나실인과 사사로서의 사명보다는 사사 시대의 흐름대로 자기 소견에 옳은 대로 산 안타까운 인생입니다. 때문에 사사 사대를 바라보시는 하나님의 마음은 계속해서 안타까움 그 자체입니다.

성경통독 BIBLETONGDOK

《일년일독 통독성경》 사사기 13~16장

통通으로 숲이야기 ; 통숲 TONG OBSERVATION

● 첫 번째 포인트

하나님의 열심은 시대를 새롭게 할 지도자를 계속해서 찾으시는 것입니다.

삼손에 대한 전반적인 이야기를 먼저 살피자면 약속의 땅 가나안에 들어간 만나세대의 후손 이스라엘 백성들이 계속해서 하나님을 거역하자 하나님께서는 또다시 블레셋을 통해 이스라엘을 징계하십니다.

"이스라엘 자손이 다시 여호와의 목전에 악을 행하였으므로 여호와께서 그들을 사십 년 동안 블레셋 사람의 손에 넘겨 주시니라"(삿 13:1)

여호와의 목전에서 악을 행하는 이스라엘을 40년 동안 징계하신 하나님께서는 그럼에도 불구하고 또다시 이스라엘을 향한 구원 계획을 세우십니다. 결국 계속해서 진정한 지도자를 찾으시는 하나님 앞에 삼손이 '나실인'으로 준비됩니다.

그러나 삼손은 블레셋 여자를 아내로 맞이하러 가는 길에 사자의 주검에 있던 꿀을 떠서 먹습니다. 이는 부모, 형제, 자매가 죽은 때라도 시체를 가까이하지 말라는 '나실인의 규례'를 어긴 것입니다(민 6:6~7).

이후 삼손은 자신의 아내와 장인을 죽인 블레셋 사람들을 쳐 죽입니다. 삼손의 이러한 행동에 대해 화가 난 블레셋 사람들은 유다로 올라와 진을 치고 유다 사람들을 위협합니다. 삼손은 이때 블레셋과의 싸움에서 승리를 거두기는 하지만 사실 20년 동안 사사로 있으면서 하나님의 기대에는 미치지 못했습니다. 결국 삼손은 이방 여인 들릴라의 유혹에 넘어가 힘의 비밀을 누설하고 블레셋에 잡히고 맙니다.

이때 삼손은 마지막으로 하나님께 부르짖어 도우심을 구하지만 블레셋 사람들과 함께 죽어 안타까운 모습으로 생을 마칩니다.

● 두 번째 포인트

하나님께서 제사장 나라의 특별법인 '나실인 법'을 직접 발동하십니다.

이제부터 삼손에 대해서 자세히 살펴보겠습니다.

하나님께서 어느 한 가정을 찾아가십니다. 바로 소라 땅 단 지파 사람 마노아의 집이었습니다. 마노아의 아내는 임신하지 못하는 여인이었습니다.

그런데 하나님께서는 마노아의 아내에게 아들을 낳을 것이라고 말씀하시며 그 아들에게는 포도주와 독주를 마시게 하지 말고 어떤 부정한 것도 먹이지 말라고 말씀하셨습니다. 또한 그 아들의 머리에는 삭도를 대지 말라고 말씀하시며 그 아들은 태어나면서부터 하나님께 바쳐진 나실인이라고 말씀하셨습니다. 그리고 그 아들이 블레셋 사람의 손에서 이스라엘을 구원할 것이라고 말씀해주셨습니다(삿 13:2~5).

이처럼 하나님의 세계 경영을 위해 하나님께서 이 땅의 가정들을 찾아가신 적이 있습니다. 일찍이 하나님께서 아브라함과 사라의 가정을 찾아가셨습니다.

"내가 그에게 복을 주어 그가 네게 아들을 낳아 주게 하며 내가 그에게

복을 주어 그를 여러 민족의 어머니가 되게 하리니 민족의 여러 왕이 그에게서 나리라"(창 17:16)

이후에 보면 하나님께서는 사가랴와 엘리사벳의 가정을 찾아가십니다.

"천사가 그에게 이르되 사가랴여 무서워하지 말라 너의 간구함이 들린지라 네 아내 엘리사벳이 네게 아들을 낳아 주리니 그 이름을 요한이라 하라"(눅 1:13)

그리고 하나님께서는 마리아와 요셉의 가정을 찾아가십니다.

"보라 네가 잉태하여 아들을 낳으리니 그 이름을 예수라 하라"(눅 1:31)

하나님께서는 이처럼 하나님의 일을 위해 개인을 찾아가기도 하시고 가정을 찾아가기도 하시며 나라를 찾아가기도 하십니다. 그래서 성경은 개인과 가정과 나라를 모두 포함하고 있습니다.

● 세 번째 포인트

사사 시대임에도 불구하고 마노아도 한나도 모두 제사장 나라의 '나실인 법'을 알고 있었습니다.

하나님께서 모세를 통해 이스라엘에 주신 제사장 나라의 법 가운데 특별법으로 주신 법이 바로 '나실인 법'입니다. 〈민수기〉

기록에 있는 '나실인 법'의 규례는 다음과 같습니다.

"이스라엘 자손에게 전하여 그들에게 이르라 남자나 여자가 특별한 서원 곧 나실인의 서원을 하고 자기 몸을 구별하여 여호와께 드리려고 하면 포도주와 독주를 멀리하며 포도주로 된 초나 독주로 된 초를 마시지 말며 포도즙도 마시지 말며 생포도나 건포도도 먹지 말지니 자기 몸을 구별하는 모든 날 동안에는 포도나무 소산은 씨나 껍질이라도 먹지 말지며 그 서원을 하고 구별하는 모든 날 동안은 삭도를 절대로 그의 머리에 대지 말 것이라 자기 몸을 구별하여 여호와께 드리는 날이 차기까지 그는 거룩한즉 그의 머리털을 길게 자라게 할 것이며 자기의 몸을 구별하여 여호와께 드리는 모든 날 동안은 시체를 가까이 하지 말 것이요 그의 부모 형제 자매가 죽은 때에라도 그로 말미암아 몸을 더럽히지 말 것이니 이는 자기의 몸을 구별하여 하나님께 드리는 표가 그의 머리에 있음이라 자기의 몸을 구별하는 모든 날 동안 그는 여호와께 거룩한 자니라"(민 6:2~8)

하나님께서 이 법을 주신 지가 수백 년이 지났지만 다행히 그 법을 아는 가정들이 있었습니다. 바로 마노아의 가정이었습니다.

"마노아가 이르되 이제 당신의 말씀대로 되기를 원하나이다 이 아이를 어떻게 기르며 우리가 그에게 어떻게 행하리이까 여호와의 사자가 마노아에게 이르되 내가 여인에게 말한 것들을 그가 다 삼가서 포도나무의 소산을 먹지 말며 포도주와 독주를 마시지 말며 어떤 부정한 것도 먹지 말고 내가 그에게 명령한 것은 다 지킬 것이니라 하니라"(삿 13:12~14)

놀라운 사실은 '한나'라는 여인도 이 나실인 법을 알고 있었습니다.

"한나가 마음이 괴로워서 여호와께 기도하고 통곡하며 서원하여 이르되 만군의 여호와여 만일 주의 여종의 고통을 돌보시고 나를 기억하사 주의 여종을 잊지 아니하시고 주의 여종에게 아들을 주시면 내가 그의 평생에 그를 여호와께 드리고 삭도를 그의 머리에 대지 아니하겠나이다"(삼상 1:10~11)

이들을 통해 나실인 삼손과 나실인 사무엘이 등장할 수 있었습니다. 한나에 대해서는 곧 자세히 살펴볼 것입니다.

● 네 번째 포인트

삼손은 제사장 나라 나실인 법보다 자기의 소견에 옳은 대로 더 행동합니다.

[45일]에서 살펴보았듯이 제사장 나라의 나실인 법은 '대제사장급의 헌신'을 요구하는 특별법입니다. 나실인으로 헌신한

기간 동안에는 반드시 포도주와 독주를 금할 것, 시체를 만지지 말 것, 머리에 삭도를 대지 말 것, 이 세 가지 규례를 반드시 지켜야 했으며 무엇보다 대제사장급의 헌신을 해야만 했습니다. 즉, 대제사장처럼 부모의 시신조차 만지면 안 될 정도로 철저하게 규례들을 지켜야 했습니다(민 6:6~8).

그리고 나실인 삼손은 블레셋 여인과 결혼해서도 안 되었습니다. 그런데 삼손은 자기의 소견에 옳은 대로 블레셋 여인과 결혼하여 블레셋의 호감을 산 후 블레셋을 공격할 계획을 세웠습니다.

"그 때에 블레셋 사람이 이스라엘을 다스린 까닭에 삼손이 틈을 타서 블레셋 사람을 치려 함이었으나"(삿 14:4)

그러나 이는 이방 여인과 혼인을 금하신 하나님의 명령을 어긴 것입니다.

"또 그들과 혼인하지도 말지니 네 딸을 그들의 아들에게 주지 말 것이요 그들의 딸도 네 며느리로 삼지 말 것은 그가 네 아들을 유혹하여 그가 여호와를 떠나고 다른 신들을 섬기게 하므로 여호와께서 너희에게 진노하사 갑자기 너희를 멸하실 것임이니라"(신 7:3~4)

게다가 나실인 삼손은 시체를 만지면 안 되는 규례도 어기고, 죽은 사자도 만지고, 나귀의 뼈도 만집니다.

"얼마 후에 삼손이 그 여자를 맞이하려고 다시 가다가 돌이켜 그 사자의 주검을 본즉 사자의 몸에 벌 떼와 꿀이 있는지라 손으로 그 꿀을 떠서 걸어가며 먹고 그의 부모에게 이르러 그들에게 그것을 드려서 먹게 하였으나 그 꿀을 사자의 몸에서 떠왔다고는 알리지 아니하였더라"(삿 14:8~9)

"삼손이 나귀의 새 턱뼈를 보고 손을 내밀어 집어들고 그것으로 천 명을 죽이고"(삿 15:15)

삼손은 나실인 규례를 부모로부터 들었을 것임에도 불구하고 사자의 주검에서 꿀을 취할 뿐 아니라 그 사실을 부모에게 속이기까지 했습니다. 삼손은 하나님께서 주신 사명과 명령을 소홀히 여기고 경솔히 행동했습니다.

● 다섯 번째 포인트

거인 삼손의 마음이 갈대처럼 흔들립니다.

지금 거인 삼손의 마음이 갈대와 같이 흔들리고 있습니다. 들릴라를 사랑하는 마음과 하나님과 맺은 약속 사이에서 갈등하고 있는 것입니다. 마치 하나님과 우상 사이에서 갈등하고 있는 당시의 이스라엘 백성들과 같습니다.

"들릴라가 삼손에게 이르되 당신의 마음이 내게 있지 아니하면서 당신이 어찌 나를 사랑한다 하느냐 당신이 이로써 세 번이나 나를 희롱하고 당신의 큰 힘이 무엇으로 말미암아 생기는지를 내게 말하지 아니하였도다 하며 날마다 그 말로 그를 재촉하여 조르매 삼손의 마음이 번뇌하여 죽을 지경이라 삼손이 진심을 드러내어 그에게 이르되 내 머리 위에는 삭도를 대지 아니하였나니 이는 내가 모태에서부터 하나님의 나실인이 되었음이라 만일 내 머리가 밀리면 내 힘이 내게서 떠나고 나는 약해져서 다른 사람과 같으리라 하니라"(삿 16:15~17)

결국 삼손은 들릴라의 꾐에 속아 눈이 빠지고 맷돌을 돌리는 신세가 되고 맙니다.

"블레셋 사람들이 그를 붙잡아 그의 눈을 빼고 끌고 가사에 내려가 놋 줄로 매고 그에게 옥에서 맷돌을 돌리게 하였더라"(삿 16:21)

사람의 눈을 빼는 형벌은 고대 사회의 가장 잔인한 형벌 중 하나였습니다. 그리고 맷돌을 돌리는 일은 당시 여성이 하던 일로 삼손에게 이 일을 시킨 것은 참으로 수치스러운 행동이었습니다.

그럼에도 불구하고 하나님께서는 그 삼손을 사용하셔서 블레셋으로부터 이스라엘을 구원하십니다. 삼손이 맷돌을 돌리며 그의 머리가 자라기를 기다리셨던 것입니다(삿 16:22).

이윽고 삼손이 하나님께 회개하므로 다시 힘을 회복하게 됩니다. 마지막에는 자신도 죽으면서 결국 블레셋 사람들에게 원수를 갚게 됩니다. 삼손은 살아 있을 때보다 죽으면서 더 많은 블레셋 사람을 죽게 합니다.

"삼손이 여호와께 부르짖어 이르되 주 여호와여 구하옵나니 나를 생각하옵소서 하나님이여 구하옵나니 이번만 나를 강하게 하사 나의 두 눈을 뺀 블레셋 사람에게 원수를 단번에 갚게 하옵소서"(삿 16:28)

이러한 나실인 사사 삼손에 대해 〈히브리서〉의 평가는 다음과 같습니다.

"내가 무슨 말을 더 하리요 기드온, 바락, 삼손, 입다, 다윗 및 사무엘과 선지자들의 일을 말하려면 내게 시간이 부족하리로다 그들은 믿음으로 나라들을 이기기도 하며 의를 행하기도 하며 약속을 받기도 하며 사자들의 입을 막기도 하며"(히 11:32~33)

그래도 삼손은 사사 시대의 여러 사사의 반열에서 하나님의 일을 한 사람으로 역사에 남았습니다.

디저트 DESSERT

나실인으로 태어나 놀라운 힘을 발휘하며 하나님께 쓰임 받았던 삼손이지만 그는 하나님을 향한 마음을 끝내 지키지 못해 아쉬움으로 인생의 끝을 맺었습니다.

사사 시대는 모든 사람이 누구나 할 것 없이 다 각자 자기 소견에 옳은 대로 살았습니다. 삼손은 제사장 나라 나실인 법의 기준으로 살아야 했습니다. 그러나 삼손의 가장 큰 잘못은 사사 시대를 사는 모든 사람의 잘못을 그대로 따라 살았다는 것입니다.

> "너희는 이 세대를 본받지 말고 오직 마음을 새롭게 함으로 변화를 받아 하나님의 선하시고 기뻐하시고 온전하신 뜻이 무엇인지 분별하도록 하라"(롬 12:2)

> "내 아들아 나의 법을 잊어버리지 말고 네 마음으로 나의 명령을 지키라 / 그리하면 네가 하나님과 사람 앞에서 은총과 귀중히 여김을 받으리라"(잠 3:1,4)

성경을 통해 하나님의 법을 알고 더 알아가는 기쁨이 충만하기를 소망합니다.

85일

기초가 무너진 사회(삿 17~18장)

애피타이저 APPETIZER

우리는 사사 시대가 왜 암흑기라 불리는지 사사기 17장의 기록으로 실감하게 됩니다. 하나님의 마음으로 그 시대를 살펴보는 것이 오늘의 말씀을 보는 지혜가 될 것입니다.

성경통독 BIBLETONGDOK

《일년일독 통독성경》 사사기 17~18장

● 첫 번째 포인트

개인도, 가정도, 지파도 모두 각자 소견에 옳은 대로 행동합니다.

사사 시대의 안타까운 사회상입니다. 사사기 17장과 18장에 나오는 '미가'라는 사람의 이야기는 사사 시대 당시 그 사회가 얼마나 중심부터 무너져 있었는지 말해줍니다. 제사장들과 레위인들은 별도의 분깃 없이 이스라엘 백성들이 가져오는 제물의 일부분을 취하여 살아가도록 되어 있습니다.

그런데 사사 시대에는 제사장들과 레위인들에게 제물을 내어놓는 사람들이 없었고 결국 제사장들과 레위인들은 스스로 생계를 책임져야 했습니다. 때문에 제사장들과 레위인들은 하나님을 섬기는 일에 집중할 수 없었고 그 시대는 더욱 하나님을 떠나갔습니다. 그런가 하면 백성을 대표하여 하나님을 섬겨야 할 제사장 또한 스스럼없이 우상을 가지고 다녔습니다. 뿐만 아니라 단 지파에서는 제사장직을 지파 이익만을 위해 제멋대로 부리기도 했습니다. 또한 미가의 집이나 단 지파 사람들은 무조건 레위인들을 시켜 제사만 드리면 그들에게 복이 내려질 것으로 착각까지 했습니다. 이처럼 개인이나 가정, 지파 모두 제사장 나라 법과는 먼, 각자 소견에 옳은 대로 행동했습니다.

● 두 번째 포인트

제사장 나라의 48개의 지방 관공서 시스템이 무너져가고 있습니다.

모세 때 만들어진 제사장 나라 제도를 여호수아는 가나안 정복 후 약속의 땅 가나안에서 1개의 중앙 성소와 48개의 지방 관공서 형태로 잘 정착시켰습니다.

"너희가 레위인에게 모두 사십팔 성읍을 주고 그 초장도 함께 주되 너희가 이스라엘 자손의 소유에서 레위인에게 너희가 성읍을 줄 때에 많이 받은 자에게서는 많이 떼어서 주고 적게 받은 자에게서는 적게 떼어 줄 것이라 각기 받은 기업을 따라서 그 성읍들을 레위인에게 줄지니라"(민 35:7~8)

여호수아는 모세의 이 당부를 가나안에서 잘 실천했던 것입니다.

"레위 사람들이 이스라엘 자손의 기업 중에서 받은 성읍은 모두 마흔여덟 성읍이요 또 그 목초지들이라"(수 21:41)

그런데 안타깝게도 사사 시대 동안에 제사장 나라의 시스템이 무너졌던 것입니다. 베들레헴의 한 레위인 청년의 말을 통해서 제사장 나라의 시스템이 얼마나 무너져 있었는지 그 한 예를 볼 수 있습니다.

"나는 유다 베들레헴의 레위인으로서 거류할 곳을 찾으러 가노라 하는 지라"(삿 17:9)

● 세 번째 포인트

한 레위인이 자기 소견에 옳은 대로 행동합니다.

제사장 나라의 48개 지방 관공서 중 한 곳에 속해 있어야 할 한 레위인이 자신의 지역인 유다 지파 베들레헴의 관공서를 떠납니다.

"유다 가족에 속한 유다 베들레헴에 한 청년이 있었으니 그는 레위인으로서 거기서 거류하였더라 그 사람이 거주할 곳을 찾고자 하여 그 성읍 유다 베들레헴을 떠나 가다가 에브라임 산지로 가서 미가의 집에 이르매"(삿 17:7~8)

이렇게 떠나는 이유는 유다 지파 베들레헴에 속한 자들이 그 책임과 소임을 저버렸기 때문입니다. 즉, 차자들의 역할을 감당해야 하는 유다 베들레헴 사람들이 그 지역에서 장자의 책임을 맡아 감당하는 레위인들을 저버린 것입니다.

오래전 하나님께서 모세를 통해 레위인을 위한 법을 말씀하셨습니다.

"내가 이스라엘의 십일조를 레위 자손에게 기업으로 다 주어서 그들이 하는 일 곧 회막에서 하는 일을 갚나니"(민 18:21)

"이스라엘 자손에게 명령하여 그들이 받은 기업에서 레위인에게 거주할 성읍들을 주게 하고 너희는 또 그 성읍들을 두르고 있는 초장을 레위인에게 주어서 성읍은 그들의 거처가 되게 하고 초장은 그들의 재산인 가축과 짐승들을 둘 곳이 되게 할 것이라"(민 35:2~3)

제사장들과 레위인들은 비록 형편이 아무리 어렵다 해도 그 어려운 상황을 이기고 자신이 책임을 맡은 지역에서 율법을 더 열심히 가르쳐 제사장 나라 제도를 살리는 책무를 감당해야 했습니다. 왜냐하면 제사장 나라의 1차 책임은 제사장들과 레위인들에게 있기 때문입니다.

"여호와께서 모세에게 말씀하여 이르시되 이스라엘 자손 중 모든 처음 태어난 자 대신에 레위인을 취하고 또 그들의 가축 대신에 레위인의 가축을 취하라 레위인은 내 것이라 나는 여호와니라"(민 3:44~45)

그런데 안타깝게도 이 레위인은 1년 연봉으로 은 열과 의복 한 벌, 그리고 먹을 양식을 받아 가며 한 가정의 복만 빌어주는 무당(복술가) 같은 종교인의 삶에 안주한 것입니다.

"미가가 그에게 이르되 네가 나와 함께 거주하며 나를 위하여 아버지와 제사장이 되라 내가 해마다 은 열과 의복 한 벌과 먹을 것을 주리라 하므로 그 레위인이 들어갔더라 그 레위인이 그 사람과 함께 거주하기를 만족하게 생각했으니 이는 그 청년이 미가의 아들 중 하나 같이 됨이라"(삿 17:10~11)

참으로 민망하고 안타까운 상황이 아닐 수 없습니다.

● 네 번째 포인트
한 가정이 그들의 소견에 옳은 대로 행동합니다.

사사 시대는 한 개인을 넘어 가정마저도 그들의 소견에 옳은 대로 살았습니다. 에브라임 산지의 한 가정인 미가 집에서 일어난 일입니다.

"미가가 그 은을 그의 어머니에게 도로 주었으므로 어머니가 그 은 이백을 가져다 은장색에게 주어 한 신상을 새기고 한 신상을 부어 만들었더니 그 신상이 미가의 집에 있더라 그 사람 미가에게 신당이 있으므로 그가 에봇과 드라빔을 만들고 한 아들을 세워 그의 제사장으로 삼았더라"(삿 17:4~5)

미가가 자기 집에 신상을 만들고 우상을 숭배하게 된 이유는 다음과 같습니다.

첫째, 미가가 어머니의 은 1,100을 훔쳤습니다.

둘째, 미가의 어머니가 훔친 이를 향해 저주를 쏟아놓습니다.

셋째, 그러자 미가가 자신의 잘못을 자백합니다.

넷째, 아들의 자백을 들은 어머니는 은을 되찾았지만 자신이 쏟아놓은 저주를 아들이 받을까 두려워 우상을 만들었습니다.

부모가 자녀에게 줄 수 있는 가장 큰 선물은 '하나님을 믿는 믿음'입니다. 자녀를 진정 사랑한다면 하나님에 대한 올바른 신앙을 물려줄 수 있어야 합니다. 그런데 미가의 어머니는 그 아들에게 하나님이 아닌 우상의 신상을 물려주었던 것입니다. 미가의 어머니는 우상의 신상이 그 아들에게 큰 복을 가져다줄 것으로 착각했습니다.

사사 시대는 이처럼 믿음이 아닌 우상을 유산으로 물려주는 시대였습니다. 제사장 나라 율법은 마음과 입에 두는 것이지 우상으로 에봇과 드라빔을 만드는 것이 아니었는데 말입니다.

> "오직 그 말씀이 네게 매우 가까워서 네 입에 있으며 네 마음에 있은즉 네가 이를 행할 수 있느니라"(신 30:14)

뿐만 아니라 제사장은 가정에서 고용하는 것이 아닙니다. 그런데 미가는 자신의 가정을 위해 베들레헴의 한 레위 청년을 사사로이 제사장으로 세웠던 것입니다.

"미가가 그 레위인을 거룩하게 구별하매 그 청년이 미가의 제사장이 되어 그 집에 있었더라"(삿 17:12)

하나님께서 말씀해주신 제사장과 레위 지파에 대한 규례입니다.

"아론과 그의 아들들에게 띠를 띠우며 관을 씌워 그들에게 제사장의 직분을 맡겨 영원한 규례가 되게 하라 너는 이같이 아론과 그의 아들들에게 위임하여 거룩하게 할지니라"(출 29:9)

"레위인은 너와 합동하여 장막의 모든 일과 회막의 직무를 다할 것이요 다른 사람은 너희에게 가까이 하지 못할 것이니라"(민 18:4)

그런데 사사 시대에는 제사장 나라의 올바른 시스템 대신 우상을 섬기고 제사장의 올바른 책무 대신 제사장을 마치 무당(복술가) 같은 존재로 만들어 개인과 가정의 복을 빌게 하는 어처구니없는 일을 버젓이 행했던 것입니다.

● 다섯 번째 포인트
한 지파가 그들의 소견에 옳은 대로 행동합니다.

사사 시대는 개인이나 가정이나 하나님의 뜻과 상관없이 각

자 자기 소견에 옳은 대로 살았던 참으로 안타까운 시대였습니다. 그런데 더 나아가 이제 '지파'까지도 하나님으로부터 멀어져 그들의 소견에 옳은 대로 살고 있습니다.

단 지파의 땅은 이스라엘 가장 북쪽에 있는 땅으로 성경에 '단에서 브엘세바까지'라고 표현된 것은 이스라엘 북쪽 끝에서 남쪽 끝까지 전체 이스라엘을 일컫는 말입니다.

"단에서부터 브엘세바까지의 온 이스라엘이 사무엘은 여호와의 선지자로 세우심을 입은 줄을 알았더라"(삼상 3:20)

당시 단 지파는 여호수아 때 그림을 그린 후 제비 뽑아 분배받은 땅을 얻기 위해 믿음으로 가나안과 싸워 그 땅을 확보해야 했습니다(수 19:40~46). 그러나 단 지파는 그곳에 있는 아모리 족속 때문에 골짜기 땅을 차지하지 못하고 오히려 산지로 쫓겨갔던 것입니다.

"아모리 족속이 단 자손을 산지로 몰아넣고 골짜기에 내려오기를 용납하지 아니하였으며"(삿 1:34)

단 지파는 이러한 어려움이 생기자 막강한 힘을 가진 아모리 족속을 피해 그들의 분배받은 땅이 아닌 레셈(라이스) 땅을 정복합니다. 그리고 그곳에서 평안하다고 말합니다. 단 지파가 평안하다고 말한 것은 하나님의 은혜 아래 거했기 때문이 아니라 그곳이

외적들과 멀리 있어 침입자가 없는 땅이라는 이유 때문이었습니다. 단 지파가 누린 평안은 일시적인 평안일 뿐이었습니다.

"그 때에 이스라엘에 왕이 없었고 단 지파는 그 때에 거주할 기업의 땅을 구하는 중이었으니 이는 그들이 이스라엘 지파 중에서 그 때까지 기업을 분배 받지 못하였음이라 단 자손이 소라와 에스다올에서부터 그들의 가족 가운데 용맹스런 다섯 사람을 보내어 땅을 정탐하고 살피게 하며 그들에게 이르되 너희는 가서 땅을 살펴보라 하매 그들이 에브라임 산지에 가서 미가의 집에 이르러 거기서 유숙하니라 그들이 미가의 집에 있을 때에 그 레위 청년의 음성을 알아듣고 그리로 돌아가서 그에게 이르되 누가 너를 이리로 인도하였으며 네가 여기서 무엇을 하며 여기서 무엇을 얻었느냐 하니"(삿 18:1~3)

단 지파는 하나님께 분배받은 땅이 아닌 다른 땅을 찾으러 다니다가 선발대 다섯 명이 미가 집에 있는 레위인을 보고 엉뚱한 생각을 합니다. 단 지파는 제사장 제도를 미가처럼 하나님의 복을 누리는 일종의 장치로 생각했던 것입니다.

"이에 미가가 이르되 레위인이 내 제사장이 되었으니 이제 여호와께서 내게 복 주실 줄을 아노라 하니라"(삿 17:13)

그러자 단 지파 사람들은 미가 집에 있던 에봇과 드라빔과 부어 만든 신상을 훔쳐 가지고 나오면서 베들레헴 레위 청년에게 더 많은 연봉을 제안하며 미가의 가정 제사장보다는 단 지파의 제사장이 더 낫지 않느냐고 그를 설득합니다. 그래서 그 레위인은 더 많이 연봉을 주는 자리로 '직장'(?)을 옮겨갑니다.

"그 다섯 사람이 미가의 집에 들어가서 그 새긴 신상과 에봇과 드라빔과 부어 만든 신상을 가지고 나오매 그 제사장이 그들에게 묻되 너희가 무엇을 하느냐 하니 그들이 그에게 이르되 잠잠하라 네 손을 입에 대라 우리와 함께 가서 우리의 아버지와 제사장이 되라 네가 한 사람의 집의 제사장이 되는 것과 이스라엘의 한 지파 한 족속의 제사장이 되는 것 중에서 어느 것이 낫겠느냐 하는지라 그 제사장이 마음에 기뻐하여 에봇과 드라빔과 새긴 우상을 받아 가지고 그 백성 가운데로 들어가니라"(삿 18:18~20)

이 레위인도 우습지만 단 지파 또한 이렇게까지 어리석은 선택을 서슴없이 했습니다.

"단 자손이 자기들을 위하여 그 새긴 신상을 세웠고 모세의 손자요 게르솜의 아들인 요나단과 그의 자손은 단 지파의 제사장이 되어 그 땅 백성이 사로잡히는 날까지 이르렀더라"(삿 18:30)

참 해도 해도 정말 여러 가지를 했던 사사 시대입니다. 사사 시대는 이처럼 개인, 가정, 지파 모두가 하나님으로부터 떠나 각자 자기 소견에 옳은 대로 살았고 시대를 이끄는 지도자들인 제사장들과 레위인들마저 책임과 소임을 다하지 못하고 유리방황했던 시대였습니다. 그러니 하나님의 마음은 얼마나 아프시고 타들어가셨을지 안타깝고 답답하기 그지없습니다.

디저트 DESSERT

앞서 공부했듯이 사사 시대의 교훈은 반면교사입니다. 사사 시대를 바라보며 우리는 기록된 성경을 기록대로 공부하는 것이 가장 든든한 기초요, 미래 행복을 가져다주는 것임을 배우게 됩니다. 만나세대들은 비록 풀 한 포기 나지 않는 광야에서 생활했지만 날마다 모세를 통해 하나님의 말씀을 배우고 익히는 정말 행복한 삶을 살았습니다. 그런데 그들의 후손들은 젖과 꿀이 흐르는 약속의 땅 가나안에서 하나님을 알지 못하고 각자 자기 소견에 옳은 대로 살면서 어리석은 인생을 살았던 것입니다. 어떤 인생을 살 것인가는 바로 우리의 선택에 달려 있습니다.

"너희는 이 세대를 본받지 말고 오직 마음을 새롭게 함으로 변화를 받아 하나님의 선하시고 기뻐하시고 온전하신 뜻이 무엇인지 분별하도록 하라"(롬 12:2)

86일

소견대로 비상 총회(삿 19~21장)

애피타이저 APPETIZER

하나님께서 〈사사기〉의 기록을 우리에게 살아 계신 하나님의 말씀인 성경으로 주신 이유는 그 시대를 거울 삼아 하나님을 알지 못하는 시대가 어떠한지를, 그리고 자녀에게 하나님을 교육하지 않으면 얼마나 당황스러운 시대를 살게 되는지를 말씀하시고자 합입니다.

성경통독 BIBLETONGDOK

《일년일독 통독성경》 사사기 19~21장

통通으로 숲이야기 ; 통숲 TONG OBSERVATION

● 첫 번째 포인트

사사 시대는 개인, 가정, 지파를 넘어 '총회'까지도 각자의 소견에 옳은 대로 행동하는 시대였습니다.

하나님께서 법으로 정해주신 제사장 나라 시스템대로 20세 이상 전쟁에 나아갈 수 있는 이스라엘 모든 남자는 1년 세 차례 하나님께서 정해주신 명절(유월절, 칠칠절, 초막절)에 '하나님의 이름을 두려고 택하신 곳', 중앙 성소에서 열리는 총회에 나아가야 했습니다. 그렇게 시스템이 유지만 된다면 이스라엘 열두 지파 간에 일어날 수 있는 불필요한 오해를 불식시킬 수 있고 또한 강력한 내부 결속으로 외적의 침입까지도 억제시키는 효과를 누릴 수 있습니다.

이스라엘 백성들이 이처럼 1년에 세 차례 중앙 성소에 모이고 48개의 지방 관공서에서는 안식일과 안식년과 희년을 효과적으로 관리하면 제사장 나라는 하나님의 말씀대로 첫째, 하나님의 용서가 있고 둘째, 객과 고아와 과부와 나그네를 돌보는 이웃과의 나눔이 있고 셋째, 민족과 민족 사이에 평화를 실현하는 거룩한 나라가 되어 모든 민족을 복 받게 하는 나라가 될 수 있습니다.

그런데 안타깝게도 사사 시대에 이와 같은 제사장 나라 시스템이 무너진 것입니다. 다음의 한 레위인 사건은 내부 오해를 해결하지 못하고 오히려 내부가 붕괴되는 한 예의 사건입니다.

에브라임 산지 출신인 한 레위인에게 일어난 개인 사건이 이스라엘 전체 총회로 확대되고 이 사건에 대한 이스라엘 비상 총회의 사려 깊지 못한 결의와 베냐민 지파의 옳지 못한 판단이 결과적으로 베냐민 한 지파를 거의 멸망으로 치닫게 만들었습니다.

● 두 번째 포인트

사사 시대에 어느 한 레위인은 자신의 소견에 옳은 대로 잘못된 두 가지 판단을 합니다.

성경에 기록된 사사 시대의 어느 한 레위인 사건입니다. 이 레위인은 너무나 큰 잘못을 두 가지나 일으켰습니다.

첫째, 그는 제사장 나라의 제사장과 레위인에 관한 규례를 어깁니다.

"그들은 부정한 창녀나 이혼 당한 여인을 취하지 말지니 이는 그가 여호와 하나님께 거룩함이니라"(레 21:7)

이 제사장 나라 규례가 있음에도 불구하고 그는 제사장 나라 법대로가 아닌 사사 시대의 흐름대로 자신의 소견에 옳은 대로 판단하고 결정하며 살아가고 있었던 것입니다.

"이스라엘에 왕이 없을 그 때에 에브라임 산지 구석에 거류하는 어떤 레위 사람이 유다 베들레헴에서 첩을 맞이하였더니"(삿 19:1)

둘째, 이 레위인은 자신에게 일어난 기브아 사건에 대해 자신을 되돌아보고 잘못을 반성하거나 회개하지 않고 도리어 엉뚱하게 이스라엘 비상 총회를 소집합니다.

"이에 그의 시체를 나귀에 싣고 행하여 자기 곳에 돌아가서 그 집에 이르러서는 칼을 가지고 자기 첩의 시체를 거두어 그 마디를 찍어 열두 덩이에 나누고 그것을 이스라엘 사방에 두루 보내매"(삿 19:28~29)

"내가 내 첩의 시체를 거두어 쪼개서 이스라엘 기업의 온 땅에 보냈나니 이는 그들이 이스라엘 중에서 음행과 망령된 일을 행하였기 때문이라"(삿 20:6)

이 일이 과연 이스라엘의 비상 총회를 소집할 만한 사건인지 참으로 안타깝고 한심하기 그지없습니다. 참고로 다음에 살펴보겠지만, 이후에 이스라엘의 비상 총회는 이스라엘의 초대 왕이었던 사울이 길르앗 야베스를 돕기 위해 열립니다.

> "한 겨리의 소를 잡아 각을 뜨고 전령들의 손으로 그것을 이스라엘 모든 지역에 두루 보내어 이르되 누구든지 나와서 사울과 사무엘을 따르지 아니하면 그의 소들도 이와 같이 하리라 하였더니 여호와의 두려움이 백성에게 임하매 그들이 한 사람 같이 나온지라"(삼상 11:7)

● 세 번째 포인트

당시 기브아는 오래전 소돔과 고모라 때와 같은 불량배들이 활보하는 곳이었습니다.

이 레위인 사건은 기브아라는 곳에서 일어났던 끔찍한 사건입니다. 기브아(Gibeah)는 베냐민 지파의 성읍으로 예루살렘에서 북쪽 약 6㎞ 지점에 위치해 있었습니다. 그곳은 실로와 에브라임 산지로 가는 길 도중에 있는 성읍으로 이후에는 사울 왕의 출생지이자 이스라엘의 수도 역할을 하는 성읍이 됩니다.

사사 시대에 기브아에서 일어났던 이 사건은 오래전 아브라함 시대에 소돔과 고모라에서 일어났던 사건을 생각나게 합니다. 하나님의 천사가 소돔에 갔을 때의 이야기입니다.

"롯을 부르고 그에게 이르되 오늘 밤에 네게 온 사람들이 어디 있느냐 이끌어 내라 우리가 그들을 상관하리라 롯이 문 밖의 무리에게로 나가서 뒤로 문을 닫고"(창 19:5~6)

세월이 흘러 사사 시대 때에 제사장 나라의 땅 기브아에서 일어난 사건입니다.

"그들이 마음을 즐겁게 할 때에 그 성읍의 불량배들이 그 집을 에워싸고 문을 두들기며 집 주인 노인에게 말하여 이르되 네 집에 들어온 사람을 끌어내라 우리가 그와 관계하리라 하니"(삿 19:22)

기브아에서 일어난 이 사건은 당시 사사 시대에는 오히려 평범한 일이라 할 수 있는 일이었습니다. 왜냐하면 사사 시대는 모든 이스라엘 백성들이 제사장 나라의 법대로 사는 것이 아니라 각자 자기 소견에 옳은 대로 살았기 때문입니다.

● 네 번째 포인트

베냐민 지파는 그들 지파의 소견대로가 아닌 제사장 나라의 율법으로 일을 처리해야 했습니다.

기브아에서 일어난 사건의 핵심 당사자인 '한 레위인'이 이스라엘 비상 총회를 소집합니다. 그렇게 미스바에 이스라엘 백성들이 비상 총회로 모인 이유는 레위인이 보낸 토막 난 시체 때문이었습니다.

그들은 먼저 레위인의 자기중심적 상황 설명을 들었습니다. 그러자 열한 지파 사람들이 분노하기 시작했습니다. 그리고 힘을 합해 문제가 되는 요소를 제거하기로 결의합니다. 그러나 사실 근본적인 문제는 그들 자신의 내부였습니다. 그들은 그 레위인에 대한 판단을 먼저 해야 했습니다. 안타깝게도 이스라엘 총회는 냉철하게 문제를 보지 못하고 그만 감정에 치우쳤던 것입니다.

그들은 소견에 옳은 대로 판단했습니다. 그들이 만일 하나님의 율법에 기준하여 사건을 옳게 판단했다면 무엇보다 먼저 자신들의 죄악을 회개했을 것입니다. 이성을 잃고 상황 판단 능력을 상실한 그들은 공동체의 문제를 제대로 볼 수가 없었습니다. 그렇게 시작된 이스라엘의 첫 번째 비상 총회에 베냐민 지파를 제외한 열한 지파가 모였던 것입니다.

"이에 모든 이스라엘 자손이 단에서부터 브엘세바까지와 길르앗 땅에서 나와서 그 회중이 일제히 미스바에서 여호와 앞에 모였으니 온 백성의 어른 곧 이스라엘 모든 지파의 어른들은 하나님 백성의 총회에 섰고 칼을 빼는 보병은 사십만 명이었으며"(삿 20:1~2)

그런데 이 이스라엘의 첫 번째 비상 총회는 첩을 둔 레위인에 대한 처벌은 다루지 않은 채 사사 시대답게(?) 각자 소견에 옳은 대로 다음과 같은 네 가지 사항을 결의합니다.

첫째, 기브아 사람을 처단하기 전에는 집으로 돌아가지 않는다.

"모든 백성이 일제히 일어나 이르되 우리가 한 사람도 자기 장막으로 돌아가지 말며 한 사람도 자기 집으로 들어가지 말고"(삿 20:8)

둘째, 제비뽑기로 4만 명을 선택하여 베냐민 지파를 징계한다.

"우리가 이제 기브아 사람에게 이렇게 행하리니 곧 제비를 뽑아서 그들을 치되 우리가 이스라엘 모든 지파 중에서 백 명에 열 명, 천 명에 백 명, 만 명에 천 명을 뽑아 그 백성을 위하여 양식을 준비하고 그들에게 베냐민의 기브아에 가서 그 무리가 이스라엘 중에서 망령된 일을 행한 대로 징계하게 하리라 하니라"(삿 20:9~10)

셋째, 열한 지파 사람들은 그들의 딸들을 베냐민 사람에게 아내로 주지 않는다.

"이스라엘 사람들이 미스바에서 맹세하여 이르기를 우리 중에 누구든지 딸을 베냐민 사람에게 아내로 주지 아니하리라 하였더라"(삿 21:1)

넷째, 총회의 결의에 함께하지 않는 지파는 죽인다.

"이스라엘 자손이 이르되 이스라엘 온 지파 중에 총회와 함께 하여 여호와 앞에 올라오지 아니한 자가 누구냐 하니 이는 그들이 크게 맹세하기를 미스바에 와서 여호와 앞에 이르지 아니하는 자는 반드시 죽일 것이라 하였음이라"(삿 21:5)

이렇게 이성을 잃은 이스라엘의 첫 번째 비상 총회는 총회의 결의로 열한 지파가 베냐민 지파에게 그들의 결정을 따르라고 명령합니다.

"이스라엘 지파들이 베냐민 온 지파에 사람들을 보내어 두루 다니며 이르기를 너희 중에서 생긴 이 악행이 어찌 됨이냐 그런즉 이제 기브아 사람들 곧 그 불량배들을 우리에게 넘겨 주어서 우리가 그들을 죽여 이스라엘 중에서 악을 제거하여 버리게 하라"(삿 20:12~13)

사정이 이렇다손 치더라도 바로 이때 베냐민 지파는 자신들의 소견에 옳은 대로 기브아의 불량배들을 감싸지 말고 다음과 같은 〈신명기〉 율법에 순종했어야 했습니다.

"그러나 만일 어떤 사람이 그의 이웃을 미워하여 엎드려 그를 기다리다가 일어나 상처를 입혀 죽게 하고 이 한 성읍으로 도피하면 그 본 성읍 장로들이 사람을 보내어 그를 거기서 잡아다가 보복자의 손에 넘겨 죽이게 할 것이라 네 눈이 그를 긍휼히 여기지 말고 무죄한 피를 흘린 죄를 이스라엘에서 제하라 그리하면 네게 복이 있으리라"(신 19:11~13)

그런데 베냐민 지파는 "그들의 형제 이스라엘 자손의 말을 듣지 아니하고 도리어 성읍들로부터 기브아에 모이고 나가서 이스라엘 자손과 싸우고자"(삿 20:13~14) 합니다. 이렇게 베냐민 지파는 그들의 소견에 옳은 대로 오히려 기브아의 불량배들을 감싸고 내어주지 않습니다.

베냐민 지파는 제사장 나라 법이나 총회의 결의보다도 그들 지파의 소견과 고집이 더 중요했던 것입니다. 결국 이 일로 말미암아 이스라엘 열한 지파 연합군과 베냐민 지파 사이에는 내전이 일어나고 맙니다.

전투는 두 차례나 계속되다가 결국 매복 전술을 사용한 세 번째 전투에서 이스라엘 열한 지파 연합군이 마침내 베냐민 지파를 이깁니다. 이 전투에서 이스라엘 열한 지파 연합군은 26,700명의 베냐민 지파 군대를 격파하여 베냐민 지파는 25,100명의 사상자를 내고 600명만 겨우 목숨을 부지하고 살아납니다. 여기에서 차이가 나는 베냐민 지파 사람들 1,000명의 숫자는 이전 두 번의 전투에서 이미 사망한 숫자일 것입니다.

이렇게 이스라엘은 열한 지파 연합군과 베냐민 지파 사이의 내전을 치르고 난 후 이스라엘의 두 번째 비상 총회를 엽니다. 두 번째 비상 총회는 내전 이후의 사태를 수습하기 위함이었습니다. 그런데 이 두 번째 이스라엘 비상 총회에서도 그들은 각자 자신들의 소견에 옳은 대로 다음과 같은 맹세를 하고 결의를 하게 됩니다.

첫째, 앞선 총회에서 맹세하고 결의한 내용에 따라 열한 지파 연합군에 불참한 야베스 길르앗을 응징하기로 결의합니다.

"백성을 계수할 때에 야베스 길르앗 주민이 하나도 거기 없음을 보았음이라 회중이 큰 용사 만 이천 명을 그리로 보내며 그들에게 명령하여 이르되 가서 야베스 길르앗 주민과 부녀와 어린 아이를 칼날로 치라" (삿 21:9~10)

둘째, 베냐민 지파를 멸절 상태로까지 몰고 간 것을 후회하며 대안을 찾습니다. 그들은 우선 베냐민 지파와 평화를 선포합니다.

"온 회중이 림몬 바위에 있는 베냐민 자손에게 사람을 보내어 평화를 공포하게 하였더니 그 때에 베냐민이 돌아온지라"(삿 21:13~14)

베냐민 지파는 600명의 남자들 외에는 다 죽어서 존폐 위기에 놓이게 되었습니다. 그래서 총회에서 자기들의 소견대로 결정해 야베스 길르앗 여자들을 베냐민 지파에게 줍니다.

왜냐하면 지난 첫 번째 비상 총회의 대단한(?) 결의에 따라 그들 열한 지파에서는 그들의 딸들을 베냐민 지파 남자들에게 아내로 줄 수 없었기 때문입니다. 그래서 2차로 다시 모인 총회에서는 야베스 길르앗을 응징한 후에도 아직 죽지 않고 살아남아 있던 야베스 길르앗 여자들 400명을 베냐민 지파 남자들에게 아내로 주기로 합니다. 그렇게 해도 200명이 부족합니다.

"이에 이스라엘 사람이 야베스 길르앗 여자들 중에서 살려 둔 여자들을 그들에게 주었으나 아직도 부족하므로"(삿 21:14)

그래서 아직도 모자라는 베냐민 남자들의 아내 200명을 위해서 베냐민 남자들이 직접 명절 때 춤을 추러 나오는 실로의 여자들을 납치해서 그 여자들을 아내로 삼아 종족을 보존하도록 결의합니다.

"베냐민 자손에게 명령하여 이르되 가서 포도원에 숨어 보다가 실로의 여자들이 춤을 추러 나오거든 너희는 포도원에서 나와서 실로의 딸 중에서 각각 하나를 붙들어 가지고 자기의 아내로 삼아 베냐민 땅으로 돌아가라"(삿 21:20~21)

참으로 굉장한(?) 총회이고 더 굉장한(?) 총회의 '결의'가 아닐 수 없습니다. 사사 시대는 이처럼 개인과 가정과, 지파를 넘어 총회까지도 각자의 소견에 옳은 대로 행동하는 시대였습니다.

● 다섯 번째 포인트

사사 시대는 제사장 나라 율법이 희미한 무늬로만 있습니다.

〈사사기〉에 소개되었던 많은 사건 속의 인물들은 하나같이 각자 자기의 소견에 따라 행하는 모습을 보여주었습니다. 입다의 경솔한 서원, 입다와 에브라임의 전쟁, 나실인의 삶을 소홀히 여겼던 삼손, 한 레위인의 첩의 죽음에서 빚어진 이스라엘 지파 간의 살육, 총회에 불참한 길르앗 거민에 대한 처리 방식, 그리고 베냐민의 기업을 잇기 위해 그들이 꾸민 계략 …. 이 모든 일 가운데 제사장 나라의 율법은 무늬로만 남아 있습니다.

디저트 DESSERT

여호수아 시대와 사무엘 시대 사이에 있는 사사 시대는 제사장 나라가 겨우 숨만 쉬고 있는 상태였습니다. '치우치는 것'이 무엇인지 보여주는 시대였던 것입니다. '치우치지 말라'는 하나님의 말씀이 얼마나 중요한 말씀인지 다시 한번 깨닫게 됩니다.

> "그러므로 너희는 크게 힘써 모세의 율법 책에 기록된 것을 다 지켜 행하라 그것을 떠나 우로나 좌로나 치우치지 말라"(수 23:6)

모든 성경은 하나님의 감동으로 된 것으로 교훈과 책망과 바르게 함과 의로 교육하기에 유익합니다(딤후 3:16). 마찬가지로 모든 율법도 다 유익합니다. 그러나 모세오경에 기록된 내용 중 일부에 치우쳐 행했을 때 그 모습이 어떠한가를 반면교사로 보여 준 시대가 사사 시대입니다.

오직 성경으로 마음을 새롭게 함으로 하나님의 선하시고 기뻐하시고 온전하신 뜻을 알아가기를 소망합니다.

87일

아름다운 율법의 구현(룻 1~4장)

애피타이저 APPETIZER

사사 시대의 전반적인 사회 분위기가 제사장 나라 교육 실패라면 〈룻기〉는 이 같은 사사 시대 한가운데에서 시대를 따라가지 않고 제사장 나라 교육을 성공한 작은 마을 베들레헴에서 일어난 행복한 이야기입니다.

성경통독 BIBLETONGDOK

《일년일독 통독성경》 룻기 1~4장

● 첫 번째 포인트

〈룻기〉는 한마디로 '제사장 나라' 이야기입니다.

〈룻기〉는 작은 마을 공동체 안에 닥친 어려움을 제사장 나라의 율법으로 해결해가는 정말 아름다운 이야기입니다. 그리고 하나님께서 주신 제사장 나라 율법으로 인간이 얼마나 품위 있고 아름다운 공동체를 만들어갈 수 있는지를 잘 보여준 이야기입니다. 〈룻기〉는 마치 어두운 사사 시대에 피어난 아름다운 들꽃 같은 이야기라고 할 수 있습니다.

베들레헴 땅에 살던 엘리멜렉의 가족은 흉년을 피해 모압 땅으로 이주하였고 엘리멜렉과 나오미의 두 아들은 그곳에서 모압 여인과 결혼했습니다. 하지만 얼마 지나지 않아 남편도 잃고 두 아들도 잃은 나오미는 결국 다시 하나님을 찾습니다.

그때 고향 베들레헴으로 돌아가기로 결심한 나오미는 며느리들에게 재혼의 길을 터주고자 각자의 친정으로 돌아가라고 권합니다. 그러자 오르바는 친정으로 돌아가지만 룻은 끝까지 나오미 곁을 지킵니다.

마침내 베들레헴에 도착한 룻은 자신과 어머니의 양식거리를 찾아 다른 사람들의 밭으로 나갑니다. 이때 우연히 보아스의 밭에 다다릅니다. 그것은 하나님의 인도하심과 은혜였습니다.

보아스와 그 밭의 일꾼들이 하나님의 이름으로 인사를 주고받는 모습은 그 당시가 사사 시대임을 감안한다면 정말 범상치 않은 일입니다. 모든 이야기의 끝에 결국 보아스는 이방 여인인 룻을 제사장 나라 법에 근거하여 자기 아내로 맞이하게 됩니다.

이렇게 〈룻기〉는 한마디로 '제사장 나라 이야기'입니다.

● 두 번째 포인트

나오미는 제사장 나라의 법을 '변칙적으로' 사용했습니다.

나오미와 엘리멜렉은 흉년에 두 아들을 데리고 베들레헴을 떠나 멀리 모압으로 이민을 갔습니다.

"사사들이 치리하던 때에 그 땅에 흉년이 드니라 유다 베들레헴에 한 사람이 그의 아내와 두 아들을 데리고 모압 지방에 가서 거류하였는데 그 사람의 이름은 엘리멜렉이요 그의 아내의 이름은 나오미요 그의 두 아들의 이름은 말론과 기룐이니 유다 베들레헴 에브랏 사람들이더라 그들이 모압 지방에 들어가서 거기 살더니"(룻 1:1~2)

사실 '흉년'은 제사장 나라 거룩한 시민인 이스라엘 백성들이 하나님께서 그들에게 주신 율법을 어길 때에 주시는 '징계'입니다. 그러나 그 징계에는 하나님의 긍휼이 담겨 있습니다. 징계는 잘못된 길에서 돌아오게 하려는 하나님의 손길입니다. 그러므로 하나님의 징계를 달게 받는 것이 복된 길입니다.

그런데 엘리멜렉과 나오미는 안타깝게도 흉년이라는 하나님의 징계를 맞았을 때 제사장 나라의 희년법과 연결시켜 경작권을 팔아서 자신들만 풍요롭게 모압으로 흉년을 피해 떠났습니다.

"내가 풍족하게 나갔더니 여호와께서 내게 비어 돌아오게 하셨느니라 여호와께서 나를 징벌하셨고 전능자가 나를 괴롭게 하셨거늘 너희가 어찌 나를 나오미라 부르느냐 하니라"(룻 1:21)

이스라엘의 모든 토지는 하나님의 것입니다. 그러므로 제사장 나라 법에 따라 이스라엘 백성들은 가나안 땅에서 시간, 공간, 인간이 통(通)으로 담겨 있는 안식일, 안식년, 희년을 반드시 지켜야 했습니다.

제사장 나라의 율법 가운데 하나인 이 '희년법'은 제사장 나라의 가장 근본이 되는 '경제법'으로 '계민수전(計民收田)과 제비뽑기'를 통해 각 가문별로 소유한 토지를 50년을 기준으로 원천적으로 재확인할 수 있도록 주신 법이었습니다. 즉 50년을 주기로 한 인간 삶의 가장 큰 기반인 '토지 원천 복귀 제도'였던 것입니다.

"너희는 오십 년째 해를 거룩하게 하여 그 땅에 있는 모든 주민을 위하여 자유를 공포하라 이 해는 너희에게 희년이니 너희는 각각 자기의 소유지로 돌아가며 각각 자기의 가족에게로 돌아갈지며"(레 25:10)

뿐만 아니라 제사장 나라 법은 희년을 기준으로 경작권 매매를 허용하므로 경제 융통성을 높여놓았습니다.

"그 희년 후의 연수를 따라서 너는 이웃에게서 살 것이요 그도 소출을 얻을 연수를 따라서 네게 팔 것인즉 연수가 많으면 너는 그것의 값을 많이 매기고 연수가 적으면 너는 그것의 값을 적게 매길지니 곧 그가 소출의 다소를 따라서 네게 팔 것이라"(레 25:15~16)

이처럼 조상 때부터 물려받은 땅 자체의 지계석은 결코 움직일 수 없지만 희년법에 따라 50년 안에서 경작권 매매는 가능하게 해주심으로 하나님께서는 이스라엘 사회 안에서 '경제의 융통성'을 살려주셨던 것입니다.

그런데 나오미의 가정은 바로 그때 흉년이라는 징계를 피해 희년을 계수하여 남은 기간의 경작권을 팔았습니다. 베들레헴 모든 사람이 궁핍할 때 오히려 풍족하게 챙겨 모압으로 하나님의 징계를 피해 갔던 것입니다. 그러나 나오미는 10년 만에 모든 것, 곧 재산과 남편과 두 아들을 잃었습니다. 나오미는 모압 길거리에서 대성통곡하면서 두 며느리에게 다음과 같은 말을 하고 있습니다.

"나오미가 두 며느리에게 이르되 너희는 각기 너희 어머니의 집으로 돌아가라 너희가 죽은 자들과 나를 선대한 것 같이 여호와께서 너희를 선대하시기를 원하며 여호와께서 너희에게 허락하사 각기 남편의 집에서 위로를 받게 하시기를 원하노라 하고 그들에게 입 맞추매 그들이 소리를 높여 울며"(룻 1:8~9)

이때 나오미는 소리 높여 울면서 이제 자신은 제사장 나라의 '계대결혼법'으로도 보호받을 희망이 없다고 솔직히 말합니다. 사실 어느 누구도 길거리에서 소리 높여 울기가 쉽지 않습니다.

"내 딸들아 되돌아 가라 나는 늙었으니 남편을 두지 못할지라 가령 내가 소망이 있다고 말한다든지 오늘 밤에 남편을 두어 아들들을 낳는다 하더라도 너희가 어찌 그들이 자라기를 기다리겠으며 어찌 남편 없이 지내겠다고 결심하겠느냐 내 딸들아 그렇지 아니하니라 여호와의 손이 나를 치셨으므로 나는 너희로 말미암아 더욱 마음이 아프도다"(룻 1:12~13)

이때 오르바는 돌아갑니다. 나오미는 끝내 시어머니를 돌보겠다는 룻과 함께 고향 베들레헴으로 돌아옵니다. 이제 나오미는 며느리 룻을 남의 밭에 가서 이삭이라도 줍게 하기 위해 내보내야 했습니다.

이러한 중에 나오미는 또 하나의 계획을 세웁니다. 바로 추수 시기가 끝날 즈음, 제사장 나라 법으로 며느리 룻을 도와줄 계획을 세운 것입니다. 즉, 나오미는 제사장 나라의 '계대결혼법'을 이용해 며느리 룻에게 안정적인 삶의 길을 열어주고자 한 것입니다. 그리하여 나오미는 추수가 끝날 무렵 룻을 보아스의 타작마당으로 보냅니다.

"그가 누울 때에 너는 그가 눕는 곳을 알았다가 들어가서 그의 발치 이불을 들고 거기 누우라 그가 네 할 일을 네게 알게 하리라"(룻 3:4)

룻은 시어머니 나오미의 계획을 따릅니다. 그런데 그 밤에 타작마당에서 갑자기 룻을 만나게 된 보아스는 깜짝 놀랍니다. 그리고 보아스는 룻에게 시어머니 나오미의 계획을 잠깐 멈추게 하자고 말합니다. 왜냐하면 나오미의 의도는 잘 알겠는데 '제사장 나라의 법'의 절차를 좀 더 따져가자는 것입니다. 그러면서 보아스가 룻에게 말합니다.

"참으로 나는 기업을 무를 자이나 기업 무를 자로서 나보다 더 가까운 사람이 있으니 이 밤에 여기서 머무르라 아침에 그가 기업 무를 자의 책임을 네게 이행하려 하면 좋으니 그가 그 기업 무를 자의 책임을 행할 것이니라 만일 그가 기업 무를 자의 책임을 네게 이행하기를 기뻐하지 아니하면 여호와께서 살아 계심을 두고 맹세하노니 내가 기업 무를

자의 책임을 네게 이행하리라 아침까지 누워 있을지니라 하는지라"(룻 3:12~13)

이 말은 제사장 나라의 '계대결혼법'과 '기업 무를 자의 법'에 따르면 보아스 자신보다 더 가까이 법적 책임이 있는 사람이 있다는 것입니다.

이 같은 사실을 모를 리가 없는 나오미는 아직 제사장 나라 법을 잘 모르는 룻에게 이때에도 제사장 나라 법을 '띄엄띄엄' 말해주었던 것입니다. 한마디로 나오미는 아직도 제사장 나라 법을 '변칙적으로 사용하고 있는 중'입니다.

● 세 번째 포인트

보아스는 제사장 나라 법을 '법대로 순종하며' 삽니다.

먼저 보아스는 자기 밭에서 일하는 일꾼들에게 제사장 나라의 법, 곧 '민수기의 법'대로 인사를 합니다.

"그들은 이같이 내 이름으로 이스라엘 자손에게 축복할지니 내가 그들에게 복을 주리라"(민 6:27)

"마침 보아스가 베들레헴에서부터 와서 베는 자들에게 이르되 여호와께서 너희와 함께 하시기를 원하노라 하니 그들이 대답하되 여호와께

서 당신에게 복 주시기를 원하나이다 하니라"(룻 2:4)

그리고 보아스는 또한 그의 밭에 이삭을 주우러 온 룻을 확인하고 곧바로 밭에서 일하는 자기 사람들에게 이삭 줍는 룻을 '건드리지 말라'고 당부합니다. 이 배려 또한 고아와 과부와 나그네를 위한 제사장 나라의 법 때문이었습니다. 그리고 보아스는 룻에게 '다른 밭으로 가지 말라'고 당부합니다.

"보아스가 룻에게 이르되 내 딸아 들으라 이삭을 주우러 다른 밭으로 가지 말며 여기서 떠나지 말고 나의 소녀들과 함께 있으라 그들이 베는 밭을 보고 그들을 따르라 내가 그 소년들에게 명령하여 너를 건드리지 말라 하였느니라 목이 마르거든 그릇에 가서 소년들이 길어 온 것을 마실지니라 하는지라"(룻 2:8~9)

어두운 사사 시대 사회상을 전제로 볼 때 보아스가 룻에게 다른 밭으로 가지 말라는 이 당부는 당시의 험한 사회로부터 룻을 보호하려는 뜻이 담겨 있는 말이었습니다. 즉, 당시 사회는 이방 여인을 나그네로 대접하지 않는 분위기였습니다.

〈사사기〉 19~21장에 나오는 '기브아 사건의 불량배들'을 생각해보면 이해될 것입니다. 그래서 보아스는 룻에게 위험한 다른 밭으로 가지 말라고 말했던 것입니다. 이어서 자기 밭 일꾼들에게 지금 그 밭에서 제사장 나라의 법을 지키라고 말합니다. 보아스 밭의 일꾼들이 지켜야 하는 법은 바로 레위기 19장의 '밭모퉁이 법'입니다.

"너희가 너희의 땅에서 곡식을 거둘 때에 너는 밭 모퉁이까지 다 거두지 말고 네 떨어진 이삭도 줍지 말며 네 포도원의 열매를 다 따지 말며 네 포도원에 떨어진 열매도 줍지 말고 가난한 사람과 거류민을 위하여 버려두라 나는 너희의 하나님 여호와이니라"(레 19:9~10)

"또 그를 위하여 곡식 다발에서 조금씩 뽑아 버려서 그에게 줍게 하고 꾸짖지 말라 하니라"(룻 2:16)

그리고 보아스는 밤에 자신의 타작마당을 찾아온 룻을 만났을 때에도 제사장 나라 법대로 '기업 무를 자의 법'과 '계대결혼법'을 꼭 지키겠다고 약속해주었습니다.

"만일 그가 기업 무를 자의 책임을 네게 이행하기를 기뻐하지 아니하면 여호와께서 살아 계심을 두고 맹세하노니 내가 기업 무를 자의 책임을 네게 이행하리라 아침까지 누워 있을지니라 하는지라"(룻 3:13)

● 네 번째 포인트

제사장 나라 성문 법정은 민 · 형사 문제를 결정합니다.

제사장 나라는 제사장과 레위인, 그리고 각 지파의 장로들이 제사장 나라 시스템을 이끌도록 되어 있습니다. 그래서 재판이 열릴 경우 재판은 주로 각 성읍의 레위인과 장로들이 재판장의 역할을 수행했습니다.

먼저 제사장 나라 이스라엘의 형사 재판의 케이스를 살펴보면 다음과 같습니다.

"이 성읍들 중의 하나에 도피하는 자는 그 성읍에 들어가는 문 어귀에 서서 그 성읍의 장로들의 귀에 자기의 사건을 말할 것이요 그들은 그를 성읍에 받아들여 한 곳을 주어 자기들 중에 거주하게 하고"(수 20:4)

이제 나오미와 룻의 케이스를 다루는 '베들레헴 민사 성문 법정'을 살펴보겠습니다. 대개의 경우 '성문 법정'은 성문 입구의 넓은 장소로 이곳에 성읍의 장로들이 모여 공개적인 일도 처리하고 중요한 거래도 행했으며 또한 사법적 재판도 담당했습니다. 이곳에서 보아스의 성문 재판이 열렸습니다.

"보아스가 성문으로 올라가서 거기 앉아 있더니 마침 보아스가 말하던 기업 무를 자가 지나가는지라 보아스가 그에게 이르되 아무개여 이리로 와서 앉으라 하니 그가 와서 앉으매 보아스가 그 성읍 장로 열 명을 청하여 이르되 당신들은 여기 앉으라 하니 그들이 앉으매"(룻 4:1~2)

보아스가 먼저 '기업 무를 자의 법'을 말합니다. 제사장 나라의 '기업 무를 자의 법'은 다음과 같습니다.

"만일 네 형제가 가난하여 그의 기업 중에서 얼마를 팔았으면 그에게 가까운 기업 무를 자가 와서 그의 형제가 판 것을 무를 것이요 만일 그것을 무를 사람이 없고 자기가 부유하게 되어 무를 힘이 있으면 그 판 해를 계수하여 그 남은 값을 산 자에게 주고 자기의 소유지로 돌릴 것이니라"(레 25:25~27)

보아스는 본론으로 들어가 재판의 핵심 논점을 말합니다.

"보아스가 그 기업 무를 자에게 이르되 모압 지방에서 돌아온 나오미가 우리 형제 엘리멜렉의 소유지를 팔려 하므로 내가 여기 앉은 이들과 내 백성의 장로들 앞에서 그것을 사라고 네게 말하여 알게 하려 하였노라 만일 네게 무르려면 무르려니와 만일 네가 무르지 아니하려거든 내게 고하여 알게 하라 네 다음은 나요 그 외에는 무를 자가 없느니라 하니"(룻 4:3~4)

먼저 보아스가 첫 번째 기업 무를 자에게 나오미를 책임지라고 말한 것입니다. 그러자 첫 번째 기업 무를 자가 엘리멜렉이 10년 전에 경작권을 판 땅을 희년 연수대로 계산하여 자신의 돈으로 되찾아주고 나오미를 책임지겠다고 말합니다.

"그가 이르되 내가 무르리라 하는지라"(룻 4:4)

일단 재판이 여기서 끝나는 듯했습니다. 그런데 보아스가 이때 '기업 무를 자의 법'에 이어 바로 '계대결혼법'을 꺼냅니다.

"보아스가 이르되 네가 나오미의 손에서 그 밭을 사는 날에 곧 죽은 자의 아내 모압 여인 룻에게서 사서 그 죽은 자의 기업을 그의 이름으로 세워야 할지니라"(룻 4:5)

그러자 첫 번째 기업 무를 자가 서둘러 말합니다.

"나는 내 기업에 손해가 있을까 하여 나를 위하여 무르지 못하노니 내가 무를 것을 네가 무르라 나는 무르지 못하겠노라"(룻 4:6)

무슨 말입니까? 그는 왜 이렇게 갑자기 발을 빼는 것입니까? 이 대화를 쉽게 이해하기 위해서 우리는 제사장 나라의 '기업 무를 자의 법'과 '계대결혼법'이 서로 연결되어 있음을 알아야 합니다. 다시 말해, 〈신명기〉에 기록된 '기업 무를 자의 법'과 '계대결혼법'의 연동 법규를 살펴보아야 합니다.

"형제들이 함께 사는데 그 중 하나가 죽고 아들이 없거든 그 죽은 자의 아내는 나가서 타인에게 시집 가지 말 것이요 그의 남편의 형제가 그에게로 들어가서 그를 맞이하여 아내로 삼아 그의 남편의 형제 된 의무를 그에게 다 행할 것이요 그 여인이 낳은 첫 아들이 그 죽은 형제의 이름을 잇게 하여 그 이름이 이스라엘 중에서 끊어지지 않게 할 것이니라"(신 25:5~6)

지금 보아스의 주장인즉 비록 나오미는 늙어서 계대결혼에 해당되지 않으나 그의 며느리이며 말론의 아내인 룻은 젊으니 당연히 계대결혼법을 적용해야 한다는 것입니다. 그래서 보아스가 '기업 무를 자의 법'과 '계대결혼법'을 묶어서 다시 심리하자고 한 것입니다.

'신명기 법'에 따르면 '기업 무를 자의 법'과 '계대결혼법'의 연동은 형제가 땅을 상속할 자식 없이 죽었을 경우에 해당됩니다. 이 경우에 가장 가까운 친족 순으로 죽은 자의 아내와 결혼하여 그 가문의 후사가 끊어지지 않도록 책임을 다해야 합니다. 따라서 가문의 가장 가까운 사람은 기업 무를 자가 되어 죽은 형제 대신 값을 치르고 형제의 재산도 되찾아주어야 했습니다.

그러므로 이때 첫 번째 기업 무를 자는 자녀를 낳을 수 없는 나오미는 'OK'였습니다. 그러나 보아스가 자녀를 낳을 수 있는 룻을 말하자 숨도 안 쉬고 'NO'합니다. 그리고 그는 다음과 같이 솔직히 말합니다.

> "그 기업 무를 자가 이르되 나는 내 기업에 손해가 있을까 하여 나를 위하여 무르지 못하노니 내가 무를 것을 네가 무르라 나는 무르지 못하겠노라 하는지라"(룻 4:6)

한마디로 이 사람은 이번 나오미의 케이스는 상속자인 두 아들, 곧 말론과 기룐이 후손 없이 죽었고 나오미도 더 이상 자녀를 생산할 수 없으므로 그 사람 입장에서는 나오미 한 사람만 거두면 엘리멜렉의 소유지를 자신의 것으로 만들어 큰 이익을 낼 수 있는 기회가 되리라는 계산이 깔려 있었습니다. 그래서 서둘러 수락했던 것입니다. 그가 보기에 계민수전, 제비뽑기, 희년법, 계대결혼법, 기업 무를 자의 법, 슬로브핫의 딸 법 등 수많은 토지법이 서로 보완되지만 이번 나오미 케이스만큼은 그 법들의 틈새에서 자신이 허점을 찾았다고 생각했습니다. 급기야 그는 자기가 횡재할 수 있는 기회가 생겼다고 계산했던 것입니다.

그런데 보아스가 비록 룻이 이방 여인이기는 하지만 말론의 아내였고 그 이름으로 기업을 이어야 한다고 주장한 것입니다. 그러자 처음에 나오미의 기업을 무르겠다고 말했던 첫 번째 친족이 곧바로 난색을 표하며 나오미를 책임지지 못하겠다고 공개적으로 선언합니다. 차라리 공개 망신을 당하고 자기 재산을 지키겠다는 선택을 한 것입니다.

사실 원래 제사장 나라의 토지법은 토지 경계석을 결코 움직이지 않도록 법으로 정해 토지로 인한 빈익빈 부익부 현상이 발생하지 않도록 근본적으로 차단해놓았습니다. 그런데 그 첫 번째 기업 무를 자는 그 틈새를 비집고 들어가 토지 경계석을 넓히려고 꼼수를 부린 것입니다.

나오미에게 보아스보다 더 가까운 친족이었던 자가 자신의 우선적인 권리를 포기하자 그 권리는 자동적으로 보아스에게로 넘어가게 되었습니다. 이제 드디어 성문 법정의 판결이 내려집니다.

먼저 '신을 벗어' 기업 무를 자의 법적 권리 포기를 확정하는 절차를 밟아 재판을 마무리합니다. 제사장 나라에서 신을 벗어 이웃에게 주는 행위는 사실 매우 수치스러운 행동이었습니다. 그럼에도 불구하고 그 사람은 재산 손실을 두려워했기에 이것까지 감수했던 것입니다.

"그의 형제의 아내가 장로들 앞에서 그에게 나아가서 그의 발에서 신을 벗기고 그의 얼굴에 침을 뱉으며 이르기를 그의 형제의 집을 세우기를 즐겨 아니하는 자에게는 이같이 할 것이라 하고 이스라엘 중에서 그의 이름을 신 벗김 받은 자의 집이라 부를 것이니라"(신 25:9~10)

"옛적 이스라엘 중에는 모든 것을 무르거나 교환하는 일을 확정하기 위하여 사람이 그의 신을 벗어 그의 이웃에게 주더니 이것이 이스라엘 중에 증명하는 전례가 된지라 이에 그 기업 무를 자가 보아스에게 이르되 네가 너를 위하여 사라 하고 그의 신을 벗는지라"(룻 4:7~8)

그리고 마침내 보아스가 자신이 기업 무를 자가 되어 룻과 결혼하고 엘리멜렉의 기업을 무를 것을 선포합니다.

"보아스가 장로들과 모든 백성에게 이르되 내가 엘리멜렉과 기룐과 말론에게 있던 모든 것을 나오미의 손에서 산 일에 너희가 오늘 증인이 되었고 또 말론의 아내 모압 여인 룻을 사서 나의 아내로 맞이하고 그 죽은 자의 기업을 그의 이름으로 세워 그의 이름이 그의 형제 중과 그 곳 성문에서 끊어지지 아니하게 함에 너희가 오늘 증인이 되었느니라 하니"(룻 4:9~10)

성문 법정이 끝난 후 제사장 나라 법을 지키기 위해 경제적 큰 손해를 공개적으로 감수한 보아스를 이웃들이 축복해줍니다.

"성문에 있는 모든 백성과 장로들이 이르되 우리가 증인이 되나니 여호와께서 네 집에 들어가는 여인으로 이스라엘의 집을 세운 라헬과 레아 두 사람과 같게 하시고 네가 에브랏에서 유력하고 베들레헴에게서 유명하게 하시기를 원하며 여호와께서 이 젊은 여자로 말미암아 네게 상속자를 주사 네 집이 다말이 유다에게 낳아준 베레스의 집과 같게 하시기를 원하노라 하니라"(룻 4:11~12)

이렇게 보아스는 제사장 나라 '법대로' 순종하며 살았습니다. 보아스는 10년 전 흉년에는 흉년의 징계를 달게 받으며 베들레헴을 지켰고 10년 후 하나님께서 풍년의 복을 주시자 그 복으로 두 여인을 제사장 나라의 '제사자'로 복원시키는 데 앞장섰습니다.

제사장 나라에서는 '제사 드리는 자(제사자)'가 되게 하는 것이 가장 중요합니다. 제사자가 되면, 누구나 '5대 제사', 즉 번제, 소제, 화목제, 속죄제, 속건제를 통해 하나님의 용서를 받고, 이웃과 품위 있는 나눔을 할 수 있으며, 민족 간에 평화를 만드는 데 기여할 수 있기 때문입니다.

그런데 '제사자'가 되어 하나님께 '5대 제사'를 드리려면 반드시 '예물'이 있어야 합니다. 이는 제사장 나라 '법'이기 때문입니다. 그리고 그 예물은 땅에서 나옵니다. 그러므로 제사장 나라는 시간, 공간, 인간을 담은 안식일, 안식년, 희년법이 그렇게 중요한 것입니다. 인간이 땅을 지켜야만 땅에서 수확한 예물을 들고 '제사자'로 설 수 있기 때문입니다. 보아스는 나오미가 제사장 나라의 '제사자'로 설 수 있도록 바로 그 땅을 찾아주었던 것입니다.

● 다섯 번째 포인트

이방 여인 룻은 제사장 나라의 복을 받고 마태복음 1장의 족보에도 들어갑니다.

제사장 나라는 '모든 민족'을 복 받게 하는 나라입니다.

"너를 축복하는 자에게는 내가 복을 내리고 너를 저주하는 자에게는 내가 저주하리니 땅의 모든 족속이 너로 말미암아 복을 얻을 것이라 하신지라"(창 12:3)

"세계가 다 내게 속하였나니 너희가 내 말을 잘 듣고 내 언약을 지키면 너희는 모든 민족 중에서 내 소유가 되겠고 너희가 내게 대하여 제사장 나라가 되며 거룩한 백성이 되리라 너는 이 말을 이스라엘 자손에게 전할지니라"(출 19:5~6)

바로 그 어두운 사사 시대 한복판 작은 베들레헴 마을에서 이방 여인 룻이 제사장 나라 법으로 모든 민족을 향한 복을 받았습니다.

"여호와께서 네가 행한 일에 보답하시기를 원하며 이스라엘의 하나님 여호와께서 그의 날개 아래에 보호를 받으러 온 네게 온전한 상 주시기를 원하노라 하는지라"(룻 2:12)

이방 여인 룻의 결단은 '불쌍한 시어머니를 돌보고', '하나님을 섬기는 것'이었습니다.

"룻이 이르되 내게 어머니를 떠나며 어머니를 따르지 말고 돌아가라 강권하지 마옵소서 어머니께서 가시는 곳에 나도 가고 어머니께서 머무시는 곳에서 나도 머물겠나이다 어머니의 백성이 나의 백성이 되고 어머니의 하나님이 나의 하나님이 되시리니"(룻 1:16)

결국 룻은 모든 베들레헴 사람에게 칭찬을 듣게 됩니다.

"이는 네 생명의 회복자이며 네 노년의 봉양자라 곧 너를 사랑하며 일곱 아들보다 귀한 네 며느리가 낳은 자로다 하니라"(룻 4:15)

그리고 룻은 그 유명한 다윗의 조상이 되어 마태복음 1장 예수님의 족보에도 들어가게 됩니다.

"살몬은 라합에게서 보아스를 낳고 보아스는 룻에게서 오벳을 낳고 오벳은 이새를 낳고 이새는 다윗 왕을 낳으니라"(마 1:5~6)

디저트 DESSERT

룻은 제사장 나라 법이 참으로 좋다는 것을 깨달은 이방인입니다. 바로 보아스를 통해서입니다.

"룻이 이르되 내 주여 내가 당신께 은혜 입기를 원하나이다 나는 당신의 하녀 중의 하나와도 같지 못하오나 당신이 이 하녀를 위로하시고 마음을 기쁘게 하는 말씀을 하셨나이다"(룻 2:13)

"그가 이르되 내 딸아 여호와께서 네게 복 주시기를 원하노라 … 그리고 이제 내 딸아 두려워하지 말라 내가 네 말대로 네게 다 행하리라 네가 현숙한 여자인 줄을 나의 성읍 백성이 다 아느니라"(룻 3:10~11)

룻에게 제사장 나라의 복의 통로가 된 보아스! 그는 부모로부터 제사장 나라 신앙 교육을 좌로나 우로나 치우치지 않게 잘 받았습니다. 제사장 나라의 법은 보아스의 입에, 보아스의 밭에, 그리고 보아스의 법정에 있었습니다.

"내가 오늘 네게 명령한 이 명령은 네게 어려운 것도 아니요 먼 것도 아니라 하늘에 있는 것이 아니니 네가 이르기를 누가 우리를 위하여 하늘에 올라가 그의 명령을 우리에게로 가지고 와서 우리에게 들려 행하게 하랴 할 것이 아니요 이것이 바다 밖에 있는 것이 아니니 네가 이르기를 누가 우리를 위하여 바다를 건너가서 그의 명령을 우리에게로 가지고 와서 우리에게 들려 행하게 하랴 할 것도 아니라 오직 그 말씀이 네게 매우 가까워서 네 입에 있으며 네 마음에 있은즉 네가 이를 행할 수 있느니라"(신 30:11~14)

보아스는 사사 시대를 본받지 않았습니다.

"너희는 이 세대를 본받지 말고 오직 마음을 새롭게 함으로 변화를 받아 하나님의 선하시고 기뻐하시고 온전하신 뜻이 무엇인지 분별하도록 하라"(롬 12:2)

우리는 사사 시대의 답답함 속에서도 하나님의 마음을 시원케 하는 얼음 냉수 한 그릇 같은 하나님의 사람 보아스를 만나보았습니다.

작은 베들레헴의 아름다운 이야기도 그리고 우리 삶의 모든 이야기도 성경 한 권으로 충분합니다.

성경, 통通으로 숲 이야기

통숲 2 : 모세오경 2

초판 1쇄 발행 2019년 11월 8일
2쇄 발행 2020년 1월 20일

지은이·조병호
펴낸곳·도서출판 통독원
디자인·전민영

주소·서울시 강남구 선릉로 806
전화·02)525-7794 팩 스·02)587-7794 홈페이지·www.tongbooks.com
등록·제21-503호(1993.10.28)

ISBN 978-89-85738-27-9 04230
978-89-85738-00-2 04230 (세트)